Bernhard Welte

Person

Bernhard Welte Gesammelte Schriften

im Auftrag der Bernhard-Welte-Gesellschaft
und in Zusammenarbeit mit dem
Arbeitsbereich Christliche Religionsphilosophie
der Theologischen Fakultät der Albert-Ludwigs-Universität Freiburg
herausgegeben von
Bernhard Casper

Band I/1

Person

Bernhard Welte

Person

Eingeführt und bearbeitet von
Stephanie Bohlen

HERDER

FREIBURG · BASEL · WIEN

www.herder.de
Satz: SatzWeise, Föhren:
Umschlaggestaltung: Finken & Bumiller, Stuttgart
Druck und Bindung: fgb · freiburger graphische betriebe
www.fgb.de
ISBN-13: 978-3-451-29201-9
ISBN-10: 3-451-29201-7

Inhalt

Anhang

Vorwort zu Bernhard Welte, Gesammelte Schriften

Bernhard Welte darf als einer der Denker gelten, die im 20. Jahrhundert entschieden und zugleich in einer Einkehr bei dem Wesentlichen Wege in eine neue Zukunft des Christlichen bahnten. Wenn Christsein immer nur durch bezeugende Überlieferung weitergegeben werden kann, so entsteht für seinen Vollzug in dem Augenblick eines geschichtlichen Epochenumbruchs ein besonderes Problem. Wenn eine ganze Verstehenswelt, in der Menschen bisher lebten, versinkt und ganz neue Kontexte auf den Plan treten, die das Selbst- und Weltverständnis von Menschen bestimmen, muss auch die Bezeugung der biblischen Botschaft eine erneuerte Gestalt gewinnen. Daran, dass unsere moderne technisch-szientistische Epoche, die uns zugleich in den unumkehrbaren Prozess der Globalisierung führte, aber einen geschichtlichen Umbruch von einem Ausmaß mit sich brachte, wie es ihn in der bisherigen Geschichte vielleicht noch nie gab, und dass dies gerade auch das christliche Selbstverständnis und dessen Bezeugung in einer ganz neuen Weise herausfordert, kann heute kein Zweifel mehr sein. Die Schritte des Christentums aus seinen palästinensischen Anfängen in die Welt der griechisch-römischen Antike und dann die Schritte aus dieser Welt in die germanische Welt in der Zeit der Völkerwanderung, und noch einmal die Schritte des Christentums in die Welt der Neuzeit und der Moderne, lassen sich hier vergleichen. Dennoch unterscheiden sie sich zugleich doch nicht nur graduell von dem Schritt des Christentums in die infolge der technischen Revolution zum ersten Mal und zugleich unwiderruflich zu einem einzigen Innenraum gewordenen Welt. In dieser »globalen Welt« müssen die Menschen der allerunterschiedlichsten geschichtlichen und religiösen Herkünfte einen gemeinsamen Weg des Miteinanderlebens finden; und zwar in einer Situation, in der sie aufgrund ihres Verfügungswissens und der daraus resultierenden Macht ständig der Gefahr eines Gattungsselbstmordes ausgesetzt sind. Das Christentum findet sich in dieser Situation in einer ganz neuen Weise von seiner schon im Ersten Testament angezeigten Bestimmung herausgefordert, das »Zeichen des Heiles« (Jes 11,10) für alle Nationen zu sein, das »Haus des Gebetes für alle Völker« (Jes 56,7).

Wenn die christliche Wahrheit derart die Wahrheit sein will, die alle Menschen heil macht, wird das Christsein die Weisen nicht aufgeben können, in denen es die ihm durch geschichtliche Ereignisse geschenkte orientierende Wahrheit bisher zur Sprache brachte. Aber es wird gerade diese Wahrheit neu sagen müssen. Und es wird sie in einem *Vollzug des Denkens* zur Sprache bringen müssen, wenn immer das Christsein eine Gestalt der Existenz von Menschen zu sein beansprucht, deren höchste Gabe in der Fähigkeit zu denken besteht. Glauben kann gerade in der globalen Zukunft, in die wir eingetreten sind, nur das Geschehen des Glaubens bedeuten, welches sein eigenes Verstehen sucht.

Gerade in dieser geschichtlichen Situation gewinnt das Werk Bernhard Weltes aber seine Bedeutung. Denn Bernhard Welte suchte zum einen als *Religionsphilosoph* ausgehend von den fundamentalen Problemen des menschlichen Daseins zu klären, worin denn die Wahrheit des religiösen Verhältnisses als eines solchen gesehen werden müsse. Und er suchte dann andererseits in diesem Lichte *christliche Existenz zu verstehen* und Zugänge zu den zentralen Geheimnissen des christlichen Glaubens zu öffnen. Beide Bemühungen waren für ihn aber eingebettet in die *Praxis des Glaubens:* das gelebte Leben und den Gottesdienst, den er vor allem als Präfekt der Universitätskirche mit der Freiburger Hochschulgemeinde feierte. Viele Jahre hindurch legte er hier das Wort des Ersten Testamentes und die Botschaft des Evangeliums aus. Was ihn vor allem kennzeichnete, war, dass er bei aller Verschiedenheit der Weisen des Sprechens als Zelebrant und Prediger in der Universitätskirche und als Dozent im Hörsaal doch derselbe war. Nicht zuletzt deshalb hatte und hat sein Wort in den geistigen Auseinandersetzungen der Gegenwart Gewicht und ist von Bedeutung für zukünftiges theologisches Denken und für christliche Existenz.

Die Herausgeber der Gesammelten Schriften Bernhard Weltes haben diese in *fünf Abteilungen* gegliedert. Dies könnte insofern problematisch erscheinen, als im Denken und in den Texten Weltes die Besinnung auf das Menschliche des Menschen, das Zugänglichmachen des religiösen Verhältnisses und die Auslegung des christlichen Glaubens immer wieder ineinander verschränkt sind. Welte selbst hat nachdrücklich darauf hingewiesen, dass Gedanken nur wirklich Gedanken sind, wenn sie aus einer einzigen inneren Einheit und Mitte hervorgehen. Insofern ist die philosophische Besinnung auf Grundformen des Menschseins wie Personsein, Freiheit, Geschichtlichkeit und das Geheimnis des Bösen in Weltes Phänomenologie des religiösen Verhältnisses in seinen Interpretationen des christlichen Glaubensvollzuges immer mit gegenwärtig. Und dies gilt, ohne dass dadurch die Selbständigkeit philosophischer Analysen angetastet würde, auch umgekehrt. Weltes Werk stellt sich in einem »unvermischt und ungetrennt« doch zugleich insgesamt als eine Verwirklichung der Maxime dar, die Franz Rosenzweig auf die Formel brachte: »Die theologischen Probleme wollen ins Menschliche übersetzt werden und die menschlichen bis ins Theologische vorgetrieben«.[1]

Gerade angesichts dieses Grundcharakters haben sich die Herausgeber entschlossen, für die Gesammelten Schriften nicht einfach eine historische Ordnung zu wählen, sondern sie nach Abteilungen und Themen zu gliedern, die jeweils den Schwerpunkt der in einem Band gesammelten Texte in den Vordergrund treten lassen. Dies bringt den Vorteil mit sich, dass alle wichtigen Texte Weltes zu einzelnen zentralen Themen jeweils in einem Band versammelt sind, der so auch als einzelner Band gelesen werden kann. Der Leser hat dann die Freiheit, selbst den dialogischen Schritt von der Besinnung auf das Personsein und die Geschichtlichkeit etwa hin zu Fragen der Christologie zu vollziehen. Auch die verschiedenen Interpretationen, die Welte zu einzelnen wichtigen Denkern des Mittelalters und der Neuzeit gegeben hat, konnten so leichter jeweils in einem Band zusammengefasst werden. Und schließlich ließen sich so eine Reihe von bisher unveröffentlichten Texten aus dem Nachlass, die hier zum ersten Mal publiziert werden, besser zuordnen. Die Auswahl bisher unveröffentlichter Texte aus dem Nachlass geschah durch die Herausgeber der einzelnen Bände aufgrund ihrer Kompetenz für das jeweilige Thema. Der Nachlass Bernhard Weltes insgesamt wurde von der Bernhard-Welte-Gesellschaft in der Universitätsbibliothek Freiburg deponiert und ist dort für die Forschung zugänglich.

Die einzelnen Herausgeber bemühten sich, alle von Welte selbst zitierten Texte zu überprüfen und, wo dies zuweilen des besseren Verständnisses wegen nötig erschien, zu ergänzen. Dies geschah in einzelnen

[1] Franz Rosenzweig, *Zweistromland* (= Der Mensch und sein Werk, Gesammelte Schriften, Bd. 3), Dordrecht, Boston, Lancaster 1984, 153.

Fällen auch dadurch, dass neuere heute leichter zugängliche Textausgaben für die von Welte zitierten Texte angeführt wurden.

Die eigenen Anmerkungen der Herausgeber werden durch hochgestellte Buchstaben angezeigt und jeweils am Ende eines Bandes ausgewiesen.

Für die Texte Weltes wurde die alte, von Welte gebrauchte Rechtschreibung beibehalten und ebenso die an einzelnen Stellen innerhalb dieser Rechtschreibung von Welte gebrauchte besondere Schreibweise, da Welte durch diesen Gebrauch zuweilen seinen eigenen Gedanken deutlicher zu machen suchte. Offensichtliche Schreib- oder Druckfehler wurden stillschweigend korrigiert. Im übrigen werden die rein editionstechnischen Hinweise zu Beginn eines jeden Bandes jeweils erneut gegeben, da der Erwerb von einzelnen Bänden der Ausgabe möglich ist. Für jeden Band wurden außerdem ein Personenregister und ein ausführliches Sachregister erarbeitet.

Die Bernhard-Welte-Gesellschaft als Inhaberin der literarischen Rechte an den Werken Bernhard Weltes und auch seines Nachlasses dankt allen, die zum Gelingen der Gesammelten Schriften beitrugen, insbesondere der Erzdiözese Freiburg und all denen, die durch Spenden die Drucklegung ermöglichten. Ein besonderer Dank gilt der Sekretärin des Arbeitsbereiches Christliche Religionsphilosophie der Universität Freiburg, Frau Rosmarie Rückert sowie Frau Daniela Hofmann. Beide haben die Mühen vieler technischer Arbeiten auf sich genommen.

Die Herausgeber hoffen durch die Gesammelten Schriften Bernhard Weltes *denen, die glauben* und *»denen, die glauben, nicht zu glauben«* (Henri de Lubac) auf den Wegen ihres Menschseins die Hilfe der Besinnung des Denkens geben zu können.

Wittnau, den 20. November 2005 *Bernhard Casper*

Einführung zu Bernhard Welte, Person

Die naturwissenschaftliche Forschung ist in dem vergangenen Jahrhundert in einem Maße fortgeschritten, das vordem kaum auszudenken war. Mit dem Wissen über den Menschen und seine Natur wachsen aber auch die Möglichkeiten, in das menschliche Leben einzugreifen. Wird in Zukunft das menschliche Leben selbst zum Produkt des Menschen werden?

Die Macht, die uns an die Hand gegeben ist, stellt einerseits für viele Menschen einen Grund zur Hoffnung dar. Andererseits wird aber auch deutlich, dass nicht alles, was Menschen tun können, auch getan werden sollte. Welche der Möglichkeiten, die uns durch die Wissenschaften erschlossen werden, sollen wir realisieren? Wo sind die Grenzen eines verantwortlichen Umgangs mit uns selbst? Die ethischen Fragen, die sich, bedingt durch den technologischen Fortschritt stellen, fordern eine Antwort.

Wer sich jedoch die Frage, was Menschen tun sollen, stellt, unter-stellt dabei, daß der Mensch ein Wesen ist, das für sich, für das Leben und für die Welt, in der er lebt, verantwortlich ist. Doch hat der Mensch jene Freiheit, die es möglich macht, von seiner Verantwortung zu sprechen? Oder geht die Welt einfach ihren Gang, woraus dann in der Tat folgen würde, daß es uns nicht frei steht, von uns aus dort Grenzen zu setzen, wo wir erkennen, dass sich der Fortschritt gegen uns wendet.

Auch die aktuelle Debatte um den Menschen und die menschlichen Freiheit ist initiiert durch die naturwissenschaftliche Forschung. Die Erkenntnisse der Neurowissenschaften fordern uns heraus, noch einmal und radikaler zu fragen, ob der Mensch überhaupt frei oder der Begriff der Verantwortung nur ein leerer Begriff ist.

Ohne die durch die aktuelle Forschung aufgeworfenen Fragen absehen zu können, hat Bernhard Welte mit seiner Abhandlung »Determination und Freiheit« durch eine Differenzierung der Perspektiven, unter denen menschliches Dasein zu betrachten ist, den Spielraum menschlicher Freiheit aufgewiesen. Die Schrift, die auch für die aktuelle Debatte interessante Impulse birgt, wird hiermit neu zugänglich gemacht.

Der Abhandlung angeschlossen ist der Text einer bislang unveröffentlichten Vorlesung aus dem Sommersemester 1966, der Bernhard Welte den Titel »Die Person als das Un-begreifliche« gegeben hat. In ihr wird die Frage nach der Freiheit insofern aufgegriffen, als die Personalität des Menschen dort von seinem Vermögen, anfänglich zu existieren, her gedacht und die Begegnung mit dem anderen Menschen als das Geschehen der Anfänglichkeit und Ur-geschehen der Freiheit ausgelegt wird.

Kleinere Abhandlungen, die in diesem Band den genannten Schriften an die Seite gestellt wurden, beleuchten einzelne Aspekte des personalen Geschehens. Es schließen sich Aufsätze an zu Grundvollzügen menschlicher Existenz: zu Angst und Hoffnung, Macht und Recht, Kampf und Spiel. Die Gedanken, die Bernhard Welte in ihnen mitteilt, weisen auf unterschiedliche Denkwege, auf denen sich das, was den Menschen zum Menschen macht, zu erkennen gibt.

Freiburg, den 1. Dezember 2005 *Stephanie Bohlen*

Hinweise zur Edition

Bei der Wiedergabe der Texte wurde die Orthographie Bernhard Weltes beibehalten. Lediglich Fehler, die eindeutig als solche zu erkennen waren, wurden verbessert. Das gilt auch für die Begriffe Ich – Du – Wir, deren Groß- und Kleinschreibung von Bernhard Welte sehr frei gehandhabt wird. In Bezug auf die genannten Begriffe wurde eine Korrektur nur in Einzelfällen vorgenommen. Anmerkungen wurden überprüft. Wo es erforderlich schien, wurden die Angaben Bernhard Weltes ergänzt. Auf neuere Ausgaben wurde dort, wo die alten Ausgaben nur noch schwer zugänglich sind, hingewiesen. Die klassischen Autoren (Aristoteles, Thomas von Aquin, Kant) werden in der üblichen Form zitiert.

Determination und Freiheit
(1966)

Vorwort

Im Folgenden wird ein Gedanke zum Thema »Determination und Freiheit« entwickelt, der mir seit Jahren vor allem in Gesprächen mit meinen Freunden und Mitarbeitern erwachsen ist. Es ging dabei immer wieder um die Gesichtspunkte, die von der modernen Verhaltensforschung aus geltend gemacht werden. Den stärksten Anstoß zur Entwicklung dieses Gedankens empfing ich im Rahmen eines intensiven Gedankenaustausches, den ich im Juli 1967 mit Konrad Lorenz, mit Bernhard Hassenstein und mit einigen ihrer wissenschaftlichen Mitarbeiter einerseits und mit einigen meiner eigenen Mitarbeiter andererseits haben durfte. Es war im Rahmen der Arbeitsgemeinschaft Weltgespräch der Hermann-Herder-Stiftung.

Von daher mag deutlich werden, daß die Gedanken zur Freiheit im Ausgang vom Begriff des Verhaltens im Sinne der Verhaltensforschung entwickelt werden und daß es mir um dieses Ausgangs willen richtig schien, den Begriff des Verhaltens auch für die weiteren Erörterungen der Freiheit führend sein zu lassen.

Es ist mir klar, daß die Fragen um die Freiheit des Menschen auch von vielen anderen Seiten her erörtert werden können und müssen. Dann werden sich mit anderen Gesichtspunkten auch andere Begriffe in den Vordergrund schieben. Aber uns ging es um jene Gesichtspunkte, die wir von den Verhaltensforschern empfingen. Dies schrieb den besonderen Weg dieser Erörterung vor, es dürfte auch ihre Grenze bilden.

Freiburg i. Br., den 12. September 1968
Bernhard Welte

1. *Einleitung: Das Problem und die gewöhnlichen Typen seiner Deutung*[a]

Mit dem Titel Freiheit und Determination soll auf ein Grundproblem des menschlichen Daseins hingewiesen werden.

Seit alters gilt Freiheit als ein Grundphänomen des menschlichen Daseins. Dieser Überlieferung gemäß ist die Frage nach der Freiheit eine Grundfrage der philosophischen Anthropologie.

Indes gilt es, die Frage nach der Freiheit neu zu stellen. Es ist uns heute auf besondere Weise fraglich geworden, ob Freiheit sei und wenn ja, was sie etwa sei. Wir denken dabei besonders an das moderne Wissenschaftsbewußtsein, wie es sich zumal in der modernen Biologie artikulierte. Von dieser Seite her sind die determinierenden und also, wie es scheint, die menschliche Freiheit eingrenzenden, wenn nicht aufhebenden Momente in der Struktur des menschlichen Daseins immer mehr hervorgetreten. Das überlieferte Freiheitsverständnis ist von daher neu in Frage gestellt.

Im Hinblick auf diese neue Fragestellung werden im folgenden einige Erwägungen zur Sache der Freiheit angestellt. Die Sache der Freiheit soll mit dem Blick auf die zutage getretenen Mächte der Determination neu bedacht werden.

Dazu wird es gut sein, auf die zumeist verbreiteten Typen der Deutung des Fragenkreises »Determination und Freiheit« einzugehen und diese Deutungstypen in ihrer Eigenart, in ihren Konsequenzen und ihrem Verhältnis zueinander sichtbar zu machen.

1. Menschen wissen sich im allgemeinen von Natur aus und auf eine naive Weise vor jeder Reflexion als frei, als mit Freiheit begabt und durch Freiheit ausgezeichnet vor anderen Wesen.

Mit diesem vorreflexiv verbreiteten Bewußtsein der Freiheit pflegt ein zumeist undeutlicher Gedanke darüber verbunden zu sein, was diese Freiheit sei. Am ehesten faßt sich dieser Gedanke, was Freiheit sei, negativ, etwa so: Der Mensch sei kraft seiner Freiheit nicht gebunden, weder unter die Herrschaft physikalischer oder seelischer Mechanismen noch unter die gesellschaftlicher Zwänge. Er sei also das nicht gezwungene oder das nicht unfreie Wesen.

Verstehen wir Freiheit so, d.h. negativ, dann ist damit freilich noch nichts darüber gesagt, was solche Freiheit nun positiv sei, welchen positiven Gehalt oder welche positive inhaltliche Struktur sie haben solle.

Das vorreflexive menschliche Freiheitsverständnis scheint aufs erste nur negativ bestimmt zu sein.

Betrachten wir aber jene Bereiche des menschlichen Daseins, die wir gemäß der gleichen allgemeinen Überzeugung mit der Freiheit zu verknüpfen pflegen, dann erscheint Freiheit als nichts weniger denn nur leer und negativ. Denn offenbar hängt nach der allgemeinen Überzeugung mit der Freiheit eng und unlöslich zusammen das, was wir Gewissen und Verantwortung nennen können. Nur unter der Voraussetzung von Freiheit hat die Rede von Gewissen und Verantwortung einen Sinn. Oder sollen wir lieber umgekehrt sagen: Nur unter der Voraussetzung von Gewissen und Verantwortung kann es Freiheit geben? Jedenfalls gehören die beiden Gruppen von Größen: Gewissen und Verantwortung einerseits, Freiheit andererseits, in der allgemeinen menschlichen Überzeugung zusammen.

Indem aber von der Freiheit aus Gewissen und Verantwortung in den Blick kommen, kommt auch der Unterschied zwischen Gut und Böse oder zwischen Recht und Unrecht in den Blick. Denn: hätten diese Unterschiede noch einen ursprünglichen Sinn, wenn es keine Freiheit gäbe?

Besteht aber dieser Zusammenhang, dann kann und muß noch mehr gesagt werden. Dann hängen mit dem genannten Freiheitsverständnis auch unlöslich zusammen etwa die Bereiche des Glaubens und der Liebe und damit die Grundbereiche und Grundkräfte des menschlichen Lebens und des menschlichen Zusammenlebens. Dann hängen damit zusammen auch die menschlichen Grundlagen des Lebens mit dem, was mehr als nur menschlich ist, mit dem Ewigen, mit Gott, die Grundlagen der Religion. Und überdies auch die Grundlagen der Moral und des Rechts im ganzen, sowohl im privaten wie im öffentlichen Bereich, damit auch die Grundlagen des Staates und seines Rechtes, seiner Einrichtungen, seiner Ethik, und des demokratischen Staates a fortiori.

Kurz gesagt: Alles das, was man als das spezifisch Menschliche am Menschen, als das eigentliche Humanum bezeichnen darf, im Einzelnen wie im Gesamtzusammenhang, hängt zusammen mit der Freiheit. Indem wir diesen Zusammenhang sehen, sehen wir in einem ersten Überblick die umfassende konstitutive Bedeutung des verbreiteten Freiheitsverständnisses für das gesamte menschliche Dasein. Gemäß diesem Verständnis ist Freiheit also nichts weniger als ein bloßes Negativum. Sie ist ein positives Konstitutivum des menschlichen Daseins. Und als solches auch mehr als eine bloße Eigenschaft des Menschen unter anderen. Sie ist gemäß diesem Verständnis das Element, das das Menschliche als solches und in seinem Wesen und darum im ganzen kennzeichnet. Es handelt sich um eine zwar meist vorreflexive, aber nichtsdestoweniger umfassende und totale Daseinsdeutung.

2. Nun hat aber dieser Daseinsdeutung freiheitlicher Art gegenüber die moderne Wissenschaft unter Führung der Naturwissenschaft und unter weitgehender Gefolgschaft der Psychologie und der Soziologie zeigen können, daß menschliches Leben und menschliches Verhalten auf vielerlei Weise determiniert ist von Zusammenhängen, die nicht aus dem Selbst des Menschen entspringen, die vielmehr fest geprägt sind von dem, was vor und außerhalb unseres Selbst und unseres Bewußtseins liegt. Von daher muß das vorhin angedeutete Freiheitsverständnis und die von ihm ausgehende Daseinsdeutung grundsätzlich in Frage gestellt erscheinen.

Von einer umfassenden und weltweiten wissenschaftlichen Bemühung her ist sichtbar geworden, daß das menschliche Dasein in seinem Verhalten von denselben Kräften, wenn auch in anderer Kombination, geleitet und gesteuert ist, die überall den materiellen Kosmos und seine Gebilde aufbauen, steuern und bestimmen. Es hat sich gezeigt, daß das menschliche Verhalten von seinen genetisch-molekularen Grundlagen her gesteuert ist. Die Steuerungsmechanismen selber konnten weitgehend durch die moderne Kybernetik vom Biophysischen und Biochemischen her verständlich gemacht werden. Auch die stammesgeschichtliche Deutung der menschlichen Erscheinungen ist in diesem Zusammenhang um vieles verständlicher geworden. Wenn von der modernen Psychologie und der Soziologie ihrerseits auf wichtige Determinanten der menschlichen Natur aufmerksam gemacht werden konnte, so muß für diese von einem strengen Wissenschaftsverständnis aus der gleiche Determinationszusammenhang postuliert werden, mag auch sein Nachweis in vielen Punkten ausstehen. So erscheint das gesamte Leben immer klarer deutbar zu werden aus seinen zuletzt biophysischen Grundlagen, und dies sowohl im Verständnis der einzelnen Lebenstypen wie ihres Zusammenspiels, wie ihres genetischen Zusammenhangs durch die Jahrmillionen der Geschichte des Lebens auf unserer Erde.[1]

[1] Vgl. hierzu die Literatur zum Thema Freiheit und Verhaltensforschung im Literaturverzeichnis.

Diese Betrachtungsweise hält keineswegs an vor dem Menschen, sie kann und darf es auch von ihren Ansätzen aus nicht. Sowohl von den biophysischen, kybernetisch verständlichen Regelkreisen und Regelmechanismen wie von der Betrachtung der daraus resultierenden Verhaltensweisen und im Lichte des Entwicklungsgedankens scheint uns heute das Menschliche einschließlich des spezifisch menschlichen Verhaltens weitgehend, ja vielleicht ganz in diesen Zusammenhang zu gehören. Das menschliche Leben und Dasein scheint grundsätzlich nichts anderes darzustellen als ein besonderes biologisches System, das zwar einer höheren Entwicklungsstufe, aber nicht einem grundsätzlich anderen Systemtyp angehört.

Damit aber schiebt sich der Gedanke der Determination, und zwar einer primär physikalisch und chemisch gedachten Determination, immer stärker und umfassender vor gegen das naive menschliche Freiheitsverständnis und alle seine Folgen und Konsequenzen. Es entsteht der freilich nur selten ausgesprochene Verdacht, dieses Freiheitsbewußtsein sei vielleicht bloß eine Illusion, produziert von einer arttypischen menschlichen Verhaltensweise, die ihrerseits wiederum im biophysischen und biochemischen System des Menschen determiniert sei. Es entsteht in der Konsequenz daraus leicht der noch weitergehende Verdacht, daß alles, was sich auf das Freiheitsbewußtsein beziehe und nur von ihm verständlich erscheine, so etwas wie einen ideologischen Überbau darstelle, also Moral und Recht, Glaube und Liebe und schließlich auch Religion.

Der von der exakten Wissenschaft genährte Gedanke der Determination der Lebensvorgänge wird also konsequenterweise gleichfalls zu einem Grundtypus der Daseinsdeutung des Menschen im ganzen.

Zudem muß darauf hingewiesen werden, daß die von daher sich nahelegende deterministische Deutung des menschlichen Daseins bestätigt wird durch die immer deutlicher sich abzeichnende, wissenschaftlich begründete Manipulierbarkeit des Menschenwesens. Diese kann über biochemische Zusammenhänge mit Hilfe von Drogen erreicht werden oder über geeignete Schlüsselreize und Reizfolgen und also psychologisch durchgeführt werden. Das deterministische Verständnis des Menschen erlaubt effektive Anwendungen, und es bestätigt sich in ihnen. Es kann gezeigt werden, daß tatsächlich das Menschenwesen weithin manipulierbar geworden ist, wenn man erst einmal die biochemischen und verhaltensmäßigen Determinanten seiner Natur erkannte und in die Hand bekam.

Die von hierher sich erhebende Gesamtdeutung des menschlichen Daseins hat also eminente Folgen für das, was der Mensch ist und sein wird.

Sie steht prägnant gegenüber der anderen Gesamtdeutung dessen, was der Mensch im ganzen ist, die auf dem Prinzip der Freiheit beruht und die ihrerseits Folgen hat für das, was der Mensch ist und sein wird.

3. Beide Deutungen scheinen sich indessen gegenseitig auszuschließen, jedenfalls im Prinzip und in ihren Konsequenzen.

Versuchen wir diese prinzipielle gegenseitige Ausschließung der beiden Typen konsequent darzustellen, dann können wir sagen: Entweder ist alles, was das menschliche Leben ist und was es hervorbringt, determiniert von letzten Endes physikalischen und chemischen Kräften. Dann sind Freiheit, Recht und Moral im gewöhnlichen Verstande nur Schein. Oder aber das Menschenwesen ist im gewöhnlichen Verstande frei und damit sind Recht und Moral und Glaube als solche möglich und human, aber dann erscheint die Wissenschaft samt den wissenschaftlich festgestellten Determinanten des menschlichen Daseins unverständlich und verdächtig.

Auf welche Seite der Daseinsdeutung wir uns also stellen mögen, wir kommen immer in grundsätzliche Schwierigkeiten und in unmögliche Positionen. Denn entweder – um dies noch einmal scharf zu formulieren – müssen wir Moral, Gewissen und Recht preisgeben, oder wir müssen die Wissenschaft preisgeben. Aber das eine wie das andere scheint so sehr menschlich zu sein, daß wir auf keines Verzicht tun können, ohne unser Menschentum zu verraten. Die beiden verbreiteten und sich aufdrängenden Deutungstypen des menschlichen Daseins scheinen, konsequent gedacht, sich gegenseitig auszuschließen, aber gegen jeden derartigen Ausschluß muß gleichzeitig im Namen des Menschen und seiner Menschlichkeit Einspruch erhoben werden.

Darum stellen die beiden Deutungstypen des menschlichen Daseins, der naive und der wissenschaftlich aufsteigende, in ihren Konsequenzen das Problem »Freiheit und Determination« in radikaler Schärfe dar. Sie zeigen es als ein Problem, das das Ganze des menschlichen Daseins umfaßt und betrifft und über dieses Ganze auf seine Weise entscheidet.

2. *Freilegung des Zugangs zur Erörterung des Problems*

2.1. Methodische Reduktion der Daseinsdeutung

Angesichts des Problems, das sich aus der Konsequenz der herrschenden Vorstellung der Freiheit einerseits und aus der wissenschaftlich faßbaren Determination andererseits ergibt, müssen wir versuchen, in geduldigem Nachdenken erhellend voranzukommen.

Dabei ist zuerst zu überlegen, an welchem Punkte dieses Nachdenken einsetzen und auf welche Weise oder Methode es vorgehen soll, um seiner Sache gemäß zu sein.

Soll das Problem sachgemäß geklärt werden, so müssen wir einen Ausgangspunkt suchen, von dem her sowohl die eine Position wie die andere verständlich und möglich werden. Wir müssen einen Punkt ins Auge fassen, der anfänglicher ist als die beiden bis jetzt betrachteten Vorstellungszusammenhänge. Wir suchen also zunächst eine Reduktion aufs Anfängliche durchzuführen, von dem her die beiden Positionen als zwei Möglichkeiten verständlich werden können. Wir suchen das Anfängliche als die gemeinsame Wurzel aller Möglichkeiten der Daseinsdeutung.

1. Liegt vielleicht der gemeinsame Ursprungsbereich aller Deutungen ganz nahe, so nahe, daß wir gewöhnlich über ihn hinwegsehen und ihn gar nicht bemerken?

In der Tat haben wir beim Nächsten zu suchen als bei dem, das es am meisten zu suchen gilt. Das Nächste für uns selber aber sind wir selber. So suchen wir zunächst das, was wir selber sind, abzutasten und abzuhören. Wir können dies so machen, daß wir zunächst auf die Worte achten, die jeder von sich sagen kann. Jeder kann von sich sagen: ich bin da. In solchen einfachen Worten sagt sich unscheinbar ein Anfängliches und Grundsätzliches unseres Daseins.

Die Worte »ich bin da« sagen etwas Anfängliches und Nächstes und darum kaum Bedachtes. Sie weisen darauf hin, daß wir uns unmittelbar als daseiend *vorfinden*. Dies scheint selbstverständlich zu sein. Und doch ist es das Merkwürdigste und Wunderbarste. Wir denken, Steine und Apparate seien ja auch da wie wir selber. Aber solcherlei Seiendes kann sich nicht als daseiend erfahren. Es kann darum niemals sagen: ich bin da. Aber *wir* finden uns vor und können solches sagen.

Indem wir diese einfachen Worte sagen: ich bin da, weisen wir zugleich auf das *Da* hin, an dem wir uns je vorfinden und immer schon vorgefunden haben. Das Da weist auf einen Ort hin inmitten unserer Umwelt, an welchem Ort in der Welt wir uns vorfinden. Es hat dabei den besonderen Sinn des Gegenüber und zwar des Gegenüber im Blick auf andere Menschen. »Ich bin *da*« sagen wir zu anderen, die *dort* sind. Das Da weist auf einen personalen und als personal zugleich welthaften Ort. Es meint das In-sein in der Welt.[2]

Das Ganze, was diese einfachen Worte sagen »ich bin da«, ist das unmittelbar Gegebene. Darin ist es ein Einfaches und Anfängliches. Wir finden uns vor als daseiend in unserer Welt.

In diesem Anfänglichen aber ist zugleich die Wurzelzone für alles, was daraus sich entfalten kann in vielerlei Weisen.

Die Bewegungen, die wir als freie und darum als zu verantwortende verstehen, sind nur möglich aufgrund dessen, daß wir da sind. Insofern und weil wir da sind, können wir dies oder jenes tun und uns darin so oder so verstehen.

Auch die Erforschung und Freilegung der Natur und ihrer Strukturen als Wissenschaft einschließlich der Naturwissenschaft vom Menschen und seinen naturhaften Determinanten und einschließlich der möglichen Anwendung der wissenschaftlichen Determinanten auf den Menschen, alles dies ist nur möglich aufgrund dessen, was die Worte »ich bin da« sagen. Wissenschaft ist nur möglich, insofern wissenschaftliche Menschen *da sind* und ihr Dasein in der Form der Wissenschaft vollbringen. Sie schwebt nicht in der Luft, und sie besteht auch nicht aus den nur gedruckten Buchstaben der Bücher. Wissenschaft ist selber eine Weise des Daseins des Menschen – ebenso wie die der Wissenschaft möglicherweise folgende Lebensdeutung und anwendende Praxis.

Das »ich bin da« ist also der anfängliche und umfassende Raum, der alles dies erst möglich macht.

Damit dürfen wir hoffen, von diesem anfänglichen Bereiche aus die Strittigkeit und Problematik der unterschiedlichen Daseinsdeutungen aufklären zu können. Wenn das, was »ich bin da« meint, die anfängliche und umfassende Wurzel für alle für unsere Frage wichtigen Phänomene

[2] Dies ist bekanntlich von Heidegger in *Sein und Zeit* (1927) grundlegend expliziert worden, freilich in einer anderen Absicht gegenüber der, die uns hier leitet. [Martin Heidegger, *Sein und Zeit* (= Gesamtausgabe, Bd. 2), hg. von F.-W. von Herrmann, Frankfurt/M. 1977.]

und für alle Möglichkeiten ihrer Deutung anspricht, dann ist es richtig und angemessen, dieses als Ausgangspunkt zu wählen für ein anfängliches Bedenken unseres Fragekreises »Freiheit und Determination«. Wir führen also eine methodische Reduktion des Problems durch. Wir gehen zurück auf das gemeinsame Anfängliche.

2. Zu dieser methodischen Reduktion ist aber des weiteren zu bedenken, in welcher Weise wir das gemeinsame Anfängliche in den Blick unseres Denkens bekommen können. Dem sachlichen Zugang muß der methodische Zugang angemessen sein.

Es gibt hierfür keine andere Möglichkeit, als denkend den Versuch zu machen, das, was sich selber zeigt, an dem »ich bin da«, so wie es sich an ihm selber zeigt, zu sehen. Wir können von beobachtendem Denken sprechen.

Dies bedeutet negativ, daß wir uns soweit wie möglich zu hüten haben, mit vorgefaßten Interpretationen und Gewohnheiten das sich Zeigende zu überdecken und zu verstellen und es so zu hindern, sich in seiner reinen Ursprünglichkeit zu entfalten. Nur in dem Gebrauche solcher Vorsicht dürfen wir hoffen, über ungeprüfte und unausgewiesene Vorurteile hinauszukommen in einen anfänglichen Anblick der anfänglichen Verhältnisse unseres Daseins.

Positiv heißt dies, daß wir versuchen müssen, phänomenologisch zu denken. Es gilt, das sich Zeigende oder das Phänomen des Daseins in der Wahrung seines Sich-Zeigens oder seiner Phänomenalität wahrzunehmen. Es gilt, das im geduldigen Hinblick Wahrgenommene so zu entfalten, daß es im Denken zu seinem vollen Sich-Zeigen gelangen kann. Es gilt, eine Phänomenanalyse des Daseins durchzuführen.

Nur im Wahrnehmen des sich Zeigenden als eines solchen können wir anfänglich in den Anblick der Verhältnisse kommen, die das »ich bin da« uns weist und zeigt. Damit aber in den Anblick dessen, was sowohl Determination wie Freiheit möglich macht.

Damit aber ist in einer ersten Andeutung ein methodischer Zugang freigelegt zur sachgemäßen Erörterung unseres Problems. Auf die angedeutete Weise kann, wenn überhaupt, geklärt werden sowohl die Möglichkeit und der Sinn des Gedankens der Freiheit wie auch die Möglichkeit des Gedankens der Wissenschaft und des daraus hervorgehenden Gedankens der Determination. Die Reduktion des Problems auf das Dasein und seine phänomenologische Explikation kann die Möglichkeit gewähren, von der Sache her Klarheit zu gewinnen in der zunächst strittigen Lage der Meinungen.

2.2. Die Lichtung des Daseins

Betrachten wir aufgrund der Reduktion, die vorgenommen wurde, den Bereich unsers Daseins, was zeigt sich dann? Was können wir dann als das Grundlegende, d.h. das alles Ermöglichende wahrnehmen?

Dies ist zunächst etwas ganz Einfaches. Dieses Grundlegende und Einfache sehen zu können, bedeutet aber eine philosophische Grundoperation, von der her sich vieles für alle weiteren Erörterungen entscheidet.

Indem wir beobachtend bei unserem eigenen »Ich-bin-da« verweilen, zeigt es sich, daß wir *da* sind. Unser Da kommt hervor, aus der Verschlossenheit ins Helle unseres Hinblicks. Und weil es sich zeigt und ins Helle unseres Hinblicks hervorkommt, deswegen können wir es beobachten und beobachtend bei ihm verweilen. Dieses Verweilen selber, zusammen mit dem, bei dem es verweilt, zeigt sich als eine Weise des *Aufenthalts im Hellen,* welches Helle die Möglichkeit des Sich-Zeigens mit sich führt. Wir nennen diese Helle die *Lichtung des Daseins.* Diese Lichtung macht sowohl das Sich-Zeigen, das Erscheinen dessen, was ist, möglich wie allen dieses Erscheinen wahrnehmenden Hinblick, welcher Art er auch sein mag. Beides spielt im einen, in der Lichtung. Nur in dieser merkwürdigen Helle der Lichtung des Daseins ist das Zusammenspiel dieses Bezuges möglich: Ich bin da in meiner Welt und: Ich verweile wahrnehmend bei meinem Dasein.[3]

So kommen wir auf die gelichtete Weite oder die Lichtung des Daseins als einen anfänglichen Grundzug, der zu diesem Dasein gehört in der Weise, daß diese Lichtung ihm allererst das Da seines Seins gewährt.

In dieser gelichteten Helle kommt aber nicht nur und nicht zuerst unser Dasein selber für es selber hervor und ins Licht. Es kommt vielmehr auch und in vieler Hinsicht zuerst das Andere des Daseins hervor. Indem ich da bin, ist für mich auch das Andere meiner da: die anderen

[3] Vgl. hierzu Martin Heidegger, *Sein und Zeit,* 1927, 219ff., zum ursprünglichen Phänomen der Wahrheit. [Martin Heidegger, *Sein und Zeit* (= Gesamtausgabe, Bd. 2), hg. von F.-W. von Herrmann, Frankfurt/M. 1977, 282–305.]

Menschen um mich vor allem, und mit ihnen die Räume, die Gegenstände, die Natur und ihre Gebilde, die technischen Apparate und so fort. Indem ich da bin, ist zugleich meine ganze Welt da, alles ringsumher, was ich sehe, was ich höre, aber auch an was ich denke, an was ich mich erinnere, alles dies ist da. Auch das, was nur leise und kaum bedacht zu mir spricht, steht, wenngleich abgeschattet, im Hellen der Lichtung. Und im gleichen Maße das, was ich erstrebe oder fürchte, sei es ausdrücklich oder sei es unter der Schwelle der Ausdrücklichkeit. Ein weiter Horizont ist eröffnet, sich erstreckend unabsehbar durch Raum und Zeit. Alles ist da und im Hellen. Es ist da und im Hellen, das heißt jetzt: es *zeigt* sich, es *meldet* sich, es *kommt vor* und hervor ins *Lichte,* in dem es betrachtet, bedacht, erstrebt, gefürchtet werden kann. Im weiten Horizont – seine Weite ermessen wir noch nicht – steht unermeßlich vieles, mannigfaltig abgeschattet, im Lichte und in der Lichtung unseres Daseins.

Vieles steht im Lichte unseres Daseins. Indessen nicht so, daß dieses Viele etwas von ihm Verschiedenes gleichsam als Boten von sich wegschickte, um sich bei uns zu melden. Vielmehr: die Menschen, die Dinge, die Sachverhalte sind zunächst einfach da. Indem sie einfach für uns da sind, lassen sie nicht eine von ihrem Dasein verschiedene Wirkung von sich ausgehen. Sie sind da als das, was sie sind und dieses einfache *Dasein* zeigt sich von Anfang an als die *Offenheit des Sich-Zeigens. Dasein und im Hellen der Lichtung Stehen sind eines.*

Es mag dann schon sein, daß die Wissenschaft eines Tages zeigen kann, daß solches erhelltes Dasein an physikalisch formulierbare Bedingungen geknüpft ist. Aber diese Bedingungen kommen im reinen Phänomen des Da gar nicht mehr vor, sowenig wie das Notenpapier als Papier im Klange der gespielten Musik noch vorkommt.

Diese Lichtung, in welcher unser Dasein sich selbst gegenwärtig ist und in der ihm zugleich und in einem unermeßlich vieles gegenwärtig ist, scheint nur dem Dasein in der Weise des unseren eröffnet und gewährt zu sein. An Seiendem anderer Art scheint es nicht vorzukommen. Bei den Lebewesen und besonders bei den höheren Tieren glauben wir freilich etwas Analoges beobachten zu können. Aber für den Fall, daß wir Tiere oder sonstige Lebewesen nur als chemisch-physikaliche Systeme betrachteten, für diesen Fall würde die Daseinshelle aus der Betrachtung auszufallen haben. In diesem Falle wären die Lebewesen nur dem Grade der Komplexität nach, aber nicht der prinzipiellen Seinsweise nach verschieden von technischen Apparaten, die wir bauen können, oder von physikalisch-chemisch bestimmbaren Naturvorgängen sonstiger Art. Aber solche Wesen und Naturverhältnisse zeigen nicht die Daseinshelle. Die Gestirne und die Berge nicht, und nicht die Apparate und Maschinen als chemisch-physikalische Systeme. Dies ist anderer Art als die Weise, wie wir da sind. Nichts von alledem kann in der ersten Person von sich sagen: ich bin da. Nichts von alledem ist sich selbst als daseiend eröffnet. Für nichts von alledem ist die Lichtung gelichtet. Darum muß gesagt werden: Der Radioapparat hört nicht, der Fernsehapparat sieht nicht, der Computer denkt nicht. Und dies deswegen nicht, weil für keines dieser Dinge so etwas wie eine zu ihnen gehörige Lichtung des Daseins eröffnet ist als die Ermöglichung aller Seinsweisen wie Sehen, Hören, Denken und so fort. Alles Seiende dieser Art ist in sich selbst dunkel und verschlossen. Der Apparat sowenig wie der Stein im Berg oder der Stern am Himmel sind für sich selbst da oder gegenwärtig. Sie sind für sich selbst nicht da, vielmehr vor sich verschlossen und finster, weil nicht gelichtet. Darum können alle diese Seienden ihr eigenes Dasein nicht merken, sowenig wie irgendein anderes Dasein. Darum können sie auch ihr eigenes Dasein nicht unterscheiden von ihrem Nicht-Dasein. Das eine wie das andere ist gleich abwesend und verschlossen für Seiendes dieser Art. Solches Seiendes kann wohl so konstruiert sein, daß es Informationen im technischen Sinne speichern und nach Programm verarbeiten kann. Aber es wird selbst nichts davon merken und sich nichts dabei denken können. Es ist keine gelichtete Helle da.

Weil da keine Lichtung ist, ist für diese verschlossenen Wesen auch nichts *anderes* da und es kann dies auch gar nicht. Nichts kann ihnen vor-kommen, weil das, worin etwas vor-kommen könnte, ihnen nicht eröffnet ist. Der Radioapparat hört nicht die Musik, die er aufnimmt und ausstrahlt, und darum kann sie für ihn gar nicht Musik sein. Nur der Mensch, das Wesen, das sich selbst hell ist und für das die Lichtung gelichtet ist, der Mensch kann hören und merken, was da erklingt, er kann es hören und merken in der Lichtung, die zu seinem Dasein gehört. Erst und nur in diesem Bereiche kann, was hier schwingt und selber nichts davon weiß, als Musik hervorkommen und sich entfalten.

Da wir in diesem Zusammenhang von Lichtung sprechen, so ist in Kürze einzugehen auf das Verhältnis dieser Lichtung des Daseins zu dem, was in der Physik Licht genannt wird. Worte wie Licht und Lichtung werden seit alters in der Philosophie gebraucht, und sie sind uns wohl immer noch unentbehrlich. Aber unser von der modernen Wissenschaft und insbesondere von der Physik bestimmtes Bewußtsein denkt dabei leicht an etwas ganz anderes als das, was die Philosophie seit je dabei gedacht hat und was wir als Lichtung des Daseins zu denken haben. Das Licht der Lichtung, von der wir hier sprechen, ist kein physikalisches Licht. Dies ist keine Abwertung der Physik. Diese hat auf ihre Weise ihr gutes Recht, von Licht zu sprechen, und sie vermag ja auch Erstaunliches darüber zu sagen. Aber es muß unterschieden werden. Das Licht, das für die Physik im Blicke ist, ist anderer Art als das, was wir hier betrachten und zu betrachten haben, die gelichtete Helle, die zu unserem Dasein gehört. Die lichtemittierenden Atome der physikalischen Körper merken nichts davon, daß sie da sind und nichts davon, daß sie strahlen und vollends nichts davon, wohin sie strahlen und was sie also im physikalischen Sinne erleuchten. Bei allen physikalischen Strahlen sind diese Körper sich selbst und ist ihnen die Welt verschlossen und gerade nicht gelichtet. Was vom physikalischen Licht, etwa der Sonne, bestrahlt wird, zum Beispiel der Mond oder unsere Erde, an dem bringt das physikalische Licht freilich Wirkungen hervor, etwa die Wirkung der Absorption und der Reflexion der Strahlung. Aber die bestrahlten Himmelskörper, als physikalische Körper betrachtet, sind je *für sich* so dunkel, wie sie vor der Bestrahlung waren, und so können sie weder ihre Absorption noch ihre Reflexion, weder ihre Erhelltheit noch ihre Dunkelheit bemerken. Beides ist ihnen gleich verschlossen und abwesend. Weder das physikalisch Leuchtende noch das physikalische Licht noch das physikalisch Beleuchtete ist hell im Sinne der hellen Lichtung des Daseins.

Unser menschliches Dasein und alles und nur das seiner Art zeigt also eine ganz ausgezeichnete Weise dieses Daseins. Sie liegt darin, daß zu ihm die gelichtete Lichtung gehört, in der das »ich bin da« sowohl für sich selber vorkommt, wie auch vieles und vielleicht alles andere ihm in diesem Raume der Lichtung vorkommt. Und diese Lichtung des Daseins ist von einzigartiger Seinsart, einer Seinsart, die von allem Physikalischen durch einen qualitativen Sprung unterschieden ist. Die Lichtung des Daseins ist von Grund auf und ganz anders und von den physikalischen Verhältnissen her nicht ableitbar.

Dies ist der grundlegende Horizont, der für unsere Frage zu betrachten ist. Von ihm aus haben wir die Sache von Freiheit und Determination zu erörtern. Und da im Rahmen dieser Erörterung die Sache der Determination mit Vorzug von der Seite der Natur, der Naturwissenschaften und ihrer Folgewissenschaften, vorgebracht wird, so haben wir von der

Grundlage der Daseinslichtung aus nach deren Verhältnis zur Natur und zur Naturwissenschaft zu fragen, im Rahmen der Frage nach dem, was wir Freiheit nennen.

2.3. Die Lichtung des Daseins als Ermöglichung von Freiheit und Determination

Es ist zunächst deutlicher zu sehen, daß unser menschliches Dasein in seiner gelichteten Lichtung den Raum aller jener Erscheinungen und Bewegungen hat, die wir der Freiheit zuzurechnen pflegen.

1. Die Lichtung des Daseins ist selbst Offenheit und Freiheit, das Ganze des Daseins und seiner Welt ins Offene seines Da freigebend. Und sie ist zugleich der Spielraum aller jener Bewegungen und Wendungen unseres lebendigen Daseins, in denen wir uns mit dem Bewußtsein der Freiheit bald hierhin, bald dorthin wenden. Daß wir in solchen Wendungen je *uns selber* wenden und also darin uns selber zu uns selber verhalten, setzt ja voraus, daß wir uns selbst *gegeben* und *erhellt* sind. Und daß wir uns in unserem Verhalten irgendwohin wenden und uns also je zu etwas verhalten, setzt voraus, daß uns das Etwas und damit zugleich das Etwas im ganzen, nämlich unsere Welt *eröffnet* und für uns *im Hellen* da ist. Alles Sich-Verhalten zu ... geschieht notwendig im Spielraum der gelichteten Lichtung und ist nur in diesem möglich. Die Lichtung des Daseins zeigt sich als der Spielraum alles dessen, was sinnvollerweise als frei und als Freiheit angesprochen werden kann. Sie zeigt sich als der Spielraum möglicher Freiheit.

Ob diese mögliche Freiheit freilich wirkliche Freiheit sei und wenn ja, was solche zu bedeuten habe, davon wird erst später zu sprechen sein.

2. Blicken wir von dem nun gewonnenen Horizont der Lichtung des Daseins aus auf das, was für die exakten Wissenschaften Natur heißt und damit auf das Feld, aus dem die von der Wissenschaft geltend gemachte Determination erwächst, was sehen wir dann?

Die Natur der exakten Wissenschaft hat ihre Grundlage in der Physik. Diese Grundlage bestimmt das Ganze der Wissenschaft und der von der Wissenschaft gefaßten und für sie faßbaren Natur. Das Physikalische der Physik kann damit als die Grundlage der ganzen wissenschaftlich erfaßten Natur und damit auch der ganzen Naturwissenschaft betrachtet werden.

Was ist das Physikalische der Physik? Wir können mit Kant etwa sagen: Es ist das Sich-Verhalten der Körperdinge und der zu ihnen gehörenden Kräfte nach Regeln[4]. Blicken wir auf dieses, so können wir nun weiter sagen: Dieses Physikalische konstituiert sich samt der zu ihm gehörigen Physik nur in der Helle der Lichtung des *menschlichen* Daseins. Das Physikalische in seiner *eigenen* Natur ist sich selber verschlossen. Betrachten wir die Körperdinge und ihre Kräfte und Beziehungen per impossibile bloß als solche und bloß in sich selber, so verhalten sie sich selber genau genommen überhaupt nicht. Wenn wir trotzdem sagen, sie verhielten *sich*, so ist dies bloß eine analoge und anthropomorphe Redeweise. Die Körperdinge sind als bloße Körperdinge betrachtet sich selber gar nicht eröffnet und gegeben, und so können sie sich gar nicht zu sich selbst verhalten. Auch anderes ist ihnen nicht eröffnet und gegeben, und so können sie sich genau genommen auch nicht zu anderem verhalten. Weder stoßen Körperdinge einander ab, noch ziehen sie einander an, noch wirken sie in irgendeinem anderen Sinne aufeinander, sofern wir nur diese Ausdrücke genau und wörtlich nehmen und auf die Körperdinge *für sich selbst* beziehen. Die anderen Dinge sind ja für die Körperdinge, von denen wir sagen, sie übten Anziehung aus, überhaupt nicht da. Darum können sie von sich aus zueinander auch keine Beziehungen unterhalten.

Und vollends vermögen die Körperdinge (sofern wir sie immer noch per impossibile bloß als solche und bloß in sich selber betrachten) sich nicht nach Regeln zu verhalten. Dies würde ja voraussetzen, daß sie sich zu etwas wie einem Maß oder einer Regel verhielten. Oder es würde zum wenigsten voraussetzen, daß sie sich geregelt zu dem verhielten, was bisher war, was jetzt ist und was nachher sein soll. Aber zu alledem sind ja die Dinge nicht fähig, weil sie nicht im Erhellten des Daseins sind. Sie erinnern sich keineswegs an das, was sie bisher zu tun pflegten, weil das Bisherige als das Nicht-mehr-jetzige für sie gar nicht da und nicht eröffnet ist. Sie beziehen sich auch nicht voraus auf das nachher zu Vollziehende, weil das Künftige für sie ebenso verschlossen und entzogen ist wie das Vergangene und das Gegenwärtige. Körperdinge, nur als solche

[4] Vgl. Kant, *Kritik der reinen Vernunft*, Zweite Analogie der Erfahrung, A 189: »Alles, was geschieht …, setzt etwas voraus, worauf es nach einer Regel folgt.«

betrachtet, sind für sich selbst und für die Dimensionen der Zeit und für so etwas wie Regel durchaus blind. Sie sind nur, was sie sind, und darin weit entfernt, sich selber nach einer Regel zu richten oder nach einem Naturgesetz zu verhalten. Von ihnen selber her gesehen, gibt es nichts von Kontinuität oder Gesetz. Die physikalische Natur hat in sich selber für sich selber kein Gesetz. So gesehen sind die Körperdinge *für sich selber* gar nicht physikalisch bestimmt.

3. Wohl aber sind sie physikalisch bestimmt *für uns Menschen*. Wir Menschen haben, und zwar aufgrund der elementaren Tatsache, daß wir uns immer schon in der eröffneten Lichtung unseres Daseins bewegen, die Möglichkeit, die Körperdinge und ihre Beziehungen zueinander zu sehen und zu beobachten. Für *uns* können sie sich in der zu uns gehörenden Helle des Daseins *zeigen* als sie selber. *Wir* können aufgrund eines solchen Sich-Zeigens sie auf sich selber beziehen und sagen: sie verhalten *sich*. Wir können sie auch *aufeinander* beziehen und diese Bezüge der Dinge aufeinander wiederum auf sie selbst als auf ihr An-sich zurückbeziehen. Wir können die vielfältigen Erscheinungen des körperlichen Kosmos zu einem Zusammenhange zusammenlesen. Wir können das Auseinander ihrer zeitlichen Streuung und Zerstreuung als ein Kontinuum lesen. Wir können die Körperdinge und ihr Verhalten im Raum-Zeit-Kontinuum nach Regeln des Verhaltens abtasten und solche feststellen und beschreiben. Wir können alle diese Verfahren objektiv und methodisch exakt durchführen und das objektiv und exakt Festgestellte in mathematischer Sprache exakt abbilden. Wir können die so betrachtete, festgestellte und abgebildete Natur dann in unserem Wissen vor uns aufstellen so, daß wir sie darin gerade von uns wegstellen als eine objektive, in einem intersubjektiven An-sich stehende. Dann sehen wir die Natur als das physikalisch-objektive An-sich in Zusammenhängen, die für jeden, der ihre Voraussetzungen nachvollziehen kann, zwingend verifizierbar sind. *Wir* sehen dann, daß ihre funktionalen Zusammenhänge in ihrem regelhaften Charakter *unabhängig von uns* funktionieren, und es entsteht das großartige Bild der physikalisch im Prinzip durchgängig determinierten Natur.

In unserem Zusammenhange können wir jetzt sehen: Die Natur als durchgängig physikalisch bestimmte kann sich konstituieren im Rahmen und aufgrund einer bestimmten, nämlich der wissenschaftlichen Betrachtungsweise. Diese aber ist eine (unter verschiedenen) Möglichkeiten, welche aus dem Grunde jener gelichteten Helle erwachsen, die zu unserem lebendigen »Ich-bin-da« gehört und die ihrerseits nichts Physikalisches darstellt.

Dies zu erkennen heißt nichts weniger als die Objektivität der physikalischen Natur und der sie wissenschaftlich abbildenden Physik zu bestreiten. Es heißt vielmehr, den ermöglichenden Raum dieser Objektivität erkennen. Die objektive Physis und die objektive Physik als ihre Wissenschaft konstituieren sich aufgrund einer besonderen und ausgezeichneten Stellung des »Ich-bin-da« und dieses aufgrund der zu ihm gehörenden Helle und Lichtung. Der zur Naturwissenschaft gehörende und in ihr erscheinende objektive Bereich von Determination gehört in diesem Sinne unlöslich zu dem ihn erst ermöglichenden Bereich der Lichtung des Daseins und ist die Folgeerscheinung einer Sonderform, die das menschliche Dasein aus seiner Erhelltheit heraus ausbilden kann, nämlich der Form der Wissenschaft.[5]

So gesehen ist diese ganze determinierte und exakte Ordnung der Natur vom Dasein und seiner Lichtung aus erreichbar, und es gibt eine mögliche Kontinuität von diesem Dasein her im Lichte seiner Lichtung zur physikalisch determinierten Natur hin.

4. Aber die Richtung dieser Kontinuität ist nicht umkehrbar. Ist die Natur erst einmal festgestellt in ihrer durchgängigen objektiven und im Grunde physikalischen Determiniertheit, und denken wir von der so konstituierten Natur aus wiederum auf das menschliche Dasein und die zu ihm gehörige Lichtung zurück, so gibt es in dieser Richtung keine mögliche Kontinuität. Es gibt keine Möglichkeit, das, was wir die Lichtung des »Ich-bin-da« nennen, vom Physikalischen und seinen wissenschaftlichen Weiterbildungen her als seinem ermöglichenden Grunde abzuleiten.

Die grundsätzliche Unmöglichkeit des Übergangs in dieser Richtung kann man von beiden Seiten her zeigen, von der physikalisch betrachteten Natur ebenso wie vom menschlichen Dasein und seiner Lichtung her.

Vom Physikalischen aus ist es unmöglich, durch dessen Entwicklung

[5] Es ist in unserem Zusammenhang interessant zu sehen, dass auch die Physik von ihrem Standpunkte aus – der sich von dem hier entwickelten durchaus unterscheidet – darauf kommt, zu sehen, daß der »Gegenstand der Forschung nicht mehr die Natur an sich (ist), sondern die der menschlichen Fragestellung ausgesetzte Natur«. Werner Heisenberg, *Das Naturbild der heutigen Physik*. Hamburg 1955, 17f.

und Kombinatorik zum Da des erhellten Daseins und seiner Lichtung zu kommen. Die physikalische und überhaupt die naturwissenschaftliche Betrachtungsweise betrachtet die einzelnen beobachtbaren Momente der Natur als im Raum-Zeit-Kontinuum gegebene objektive und ihre Bewegungen und Entfaltungen vollziehende. Sie ordnet sie und stellt sie dar in mathematisch-logischen Formen. Sie mißt und ordnet das, was meßbar und zu ordnen ist, d.h. das, was auseinander liegt im Raum-Zeit-Kontinuum und was in den Verhältnissen seines Auseinander faßbar und in mathematischer Sprache abbildbar ist. Auf dem Wege eines solchen grundsätzlichen Verfahrens kann sich die Frage gar nicht erheben, was die einzelnen Momente je etwa *für sich* bedeuten oder was sie *für sich* miteinander tun. Das Für-sich und das Miteinander kann in dieser Betrachtungsweise gar nicht vorkommen und darum auch nicht die etwa gegebene besondere Qualität des Für-sich und des Miteinander. Was in der wissenschaftlichen Betrachtungsweise vorkommen kann, ist das reine Abstraktum des in sich Qualitätslosen.

Kombiniert man daher meßbare und zählbare Größen der Natur theoretisch oder auch praktisch-technisch, so erhält man unter Umständen wahre Wundergebilde. Aber es sind selber doch immer wieder nur zählbare und meßbare Größen, Summen und Kombinationen. Sie bleiben in der Ordnung des Physikalischen.

Dadurch aber kann niemals ein erhelltes Da, niemals ein Schimmer von sich gegenwärtigem Licht erreicht werden oder erreichbar werden, denn dies wäre völlig anderer Ordnung. Die Physik aber und ihr Bild der Natur kann nicht aus ihrer Ordnung springen. Die Ordnung der Physik und der physikalisch gesehenen Natur reicht ans Gewaltigste heran, an die Bewegung der kosmischen Welten und Gestirne, sie reicht auch an das Wunderbarste heran, etwa an den genetischen Code, der mit Hilfe einer Ordnung von Makromolekülen alles Leben seit urdenklichen Zeiten steuert. Aber alles dies ist noch grundsätzlich physikalisch. Es kann als solches niemals auch nur das geringste Licht eines erhellten »Ich-bin-da«, nicht die leiseste Helle der Präsenz aus sich entlassen, insofern es *nur* dieses ist.

Darum kann man zwar biophysikalisch und biochemisch die Reizleitungen der Nervenbahnen ins Gehirn verfolgen, auch die Speicherungen der Reize und ihre physikalische Kombinationsfähigkeit läßt sich fassen, aber eines läßt sich nie finden und wurde auch nie gefunden, nämlich der Übergang von hier in das, was man in verbreiteter Redeweise »Bewußtsein« oder »Seele« nennt. Fände man solcherlei auf diesem Wege, dann wäre dies selbst wiederum eine physikalische Größe und damit wiederum nicht von daseinsmäßiger und das heißt durch die Lichtung erhellter Seinsweise. Sagt man also: »Die Wissenschaft hat noch nie eine Seele gefunden« oder umgekehrt: »Bald sind wir so weit, wissenschaftlich den Übergang konstruieren zu können«, so beruht in beiden Fällen die Aussage auf einer Verkennung der Grundphänomene und auf einer falschen Stellung der Frage.

Aber auch von der anderen Seite, der der Daseinshelle her, ist deutlich zu machen, daß es hierhin keinen kontinuierlichen Übergang von außen gibt.

Die Gelichtetheit und Offenbarkeit des Seienden sind in sich selbst anschaubar als ein *anfängliches* und *einfaches* Phänomen eigenster Art. Das gelichtete Da fängt mit sich selber an und nicht von außen. Es ist, von ihm selber her gesehen, einfach da oder nicht da. Es ist daseiend und anwesend immer reiner Anfang, von dem zwar vieles andere, darunter auch die moderne Wissenschaft anfängt, das in seiner reinen Anfänglichkeit aber nichts anderes voraussetzt und von nirgends anderswo her anfängt. Es ist als das Anfängliche ein Einfaches, nicht Zusammengesetztes noch Zusammengestücktes. Darin liegt auch die Schwierigkeit, es deutlich zu machen. In seiner Anfänglichkeit und Einfachheit hat es zugleich eine eigenste Qualität. Wir versuchten sie durch Ausdrücke wie Licht, Gegenwart, Helle, Merken, Wissen anzudeuten. Das Anfängliche, Einfache, aber Qualifizierte ist von außen nicht erreichbar und nicht aus andersgearteten Teilen konstruierbar. Wären wir nicht immer schon in diesem erhellten Raume, es wäre nie auch nur vorstellbar noch gar entwerfbar, daß so etwas entstehen könnte. Die Lichtung steht in ihrem eigenen Ursprung. Diesen kann man sehen, sofern man in ihm aufgetaucht ist. Aber man kann ihn nicht von außen her erreichen.

Zu einem solchen Bereich kann es keinen Übergang aus einer anderen Ordnung geben. Er ist da und in sich leuchtend aus seinem eigenen Ursprung, oder er ist nicht da.

Er ist keine mögliche Funktion des Physikalischen. Dies besagt freilich nicht, daß es keine möglichen *Bedingungen* physikalischer oder chemischer Natur für die Realisierung der Lichtung des Geistes geben könne. Aber diese Bedingungen, sofern es sie gibt, *machen* nicht die Lichtung, sie regeln nur gegebenenfalls die *Bedingungen ihrer Realisierung.*

Was haben wir mit dieser Überlegung gewonnen? Wir haben in methodischem Rückgang auf den Ursprung einen Boden gewonnen, von dem her sowohl das Bewußtsein der Freiheit wie der Gedanke der Wissenschaft und der objektiven Natur und damit der naturhaften Determination erreichbar und verstehbar sind. Wir haben einen gemeinsamen und umfassenden Boden gewonnen für die beiden zunächst strittigen und sich bestreitenden Positionen.

Wir haben des weiteren die Einsicht gewonnen, daß dieser Boden oder Bereich von der Physik und allen ihr folgenden Wissenschaften aus nicht erreichbar ist, daß er aber andererseits einen *eigenen* Zugang hat. Denn er ist phänomenaler, d. h. erscheinungsmäßiger Art und daher einer phänomenologischen Beobachtung und Explikation zugänglich. Unser Problem ist damit in den Bereich seines Ursprungs gekommen. Und es hat sich zugleich hinsichtlich seines methodischen Zugangs genauer bestimmt.

Von hier aus und auf den hier sich zeigenden Wegen läßt es sich, wenn überhaupt, klären.

3. Daseinslichtung und Verhalten

3.1. Verhaltensdeterminanten in der Daseinslichtung

Wir haben uns jetzt zu fragen: Was zeigt die Daseinslichtung von sich selbst und was läßt sie in ihrem Lichte als das von ihr Gelichtete sehen? Wie ist näherhin unser Dasein im Lichte seiner Lichtung hinsichtlich dessen, was man Freiheit und hinsichtlich dessen, was man Determination nennen kann? Was zeigt sich dem freien phänomenologischen Hinblick in diesem Raume und in dem, was zu ihm gehört?

1. Wir blicken zunächst auf das folgende: Die Lichtung unseres Daseins und mit ihr und in ihr dieses Dasein selber stehen nicht einfach bloß da. In ihnen *geschieht* vielmehr etwas, es läuft eine Bewegung ab, und wir sehen den mannigfaltigsten Wandel, ein Spiel von beständig wechselnden Bildern und Gestalten.

In diesem bewegten Spiel ist ein für unser Vorhaben entscheidendes Element zu beobachten. Es besteht darin, daß sich unser Dasein im Wandel seiner in sich gelichteten Bewegungen selber auf eine eigentümliche Weise als *Prinzip* seiner Bewegungen und zugleich als *das Bewegte* seiner

Bewegungen versteht und vollzieht. Es weiß sich selbst als bewegend, d.h. Bewegung veranlassend, und als bewegt, d.h. Bewegung durchführend. Die gelichteten Daseinsbewegungen sind so auf eine eigentümliche Weise von sich selbst ausgehend und sich selbst betreffend, sie sind *reflexiv*. In ihnen verhält sich unser Dasein *zu sich selbst*. Wir drücken dies durch den Begriff des *Sich-Verhaltens* aus. Sich verhaltend ist das Dasein sich selbst gelichtet, es weiß von sich selbst, und es vollbringt sich zugleich selbst. Sich verhaltend gibt es sich immer wieder neue Gestalten und Wendungen. Ich verhalte mich theoretisch oder praktisch, arbeitend oder ruhend, liebend oder hassend, wirkend oder leidend, und so weiter, in einer unübersehbaren Vielfalt und Fülle von Möglichkeiten.

Im Bereiche des sich selber gelichteten Sich-Verhaltens muß sich die Rede von der Freiheit verifizieren lassen, sofern sie irgendeinen menschlichen Sinn haben soll. In diesem Bereich wird aber auch das, was die Determination genannt wird, ins Lichte kommen.

2. Wir fahren, unser Vorhaben bewahrend, fort, darauf zu achten, was sich in diesem Bereiche selber sehen läßt. Denn nur von daher kann die Rede von der Freiheit aus der Sache her gewonnen und gerechtfertigt werden.

Es zeigen sich in dem sich selber gelichteten Selbstverhalten des Daseins zunächst nicht Elemente der Freiheit, vielmehr solche einer neuen und vielfältigen Determination. Es zeigen sich Elemente, die unser Verhalten bestimmen, ohne von ihm bestimmt zu werden. Es zeigen sich neue Determinationssysteme.

Sie zeigen sich in einer doppelten Reihe, deren Glieder durchgehend einander zugeordnet sind.

Da ist zunächst dieses Einfache: Wir finden uns in unserem lebendigen Verhalten bestimmt von dem, was wir sehen oder hören oder wissen oder denken oder wovon gesprochen wird und so fort. Wir finden uns bestimmt von den Verhältnissen unserer mitmenschlichen Umwelt, von denen unserer Naturwelt, von denen unserer Welt überhaupt und im ganzen. Unsere Welt im ganzen und alles, was sie umfaßt, kommt ja hervor und erscheint in der Helle der Lichtung unseres Daseins. Hervorkommend für unser Dasein als für ein sich verhaltendes kommt an den Tag, daß wir am Anfang unsere Welt und ihre Elemente nicht gemacht, ausgesucht oder bestimmt haben. Wir pflegen unsere Welt zwar sekundär zu verändern. Aber zunächst und primär ist sie unserem Dasein als das diesem *Vorgegebene* und *Vorliegende* eröffnet. Und als das Vorgegebene und Vorliegende bestimmt sie primär unser sich gelichtetes Sich-Verhalten. Im Hinblick auf unsere Welt richten wir uns ein, im Hinblick auf sie fassen wir unsere Ziele ins Auge, im Hinblick auf sie suchen wir dem Abträglichen zu entgehen und so fort. Wir verhalten uns je und je so, daß wir darin bestimmt sind von unserer Welt als der Konstellation möglicher Ziele und möglicher Gefährdungen. Wir verhalten zwar uns selbst, jedoch so, daß wir uns darin immer *zu etwas* verhalten als zu einem Elemente unserer Welt, das uns winkt oder droht oder wie immer zu uns spricht. Indem wir uns *zu etwas* als einem je immer neuen Elemente unserer Welt verhalten und indem uns darin je immer wieder neu ein Etwas unserer Welt winkt oder droht oder auf irgendwelche Weise zu uns spricht, so finden wir unser Sich-Verhalten *bestimmt* von diesem Etwas in der Welt, bestimmt in der Weise, angezogen oder abgedrängt zu sein und in vielen ähnlichen Weisen. Die Welt als der Inbegriff des Etwas erscheint als ein umfassendes System von Determinanten. Verändert sich darum die Welt eines Menschen, dann verändert sich auch sein Sich-Verhalten. Menschen verhalten sich zum Beispiel anders unter ihnen sympathischen oder unter ihnen unsympathischen Menschen, in dieser oder jener Gesellschaft, ihr Verhalten verändert sich in der Veränderung der vielfältigen umweltlichen Bezugssysteme.

Dies ist die eine Reihe von Determinanten, auf die wir in dem sich selbst gelichteten Selbstverhalten stoßen. Die Welt bildet eine Welt von Determinanten, die uns bestimmen, aber primär nicht von uns bestimmt sind.

3. Die Elemente der Welt könnten aber nicht als Determinanten unseres Sich-Verhaltens auftauchen, wenn es nicht auch *in* dem, was wir selber für uns selbst sind als in dem vergleichsweise Inneren unseres Daseins, Bestimmungen und Determinanten gäbe, die vom Inneren des Selbstseins her das Dasein auf sein je mögliches Worauf-Hin im Bereiche seiner Welt ausrichten. Durch diese Überlegung entdecken wir in unserem Dasein eine zweite Reihe von Determinanten.

Es würde uns das Schöne oder das irgendwie Lockende nicht anziehen, wenn es nicht im Inneren unseres Selbstseins als der Quelle unseres Uns-Verhaltens schon eine Neigung oder ein Mögen des Schönen oder des Lockenden gäbe. Oder: Das Gefährliche oder Bedrohliche würde uns nicht zur Flucht oder zum Ausweichen bestimmen, wenn es nicht im

Inneren unseres Sich-Verhaltens ein elementares Mögen des Heils oder des Geborgenseins und darum eine elementare Ausrichtung auf das Vermeiden oder Überwinden des Gefährlichen gäbe und so fort.

Wenn wir unsere Welt als ein System von Determinanten unseres sich gelichteten Sich-Verhaltens erfahren und erkennen können, so nur deswegen, weil dieses Weltsystem von Determinanten verknüpft ist mit einem komplementären System innerer Determinanten unseres Selbstseins. Diese haben die Gestalt mannigfaltiger Zu- oder Abneigungen, mannigfaltiger Antriebe oder Hemmungen und so weiter. Diese Elemente finden sich untereinander zu teilweise komplizierten Sinnkomplexen verknüpft. Man braucht dafür nur auf die mannigfaltigen Sinnkomplexe von Antrieben, Neigungen und Hemmungen zu erinnern, die sich im Bereiche des Geschlechtsverhaltens der Menschen finden. Die inneren Verhaltensdeterminanten regeln weitgehend das sich entfaltende Verhalten unseres Daseins etwa zu den Geschlechtspartnern oder zu anderen Größen, die in unserer Welt auftauchen.[6]

Auch diese inneren Determinanten unseres Sich-Verhaltens erscheinen als eigentliche Determinanten. Sie zeigen sich als Bestimmungen, die sich nicht erst aus *unserem* Sich-Verhalten als deren *Folgen* ergeben, die vielmehr, ohne primär von unserem Verhalten gewollt oder bestimmt zu sein, in der Lichtung unseres Daseins je *schon* vorliegen und dem möglichen Verhalten die Wege *vor*zeichnen und dieses auf den vorgezeichneten Weg treiben. Daß uns das Schöne anzieht, daß das Erfolg Verheißende uns lockt, daß die Geschlechter einander gerne begegnen und so fort, dies liegt in dem, was wir die *Natur* nennen, d. h. es kommt nicht aus unseren Absichten und Plänen und wir sagen deswegen mit Recht, dafür könnten wir nichts. Wir finden uns je schon im Zuge solcher und vieler vergleichbarer Antriebe und Antriebssysteme vor, sie zeichnen unserem Verhalten die Wege vor und bringen uns auf den Gedanken, wir könnten uns so und so verhalten, uns in diese oder jene Richtung wenden, und sie drängen uns zugleich in diese Richtung.

Hier sehen wir die andere Reihe der Determinanten unseres sich gelichteten Verhaltens, und wir sehen zugleich die durchgehende Zuordnung der einen Reihe zur anderen. In dieser Zuordnung liegt das Entscheidende in diesem lebendigen und gelichteten Determinantensystem.

[6] Darauf wird an späterer Stelle noch einmal einzugehen sein. Vgl. Kapitel 4.2. und 5.1.

Aufgrund dieses Systems findet sich das Ganze unseres Sich-Verhaltens je schon in sich selber bestimmt. Wir nennen dieses Bestimmungsganze, das sich in der Lichtung des Daseins zeigt, die *Natur* oder den *Naturgrund* unseres Daseins. Mit diesem Titel soll darauf hingewiesen werden, daß diese Determinanten sich *selber* bemerkbar machen und nicht erst als *Folgen* unseres Verhaltens entspringen. Der Titel soll zugleich darauf hinweisen, daß diese Verhaltensbestimmungen und Verhaltensmächte im Lichte unseres Daseins *aufgehen* und darin sich entfalten. Wir verstehen Natur vom griechischen Physis her als das ins Lichte Aufgehende. Unser sich selber gelichtetes Dasein findet sich in einem Naturgrunde eigenen Ursprunges, der dieser Lichtung zugehört.

Es findet sich von daher in einer teilweise komplizierten Vorzeichnung von Möglichkeiten und von Wegen. Manche Möglichkeiten und Wege werden von daher eröffnet oder erleichtert, so daß wir sie gerne einschlagen. Andere werden verstellt oder erschwert, so daß wir in dieser Richtung uns nicht bewegen mögen. Entlang dieser Eröffnung von Möglichkeiten und Wegen vom Grunde der Natur her entfaltet sich dann die äußere Erscheinung unseres Daseins in der Welt.

Wir treffen so in der Helle des Daseins ein vielfältiges Determinationssystem an. Es wird großenteils von der Psychologie erforscht. Es hat sich auch gezeigt, daß es gesetzmäßig verknüpft ist mit Elementen, die von der Biologie des menschlichen Lebens her faßbar werden. Wir werden also von hier aus noch einmal auf die materialen, physikalisch, chemisch-biologisch definierbaren und auch beeinflußbaren Voraussetzungen unseres Daseins und Lebens hinweisen. Indessen haben wir es an diesem Punkte unserer Überlegung doch nicht mehr mit physikalischen oder chemischen Vorgängen *als solchen zu* tun, vielmehr mit Elementen, die der gelichteten Helle unseres Daseins zugehören, unserem Für-uns-selber-Dasein, unserem Uns-selbst-Empfinden, dem Hervorkommen in die Helle, in der wir uns selber gegeben sind. Sie durchwalten das sich gelichtete Sich-selbst-Verhalten auf dem Niveau dieser Lichtung.

Wenn wir in sehr vielen und wichtigen Fällen feststellen können, daß dieses Determinationssystem eng und gesetzmäßig verknüpft erscheint mit Vorgängen, die als physikalische oder chemische beschreibbar und beeinflußbar sind, dann gehören diese Elemente selber in dem, was sie *an sich selbst* zeigen, doch gerade in einen anderen Bereich. Als Elemente des lebendigen Daseins und Sich-Verhaltens, das sich selber hell ist und in dem die Welt hell ist, sind sie gerade nicht mehr bloß stumme und verschlossene Elemente. Es sind erhellte und der erhellten Selbstgehörigkeit zugehörige Elemente. Als solche sind sie nicht der Ebene der Physik oder der physikalisch erhellbaren Biologie zugehörig und nicht von dort aus zu konstruieren. Aber sie sind mit jener Welt gesetzmäßig verknüpft. Wir bewegen uns jetzt nicht mehr auf einer dem erhellten Dasein gegenüber äußeren, vielmehr auf der diesem Dasein eigenen Ebene.

Es ist die Ebene, die wir oben als die Ebene oder den Bereich möglicher Freiheit bezeichnet haben. Wenn dieser Bereich nun aufs neue als durch und durch determiniert erscheint, so erscheint damit die Sache möglicher Freiheit aufs neue in Frage gestellt, jetzt nicht mehr von außen wie vorhin, sondern gleichsam vom eigenen Bereiche her, in dem, wenn überhaupt, Freiheit erscheinen kann. Jetzt ist die Freiheit in ihrem eigenen Hause bedrängt und in Frage gestellt von der scheinbar allmächtigen Determination. Darum kommt hier erst das, was man den Prozeß der Freiheit nennen könnte, in das schärfste und am meisten brennende Stadium. Auf diesen Punkt müssen wir vor allem blicken, um uns über das, was Freiheit und Determination meinen, klar zu werden.

3.2. Das Verhalten zum Verhalten

Beobachten wir sorgfältig das Ganze unserer Selbstgegebenheit und unseres Verhaltens, so werden wir darin noch anderes entdecken als nur die Determinationskomplexe der Natur. Dies wird vor allem dann deutlich, wenn unsere Natur als *ganze* uns zur Frage wird oder zur Aufgabe. Menschen können sich selbst zur Frage werden. Sie können fragen: Was bin ich für ein Mensch? In solcher Frage blicken sie auf sich selbst im ganzen hinsichtlich dessen, was sie sind. Dies ist aber genauer gesehen das Ganze ihrer Natur, das heißt des Komplexes und Gefüges der Naturdeterminanten. In der Frage »Was bin ich für ein Mensch?« verhält sich also ein Mensch zum Ganzen seines Naturverhaltens. Das Dasein zeigt sich so als von einem zweipoligen Verhalten geprägt. Am einen Pol steht das Ganze des Verhaltens, das als Natur in unserer Daseinslichtung uns vorgegeben ist. Am anderen Pol steht das Selbst, welches sich selbst fragt: »Was bin ich für ein Mensch, das heißt, was habe ich für eine Natur?«

Das Verhalten zum Verhalten oder die Zweipoligkeit des Daseinsvollzuges, auf welche wir hier kommen, zeigt sich in sehr vielen, wenn nicht in allen möglichen Fällen. Menschen können nicht nur sich befragen. Sie können sich bejahen und übernehmen. Sie können sich verneinen und ihre Natur zu ändern trachten. In allen diesen Möglichkeiten und in vielen analogen tritt immer dasselbe Phänomen auf. Es tritt ein Verhalten auf, das sich zum Ganzen der menschlichen Natur oder zum Ganzen der Naturdeterminanten verhält. Es tritt das Verhalten zum Verhalten auf.

Menschen verhalten sich darin jeweils zum Ganzen ihrer Natur, zum gesamten System ihrer Zu- und Abneigungen. Sie stehen also von hier aus gesehen diesem Ganzen *gegenüber* und im Abstand zu diesem Ganzen. Sie urteilen über sich und verhalten sich zu sich. Der Ort, von welchem aus sich Menschen zu ihrer gesamten Natur verhalten, liegt außerhalb oder oberhalb ihrer Natur, jedoch innerhalb des umfassenden Raumes der Daseinslichtung. Darin wird sichtbar, daß dieses Sich-Verhalten zum Naturverhalten nicht noch einmal ein zusätzliches Stück der Natur darstellt. Es handelt sich nicht um einen weiteren Komplex von Neigungen und Trieben. Es handelt sich vielmehr um ein Moment, das dem Gesamten der Neigungen, Triebe und sonstigen Naturelemente gegenübersteht und also einer anderen Ordnung angehört. Einer anderen und eigenen Ordnung angehörend, bezieht es sich aber auf die Ordnung der Natur. Um dieses Verhalten zum Naturverhalten auch terminologisch von diesem zu unterscheiden, können wir von einem Selbstverhalten reden. Uns selbstverhaltend verhalten wir uns zu unserer Natur.

Die Unterscheidung des Ganzen des sich selber hellen Verhaltens des Menschen in die zwei Pole des Naturverhaltens und des Selbstverhaltens darf aber nicht zu dem Gedanken verführen, diese zwei Pole könnten je getrennt für sich auftreten. Sie erscheinen im Gegenteil immer und notwendig miteinander verknüpft.

Immer, soweit Menschen lebendig und gelichtet als Menschen da sind und sich verhalten, lebt in ihrem Verhalten eine natürliche Neigung oder Abneigung, eine vorgegebene Tendenz, die das Sich-Verhalten trägt und bewegt. Davon war schon zu sprechen. Für wie unabhängig wir uns auch bei unseren Unternehmungen oder Entschlüssen halten mögen, bei genauerem Zusehen können wir sehen, daß darin immer Triebe, Neigungen, Vorlieben, Hemmungen und ähnliches als auslösende, lenkende, Energie spendende oder Energie blockierende Faktoren wirksam sind. Die Psychologie hat diesen Befund weitgehend erforscht und viele Details in ihrem Bereich zeigen können.

So können wir sagen: In *allem* menschlichen Verhalten ist als Basis und Wurzel ein Naturverhalten und damit ein vorgegebenes System von Naturdeterminanten. Der Mensch verhält sich immer auf dem Grunde seiner Natur. Es gibt kein naturloses Verhalten beim Menschen.

Aber andererseits gibt es beim Menschen, soweit er als Mensch lebendig da ist und sich verhält, auch niemals eine *bloße* Natur ohne ein Selbstverhalten *zur* Natur. Dies wird im negativen Grenzfall am meisten deutlich. Menschen können im Grenzfall versuchen, zur bloßen Natur zu werden. Menschen können den Versuch machen, ihre Stellungnahme zu ihrer Natur, ihr Nachdenken über ihre Natur und alles dergleichen ganz aufzugeben und sich vollständig der Natur zu überlassen. Sie können, sich so überlassend, sich hineinsinken lassen in den Strom von Trieben und Neigungen und sich von diesem Strome treiben lassen. Diese extreme Möglichkeit des Verhaltens hat aber diese Seite an sich: daß solches Sich-treiben-Lassen als Aufgeben des Sich-selber-Verhaltens zu … auch ein Verhalten zu … darstellt, wenn auch ein negatives. Das Sich-gehen-Lassen und Sich-treiben-Lassen von der Natur ist als Lassen, ja als Sich-selber-Lassen gerade auch ein Selbstverhalten zu etwas. Dem entspricht vollständig der eigentümliche Charakter der Haltung, die daraus hervorgeht. Es geht daraus nämlich keineswegs eine bloße Natur hervor.

Der Mensch, der sich gehen läßt, wird keineswegs ein unschuldiges Tier. Es geht vielmehr eine treiben gelassene und treibende Natur hervor, die als solche gerade nicht mehr ein bloßes *Natur*phänomen, vielmehr ein *menschliches* Phänomen ist und eine spezifisch menschliche Möglichkeit darstellt, auf die die Natur als bloße Natur niemals käme.

Dieser Fall zeigt, daß der Mensch gerade auch dort, wo er sein Selbstverhalten aufgeben will, sich selber zu seiner Natur verhält. Das Sich-selbst-Verhalten zur Natur ist nicht aufgebbar. Es ist immer beteiligt, wo Menschen wie auch immer sich verhalten mögen. Gerade auch dort, wo das Sich-selbst-Verhalten scheinbar sich zum Verschwinden gebracht hat.

Darum können wir jetzt sagen: Alles menschliche Verhalten ist auch vom Pol des Sich-selbst-Verhaltens zum Naturverhalten geprägt. Es gibt im Falle des Menschen niemals bloße Natur, ebensowenig wie es bloßes Selbst geben könnte.

Man kann dies noch schärfer so ausdrücken: Immer ist das menschliche Leben als menschliches Verhalten ein lebendiges Eines und Ganzes. Als Eines und Ganzes ist es nicht aus trennbaren Stücken zusammengesetzt. Es zeigt sich als geschlossener Geschehensstrom, aber in der Strömung des Stromes zeigt sich die Polarität: Wir sehen am einen Strom des

Verhaltens die eine Seite des Naturgrundes und die andere Seite des sich zu ihm verhaltenden Selbstverhaltens. Im Kraftfeld dieser Polarität entfaltet sich der eine Strom des menschlichen Daseins.

Haben wir dies einmal gesehen, so werden wir weiter fragen, in welcher Weise diese beiden Pole oder diese beiden Prinzipien des menschlichen Verhaltens zueinander stehen.

Um diese Frage zu klären, ist es nützlich, uns an das lehrreiche und darum oft beschriebene Modell des Lernens zu halten. Es ist deswegen für unseren Fall besonders lehrreich, weil wir in diesem Fall das Entstehen der Naturgrundlage oder jedenfalls eines Analogons zur Naturgrundlage beobachten können. Beim Lernen beobachten wir die Entstehung des Analogons zur Natur, weil wir dieses herbeiführen. Lernen wir die Sprache oder die Ausübung einer Kunst, so üben wir uns so lange, bis der Gebrauch der Sprache oder der Kunst uns zum Selbstverständlichen und darin zur Natur oder doch zur zweiten Natur geworden ist. Darin führen wir etwas wie eine Naturgrundlage des kommenden Verhaltens eigens und planmäßig herbei. Daran aber läßt sich mit besonderer Deutlichkeit ablesen, wie das Verhältnis der Natur zum Selbstverhalten beschaffen ist.

Wenn wir uns daranmachen, eine uns zunächst fremde Sprache zu erlernen, so liegt dem der Wunsch zugrunde, uns im Horizonte dieser noch fremden Sprache verständlich machen und unsere Mitmenschen in diesem Horizonte verstehen zu können. Dieser Wunsch oder dieses Bedürfnis läßt sich interpretieren als der Wunsch oder das Bedürfnis zu einem Verhalten in einem Horizonte, nämlich dem der Sprache, der das erwünschte Verhalten zunächst hemmt. Es geht darum, die Verhaltenshemmung zu überwinden, um zu einem in diesem Sinne freien Verhalten kommen zu können.

In dieser Situation setzt der Lernvorgang ein. In ihm macht sich der Lernende mit dem Horizont der Sprache, die zunächst hemmend wirkte, wachsend vertraut. Im Maße der wachsenden Vertrautheit stellen sich die Worte der zunächst fremden Sprache und die Weisen ihrer Fügung mehr und mehr von selbst ein. Gelangt der Lernende schließlich zum Können der Sprache, so ist aus der Sprache etwas wie eine Naturgrundlage geworden. Die Möglichkeiten der Sprache bringen sich dann von selbst dem Sprechen- und Verstehen-Wollen dar. Es braucht nicht mehr darüber nachgedacht zu werden, es braucht nur gesprochen zu werden. Sprechend in der neuen Sprache ist aber der, der sie kann, überall bestimmt von der Sprache wie von der zweiten Natur. Er ist überall von ihren Möglichkeiten gelenkt. Die zweite Natur der gelernten Sprache zeigt sich auch darin als Natur, daß sie einen Komplex von lenkenden Determinanten darstellt. Der Horizont der Sprache, der zuerst eine Hemmung bildete für das erwünschte Verhalten, ist durch das Lernen in eine Art Natur verwandelt worden.

Durch diesen Vorgang der lernenden Verwandlung des hemmenden Horizontes in Natur ist das Sich-Verhalten in der gelernten Sprache von der Hemmung frei geworden. Es kann sich nun frei im Horizonte dieser Sprache bewegen. Die Natur als das Können der Sprache hat die Hemmung weggenommen. Im Maße, in dem sie wirklich Natur geworden ist, hat sie das Nachdenken-Müssen etwa über den rechten Gebrauch der Sprache dem Sprechen-Wollenden abgenommen. Das, worauf es bei dieser Sprache ankommt, ist gleichsam in die Natur versenkt worden. Dadurch ist der Sprechende frei geworden in dieser Natur und durch sie. Frei zunächst im Sinne von: nicht mehr gehemmt. Wir sehen daran, daß jedenfalls in diesem Falle die Natur als Determinantenkomplex das Selbstverhalten zwar determiniert, aber deswegen keineswegs einen Mechanismus aus ihm macht. Sie befreit dies vielmehr gerade von den hemmenden Schwierigkeiten und nimmt diese ab und hinweg. Sie gibt das Sich-Verhalten gerade so erst an sich selber frei. Dieses Freiwerden des erwünschten Sich-Verhaltens zu sich selber ist freilich so erst negativer Natur. Es besagt das Nicht-mehr-gehemmt-Sein des Sich-Verhaltens.

Dazu tritt aber ein positives Moment, das an unserem Modell gleichfalls deutlich beachtet werden kann und das das Verhältnis der beiden Pole des Verhaltens bestimmt.

Menschen können sich ja in einer gelernten Sprache durchaus verschiedenartig verhalten. Sie können zum Beispiel ein Stück der Sprache mechanisch aufsagen. Sie können aber auch etwas zu sagen haben und es dann sagen. Sie können, was sie zu sagen haben, im freien Gange des Sprechens und des Gespräches entfalten. Darin dürfen sie vergessen, in welcher Sprache sie sprechen. Darin geht es nur noch um die lebendigen Antriebe des sich verhaltenden Daseins, im Spiel des Miteinanderseins und im Gehen um die Sachen.

Was ist daran zu sehen? Es ist zu sehen, daß die gelernte Sprache als Modell der Natur gerade jetzt zu sich selbst gekommen ist, zum Glanze ihrer eigensten Möglichkeiten, jetzt wo sie vergessen wurde als *bloße*

Sprache. Gerade darin wurde sie erst *eigentliche* Sprache, darin, daß sie lebendiges Sprechen wurde.

Indem die Sprache erst eigentliche Sprache, d.h. Sprechen geworden ist, ist sie erst menschlich geworden. Die entscheidenden Qualitäten des menschlichen Lebens entfalten sich nun in ihr. Im Sprechen und Gesprochen-Werden, im Hören und Gehört-Werden ist die Sprache etwas ganz anderes als ein bloßer Bestand, der sich in Wörterbuch und Grammatik erfassen läßt. Sie hat ihr eigentliches Sprache-Sein, ihre eigenste Gestalt und Form als Gestalt und Form des menschlichen *Selbstseins* empfangen.

Es ist zugleich sichtbar, daß diese Gestalt und Form der Sprache ihr nicht von daher primär zukommt, daß sie als Naturgrundlage im menschlichen Dasein lebt. Vielmehr kommt die qualitative Prägung, Belebung und Bestimmung der Naturgrundlage der Sprache von dem Sich-Verhalten des Menschen in seiner Natur und aufgrund seiner Natur. Es kommt daher, daß dieses lebendige Sich-Verhalten die Natur vollständig assimiliert hat.

Wird im Gegensatz dazu ein Stück der Sprache nur mechanisch richtig aufgesagt, so geht die Sprache zwar ihren Regeln gemäß richtig. Aber in dieser bloß formalen Richtigkeit hat sie ihr eigentliches Sprache-Sein verloren, sie ist gleichsam nur noch der Bodensatz ihrer selbst. Das Leben ist aus ihr gewichen, denn es wird in ihr nicht mehr (oder noch nicht) wirklich gesprochen. Und merkwürdigerweise hat die Sprache gerade in dem Augenblick ihr eigentliches Sprache-Sein verloren, wo die Aufmerksamkeit sich auf sie, ihr Vokabular und ihre Regeln konzentrierte, und sie insoweit als Sprache eigens durch diese Konzentration hervortrat, während das lebendige menschliche und mitmenschliche Sprechen zurücktrat.

Was wir an dem Modellfall des Lernens einer Sprache beobachteten, ist in allen Verhaltensbereichen analog zu beobachten. Insbesondere auch in all den für uns wichtigen Fällen, in denen es sich nicht wie im besprochenen Fall um eine angelernte, vielmehr um eine vererbte Verhaltensweise handelt. Das am Modell Erkannte darf generalisiert werden.

Wir nennen dafür drei beispielhafte Bereiche: den menschlichen Gang, die menschliche Nahrungsaufnahme und das menschliche Geschlechtsverhalten. Die Grundelemente dieser Verhaltensbereiche haben wir offenbar in unserer vererbten Natur. Sie müssen durch Übung entwickelt und ausgebildet werden, aber sie liegen im Grunde immer schon vor.

In diesen drei Bereichen verhalten wir uns jeweils in den ihnen zugehörigen Horizonten. Wir bewegen uns im Raume und in den ihn durchwirkenden Kräften, wir nehmen die uns nötige Nahrung aus unserer Umwelt auf, wir verhalten uns mannigfaltig im Bereiche der geschlechtlichen Partnerschaft. In allen diesen Bereichen finden wir die Vorgabe der Natur, die uns die Auseinandersetzung mit den vielfältigen und schwierigen Verhältnissen der verschiedenen Verhaltenshorizonte weitgehend abnimmt. Wir brauchen beim Gehen weder an unsere verschiedenen Muskeln noch an das Spiel der Schwerkraft zu denken, es geht alles wie von selbst, das heißt, wie von Natur. Wir brauchen beim Essen und Trinken das Muskelspiel von Mund und Zunge nicht absichtlich auszuführen, es geht dies und das Viele, was weiterhin physiologisch dazugehört, von selbst, geleitet von natürlichen Neigungen, Lenkungen und Warnungen. In der Spannung der Geschlechter sind vielfältige und komplizierte Triebe und Hemmungen auf dem Plane, ehe wir daran denken und dazu Stellung nehmen, als ob die Natur schon wüßte, wo sie hinaus will und wie sie ihr Ziel erreichen kann, ehe wir selbst daran denken. Die Bahnen sind in allen diesen Bereichen schon vorgelegt.

Überall ist von den Determinanten der Natur her der jeweils in Frage kommende Horizont des Verhaltens prädisponiert. Auf der Grundlage dieser determinierenden Prädisposition verhält sich dann je der Mensch, und er vermag es *nur* auf dieser prädisponierten Grundlage. Hätte er sie nicht oder hat er sie nur ungenügend, dann wird das Verhalten schnell so schwierig und so gehemmt, daß es bald an die Grenze der Unmöglichkeit stößt. Die Natur, indem sie dem Menschen die schwierige Auseinandersetzung mit den Spielkräften der verschiedenen Horizonte des menschlichen Verhaltens abnimmt, macht dieses Verhalten erst für sich selbst frei. Sie entlastet es seiner Schwierigkeiten und Hemmungen.

Verhält sich aber der Mensch als daseiendes *Selbstsein* im Grunde seiner Natur, so wird aus seinem Gang mehr als eine bloße Bewältigung der Schwerkraft oder der Entfernung. Es entsteht ein Humanum, voll der Eile oder der Ruhe, der Straffheit oder der Lässigkeit, der Leichtigkeit oder der Belastetheit des Menschen als eines solchen. Die Natur erscheint nun als vollständig menschlich geprägt und menschlich durchlebt. Indem der Mensch sich selbst in seiner Natur verhält, läßt er zwar die Natur als Natur ins Unbemerkte verschwinden, aber darin gewährt er dieser erst ihre eigensten Möglichkeiten, nämlich als menschliches Leben zu erscheinen. Ähnliches geschieht mit dem Umgang des Menschen mit Speise und Trank. Er ist von der Natur vorgezeichnet. Aber indem Menschen sich auf dem Grunde dieser Naturvorzeichnung bewegen und verhalten, entsteht etwa die menschliche Fröhlichkeit des gemeinsamen Mahles oder auch der Verfall des menschlichen Mahles zur bloßen Bedarfsbefriedigung, in beiden und in allen anderen Erscheinungen etwas spezifisch Menschliches. Darin liegt immer ein Zuwachs von Qualität gegenüber dem bloßen Funktionieren der Natur und ihrer Kräfte.

Oder: indem der Mensch im Bereiche und im Spannungsfelde seiner geschlechtlichen Disposition sich verhält, wird er sich zwar überall auf Wegen verhalten, die seine Natur ihm vorgebahnt und vorgelegt hat, entlang seinen oft so antagonistischen Trieben. Aber nun erwächst daraus, was wir Eros im menschlichen Sinne nennen können, mit der reichen Skala seiner Möglichkeiten höchster und reinster Aufschwünge und gefährlichster und erniedrigenster oder verwirrenster Zusammenbrüche. Es wird etwas Menschliches daraus, es erscheint darin das, was Pascal »grandeur et misère de l'homme«[7] genannt hat, und dies ist wiederum ein qualifiziertes Mehr gegenüber aller bloßen Natur.

Die Betrachtung dieser kleinen Reihe grundsätzlich wichtiger Modellfälle erlaubt es uns nun, allgemeine Sätze aufzustellen. Wir können grundsätzlich sagen: Im ganzen Bereiche unseres sich selbst hellen und sich selbst verhaltenden Daseins sind wir *sowohl Naturverhalten als auch Selbstverhalten.* Im ganzen Bereich des menschlichen Daseins finden wir die Einheit dieser unterschiedenen und unterscheidbaren Prinzipien. Überall verrät sich die Spur der determinierenden Naturvorlage, aber überall auch der sich verhaltende Mensch, der sich darin und dazu verhält, welches menschliche Sich-Verhalten der Natur erst ihre entscheidende, nämlich menschliche Form gewährt. Immer findet sich das Ganze des menschlichen Daseins von seiner Natur getragen und geleitet, immer aber auch dasselbe Ganze menschlich geprägt und durchstimmt. Nie erscheinen die unterscheidbaren Pole als isolierte oder isolierbare Elemente oder als bloße Stücke.

Es gibt seit alters ein Begriffspaar, das für das hier sich findende Verhältnis höchst geeignet erscheint. Es ist von Aristoteles geprägt worden aus der Betrachtung des Seienden in seinem Bestande und als Bestand. Er

7 Pascal, Pensées Nr. 416. [Ed. par Léon Brunschvicq.]

betrachtet das Seiende hinsichtlich dessen, woher es ist. Und er sagt in diesem Zusammenhang (Phys. I 7, 190 b 17): »Es ist offenbar, daß, wenn es irgendwo Ursachen oder Anfänge des von Natur aus Seienden gibt, aus denen her sie anfänglich sind: … alles entsteht aus dem hypokeimenon und der morphe.«[8] Das hypokeimenon wird von ihm auch hyle genannt. Das hypokeimenon ist das Zugrundeliegende oder – als hyle – die Materie. Die morphe ist die dem Zugrundeliegenden Wesen und Gestalt gebende Form. Die mittelalterlichen Aristoteliker haben nach älteren Vorgängern dieses Begriffspaar hyle und morphe übersetzt mit materia und forma. Das Zugrundeliegende oder die materia einerseits, die Wesen und Gestalt gebende Form andererseits galten sowohl für Aristoteles wie für den mittelalterlichen Aristotelismus als die inneren Prinzipien, von denen her das Seiende ist, was es ist, nämlich seiender Bestand.

Nun sprechen wir in unserem Zusammenhang zwar nicht vom Dasein als einem seienden Bestand, vielmehr als einem sich selbst hellen Verhalten. Aber auch für diesen Zusammenhang ist das Begriffspaar erhellend. Ja, vielleicht hat es hier erst seine eigentliche erhellende Kraft. Denn die beiden Bestimmungen sind hier nicht als seiende Dinge verstanden, vielmehr als Prinzipien oder konstituierende Anfänge, von denen her Seiendes ist, was es ist. Sie sind nicht als ens quod, sondern als ens quo gedacht, wie man im Mittelalter sagte.[9]

Hyle oder materia bedeutet also hier nicht ein Ding, auch nicht Materie im physikalischen Sinne, vielmehr das zugrundeliegende tragende Element, von dem her ein Seiendes ist, was es ist, welches der Bestimmung fähig und bedürftig ist. Ihm gegenüber sagt morphe oder forma das bestimmende, das entscheidende Gepräge gewährende Prinzip, wodurch etwas ist, was es ist. Beide Elemente sind aber nur Prinzipien. *Durch* sie *ist* nur das *Eine,* das Seiende, in seiner Seiendheit im ganzen von beiden durchstimmt. Nur das Seiende *ist* im eigentlichen Sinne dieses Gedankens.

Das Begriffspaar, oft schematisch und oberflächlich verwendet und dadurch in Mißkredit geraten, scheint, tiefer gesehen und gedacht, doch wie geschaffen zu sein für die begriffliche Fassung der lebendigen Verhältnisse, die wir im Bereiche des menschlichen Daseins antrafen. Denn

[8] Φανερὸν οὖν ὡς ἔιπερ εἰσὶν αἰτίαι καὶ ἀρχαὶ τῶν φύσει ὄντων, ἐξ ὧν πρώτων εἰσί … ὅτι γίγνεται πᾶν ἔκ τε τοῦ ὑποκειμένου καὶ τῆς μορφῆς.

[9] Phy. I, 7, 190 b, 17. Vgl. dazu Thomas von Aquin. In: Phys. Arist. Lectio 12, 12.

dort trafen wir überall Natur als das zugrunde liegende tragende und einer spezifischen Formung offene und bereite Moment. Wir trafen andererseits das Sich-selber-Verhalten, bezogen auf die tragende Natur und dieser allererst das eigentliche und spezifische menschliche Gepräge verleihend. Und wir trafen als das eigentlich Seiende, d.h., nun und für uns: das eigentlich Daseiende, Lebende und Sich-Verhaltende das *eine Ganze* des menschlichen Lebens und Sich-Verhaltens, das als Ganzes und in seinem ganzen Bereiche sowohl geprägt ist vom einen wie vom anderen Pol.

Diese ganze Überlegung muß unser weiteres Augenmerk konzentrieren auf das in diesem Zusammenhang Form gebende Prinzip. Dies soll in den folgenden Abschnitten geschehen.

4. Sich-Verhalten als Transzendenz

4.1. Die Transzendenz des Sich-Verhaltenden

Wir sahen im Bereiche des menschlichen Verhaltens im ganzen die Natur als das materiale Worin des Verhaltens, welches in der determinierten Vorlage und Vorgabe es je uns selbst ermöglicht, ungehindert und in diesem Sinne frei in unserer Natur zu leben. Und wir sahen das formgebende Prinzip dieses Lebens in der Natur als Sich-selbst-Verhalten. Dieses erschien als das, was unserem Dasein als ganzem erst die entscheidende menschliche Gestalt und Prägung gibt, es erschien in diesem Sinne als Formprinzip des menschlichen Verhaltens.

Damit stellt sich für die Analyse unseres Daseins die Frage: Was ist dieses Selbst-Verhalten als Formprinzip unseres sich verhaltenden Daseins im ganzen? So zu fragen heißt zugleich fragen: Was ist das eigentlich Menschliche am Menschen und an seinem Verhalten?

Haben wir in unseren bisherigen Überlegungen vom Horizonte der Lichtung des Daseins aus auf die auch naturwissenschaftlich faßbaren Determinanten zurückgeblickt, so wenden wir mit dieser Frage unseren Gedanken in die entgegengesetzte Richtung. Die Naturdetermination muß dabei zunächst aus dem Blick rücken. Wir werden später noch einmal auf sie zurückzukommen haben.

Die Frage nach dem Sich-selbst-Verhalten, der wir nun nachgehen, legt sich bei näherem Zusehen in eine Doppelfrage auseinander. Wenn wir unser Selbst-verhalten befragen, dann fragen wir nach etwas, was den Charakter einer Bewegung hat. Ist dies zwar noch unbestimmt, aber in dieser Unbestimmtheit doch richtig gesehen, so ist weiter zu fragen, woher die Bewegung kommt. Das Woher der Bewegung des Sich-Verhaltens pflegen wir »ich selbst« zu nennen. Ich selbst verhalte mich, d.h. ich verstehe mich selbst als das Prinzip oder das Woher des Verhaltens.

Wir haben aber darüber hinaus nach dem Wohin des bewegungshaften Sich-Verhaltens zu fragen. Denn sofern wir uns selbst verhalten, wissen wir uns geleitet von einem Hinblick auf ..., um dessentwillen wir uns je verhalten. Es kann als das Wohin des Sich-Verhaltens gelten.

So ist im Bedenken der Sache des Sich-Verhaltens diese doppelte Dimension zu bedenken, das Woher, das Prinzip als das Ich-Selbst des Verhaltens, und das Wohin als das Worum-willen des Verhaltens.

Wir verfolgen zunächst die Frage nach dem Prinzip des Verhaltens. Insofern dieses als das Selbst des Sich-Verhaltenden erscheint, kann die Frage nach diesem Prinzip angemessen auch so formuliert werden: nicht »*Was* verhält sich?«, sondern »*Wer* verhält sich?«

Wer verhält sich? Auf eine solche Frage bieten sich zunächst gängige Antworten an. Ich verhalte mich, du verhältst dich, allgemein: der Mensch verhält sich. Wir können weiter fragen, wer ist das, ich? du? der Mensch? Wir können auf die weiterfragende Frage gedankliche Bestimmungen entwerfen, etwa Definitionen des Menschen, des Ich, des Du, des Selbst der Person, wie sie in der Geschichte der Philosophie mannigfaltig vorgebracht worden sind.

Haben wir diese Bestimmungen entworfen, so können wir aber im bezug auf das Selbst eine merkwürdige und entscheidende Beobachtung machen. Jeder für sich selbst, den wir mit unserer Bestimmung zu bestimmen suchten, kann sich fragen: Bin ich wirklich das, was hier über mich gesagt oder gedacht oder bestimmt worden ist? Er kann das ganz unabhängig davon, was im einzelnen Fall über ihn gedacht oder bestimmt worden sein mag. Die Möglichkeit derartiger Fragen betrifft also alle derartigen möglichen Bestimmungen. Darin wird zugleich sichtbar, daß die Möglichkeit solcher Fragen von allen Bestimmungen unabhängig ist.

Die Möglichkeit derartiger Fragen gegenüber allen möglichen Bestimmungen ist aber eine ganz spezifische Möglichkeit dessen, der sich jeweils fragt und der sich jeweils verhält. Diese Möglichkeit des Fragens zeigt, daß er als der Sich-Verhaltende allen möglichen Bestimmungen, die über ihn getroffen werden können, *gegenübersteht*. Er zeigt gleichsam auf die Bestimmungen, indem er sie befragt. Er steht auch auf eine gewisse Weise *über* diesen Bestimmungen. Denn indem er sie befragt, denkt er über sie nach. Dies ist um so merkwürdiger, als es sich hier um Bestimmungen handelt, in denen bestimmt werden sollte, was das ist: der, der sich verhält. Er selber sollte in der Bestimmung gefaßt und begriffen werden. Aber nun zeigt es sich, daß er als Er-selbst, der, der sich selbst verhält, *allen* möglichen Bestimmungen *gegenübersteht*. Er ist also als er selbst nicht gefaßt und nicht begriffen, ja gar nicht faßbar noch begreifbar. Er steht als der, der sich selber verhält, selber jenseits der möglichen Bestimmungen, Fassungen und Begriffe. Dies ist eine grundlegende Beobachtung.

Sie wurde zunächst an der einfachen Möglichkeit abgelesen, daß jeder selber als er selber alle möglichen Bestimmungen über ihn selbst befragen kann. Sie erweist ihren grundlegenden Charakter darüber hinaus auch darin, daß sie in allen analogen Fällen immer wieder erscheint und immer wieder neu abgelesen werden kann. Man kann über einen Menschen Aussagen der verschiedensten Art machen: metaphysische, psychologische, charakterologische, biologische, physiologische und so weiter. Nehmen wir an, solche Aussagen würden gemacht und sie würden alle richtig gemacht. Dann kann in solchen Aussagereihen sehr viel darüber enthalten sein, was und wie ein Mensch ist. Aber wiederum finden wir dann ein innerstes Prinzip im Menschen, das immer und in jedem möglichen Falle außerhalb dessen liegt, was in einer solchen Aussagereihe bestimmt werden kann. Von diesem Punkte aus kann jeder Mensch selber immer wieder anfangen, über die ganze Aussagenreihe nachzudenken, sich dazu zu stellen, die Aussagen zu akzeptieren oder zu verwerfen und so weiter. Dann sehen wir wiederum, daß der Mensch sich als er-selbst immer gerade außerhalb dessen stellt, worüber er nachdenkt und wozu er Stellung nimmt. Der Mensch selber, der sich verhält, indem er nachdenkt und Stellung nimmt, indem er handelt und spricht, verhält sich als einer, der außerhalb aller möglichen (auch außerhalb aller möglichen richtigen) Bestimmungen liegt.

Es bestätigt sich: Keine mögliche Bestimmung gibt den sich Verhaltenden selbst so wieder, daß er in diesen Bestimmungen gefaßt und auf den Tisch gelegt wäre oder werden könnte.

Auch der Mensch als der sich-selbst-verhaltende in seinem Verhältnis zu sich selbst kann diesen Punkt nicht zu fassen bekommen. Darauf darf noch eigens aufmerksam gemacht werden. Wohl kann ich mich selbst fragen: Was bin ich? Was ist mit mir los? Wer bin ich? Ich kann, wenn es gut geht, auf diese Fragen auch Antworten finden. Aber das, als *was* ich mich in solchen Antworten begreife, ist das Ich-Selbst als *begriffenes.* Und das Ich als *begreifendes,* das »Ich-Selbst«? Dieses liegt wiederum wie nach rückwärts hinten dran und kommt wieder nicht in den Griff des Begriffs, auch nicht jenes Begriffs, den ich etwa selbst über mich mache. Es kann gar nicht in diesen Griff kommen. Denn was immer ich über mich denken mag, der Denkende als denkender bleibt hinter jedem möglichen Gedachten seiner über sich selbst zurück. Dabei darf uns jetzt das Denken meiner über mich als das Modell meines Mich-Verhaltens überhaupt zu mir selber gelten. Es wird sichtbar, daß das Ich als denkendes oder als sich verhaltendes überhaupt, als der Ursprung, aus dem sich alles Verhalten als »ich frage«, »ich denke«, »ich handle« und so fort erhebt, niemals zum gedachten Objekt werden kann, ebenso wenig zum gedachten Objekt meiner selbst wie zum gedachten Objekt anderen und fremden Denkens.[10]

Der innerste Punkt, als welcher der Mensch er selbst ist, kann nie Objekt werden. Dieser Satz lässt sich ohne weiteres verallgemeinern. Er gilt für alle Weisen, in denen Menschen, sich verhaltend, sich so zu sich oder zu anderen Menschen verhalten, daß sie diese auf irgendeine Weise durch das Verhalten zu fassen oder sich zu unterwerfen oder sich zum Objekt machen wollen. Der Mensch als er selbst kann nicht Objekt von Handlungen oder Maßnahmen dieser Art werden. Zwar kann man Menschen behandeln, man kann sie Maßnahmen unterwerfen, aber alle derartigen Maßnahmen, mit denen ein Mensch etwa zu einer bestimmten Handlung veranlaßt werden soll, können bestenfalls nur so weit führen, daß ein Mensch *sich* das überlegt, was ihm zugemutet wird und dann, bestenfalls, *sich* dazu entschließt, der Maßnahme oder dem Befehl oder was es sein mag, gemäß zu handeln. *Er* überlegt sich dies, *er* verhält sich dazu, und damit zeigt er wieder, daß er als *er selber* nicht einfach unter dem Befehle oder der Maßnahme steht und nur noch eine funktionierende Verlängerung derselben darstellt. Der innerste Punkt des Ich-Selbst steht wiederum darüber und ist auch von Maßnahmen, Befehlen und allen derartigen Objektivationsformen nicht direkt faßbar.

[10] Diesen Befund hat Kant im Auge, wenn er in der *Kritik der reinen Vernunft,* B 131 bemerkt, die Vorstellung »ich denke« müsse alle anderen Vorstellungen begleiten können, könne aber von keiner anderen weiter begleitet werden.

Wir können auch andere Beispielfelder erwähnen, die in unserem Falle von Bedeutung sind. Man kann etwa die Verhaltensweise eines Menschen durch psychologische Maßnahmen geeigneter Art oder auch durch Drogen verändern. Dann ergibt sich eine eigentümliche Alternative: Entweder hat man durch eine solche psychologische oder pharmakologische Veränderung das Verhalten des Menschen wirklich in den Griff bekommen, und dann verhält er sich freilich programmgemäß. Aber: dann verhältst *du selbst* dich selbst überhaupt nicht. Du selbst überlegst dir die Sache dann nicht, du nimmst nicht Stellung und nichts dergleichen. Wir müssen dann eher sagen, *es* handelt, *es* funktioniert, und deine Reaktionssphären werden so zu Effekten und Verlängerungen von Maßnahmen, welche von außen angesetzt sind. Diese laufen gleichsam durch dich hindurch, ohne dich als dich selbst zu berühren. Du selbst bleibst ausgeschaltet, und das war vielleicht gerade der Zweck der Maßnahme.

Wer auf die angedeutete Weise der Reaktionen eines anderen Menschen gewiß geworden ist, der weiß noch lange nicht, ob er seines Selbst, ob er des Du-selbst sicher ist, er weiß nicht, was passieren wird, wenn der Partner als er selbst inmitten der Behandlung vielleicht erwacht und dann anfängt darüber nachzudenken: was passiert an mir? Er weiß nicht, was dann geschieht, wenn der Partner selbst Stellung zu nehmen beginnt und so allererst anfängt, als er selbst ins Spiel zu treten.

Dies aber wäre gerade die andere mögliche Alternative. Es kann ja im Zuge einer Behandlung sein, daß meine, des Behandelnden, Maßnahmen zu einer *Begegnung* mit *dir selber* führen und im Zusammenhange einer solchen Begegnung geschehen. In diesem Falle hätte ich wirklich mit dir selbst zu tun. Dann wirst auch du selbst dich mir und meinen Maßnahmen gegenüber selbst verhalten. Indem du dich selbst verhältst, etwa Stellung nehmend zu meinen Maßnahmen, erscheinst du selbst im Spiele, du stimmst zu, du protestierst oder was immer. Darin habe ich mit dir selbst zu tun. Damit hat sich aber wiederum gezeigt, daß du selbst nicht bloßes Objekt warst und nicht einfach unter den getroffenen Maßnahmen standest, wenn auch im Bereiche ihres Einflusses.

Etwas durchaus Analoges zeigt sich hinsichtlich der Anfänglichkeit des Selbst des Sich-selbst-Verhaltenden, wenn wir dieses als von der eigenen Natur des Sich-Verhaltenden her bestimmt betrachten. Diese Betrachtung ist ergänzend noch in Kürze durchzuführen. Sie knüpft an das an, was in Kapitel 3.2. besprochen wurde und präzisiert es auf unsere gegenwärtige Frage hin.

So kann gefragt werden: Wie bestimmt mich selbst meine Natur? In unserem Zusammenhange ist diese Frage jetzt analog der vorhin erwogenen Frage: Wie bestimme ich mich selbst oder wie bestimmen andere Menschen mich durch Gedanken oder durch Handlungen?

Auf die Frage, wie im Rahmen meines Selbstverhaltens meine Natur mich selbst bestimme, ist auf dem Hintergrund dieser Analogie zunächst wiederum mit einem Entweder-Oder zu antworten.

Entweder bestimmt mich meine Natur so, daß sie im Zuge dieses Bestimmens mich selbst durchaus bestimmt. Dies würde bedeuten, daß die Natur an die Stelle des Selbst tritt und dieses Selbst ganz ausschaltet. Dann würde zwar etwas in mir geschehen, also etwa ein Krankheitsgeschehen, aber dies würde so geschehen, daß das wirkende und das Geschehen bestimmende Element über mich selbst hinweg und insofern an mir selbst vorbei wirkte und bestimmte. Also wäre ich als Ich-Selbst gerade nicht von ihm bewirkt oder bestimmt. Darum lautet die menschliche Rede dann: Es ist da etwas, ich weiß nicht was, ich kann nichts dafür. Darum kann man so etwas zwar Verhalten, aber nicht Selbstverhalten nennen. Das Ich-Selbst tritt nicht darin auf.

Oder aber: Das Wirkende und Bestimmende der Natur macht sich mir selbst bemerkbar und spricht mich selbst an. Es kann mich ansprechen als Schmerz oder als Lust, als Lockung oder als Hemmung oder wie immer. Dann wird es immer eine Herausforderung an mich darstellen. Und dann bin ich selber freilich im Spiele dieser herausfordernden Bestimmung der Natur. Ich bin aber dann so im Spiele, daß ich selbst dieser herausfordernden Bestimmung wiederum gegenüberstehe. Ich frage, was ist da mit mir, wie habe ich mich dazu zu verhalten und so fort. Ich bin also von der Natur nicht einfach subsumiert, vielmehr als Ich-Selbst angerufen. Ich bin nicht das direkte Objekt der Natur.[11]

Wir fassen zusammen. Das Prinzip des Selbstverhaltens, das wir »ich selbst« nennen, steht an sich selbst jenseits jeder Möglichkeit, es in den Griff zu bekommen, sei es in einer gedanklichen Bestimmung oder in einer handelnden Verfügung, und gehe die Bestimmung oder die Ver-

[11] *Beide* Seiten der angedeuteten Alternative zeigen Möglichkeiten des Verhaltens *zum* Verhalten. Auch wo ich nur sagen kann: *Es* geschieht etwas an mir, bin ich selber dabei. Darum widerstreitet das Gesagte nicht dem, was in Kapitel 3.2. über die Untrennbarkeit von Selbstverhalten und Naturverhalten bedacht wurde. Es zeigt freilich neue Differenzierungen innerhalb des Einen und Ganzen unseres menschlichen Verhaltens.

fügung aus von anderen Menschen, die sich mit mir beschäftigen, oder gehe sie von mir selbst aus oder gehe sie von meiner Natur aus. Es wird sichtbar: Das Ich-Selbst als das Prinzip des Selbstverhaltens ist überhaupt nicht zu fassen. Es überschreitet alle Möglichkeiten, es zu fassen. Wir nennen diesen seinen schlechthin überschreitenden Charakter seine Transzendenz. Wenn wir also fragen: Wer verhält sich?, dann fragen wir in eine transzendente und damit unfaßbare Anfänglichkeit hinein. Wir selbst, indem wir uns verhalten, kommen immer von ihr her, aber wir bekommen sie nie in den Griff.

Um so wunderbarer ist es, daß wir dieser Anfänglichkeit in der *Begegnung* innewerden können, ohne sie zu begreifen. Denn in der Begegnung werde ich deiner selbst inne, und indem ich deiner selbst innewerde, werde ich in eins damit auch meiner selbst inne. Aber gegenüber allen möglichen Formen des Begreifens und Bestimmens bleibt das Selbst in seine Transzendenz entrückt.

Dürfen wir sagen: damit erscheint es als ins Freie seiner Freiheit gestellt? Darüber wird weiter nachzudenken sein.

4.2. Die Transzendenz des Umwillen des menschlichen Sichverhaltens

Um die Frage nach der Natur des Sich-Verhaltens weiter zu klären, um insbesondere auf der Spur der Frage nach der Freiheit im Rahmen des Sich-Verhaltens zu bleiben, haben wir noch die andere Seite dieses merkwürdigen Geschehens nach Möglichkeit aufzuhellen. Es ist jene, auf die der Sich-Verhaltende, indem er sich verhält, jeweils zugeht.

Indem wir fragen: Worauf geht der Verhaltende, indem er sich verhält, jeweils zu?, so fragen wir: Um wessentwillen verhält er sich jeweils? Auf was kommt es ihm je und je im Zug und Gang seines Sich-Verhaltens an? Was leitet den Gang und richtet die Richtung des Sichverhaltens?

1. Wir sehen, in die Spielbreite des menschlichen Verhaltens hineinblikkend, sehr viele Gestalten dieses Sich-Verhaltens. Und dementsprechend sehr viele Momente, um derentwillen zu verhalten sich der Mensch bewußt ist.[12]

Indessen zeigt sich in dieser verwirrenden Vielfalt des menschlichen

[12] Wir kommen damit auf das zurück, was oben (Kapitel 3.1.) schon einmal kurz

Sich-Verhaltens und des je zu ihm gehörenden Worumwillen ein Grundzug, auf den wir nun achten wollen. Was immer wir Menschen tun oder auch nicht tun, wir tun es oder wir verhalten uns, weil uns und insofern uns darin so etwas wie ein sinngebendes Element vorschwebt. Etwa, weil es uns gut, erfreulich, nützlich, notwendig, bequem und so fort erscheint. Wir entschließen uns, so zu handeln oder auch für dieses Mal nicht zu handeln und in beiden Fällen uns zu verhalten, um irgendeiner Sache willen. Wir blicken auf einen Umstand oder einen Zustand, den wir zu erreichen hoffen, oder den wir zu vermeiden suchen, und darum geht es uns jeweils. Wir nennen dieses Moment das Umwillen unseres Sich-Verhaltens.

Schon eine flüchtige Überlegung des Zusammenhangs des Sich-Verhaltens mit seinem Umwillen erlaubt uns die Aufstellung einer Regel. Sie kann lauten: Alle Weisen und alle Möglichkeiten des menschlichen Sichverhaltens haben ihr Worumwillen.

Diese Regel hat nur scheinbare Ausnahmen. Sie wird für uns deutlicher werden, wenn wir die wichtigsten dieser scheinbaren Ausnahmen besprechen.

Eine Ausnahme scheint das spielende Sich-Verhalten des Menschen zu sein. Im spielenden Sich-Verhalten pflegt der Ernst der wirklichen Ziele aufgehoben zu sein. Der Spieler kann gefragt werden: Um wessentwillen machst du das? Darauf kann sinnvoll geantwortet werden: Wegen nichts. Der Spieler spielt um keines außerhalb des Spieles liegenden Umstands willen. In diesem Sinne spielt er wegen nichts. Er spielt nur eben.

Gleichwohl aber kann gefragt werden: Um wessentwillen spielt er? Und gleichwohl gibt es darauf sinnvolle Antworten. Aber sie liegen jetzt nicht mehr in einem äußeren Umstand dem Spiele gegenüber, vielmehr in diesem selbst. Der Spieler spielt, weil es ihm so schöner oder leichter oder heiterer erscheint da zu sein und lebendig sich zu verhalten. Das Worumwillen liegt jetzt nicht außerhalb, sondern innerhalb des Vollzogenen. Darum wird es unauffällig und kommt phänomenal zum Verschwinden.

Daß es gleichwohl lebendig ist, zeigt sich besonders deutlich, wenn man das spielende Sich-Verhalten in eine Doppelung auseinanderlegt. Stellt man das Sich-Verhalten als Wollen dar, so kann man dies so sagen:

zu besprechen war, es ist nun unter den gewonnenen Gesichtspunkten noch einmal und einlässlicher zu erörtern.

Der Spieler *will*, daß sein Sich-Verhalten kein Worumwillen habe. Er *will* nichts wollen. Er will nur spielen. So haben wir ein doppeltes vor uns. Ein Wollen als Sich-Verhalten, das etwas will, nämlich das Spiel, und ein Wollen als Verhalten, das nichts will, nämlich im Spiel. Das Wollen als Verhalten, auf Grund dessen der Spieler spielen will, hat sehr wohl sein Worumwillen. Er will um des Spielens willen. Das Wollen und Verhalten aber, das innerhalb des Spieles sich bewegt, und dieses verglichen mit den sonstigen Verhaltensweisen des Menschen, hat kein Worumwillen. Es ist bloß Spiel. Genauer freilich hätten wir zu sagen: Es hat kein *außer* seiner liegendes Worumwillen. Sein Worumwillen liegt in ihm selbst. Beide Seiten des spielenden Sich-Verhaltens haben in Wirklichkeit ihr Worumwillen. Aber nicht haben es beide außerhalb ihrer. Darum wird es *im* Spiel nicht auffällig. Dabei ist zu sehen, daß das solchermaßen lebendige, wenngleich unauffällige Umwillen das Ganze des spielerischen Verhaltens ermöglicht.

Nur weil ich unter Umständen das Spiel will, weil es mir angenehm und erfreulich erscheint, deswegen kann ich nachher mich aller äußeren Ziele und alles ausdrücklichen Worumwillens entschlagen und nur spielen. Der ermöglichende Grund des Sich-Verhaltens ermöglicht kraft seines Worumwillens die spielerische Ziellosigkeit des Verhaltens. Wir sind wiederum im Bereiche des Zusammenhangs zwischen dem Sich-Verhalten und dem Worumwillen. Das Spiel, die scheinbare Ausnahme, bestätigt die Regelhaftigkeit dieses Zusammenhangs.

Es kann eine andere wichtige Ausnahme bedacht werden. Offenbar gibt es Menschen, die sagen, es habe alles keinen Sinn und es laufe letzten Endes alles auf nichts hinaus. Man müsse sich damit abfinden und in diesem Sinne illusionslos leben. Es gelte, auf das letzte Worumwillen zu verzichten.

Indessen kann auch in diesem Falle eines entschlossenen Nihilismus nach dem Grunde der Möglichkeit gefragt werden. Es kann gefragt werden: Warum entschließt sich ein Mensch zu so etwas? Und darauf gibt es in jedem Falle sinnvolle Antworten.

Sie können etwa lauten: Weil diese Haltung ihm ehrlicher, wahrhaftiger, redlicher erscheint, weil er ohne Illusionen leben will und so weiter. Solche Antworten zeigen, daß auch er im Grunde seines Verhaltens ein Worumwillen hat, um dessentwillen er auf jedes ausdrücklich gesetzte letzte Worumwillen verzichtet. Wiederum zeigt sich im Grunde des Sich-Verhaltens ein ermöglichender Bereich. In ihm lebt das Worumwillen, auch wenn es an der Oberfläche des gesetzten Verhaltens verschwunden ist.

Unsere Einsicht in den Zusammenhang zwischen Sich-Verhalten und Worumwillen ist also zu differenzieren, aber sie löst sich nicht auf. Sie differenziert sich insofern, als das Worumwillen von der Oberfläche des Sich-Verhaltens verschwinden kann. Aber im ermöglichenden Grunde des Sich-Verhaltens findet es sich in allen diesen Fällen. Vom ermöglichenden Grunde her ist alles menschliche Sich-Verhalten ein Verhalten um etwas willen.

Würde der Mensch aber bis in den ermöglichenden Grund seines Sich-Verhaltens hinein das Worumwillen verlieren, dann würde damit offenbar das Sich-Verhalten selber zerfallen müssen. Wo überhaupt nichts mehr als sinnvoll oder als erstrebenswert oder als der Vermeidung bedürftig und so weiter erscheint, da ist selbst der Verzicht auf das Worumwillen nicht mehr möglich. Da ist überhaupt nichts mehr möglich, und das Sich-Verhalten zerfällt und erlischt.

Darum kann als Regel von allgemeiner und ausnahmsloser Geltung gesagt werden: In seinem ermöglichenden Grunde ist das menschliche Verhalten immer und notwendig – solange es als solches lebt – ein Verhalten um etwas willen. Dieses Grundverhalten und das, worumwillen es sich verhält, bewegt das Ganze und alle Gestalten des menschlichen Sich-Verhaltens, auch die negativen. Es ist das Bewegende des menschlichen Verhaltens überhaupt.

2. Wir versuchen dieses ermöglichende Element im Grunde des menschlichen Verhaltens genauer in den Blick zu bekommen. Wir fragen dazu: Was ist dieses alles menschliche Verhalten durchstimmende und bewegende Worumwillen?

Wir beobachten das Verhalten der Menschen. Wir sehen etwa, daß sie sich verhaltend etwas wissen wollen, nach etwas trachten, etwas haben, beherrschen, genießen wollen, daß sie etwas erreichen und daß sie mancherlei vermeiden wollen. Sie haben es dabei immer *mit etwas* zu tun, d. h. mit Gegenständen, mit Bereichen, mit Möglichkeiten positiver oder negativer Art in ihrer Welt. Diese Umstände und Möglichkeiten ihrer Welt werden für Menschen interessant. In ihnen leuchtet auf mannigfaltige Weise das, um dessentwillen Menschen je und je sich verhalten. So kommt das bewegende Worumwillen ihres Verhaltens ihnen aus den Verhältnissen und Möglichkeiten ihrer Welt je und je entgegen.

Verfolgt man diese Linie weiter, so erkennt man, daß für Menschen und ihr Verhalten im Grunde *alles* ihrer Welt von Interesse ist. Daß also das ihr Verhalten bewegende Worumwillen alle Elemente der Welt grundsätzlich umfaßt. Darum möchten Menschen grundsätzlich alles wissen, alles haben, alles können und so in alle Bestände und Bereiche des Wirklichen und darüber hinaus auch des Möglichen eindringen. Das ermöglichende Worumwillen des Sich-Verhaltens scheint allumfassend zu sein.

Dieses sich so andeutende Allumfassen des Worumwillens wird zwar de facto häufig begrenzt. Es wird für unser Sich-Verhalten vor allem von den je faktischen Möglichkeiten begrenzt. Wir haben nicht die Möglichkeit, alles zu wissen, alles zu können, alles Unangenehme zu vermeiden und so fort. Und da auf diese Weise die Möglichkeiten uns begrenzen, so können wir darauf blickend auch uns selbst begrenzen. Dann lautet die Rede: Mir genügt dies, ich verzichte auf das Weitere, man kann nicht alles wollen.

Indessen ist zu sehen, daß alle Begrenzungen dieser Art sich sekundär auf einem Bereiche eintragen, der primär je weiter ist als die begrenzende Schranke. Wir können nur insofern auf den Gedanken kommen, wir könnten nicht alles wissen oder nicht alles haben, weil wir vorblicken auf die Möglichkeit, alles zu wissen oder alles zu haben, und weil wir angesichts dieser unseren Blick eröffnenden Möglichkeit unsere Grenze erkennen und annehmen. Wo wir uns begrenzend verhalten, verhalten wir uns innerhalb eines je weiteren Ausgriffs. Es ist freier Raum um die Begrenzung unseres Verhaltens.

Der je weitere Raum gehört grundsätzlich zum Umwillen. Im Grunde weiß ich, mich verhaltend, mich auf jenen bezogen. Darum haben die faktischen Begrenzungen und Verzichte für den Menschen immer den Sinn einer sekundären Negation. Gewiß kann es angesichts meiner Lage richtig und weise sein, nicht *mehr* zu wollen. Aber so verzichte ich dann auf das, was ich eigentlich und im Grunde schon wollte, was eigentlich und im Grunde schon für mich interessant wäre. Eigentlich und im Grunde verhalte ich mich also zu diesem je Weiteren und Größeren, aber ich bestimme mich dann negativ zur Begrenzung, weil ich das je Größere nicht vermag.

Wir kommen also wiederum auf einen Grundbereich unseres Verhaltens. In diesem primären Grundbereich ist das Verhalten hinsichtlich seines Worumwillen allumfassend. Und auf diesem Grunde heben sich dann sekundär alle begrenzenden und begrenzten Verhaltungsweisen ab.

Von daher wird es erklärbar, daß Menschen sich zu einem einzelnen je faktisch begrenzen können und auch begrenzen müssen, daß sie aber im ganzen bei ihren Begrenzungen niemals bleiben wollen. Wo gesagt wird: Dies werden wir nie wissen, da ist ein solches Wort aufs Ganze des menschlichen Lebens hin gesehen immer ein Stachel und ein Anreiz, die Grenze dieses Niemals doch zu überschreiten. Wo gesagt wird: Dies werden wir niemals können, hat der Mensch im ganzen gesehen sich doch niemals dabei beruhigt, vielmehr hat solches Niemals ihn immer gereizt, gerade die höchste Anstrengung zu machen, um sich den Weg in das als unmöglich Erklärte doch zu öffnen. Man kann im Hinblick darauf geradezu sagen: Es ist eben das Unmögliche, nämlich das als unmöglich Erklärte das Interessanteste für den Menschen, und gerade das Unerreichbare, nämlich das als unerreichbar Erfahrene, erregt am meisten die Neugier des Menschen. Gerade dort also, wo für ihn die Grenze steht, leuchtet von jenseits der Grenze am hellsten und am bewegendsten das, was wir das Umwillen des menschlichen Sich-Verhaltens genannt haben.

Es scheint, daß kein Tier ein Verhalten zum Unmöglichen hat, wohl aber der Mensch. Er und er allein ist mit dem Ansatze seines Wesens über jede Grenze, die er freilich überall spürt, auch schon draußen. Denn das Worumwillen seines Verhaltens ist im Grunde alles umfassend.

3. Man muß schließlich noch mehr sagen. Das Worumwillen ist im Grunde nicht nur alles umfassend, sondern auch alles überschreitend. Es gibt kein mögliches Worumwillen, wie groß es auch immer entworfen wäre, über das der Grund und das Wesen des menschlichen Verhaltens nicht immer schon draußen wäre.

Welt im Sinne der Summe aller Dinge und Möglichkeiten: wäre sie eines Tages ganz gewußt und ganz beherrscht, dann wäre gewiß an jenem Tage das Interessanteste für den Menschen nicht das, was er nun weiß und kann, sondern die Frage danach, ob es nun wirklich nicht doch noch etwas darüber hinaus oder dahinter gäbe, ob nicht doch noch dahinter etwas als Möglichkeit locke oder als Gefahr drohe, so daß man es auch noch in die Gewalt bekommen sollte. Immer noch bliebe die Frage wach: Ist dies alles? Und damit der Verweis ins je Weitere und je Größere.

Das Grundsätzliche mit dem Grund und mit dem Wesen des menschlichen Verhaltens gegebene Worumwillen ist also nicht nur da und dort je größer, es ist vielmehr *überhaupt* und *im ganzen* je größer. Es umfaßt alles und überschreitet auch alles. Alles Wirkliche ebenso wie alles Mögliche. Es ist niemals in einem begrenzten und darin festen Begriff angebbar und faßbar. Es ist niemals in einer noch so großen Summe erschöpfbar. Die Frage: Ist dies alles? bleibt immer noch möglich.

Es zeigt sich, daß das grundlegende Worumwillen des menschlichen Sichverhaltens ein Darüberhinaus schlechthin ist, es hat einen schlechthin überschreitenden oder transzendierenden Charakter. Damit entspricht es von der umgekehrten Richtung her dem, was wir im vorangehenden Paragraphen über die Transzendenz des Selbst gesagt haben. Diese Entsprechung ist kaum zufällig.

Darum gibt es für den Menschen keine begrenzte Welt als einen begrenzten Spielraum seines Verhaltens. Dies gibt es bekanntlich für Tiere, aber nicht für den Menschen. Für ihn ist die alles umfassende und alles übersteigende Transzendenz eröffnet.

4. Insofern die Transzendenz des Worumwillen des Selbstverhaltens des Menschen alles umfaßt und alles übersteigt, kann sie von nichts bedingt oder abhängig sein. Wäre sie von etwas abhängig, so würde sie von diesem umfaßt und festgelegt und könnte also selber nicht mehr es umfassend und überschreitend sein. Sofern in unserem Selbstverhalten ein Prinzip waltet, das uns auf alles als mögliches Wozu oder Worumwillen des Verhaltens verweist und zugleich über alles hinausweist, so hat dieser Umstand notwendig die andere Seite, daß dieses Prinzip zugleich alles durchstimmend, zugleich von nichts abhängig und in diesem Sinne absolut ist: herausgelöst aus aller Bedingtheit und so un-bedingt. Denn wäre das unser Verhalten leitende Prinzip bedingt von irgendetwas oder von irgendeinem Zusammenhange unserer Welt, dann könnte es sich nicht über diese Bedingungen erheben und über sie hinausblicken. Aber gerade dies kann es und vollbringt es im Grund immer. Aus diesem Grunde muß das Unbegrenzte des Worumwillens des Daseins auch das Unbedingte sein.

In der Tat erweist sich in der Erfahrung, daß Menschen sich in ihrem Verhalten im Grunde von einem unbedingten Worumwillen bestimmt wissen, mögen sie dies auch noch so oft verkennen, übersehen und auch verkehren. Wir erläutern dies anhand einiger Beispiele.

Wo das menschliche Sich-Verhalten die Form des Wissenwollens annimmt, erscheint das Unbedingte als der Anspruch der unbedingten

Wahrheit. Ich will wissen, wie es in Wahrheit ist. Dies steht für mich letzten Endes unter keiner Bedingung mehr. Der Zug des Unbedingten der Wahrheit erweist sich dabei als so stark, daß er durch keine Relativität des je faktisch möglichen Wissens ganz zum Erlöschen zu bringen ist. Immer muß ich sehen, daß die von mir erreichbare und realisierbare Gestalt der Wahrheit nicht die endgültige ist. Immer erreiche ich nur relative und vorläufige Einsichten. Aber niemals kann ich davon ablassen, die Wahrheit selbst erkennen zu wollen und auf sie hinzublicken. Nur dies ermöglicht mir die immer neu sich erhebende Kritik gegenüber dem je Erreichten, die zum Leben des Wissens selbst gehört.

Auch ist es im Leben des Wissens deutlich, daß die Verpflichtung auf das Unbedingte der Wahrheit dermaßen unbedingt ist, daß sie nicht mit sich handeln läßt und auch nicht mit sich handeln zu lassen braucht. Darum kann die Seele und das Wesen des Wissenwollens in Sätzen wie diesen ausgesprochen werden: Ich will wissen, wie es in Wahrheit ist, sei dies im empirischen Sinne nützlich oder schädlich, bringe es etwas ein oder nicht, steigere es mich oder gefährde es mich und so fort. Das, an was ich rühre, wenn ich sage: Ich will wissen, wie es in Wahrheit ist, hat eine solche Würde und Intensität, daß es mich im Grunde unabhängig macht von allen und sei es auch noch so drängenden Bedingungen. Dies heißt natürlich nicht, daß das Leben der Forschung nicht etwa recht konkreten Interessen untertan werden kann. Aber es heißt doch, daß alles derartige Untertanwerden immer wieder revidierbar und zu revidieren ist aufgrund des dem Leben des Wissens selbst immanenten Hinblicks auf die unbedingte Anforderung der Wahrheit selber. Im Grunde weiß der, der auf dem Wege des Wissenwollens ist, ganz gut, daß die Wahrheit auch in dem Sinne nicht mit sich handeln läßt, daß selbst das Aufgebot der ganzen Welt und ihrer Kräfte und ihrer Interessen nicht in der Lage sein kann, auch nur ein Kleines an der wahren Wahrheit zu ändern.

Alles dies zeigt, daß sich in der Wahrheit ein Unbedingtes und als solches alle Endlichkeit und Bedingtheit Überschreitendes im menschlichen Sich-Verhalten geltend macht, sofern dies die Form des Wissenwollens hat.

Betrachten wir das menschliche Verhalten, insofern es Verhalten von Mensch zu Mensch ist, im Kreise des Miteinanderseins der Menschen, so kann das Unbedingte darin erscheinen zum Beispiel in der Gestalt des unbedingten Anspruches von Gerechtigkeit und Treue. Die Unbedingtheit dieses Anspruches erscheint gewiß auch hier nicht immer an der Oberfläche des Daseins, sie ist oft genug wie zugedeckt von der Masse der empirischen und sehr relativen Bedingungen und Umstände, die das Verhalten von Mensch zu Mensch bestimmen. Aber es ist doch zu erkennen, daß verborgen in all diesem konkreten und mannigfaltig bedingten Leben der Menschen immer ein Unbedingtes sich meldet, und bisweilen tritt es in großer Form aus seinen Verhüllungen hervor. Dann weiß sich der Mensch in seinem Verhalten zu seinen Mitmenschen unter Anforderungen gestellt, die durch keine Rücksicht auf Nutzen oder Schaden im Wesen verändert oder gar aufgehoben werden können. Dann zeigt sich der Anspruch, der von Treue und Gerechtigkeit ausgeht, als so hoch, daß man ihn auch mit dem Aufgebot der ganzen Welt nicht aufkaufen kann, und daß im äußersten Grenzfall die Totalität des Einsatzes und damit auch das Inkaufnehmen des Todes vom Menschen abverlangt werden kann durch die Unbedingtheit dieses Anspruches. Nichts bezeugt uns vielleicht eindrucksvoller die Unbedingtheit, die im Umwillen des menschlichen Selbstverhaltens lebt, als diese äußerste Möglichkeit: Das, worumwillen der Mensch je sich verhält, ist so unbedingt in seiner Intensität, daß es für den Menschen möglich und unter äußersten Umständen geboten ist, eher sein physisches Dasein aufzugeben als die Treue oder die Gerechtigkeit; daß es für ihn im äußersten Falle möglich, ja geboten sein kann, in Opfer und Untergang am reinsten Mensch zu sein, nicht im Opfer, das anderen abverlangt werden kann, sondern im Opfer, das selbst gebracht werden muß.

In solchen Möglichkeiten zeigt sich, daß es beim Menschen immer um mehr geht in seinem Verhalten als um das bloß empirische oder biologische Dasein. In diesem Umkreis wurzelt, was man die ethische Würde und Auszeichnung des Menschen nennen kann. Es zeigt sich wiederum die Transzendenz, jetzt in der Gestalt der Unbedingtheit, die alle Bedingungen zuletzt überschreitet.

Auch diese Beobachtung wird nicht dadurch zunichte gemacht, daß, wie sich gezeigt hat, konkrete Wertsysteme einzelner Menschen oder solche von großen Menschengruppen sich häufig von empirischen Ursachen ableiten lassen und also von diesen abhängig oder bedingt und darum keineswegs unbedingt sind. Es ist gewiß nicht zu bestreiten, daß das, was Menschen konkret je für das Gute, das Bessere, gar das unbedingt zu Tuende ansehen, in vielfacher Weise bedingt ist von ihrer Erziehung, von der Gesellschaft, der sie angehören, von über- oder unterbewußten Interessen und Ähnlichem. Es ist auch nicht zu bestreiten, daß Menschen oft das, was man den Index des Unbedingten nennen könnte, an die durchaus falsche Stelle setzen, um dann im Namen der unbedingt zu realisierenden Wahrheit oder Gerechtigkeit in schreckliche Fanatismen zu verfallen. Aber dazu ist in unserem Zusammenhange immer wieder zu bemerken, daß alles dieser Art niemals ganz und auf die Dauer unbestritten bleiben kann unter Menschen. Kritische Besinnung auf die wahre Wahrheit und die wahre Gerechtigkeit gegenüber aller bloß beanspruchten ist unausbleiblich. Alle empirischen Systeme stehen unter dem Gericht. Allen gegenüber ist zu fragen und wird gefragt, ob sie sind, wie sie sein sollen. In solchem kritischen Fragen macht sich immer wieder das Unbedingte in allem menschlichen Worumwillen geltend gegenüber allen seinen empirischen und konkreten Verzerrungen. Wenn die Erfahrung zeigt, daß es nie rein dargestellt werden kann, dann zeigt sie gleichfalls, daß es auch nie ganz ausbleiben kann. Die Bedingtheiten und auch die bedingten Depravationen des menschlichen Verhaltens zeigen so indirekt selber auf das Unbedingte.

Wir können zusammenfassend sagen: Der Mensch, sich selbst verhaltend, findet sich ins Freie alles Möglichen entlassen und gewiesen durch die *Transzendenz seines Worumwillen,* er findet sich durch das zuäußerst Unbedingte im Grunde dieser Transzendenz vom bloßen Sichbegnügen mit allen Bedingtheiten immer wieder abgelöst und darum wiederum wie ins Freie gerufen, und er findet sich andererseits *als er selbst* freigestellt dem Allumfassenden und alles Überschreitenden und Unbedingten gegenüber durch die *Transzendenz seines Selbstseins.*

Findet er sich dadurch im Spielraum möglicher Freiheit? Bildet diese doppelte Transzendenz diesen möglichen Spielraum? Und wenn es so ist: Erscheint dann in diesem offenen Spielraum der Möglichkeit etwas, was man wirkliche Freiheit nennen darf? Darüber wird im folgenden nachzudenken sein.

5. Transzendenz und Freiheit

5.1. Freiheit als Erfahrung der offenen Möglichkeiten

Überall steht, wie wir sahen, der Mensch in den Determinanten seiner Natur, und er kann ohne diese Determinanten seiner Natur nicht da sein in dieser Welt. Aber kraft der Transzendenz, von der wir sprachen, ist er in diese Natur, die ihn trägt, doch nicht blind versenkt. Kraft der Transzendenz seines Selbstseins steht er als er selbst seiner Natur auch überall gegenüber. Er ist überall gebunden in die Anziehung und in den Schrekken der Gestalten und Möglichkeiten seiner Welt. Aber kraft der Transzendenz seines Umwillen hat er immer und mehr und anderes im Auge als das ihn gerade Bestimmende, und so lebt er im Horizonte einer je weiteren Welt von Möglichkeiten. Immer steht er in einem mannigfaltigen Kräftespiel physiologischer und psychologischer und soziologischer und anderer Determinanten. Aber durch die Transzendenz der Unbedingtheit überschreitet er in seinem Selbstverständnis und seinem Selbstvollzug die Kräfte und die Grenzen dieses Kräftespiels und ist so im Äußersten und Innersten von ihm freigesetzt. Wir wollen nun fragen, wie dies, was aus dem bisher Erörterten sich ergab, näherhin aussieht. Was geschieht und was ist zu sehen, wenn der Mensch wirklich lebt und handelt im eröffneten Spielraume seines Daseins?

Wenn der Mensch den ihm eröffneten Raum seines Daseins betritt und sich darin verhält, so ist zunächst zu sehen, daß er sich dabei immer von etwas bewegt findet. Nicht umsonst sprechen wir von Beweggründen oder Motiven des menschlichen Handelns. In ihnen erscheint konkret, was wir abstrakter das Umwillen des menschlichen Verhaltens nannten. Wir wollen jetzt näher zusehen, wie dieses Umwillen als Beweggrund auftritt und erscheint.[13]

Betrachten wir den Gang unseres Daseins genauer, dann sehen wir, daß uns die Beweggründe, die uns bewegen, aus den Bereichen unserer Welt entgegenkommen. Es zeigen sich in unserer Umwelt Möglichkeiten, die uns unter irgendeinem Gesichtspunkte verheißungsvoll erscheinen, und so wenden wir uns ihnen zu. Wir würden dies aber gewiß nicht tun, wenn wir nicht andererseits auch von uns selber her an solchen Möglich-

[13] Damit führen wir die Überlegungen von Seite 37 ff. und 56 ff. noch einmal eine Stufe weiter.

keiten interessiert wären und uns also auf sie schon hingeordnet wüßten. Davon war bereits früher zu sprechen. Der Beweggrund entspringt also aus einer *Übereinkunft von Welt und Selbst.*

Was immer wir tun, wir ergreifen im Tun jeweils eine Möglichkeit, die sich uns aus unserer Welt eröffnet. Wir sehen: Da könnte ich hingehen, diesen Menschen könnte ich das und das sagen und so fort. Das bewegende Worumwillen kommt konkret aus Elementen und Möglichkeiten meiner Welt entgegen, mir Einsicht oder Gewinn oder Einfluß oder Genuß oder Sicherheit oder Unterhaltung oder irgend etwas Ähnliches verheißend.

Das mir in solchen Gestalten konkret Entgegenkommende kann aber nur insofern bewegend und also Beweggrund werden, als ich selbst aus den inneren Gründen meines Daseins mich auf solches bezogen weiß. Nur insofern es mir von mir aus schon um solche Dinge wie Einsicht oder Gewinn oder Einfluß oder ähnliches geht und ich also an solchem Interesse habe oder solches mag, nur insofern bewegt es mich, wenn solches als Möglichkeit mir aus meiner Welt winkt. Das Winkende hat dann den Charakter des *Erfüllenden* gegenüber dem, *um was* es mir geht und das seinerseits auf solche Erfüllung angewiesen ist. In der erfüllenden Übereinkunft dessen, was mir aus der Welt begegnet, mit dem, womit ich der Welt begegne, wird das Welthafte für mich zum Motiv. Was ich von mir aus mag und woran ich von mir aus Interesse habe, das zieht mich an von meiner Welt her.

So beruht in allem Verhalten des Menschen das Bewegende oder das Motiv des Sich-Verhaltens auf einem erfüllenden Einklang meiner Welt mit mir oder einer Übereinkunft meiner mit meiner Welt. Das Umwillen gewinnt konkret den Charakter solcher Übereinkunft und wird so zum Motiv.

Ich kann lebend und handelnd dies auch so ausdrücken: Ich komme *mir* im Ergreifen meiner Welt entgegen, aus meiner Welt kommt mir entgegen, was ich sein möchte und was mir Erfüllung verheißt. Das, um dessentwillen ich leben will, begegnet mir, indem mir mein Anderes, meine Welt und ihre Elemente begegnen. Die Konvenienz ist meine »Zukunft«. Sie bewegt mich. Sie trägt, mich bewegend, alle Beweggründe und ist die Seele aller Bewegungen meines Verhaltens.

Dies geschieht aber zunächst und zumeist so, daß mir meine Welt einzelne und bestimmte Möglichkeiten anbietet, diesen Gewinn, jenen Genuß, jene mögliche Einsicht oder den Schutz vor jener anderen möglichen Gefahr und so fort. Meine innere Verfassung, das aus mir selber entspringende Worumwillen neigt mich zu diesen einzelnen Möglichkeiten hin und konzentriert sich so auf ein einzelnes Interesse an einem Einzelnen. Und so ergreife ich bestimmte einzelne Möglichkeiten und realisiere mich in ihnen.

Nun macht sich aber in diesem Bereiche die Transzendenz meines Umwillens auf eine eigentümliche Weise bemerkbar. So nämlich, daß sie den Bereich meines inneren Worumwillen und darum auch meines Hinblicks *offenhält* in je weitere Räume als nur die, die die einzelne Möglichkeit eröffnet, der ich mich zugewandt habe. Dies sieht zunächst so aus: Ich bewege mich in einzelnen Möglichkeiten, jedoch so, daß ich mir dessen bewußt bin, daß von ihnen nicht und nie das *Ganze* meines inneren Worumwillen und des zu ihm gehörigen Hinblicks in Anspruch genommen ist und auch nicht in Anspruch genommen werden kann. Das Worumwillen, in das ich mich eröffnet weiß, zeigt sich je im konkreten Gange des Lebens als die immer *je größere* Weiträumigkeit der Möglichkeiten. Von mir aus gesehen, bleiben darum immer offene Möglichkeiten, und diese *erscheinen* auch als offene Möglichkeiten im gelichteten Raume des Daseins und werden als solche erfahren. Ich ergreife dieses Konkrete, weil es mir Glück, Einsicht und Erfüllung verheißt. Aber im Ergreifen weiß ich und erfahre ich, daß noch andere Möglichkeiten sind. Ich weiß, daß ich auch noch anderes ergreifen könnte, aus dem mir auch und auf andere Weise mein Glück winkt. *Eine* konkrete Möglichkeit realisierend, schließe ich zwar faktisch *andere* Möglichkeiten aus. Aber das Ausgeschlossene der anderen Möglichkeiten begleitet mich doch als nicht ergriffene Möglichkeit und steht als solche vor mir. So bleibt immer Raum der Möglichkeit offen und übrig. Vieles spricht mich an, aber nichts nimmt mich ganz in Anspruch. Das ganze Worumwillen ist in keinem Einzelnen ganz gefaßt und erschöpft.

Dieser immer offenbleibende Raum der Möglichkeiten, in dem sich die Transzendenz des Umwillen zunächst und konkret bemerkbar macht, wird als Raum der Freiheit erfahren. Indem ich dies tue, weiß ich, daß ich auch anderes tun könnte. Indem ich dies weiß, weiß ich, daß ich nicht mußte, d. h. nicht ins Eine gezwungen war, ohne die Möglichkeit des Anderen zu haben. Indem ich dies weiß und erfahre, erfahre ich mich als frei.

Dies ist eine erste und elementare Form, wie Freiheit erfahren wird. Wir müssen aber darauf achten, daß sie in diesem Falle im Gange des faktischen Daseins und seiner faktischen Bewegungen nur als Raum der Möglichkeit erfahren wird. »Ich hätte gekonnt, wenn ich gewollt hätte, ich könnte, wenn ich wollte«, dies ist der Irrealis der Möglichkeit, der den Realis des Faktischen als Bewußtsein und Erfahrung begleitet.

Bedenken wir diese Gestalt der Freiheit als Erfahrung der offenen Möglichkeit, so werden wir fragen, ob auch das, was wirklich und faktisch geschieht, den Namen eines freien Geschehens verdiene. Oder sollte Freiheit nur das Bewußtsein von der Aura der offenen Möglichkeiten sein, die in meinem wirklichen Verhalten und Geschehen dies bloß begleitet und umgibt, aber vielleicht nicht innerlich bestimmt? Besteht die erste Gestalt der Freiheit, die wir antreffen, in der Erfahrung der offenen Möglichkeiten, so geben wir uns mit diesem Befunde nicht zufrieden. Er hat gewiß seine Bedeutung. Es bleibt aber weiter zu fragen, wie es mit der *Wirklichkeit* unseres Daseins und seines Geschehens stehe hinsichtlich der Sache der Freiheit.

5.2. Freiheit als Entscheidung und Wirklichkeit

Bis jetzt ist, was Freiheit genannt werden darf, als die Erfahrung der je offenen Möglichkeiten in den Blick gekommen.

Aber wo ist jene *Wirklichkeit*, die im Bereiche der offenen Möglichkeiten *entscheidet? Wo* und wie kann sie erfahren werden? Wie sieht sie, wo sie erfahren wird, aus? Wie ging es zu, als alle Möglichkeiten offen waren, aber noch nicht entschieden war, welche der Mensch handelnd ergreifen würde, als das Ereignis der Entscheidung also noch bevorstand: Wie geschah da der Sprung, in welchem das noch nicht Entschiedene des Menschen sich aufschwang, die eine Möglichkeit zu ergreifen und die anderen offen zu lassen? Erst wenn wir dies genauer sehen können, bekommen wir etwas von der wirklichen Freiheit zu sehen. Denn wenn es um die wirkliche Freiheit geht und nicht nur um den Gedanken der Möglichkeit, der sie begleitet, müssen wir das menschliche Verhalten im Sprunge der Wahl und im Ur-Sprunge seiner Realisierung betrachten.

Hier aber sehen wir, uns an diesen Ur-Sprung vorsichtig heranschiebend, merkwürdige Verhältnisse. Wir suchen sie in der Annäherung zu beschreiben, die uns gerade noch möglich erscheint.

Wir sehen im Sprung jeder Entscheidung, in welcher Phase wir sie auch betrachten mögen, sowohl das Ich-Selbst am Werke in seiner zuletzt unfaßlichen Ursprünglichkeit als auch das Motiv, das mich bewegt und in dem ich mir selbst als meine Zukunft entgegenkomme, indem mein Worumwillen mit den mir entgegenkommenden Möglichkeiten meiner Welt übereinkommt. Das Bewegende kommt mir aus meiner Welt entgegen. Und so ist, indem Entscheidung aus dem Ur-Sprunge geschieht, etwas wie die Einheit eines Doppelten. Von dem einen kann ich sagen: Dies will ich tun, von dem anderen aber: Dies Nicht-Ich, das mich mir erst verheißt, lockt mich und reizt mich. Beides aber erscheint im Sprunge der Entscheidung Eines. Beide Pole dieser Einheit scheinen bewegend zu sein, beide Pole sind auch passiv bewegt, aber keiner ist nur passiv.

Niemals ist es so, daß nur ich selbst zur Entscheidung gleichsam aufspringe, ohne daß mich etwas bewegte oder lockte. Nehmen wir einmal an, es wäre gleichwohl so, dann hätte ich in diesem Falle keinen Grund für mein Verhalten, dieses, von dem ich sage: Ich tue das, schwebte grundlos. Dies hieße aber auch: Ich wüßte nicht, warum ich es tue. Was geschähe, wäre nicht einsichtig. Wäre es aber nicht einsichtig, dann stünde ich selbst dem, was ich da täte, fremd gegenüber. Ich könnte kaum sagen: *Ich* tue es oder *ich* habe es getan. Ich stünde dem Geschehen eher wie ein Zuschauer gegenüber. Ich könnte als solcher eher sagen: Da geschah etwas, ich weiß nicht worum. So wäre es gar nicht im vollen Sinne *meine* Handlung oder Entscheidung. Daraus wird sichtbar: Wo der bestimmende Grund fernbleibt, da bleibt die Sache, um die es geht, auch mir selber fremd, und ich bleibe mir selbst aus im Geschehen.

Diese Einsicht können wir nun positiv formulieren. Wir können sagen: Ich komme nur insofern als ich selber zum Handeln, zum Wählen, zum Entscheiden aus meinem Ur-Sprunge, ja, ich *bin* nur ich selbst im Entscheiden, als ich selber bestimmt bin und gewählt bin von dem einsichtigen Worumwillen, von dem Grund, von dem her es mir hell wird, warum ich dies tun will eher als jenes. Ich kann im Ur-Sprunge nur bestimmend ich selbst sein, insofern ich in dieser Weise mich bestimmt finde.

Dies aber heißt wiederum entsprechend der Erfahrung, die wir machen: Das, was mich bestimmt, das mir Einsichtige meines Grundes, das, worin ich mir einsichtig aus dem Nicht-Ich entgegenkomme, ermöglicht mir, *mich selber* zu entscheiden. Es eröffnet mir gerade mein Vermögen zu sagen: Ich will. Es ist also weit davon entfernt, meiner Selbstbestimmung in die Arme zu fallen und sie auf die Seite zu schieben. Es ermöglicht und eröffnet sie allererst. Wo ich weiß, was ich will, da vermag ich allererst zu wollen. Wir können also sagen, daß Freiheit als anfängliche Macht des Wollens und Wählens selbst eine Weise ist, bestimmt zu sein, sie ist niemals bloße Indetermination. Schon im ersten Ansatze des Sprunges der Freiheit hat sie ihren Grund, der sie bestimmt, den Ansatz zu machen. Gerade der Grund befreit und ermächtigt sie zum Satz und Ansatz.

Dies kommt noch schärfer heraus, wenn wir es noch einmal umgekehrt sagen. Dann müssen wir sagen: Ich bin nur insofern bestimmt, als ich auch von mir aus bestimmend bin. Mit dieser Wendung kommt noch einmal und schärfer die ursprüngliche bestimmende Macht des Selbstseins heraus im Umkreis seiner Bestimmtheit vom Grunde. Ich mag lange bestimmt sein von Möglichkeiten, die für mich gut, erfreulich und nützlich wären, und die von außen und innen mir winken. Aber solange ich mich nicht solchen Motiven und Möglichkeiten öffne und sie aus meinem Ur-Sprunge mir zu eigen mache, solange ich nicht von mir aus ja zu ihnen sage, ja, das ist gut für mich, solange bleiben sie ganz außerhalb meiner und reichen gar nicht an mein Verhalten hin. Solange kommen sie also gar nicht dazu, wirklich bewegender Grund für mich zu sein.

Auch zu diesem Gedanken können wir nützlicherweise die Gegenprobe machen. Wir können den Gedanken entwerfen, das Geflecht der bewegenden Gründe bestimmte mich, jedoch so, daß ich selbst dabei gar nicht ins Spiel zu kommen bräuchte. Lassen wir diesen gedachten Fall ablaufen, dann werden wir zwar vielleicht im Ablaufe Reaktionen des so bestimmten Menschen sehen, Ausweich- oder Strebebewegungen. Aber wir könnten dann nicht sagen, dieser Mensch *selber* handle oder reagiere oder verhalte sich. Was in diesem Falle den Menschen bestimmt, hat ihn als ihn selbst gleichsam unterspielt, so, daß er selbst als er selbst gar nicht ins Spiel kam. Indem er nur bestimmt wurde, ist er als er selbst gerade nicht bestimmt worden. Diese Gegenprobe des Gedankens bestätigt uns noch einmal die Einsicht: Der mich bestimmende Grund oder das Geflecht der Gründe wird mich bestimmend, indem *ich* diesen Grund oder diese Gründe wähle und wählend bestimme. Meine bestimmende Wahl schaltet den Grund oder die Gründe nicht aus, sondern gerade ein, sie läßt sie ihre bestimmende Macht erst entfalten.

Mit anderen Worten, im Ur-Sprunge der Entscheidung oder der Wahl sehe ich immer *beides:* mich selbst als bestimmend, aber nur insofern ich bestimmt *bin* vom anderen, und mich selbst als bestimmt, aber nur insofern als ich selbst bestimme. Ich sehe: Ich gebe mich frei für dieses Worumwillen, das mir aus dieser Möglichkeit entgegenkommt, für diesen Grund meines Handelns, ich lasse mich von ihm ansprechen und anziehen. Aber durch diese Freigabe, die aus mir selber aufsteigt, wird dieser Grund allererst Grund und gewinnt er seine bewegende Kraft vor anderen möglichen Gründen. Ich weiß mich darin mächtig, zu wählen und zu entscheiden, aber die Entscheidungsmacht ist gleichzeitig auch die Macht dieses bewegenden Grundes, mächtig zu werden über mich. Ich entscheide und wähle, ich weiß mich aber darin von meinem Grunde und meinem Gesichtspunkt gewählt und bestimmt und geleitet. Bestimmen und Bestimmtsein, Entscheiden und unter der Entscheidung Stehen gehen also ein Konnubium ein und schlagen in ein ursprünglich einziges Leben zusammen. In dieser Einheit begründet jedes Element das andere auf seine Weise, und keines wird vom anderen ausgelöscht.

Dies können wir auch so sagen: Das Ich-Selbst, als das ich mich erhebe, und das Ich-Selbst, das mir als künftige Möglichkeit aus dem Nicht-Ich meiner Welt winkt, sind im Geschehen ein einziges Leben, das als einziges Leben von allen seinen Seiten her lebendig und tätig und zugleich auch lebendig und empfangend ist.

Für die Erfahrung der Freiheit ist es dabei entscheidend, daß ich im Eingehen auf meine Gründe, d. h. im Mächtigwerdenlassen meiner Gründe über mich, mich selber als meiner und meines Verhaltens mächtig, als tätig und mich selbst bestimmend erfahre. Diese Erfahrung aber ist im Lichte unseres Gedankens so, daß sie das Bestimmtwerden, das Empfangen der Bestimmung gerade nicht auslöscht, sondern erst und voll zum Zuge kommen läßt. Nur also wo Freiheit abstrakt betrachtet wird, bildet sie einen Gegensatz der Bestimmung gegenüber. In ihrem konkreten Leben, wo es an ihm selber betrachtet wird, verschwindet dieser Gegensatz und erscheint *in der Bestimmung* die Freiheit als überall zugleich tätige und zugleich empfangende Selbstbestimmung.

Die Freiheit der Wahl erscheint so freilich wie ein Zirkel der Begründung. Ich ermögliche, was mich ermöglicht und umgekehrt. Es gilt, diesem Zirkel nicht zu entfliehen, sondern ihn zu sehen in der lebendigen Erfahrung. Er deutet auf den Punkt des Ur-Sprungs.

Hier wird Freiheit positiv. Sie gewinnt die Gestalt von Wahl und Entscheidung. Dieses Bild der Freiheit als Wahl, als bestimmender und zugleich bestimmter Freiheit kann ich sehen, wenn ich in mich blicke, ich kann es zum Vorschein bringen, wenn ich im Gedanken die Elemente auseinanderlege und ausleuchte.

Es mag dann freilich immer noch die Frage gestellt werden, ob es dies wirklich gäbe, diese Wahl und Entscheidung. Oder ob dies nur ein Eindruck, ein Bild des inneren Auges sei. Diese skeptische Frage mag Stärkung erfahren gerade durch das dialektische und zirkelhafte Moment, das an der menschlichen Freiheit zum Vorschein kommt. Wenn alle Bestimmung zugleich auch Bestimmtwerden ist: Ist dann vielleicht der Eindruck, ich bestimmte mich selbst, nur eine Täuschung?

Das Argument, das diese skeptische Frage entscheiden kann, kann nicht mehr theoretischer Natur sein. Die Freiheit als ursprüngliche Entscheidungs- und Bestimmungsmacht wird für mich dadurch erwiesen, *daß* ich mich entscheide, nicht durch den *Gedanken* über die Freiheit, sondern durch das *Freisein selber,* d.h. durch das Wirken und Bestimmen und Entscheiden der Freiheit. Der Gedanke kann und soll die Situation erhellen. Aber daß Freiheit ist, daß Wahl und Vollmacht und Entscheidung sind: Dies wird dadurch erwiesen, daß ich wähle und entscheide und solchermaßen handelnd meine Vollmacht, die aus meinem Ur-Sprunge kommt, vernehme. Nur die Freiheit gebrauchend, kann ich der Freiheit gewiß werden. Von außen wird nicht zwingend bewiesen, daß es Freiheit wirklich gebe. Dies wäre auch paradox. Was man beweisen kann, ist das Resultat vorauslaufender Bestimmungen, Axiome oder Begriffe. Aber die Freiheit ist zwar begründet, aber doch nicht Resultat, sie ist vielmehr Prinzip, Anfang, Ursprung.

Sie kann als solcher Ursprung nur sich selbst erweisen und dies nur so, daß sie sich entfaltet als das, was sie ist, tätiger und freier Ursprung, sich selbst in der Entfaltung seiner Freiheit erfahrend. Im Sprunge der Freiheit selber beweist der Ursprung, daß er Ursprung ist, nicht aber dadurch, daß er die geistigen Glieder und Gelenke, die zum Sprunge dienlich sein mögen, bloß betrachtet. Der Beweis der Freiheit als Entscheidung ist die wirkliche Entscheidung. In ihr wird der Gedanke eins mit dem, was wirklich ist, und das, was wirklich ist, lichtet sich im Gedanken. In ihr wird Freiheit sichtbar und sich selbst bestätigt als die Wirklichkeit der Wahl, die zwar überall und auf mannigfaltige Weise bestimmt ist, aber gerade im Kreise dieser Bestimmtheit sich selbst aus dem Ursprunge bestimmt.

Wo freilich im Menschen die Kraft einsichtiger Entscheidung verkümmert oder verfällt, wo Menschen in ein bloßes Sichtreibenlassen gleiten, da verfällt mit dem Gebrauche der Freiheit auch das Argument, das sie erweisen könnte. Und dann gehen rein abstrakte Erwägungen darüber, ob es so etwas gebe oder nicht, leicht wie in einem Irrgarten. Aber alle gedanklichen Irrgärten sind kein Gegenbeweis, wo die Freiheit wirklich aufstand.

5.3. Freiheit als Spiel und Notwendigkeit

In der Freiheit der Wahl, wenn wir sie genau genug bedenken, finden sich Momente, die zu weiteren und anderen Gestalten der Freiheit führen können.

Dies mag man daran sehen, daß die Situation der Wahl, die die Freiheit vor die Wahl stellt, doch auch einmal so auftreten kann, daß sie die Freiheit behindert.

Wo mir aus meiner Welt mehrere Möglichkeiten entgegenkommen – ich könnte dies, ich könnte auch jenes tun –, wo mich aus ihnen anspricht, was mich zum Handeln bewegen könnte, aber nicht so, daß aus der Konkurrenz der Möglichkeiten klar und eindeutig würde, was ich eigentlich wählen sollte, da ist die Situation der Wahl zwar im negativen Sinne offen. Nichts zwingt mich, so oder so zu wählen. Aber diese negative Offenheit der Situation wird zu einem Hindernis der positiven Freiheit der Entscheidung als des Wählenkönnens. Ich werde unsicher, was ich ergreifen soll. Ja, ich werde unsicher, was ich eigentlich wollen soll. Die Wahl wird schließlich zur Qual fortgesetzter und sich nicht entscheiden könnender Erwägungen. So wird die Situation der Wahl nicht zur Ermöglichung, sondern zur Hemmung der Freiheit.

Was zeigt sich darin? Zunächst noch einmal dieses, daß Freiheit nicht frei sein kann, ohne bestimmt zu sein und getragen von ihrem gelichteten Grund. Dann aber und weiterführend zeigt sich: Wahl ist doch vielleicht nicht die einzige, ja wohl nicht die höchste Form der Freiheit. Wo die Wahl möglich ist, kann die Freiheit auch behindert sein. Kommt sie in dieser Lage doch zum Zuge, dann offenbar durch ein Element, das nicht mehr den Charakter der Wahl hat. Es bleibt also zu fragen, von welcher Natur dieses Element ist. Wir stellen diese Frage nun, um die höheren Gestalten der Freiheit in den Blick zu bekommen.

Wir suchen uns auch hier an möglichst konkreten Modellen zu orientieren. Wir suchen einen konkreten Bereich menschlichen Verhaltens auf, der von außen gesehen die Situation der Wahl haben mag, bei dem aber nichts von den gelegentlichen Unsicherheiten oder Hemmungen der Wahl mehr zu bemerken ist. Wir suchen also Fälle auf, in denen die Bewegungen des Daseins leicht und ihrer selbst sicher ihren Gang gehen.

Solche Fälle treffen wir am ehesten im spielenden Verhalten des Menschen an, und besonders dort, wo es sich um musisches Spiel handelt, etwa um das Spiel des Gesanges oder des Tanzes oder ähnliches. Dies dürfte kaum zufällig sein. Wir richten also zunächst unsere Aufmerksamkeit auf solche Fälle musischen Spieles und nehmen sie als Modellfälle zum Studium der Freiheit.

So fragen wir im Rahmen solcher Modelle: Wie bewegt sich denn der Mensch, nach welchen Prinzipien verläuft sein Verhalten dort, wo er spielt, wo er etwa singend seine Stimme auf- und niedersteigen lässt, oder wo er im Tanze sich hin und wider wendet und schwingt?

Der Mensch bewegt sich in solchen Fällen durch eine Mannigfaltigkeit von Gestalten hindurch, immer mit einem leichten Griff die nächste wählend und die letzte verlassend und viele hintereinander durcheilend. Dies sieht immer nach Wahl aus. Bald wird die steigende, bald die fallende Bewegung gewählt, bald die lauten, bald die leisen Töne und so fort. Aber das Wählen geht jetzt so leicht und reibungslos, daß es, von innen betrachtet, als Wählen gar nicht mehr hervortritt. Es ist als Wählen verschwunden in der Leichtigkeit des Spiels. Was in dieser Leichtigkeit lebt, ist so kräftig und in sich hell, daß es nicht des Zögerns der Überlegung noch des Aufwandes von Mühe bedarf. Es ist etwas wie eine höhere Form des Wählens eingetreten, in der dieses als Wählen und Entscheiden verschwunden ist.

Aber nicht verschwunden ist die Kraft und Klarheit des Bestimmens. Sie hat sich eher gesteigert bis zu einem Grade, den man wagen darf, Notwendigkeit zu nennen. Der Sänger weiß wohl, welchen Ton er zu wählen und singend zu ergreifen hat, und er wendet sich diesem mit Kraft und Sicherheit zu ohne Zögern, er bestimmt den Ton und die Folge der Töne.

Betrachten wir die Weise dieses Bestimmens und den Grund, der es leitet.

Die Weise dieses Bestimmens ist die Weise der Freiheit, jedoch so, daß diese wie im Glanze einer wenigstens modellhaften Vollendung erscheint. Dies macht sich in dem Umstand bemerkbar, daß, wendet sich das spielende Bestimmen und Wählen der einen Möglichkeit zu (etwa dem aufsteigenden Ton), so fixiert und verhärtet es sich doch nicht in dieser. Es schwebt leicht und wie im Gleichgewicht über den anderen Möglichkeiten (etwa einer absteigenden Reihe). Die Bestimmung schließt in diesem Sinne die andere Möglichkeit nicht eigentlich aus, behält sie vielmehr als offene Möglichkeit dabei und weist auf sie hin. Indem die Töne schön sich erhebend dahingehen, lassen sie merken, daß sie ihre andere Möglichkeit – in andere Richtung gehen zu können – nicht starr ausgeschlossen haben. Sie haben sie vielmehr als offene Möglichkeit dabei behalten und grüßen sie gleichsam. So sind sie mit ihr im Gleichgewicht. Dieses Gleichgewicht macht das Leichte des Auf- und Niederschwebens aus. Jede Höhe winkt ihrer Tiefe, und jede Tiefe winkt ihrer Höhe, keine ergriffene Möglichkeit ist in ihrem Griffe erstarrt und exklusiv, keine nicht ergriffene Möglichkeit ist verloren, und so ist das Bestimmen in seinem Ja nicht erstarrend, das Lassen in seinem Nein nicht verlierend, und alles hält sich im Gleichgewicht. Darum geht die Bewegung leicht dahin. Das Moment der Wahl ist verschwunden in die Leichtigkeit der umfassenden und freien Bewegung. Was vorher Wahl war, ist in Lust und Leichtigkeit verwandelt und ist aller ausschließenden und hemmenden Momente entkleidet worden. So ist die Wahl als Wahl aufgehoben.

Hat eine solche freie Bewegung ihren Grund, der sie bestimmt und trägt, so werden wir nun weiter fragen, uns an früher Erwogenes erinnernd.

Der Künstler spielt sein Spiel im freien Durchgang durch die vom Spiele schöpferisch erschlossenen Möglichkeiten. Warum? Wo ist der ermöglichende Grund dafür? Tatsächlich sehen wir: Die produktive spielende Freiheit, je klarer sie sich ist, weiß wohl, warum sie gerade diesen Gang geht und gehen muß. Sie weiß um ihren Grund. Ja, sie ist erfüllt von ihm. Sie ist erfüllt von einem lebendigen, klaren Element, das sie bewegt. Wir wagen es, dieses lebendig-bewegende und Grund gewährende Element mit einem alten, vernutzten und verkannten Wort die Idee des Spieles zu nennen. Dann können wir sagen: Die Idee bestimmt den ganzen Gang des Spieles im Ganzen wie in allen seinen Teilen. In der Helle der Idee kann die spielende Freiheit sprechen: So muß es sein, so muß ich mich bewegen, dies muß der Gang der Gestalten, der Schritte, der Töne sein, so und nicht anders. Das Worumwillen als die belebende Idee gründet und belebt die spielende Freiheit so, daß in diesem Bezuge nichts von Wahl mehr erscheint (während vorhin die Wahl wenigstens als aufgehobene noch spürbar war). Im Bereiche der lebendig-gründenden Idee und der von ihr begründeten Form der spielenden Freiheit zeigt sich eine Eindeutigkeit, die den Spielenden sagen läßt: Ich *muß* so vorgehen. In der spielerisch-schöpferischen Produktivität ist der Spielende seiner Sache sicher, es gibt für ihn kein Hin und Her und so nicht die Wahl, sondern das Müssen. Und dies deswegen, weil die Idee hell in ihm leuchtet und eindeutig in ihrem Leuchten zeigt, wie alles gehen muß.

Gerade aber in diesem Müssen oder in dieser Notwendigkeit ist die Freiheit am freiesten und am stärksten.

In der Notwendigkeit der Freiheit, so wie wir sie in unserem Modelle betrachten, zeigt sich eine lebendige Einheit dessen, was wir Idee nennen und des sich verhaltenden Selbstseins. Bin ich selbst der sich so Verhaltende, dann kann ich sagen: Die mich bestimmende und erfüllende Idee ist gar nichts außer mir, ich selber aber bin nicht ihr gegenüber bloß in mir. Vielmehr ist mein eigenstes Leben eben das der in mir lebendigen Idee geworden. Und gerade dies entbindet die vollendete Freiheit, die Leichtigkeit des Ganges, den vollkommenen Selbstbesitz in der vollkommenen Helle des Daseins. Sage ich: Die Idee ist mit mir eins geworden, sie ist zu meinem Leben geworden, so kann ich andererseits auch sagen: Ich bin, mit der Idee eins geworden, mehr als nur ich. Denn die befreiende Idee, die den Menschen in die reinste Freiheit zu führen vermag, ist nichts vom Menschen selber Gemachtes. Nicht weil Menschen sich etwas zurechtlegen oder ausdenken oder konstruieren, ist eine Sache schön und vollkommen und gut und den Menschen hinreißend, sondern weil eine Sache schön und vollendet und gut und vielleicht hinreißend ist, darum wenden Menschen sich ihr zu und lassen sich von ihr erfüllen. Darum ist die Idee, einen Menschen erfüllend, immer wie ein Geschenk und wie eine Gnade.

Empfängt der Mensch dieses Geschenk der belebenden Idee, dann macht er die Erfahrung, daß sein Wesen solchem immer schon zugehörte und darum auf solches immer schon als das ihm Zugehörige gleichsam wartete. Gewährt es sich ihm, dann wird der Mensch wie mit sich selber beschenkt, dann gelangt er erst in sein Eigenstes, dann wird er zu seiner eigensten Freiheit erweckt und entbunden.

Der Ausdruck dieses Ineinsfallens des Menschenwesens mit dem Wesen der Idee, die sich ihm schenkt und mit ihm eins wird, ist die Lust und die Freude, d. h. die helle Einstimmigkeit, das Ja, in welchem der Mensch ganz er selber, ganz frei und ganz eins ist mit dem, was ihn ganz beschenkt, ganz bestimmt und ganz über ihn gekommen ist.

Augustin hat diesen Zusammenhang in einer Predigt in klassischer Prägnanz ausgesagt. Er spricht vom Glauben, und er läßt in diesem Zusammenhang den Zweifler fragen: »Quomodo voluntate credo, si trahor?« Und antwortet ihm: »Parum est voluntate, etiam voluptate traheris.« Das Band des Herzens zieht den Menschen, aber so gezogen ist er gerade frei und willig[14].

Die ideelle Bestimmung, auf die wir hier blicken, ist also weit davon entfernt, den Spielenden unfrei zu machen. Sie macht ihn gerade erst frei, indem sie ihm sich gewährt und ihn erfüllt und darin zugleich den positiven Gehalt der Freiheit hervorgehen läßt. Solange der Spielende seiner Sache, d.h. seiner Idee nicht gewiß ist, ist er sich seines Weges auch nicht gewiß und zweifelt er, wohin er sich wenden solle. Im Zweifel zeigt sich Wahl, aber in einem herabgesetzten und geminderten Stande von Freiheit.

Indem aber das, was wir Idee nennen, dem spielenden Menschen zu leuchten anhebt, d.h. anhebt, sich mit ihm zu vereinigen, wird ihm wachsend deutlich: So sollte ich handeln, so wäre es gut. Die Idee wächst in ihrer bestimmenden Macht in ihm selber, und so erwacht die Freiheit aus ihrer Unsicherheit, wird munter und versucht erste Schritte.

Wird die Idee vollends mächtig in dem Menschen, den wir betrachten, d.h. vollends eins mit ihm, erfüllt sie ihn ganz, leuchtet sie klar, dann bestimmt sie ihn auch ganz und eindeutig. Dann wird sein Gesang oder sein Schritt frei und leicht und sicher dahingehen. Es wird dann nichts anderes mehr für ihn in Frage kommen. Die ganze Substanz seines geistigen Lebens wird dann in einer Richtung strömen, ohne Seitenblick, ohne Schielen, ohne Wahl. Aber gerade darin wird er sich am meisten frei wissen und zugleich am meisten mit Gehalt erfüllt in der Bewegung seiner produktiven Freiheit. Kein Zwang wird sein, alles wird mit klarer Freude gehen und darin frei, keine Teilung wird sein, Gedanken werden nicht hin und her gehen, soll ich so oder soll ich so handeln, alles wird in heller Eindeutigkeit dahinströmen und in eindeutiger Freiheit.

Daran sehen wir, daß im Grunde der reinsten Freiheit die Freiheit gleich der Notwendigkeit ist, aber nicht einer äußeren, zwingenden, be-

[14] Augustin, *In Ioannis Evangelium*, Tractatus 26, 4f., ML 35, 1608f. »Wie glaube ich willig, wenn ich gezogen werde?« »Zu wenig ist dies: ›willig‹, mit Lust sogar wirst du gezogen.«

grenzenden Notwendigkeit, sondern einer inneren, befreienden und erfüllenden Notwendigkeit.

Dies können wir am Modell des musischen Spieles erkennen. Ist es aber, so fragen wir jetzt, nur an diesem Modell zu erkennen? Oder reicht die Bedeutung der Freiheit als Spiel und Notwendigkeit nicht viel weiter?

In der Tat lassen sich weitere Modellfälle dafür finden. Zu ihnen darf man die großen Erscheinungen der Liebe rechnen. Denn wo die Liebe am meisten eindeutig und am meisten ihrer selbst gewiß geworden ist, wo sie also am wenigsten Wahl und darum Zweideutigkeit ist, da ist sie am freiesten geworden. Dort ist ihr freies Spiel zugleich ihre eindeutige Notwendigkeit. Da geht alles leicht und klar den Gang, den es gehen muß.

Dürfen wir in diesem Zusammenhange nicht auch auf einige höchste sittliche Möglichkeiten hinweisen, von denen uns berichtet wird? Sie erscheinen um so größer, mit um so mehr Ernst und Wirklichkeit sie erfüllt sind. Von Sokrates wird uns berichtet, daß er in todbereiter Auseinandersetzung mit den herrschenden Mächten und Anschauungen ruhig und leicht und seiner selbst sicher seinen Weg gegangen ist. Es war ein eindeutiger und gerade darum ein heller und freier Weg für ihn. Und hören wir nicht von einer vergleichbaren Leichtigkeit und Freiheit in der Eindeutigkeit des Weges etwa von Franz von Assisi oder von Thomas Morus?

Bedenken wir solche und ähnliche Beispiele, dann können sie uns doch wohl zeigen, daß wir es hier nicht mit einer Sonderform von Freiheit neben anderen Gestalten zu tun haben, vielmehr mit einer Hochform, die zwar nicht überall erreicht werden kann, die aber überall erstrebt wird als das eigentlich Seinsollende, als das überall Maßgebliche, wenngleich nicht überall Wirkliche. Der für gewöhnlich mühsame Gang der Freiheit scheint doch immer auf eine leichtere Gestalt ihrer selbst als auf sein Vorbild, seinen Maßstab hin zu blicken. Wer möchte nicht leichter und beschwingter einhergehen können im Gange des Daseins?

Wahrscheinlich sind wir hier in dem Bereich, der aller Freiheit zugrunde liegt und ihr überall voranleuchtet. Er liegt jenseits oder diesseits der Wahl. Wahrscheinlich ist es deswegen, daß uns das vollendete Spiel, wo wir es wahrnehmen, so sehr bewegt. Es sagt uns etwas, was uns angeht, indem es etwas Höheres und Reineres sagt, als wir gewöhnlich zu realisieren vermögen.

Es ist in diesem Zusammenhange auch bemerkenswert, daß sich die maßgebliche Gestalt der Freiheit am ersten und am deutlichsten einstellt, wo wie im bloßen Spiel der Gehalt an Wirklichkeit vielleicht am geringsten ist. Und daß das Maßgebliche am schwersten erreichbar ist und am längsten gesucht werden muß als das Äußerste und das Seltenste, je mehr es sich mit Wirklichkeit füllt. Viele können vielleicht auf der Flöte spielen, aber wenige können so frei und leicht wie Sokrates in den Tod gehen.

Diese Bemerkung wirft ein seltsames Licht auf das, was man menschliche Freiheit nennen darf. Man wird fragen: Warum fällt ihr die Wirklichkeit und in ihr die Vollendung so schwer?

5.4. Die grundsätzliche Ambivalenz und Gefahr der Freiheit

Menschliche Freiheit ist um so freier, je stärker sie von der lebendigen Idee bestimmt ist. In der Idee, die die Freiheit erst entbindet zu sich selbst, spricht zuletzt, daran ist nun zu erinnern, das Unbedingte. Es kann sprechen als die unbedingte Wahrheit oder die unbedingte Schönheit oder die Gerechtigkeit schlechthin und gewiß auch noch in anderen Gestalten. Das Unbedingte ist offenbar auch die Quelle jener freien Notwendigkeit und Eindeutigkeit, jenes Müssens, das die höheren Formen von Freiheit auszeichnet, wie wir gesehen haben.

Ist es aber so, dann wird es nun für uns unerläßlich, zu fragen, wie es dann zu erklären sei, daß die menschliche Freiheit so schwankend und so fragwürdig ihren faktischen Weg gehe, scheinbar so fern von der Strenge und Reinheit des Unbedingten. Wie ist es zu erklären, daß die Freiheit in ihren faktischen Gestalten nichts weniger als unbedingt wahr und gerecht ist? Wo und wann denn könnte ein Mensch wagen, für seine Entscheidungen unbedingte Gerechtigkeit zu beanspruchen? Stand je ein Mensch wirklich jenseits von Gut und Böse im Unbedingten, wie Nietzsche forderte? Die in solchen Fragen sich äußernden elementaren Erfahrungen aus dem Leben der Freiheit nötigen uns, die menschliche Freiheit immer noch mit Schellings berühmter Schrift und gegen die Forderungen Nietzsches als Freiheit zum Guten und Bösen zu bestimmen.[15]

[15] Friedrich Wilhelm Joseph Schelling, *Philosophische Untersuchungen über das Wesen der menschlichen Freiheit* (1809), 352: »Der reale und lebendige Begriff (sc. der Freiheit) aber ist, daß sie ein Vermögen des Guten und des Bösen sei.« Dies ist hier

Damit aber haben wir die grundlegende Fragwürdigkeit und Ambivalenz der menschlichen Freiheit berührt. Sie ist nicht zu umgehen, wenn die grundlegenden Erscheinungsformen dieser Freiheit erörtert werden sollen. Wir müssen uns fragen, wie diese Fragwürdigkeit und Ambivalenz zu erklären ist.[16]

Zwar spricht, wir suchten es zu sehen, das Unbedingte in mancherlei Gestalt das Menschenwesen immer an. Indessen offenbar, dies ist zunächst zu sagen, so, daß es kaum oder nie von der Freiheit selber her zu erreichen ist. Oder sollen wir lieber sagen: so, daß nur in den höchsten Grenzfällen sich dem Menschen das Unbedingte so gewährt und sich ihm so einigt, daß es ihn zu frageloser Freiheit entbindet. Das Unbedingte scheint zwar der Freiheit immer, aber immer nur wie von den äußersten Grenzen her zu winken. Wegen dieser seiner Lage an der äußersten Grenze wird es auch nicht selten als das Belästigende, das Bedrängende, das Gefährdende erfahren. Steht nicht allzu häufig die als unbedingt sich erhebende Forderung, etwa wahr und gerecht zu sein, täglich gegen elementare Interessen unseres Daseins? Das Unbedingte steht offenbar so im Leben der Freiheit, daß diese sich im Hin und Her des endlichen Getriebes ihrer Kräfte nicht klar zu halten vermag in diesem Unbedingten, das doch zugleich sie, die Freiheit, hält und ermöglicht.

Von daher, von dieser einzigartigen Position des Unbedingten zur Freiheit, kommt Ambivalenz und mit ihr äußerste Gefährdung und Fragwürdigkeit in das Walten der menschlichen Freiheit. Von daher kommt es, daß der Mensch verkennen kann, was er eigentlich will, nämlich Unbedingtes an Sinn und bewegender Kraft. Von daher kommt es, daß er den unbedingten Anspruch, der ihn anruft, als ein Nicht-Gutes und Nicht-Förderliches verstehen kann. Von daher, weil dies ein Fernes und nie Greifbares, weil es ein Unbequemes und Forderungen Stellendes und so scheinbar Beengendes ist und so weiter. So kann der Mensch in seiner Freiheit, sein Eigentlichstes verkennend, sich von sich her von dem abwenden, dem er im Wesensgrunde doch immer zugewandt bleibt.

gegen den, wie Schelling sagt, allgemeinsten aber bloß formellen Freiheitsbegriff des Idealismus gesagt. [Ders., *Philosophische Untersuchungen über das Wesen der menschlichen Freiheit,* hg. von Thomas Buchheim, Hamburg 2001, 25.]

[16] Ich habe den folgenden Gedanken im Anschluss an Thomas von Aquin und im Blick auf Schelling und Kierkegaard eingehender zu erläutern gesucht in der Abhandlung »Thomas von Aquin über das Böse« (in: Bernhard Welte, *Auf der Spur des Ewigen,* Freiburg 1965, 155–169).

Aber sich abwendend kann er es dann doch wieder nicht loswerden, das, was ihn im Wesensgrunde immer schon und immer weiter anspricht. Darum kann aus der Abwendung keine harmlose und neutrale Daseinsgestalt entstehen. Der Mensch kann sich zwar dazu gezogen finden, das »nächste Beste«, d.h. das auf mannigfache Weise Endliche und Bedingte seiner endlichen Welt zu ergreifen, das ihm aufs Nächste hin Freude, Sinn und Erfüllung verheißt.

Er wird darin mit dem Bedingten eins und kann, wenn es gut geht, im Bedingten dann ein munter und tüchtig sich ausbreitendes Dasein führen. Er kann dies aber nur so wollen, vollziehen und entfalten, daß er es aus der Kraft seines endlichen Willens und seiner endlichen Freiheit als das unbedingt Sinnvolle, als das unbedingt Rechte und unbedingt Notwendige interpretiert und deklariert, dem zuletzt alle anderen Rücksichten geopfert werden müssen. In dieser Interpretation und Deklaration kommt die Transzendenz des Umwillen wie von rückwärts in das bedingte Dasein wieder hinein und macht sich darin geltend. Es schiebt dann alle Rücksichten weg in der beanspruchten, alle Rücksichten überschreitenden Unbedingtheit. Es ist, als ob der Mensch das Unbedingte nicht entbehren könnte, auch und gerade dann nicht, wenn er sich von ihm lossagt.

Dann wird etwa die bloß interessenbedingte Anwendung der Gewalt zur reinen Gerechtigkeit erklärt, die dazugehörige Ideologie zur reinen Wahrheit, die Treulosigkeit zur höheren Freiheit und Gerechtigkeit. Diese deklarierten und beanspruchten Unbedingtheiten des Bedingten ermöglichen es dann, alle entgegenstehenden Rücksichten auszuschalten, über alle anderen Freiheiten und Rechte hinwegzugehen und so als Schrecken zu erscheinen.

Es entsteht jene vollkommene Denaturierung der Freiheit, die wir in der ganzen Natur nirgends finden als nur beim Menschen. Es entsteht *das Böse* als das Bedingte, das zum Unbedingten deklariert wurde und durch diese verkehrte Transzendenz alle sinnvollen Maße des Bedingten sprengte und dieses zerstörerisch entzündete.

Entsteht diese denaturierende Entzündung der menschlichen Freiheit, die wir das Böse nennen, so hat dies für die Freiheit selbst die unausbleibliche Folge, daß diese darin zwar mit sich eins sein *will,* aber es nie sein *kann.* Das Böse kann nicht anders als in sich zerstritten und mit sich uneins sein. Denn im Grunde weiß die Freiheit wohl, wenn sie es auch nie wahrhaben will, daß das nun von ihr Ergriffene und Gewollte eigentlich das Nichtige, nämlich nicht unbedingt Gerechte und Wahre ist. Das

Nichtige als Nichtiges will sie aber nicht, und sie will es nun doch. Sie will, indem sie böse ist, Macht und Genuß oder was es sein mag, jedenfalls etwas, das als unbedingt Gewolltes nichtig und so eigentlich nicht gewollt ist. Darin aber verstrickt sich die Freiheit mit sich selbst. Böse im eigentlichen Sinne will die Freiheit ja niemals sein. Und so kommt sie, gleichwohl ins Böse verfallend, mit sich selbst in Widerspruch. Sie will effektiv, was sie im Grunde nicht will, sie hat so sich selbst gegen sich.

Darum steht sie, von sich selbst behindert und widersprochen, in beständigem Kampfe mit sich selbst. Sie muß immer das tiefere Selbst und sein klareres Wissen in sich zum Verschwinden bringen, sie muß es vergessen und verleugnen. Und sie hat darüber hinaus viel Arbeit, diesen tieferen Anspruch des Unbedingten auch in der Öffentlichkeit zum Verschwinden zu bringen und zu übertönen. Es ist der Kampf gegen das schlechte Gewissen an der inneren wie an der äußeren Front. Es ist ein aussichtsloser Kampf, denn der Gegner der Freiheit ist in diesem Falle ja die Freiheit selbst. Sich selbst kann die Freiheit aber nicht loswerden. Und so ist der Kampf aussichtslos, aber deswegen ist er nur um so heftiger und um so fanatischer, um so verzweifelter, und von daher kommt es, daß das Böse die Neigung hat, immer noch böser zu werden.

Natürlich hat das Böse seinerseits viele Gestalten. Es erscheint nicht immer in dramatischen und damit weithin deutlichen Formen. Wir haben solche zunächst vorausgesetzt. Aber vielleicht sind die alltäglichen Formen des Bösen im Grunde noch gefährlicher, weil sie zwar desselben Wesens, aber von geringerer Deutlichkeit sind. So kann etwa der bloße Umtrieb im alltäglich Nützlichen oder im allgemein Geltenden und die damit vielleicht verbundene Ausschaltung aller ernsten Fragen nach wirklicher Gerechtigkeit und Wahrheit als harmlos erscheinen. Aber wieviel Böses kann darin sein, und wie schnell geschieht dann manchmal der Umschlag vom scheinbar harmlosen Umtrieb zur bösen Gewalt! Und verrät nicht bisweilen nach innen hin die freilich immer wieder verdrängte Unruhe und Leere und Verzweiflung die denaturierte und frustrierte Transzendenz im scheinbar so Harmlosen?

Das Böse, das in diesen oder anderen Formen erscheint, ist offensichtlich etwas ganz anderes als das »sogenannte Böse« in der berühmten Formulierung von Konrad Lorenz[17]. Jenes ist eine biologische Größe

[17] Konrad Lorenz, *Das sogennante Böse. Zur Naturgeschichte der Aggression*. 3. Aufl., Wien 1964.

mit biologischem Sinn. Dieses bedient sich zwar zumeist des biologischen Aggressionstriebes, ist aber in sich etwas anderes und zwar dadurch, daß es transzendierend und unbedingt ist, als die unbedingte Position im unbedingten Widerspruch. Dem biologischen Aggressionstrieb sind selbst biologische Grenzen gesetzt. Das menschlich Böse aber überschreitet alle Grenzen.

Menschliche Freiheit ist so Freiheit zum Guten und Bösen. Sie ist es aus dem Grunde, den wir andeuteten. Das Unbedingte ermöglicht sie als transzendierende Freiheit, jedoch so, daß der Mensch in seiner Freiheit dieses ihn Ermöglichenden nie von sich aus ganz sicher sein kann. So ist die menschliche Freiheit von ihrer ontologischen Struktur her ambivalente, gefährdete Freiheit.

Von daher fällt noch einmal ein Licht auf die höchsten und reinsten Formen der menschlichen Freiheit, die wir im vorangehenden Paragraphen erwogen haben.

Im musischen Spiele erscheint die Freiheit gerade nicht wie ein bloßes Gemächte menschlichen Tuns, etwa menschlicher Virtuosität. Sie erscheint wie ein Geschenk, wie eine Gnade, die dem Menschen gewährt wurde. Es erscheint, daß nicht der Mensch das Unbedingte ergriffen hat, sondern das Unbedingte hat von sich her als freies Geschenk den Menschen ergriffen. Dies mußte gar nicht sein. Wo das Vollkommene erscheint, ist es ungemußt und unbegreiflich, aber vernehmlich. Es wurde gewährt in seiner Stunde. In der Gewähr der guten Stunde konnte es dann aber gar nicht anders gehen als so vollkommen, so leicht, so frei, so den Menschen zu sich selbst bringend.

Das Geschenk leuchtet wie eine Verheißung ins überall gefährdete Leben der irdischen Freiheit. Darum bewegt es uns.

Und es scheint, daß uns bisweilen äußerste und reine Gestalten der Freiheit weit über das nur Musische hinaus gewährt werden, damit die Verheißung bleibe im Gefährdeten unserer Freiheit.

6. Abschließende Bemerkungen

6.1. Der Mensch im Ganzen des Seins

Wir sind in den vorausgehenden Überlegungen vom naturwissenschaftlich gedachten Gedanken der Determination des Menschen ausgegangen, und wir dürfen nun nach den durchschrittenen Wegen des Denkens hoffen, die wichtigsten Erscheinungen der Freiheit zur Sprache gebracht zu haben, soweit sie von hier aus in den Blick kamen.

Damit soll nicht gesagt sein, es gebe nicht noch vieles zu bedenken und aufzuhellen im Bereiche der Freiheit. Viele Analysen, die wir nur skizzierten, sind noch weiterzuführen. Der Ausgang von der naturwissenschaftlichen Position, der den Gang des Gedankens bestimmte, hat ihn auch begrenzt. Über die Begrenzung hinaus wären zum Beispiel viele Ansätze in aktuellere und konkretere Bereiche hinein zu verlängern. Es ist mit vielen, die heute das Wort zur Sache der Freiheit nehmen, nach den Bedingungen der Realisierung der Freiheit in der modernen Gesellschaft zu fragen. Doch lag dies nicht unmittelbar in unserer Absicht.[18]

Aber soweit es unser Ausgangspunkt erlaubte und soweit es uns zu denken möglich war, hat, so glauben wir, der Gedanke doch so etwas wie einen phänomenologischen Grundriß der menschlichen Freiheit an den Tag gebracht. Dieser Grundriß soll in knappster Zusammenfassung noch einmal zum Bewußtsein gebracht werden. Es wird dann sichtbar werden, daß sich von ihm her eine eigentümliche Perspektive ergibt über die Stellung des Menschen im Ganzen des Seins.

1. Wir suchten das menschliche Dasein zu betrachten, so wie es sich zeigt, wenn man es von ihm selbst her im Blick hat. Im Zuge dieser Betrachtung zeigte es sich, daß dieses Dasein sich immer getragen weiß von vorgegebenen Verhaltensmustern und deren Determinationszusammenhang. Ihre phänomenale Erscheinung entspricht offensichtlich dem naturwissenschaftlichen Befunde, vor allem der Verhaltensforschung. Es zeigte sich aber gleichzeitig, daß Menschen sich auf dem lebendigen Grunde des Naturverhaltens als sie selbst je noch einmal verhalten. Es erschien das, was wird das Verhalten zum Verhalten nannten. Von der einen Seite zeigte sich der Mensch so *ganz* als Natur und damit als Determination. Von der anderen Seite aber zeigte er sich als er selbst, der Natur *gegenüber.*[19] Wir haben uns in diese letztere Seite des menschlichen

[18] Vgl. hierzu die Bemerkungen zum Literaturverzeichnis und dieses selber.

[19] Hier erscheint nicht zufällig eine Nähe zu der Position Kants. Kant spricht sie am deutlichsten aus in der *Grundlegung zur Metaphysik der Sitten*. Am Ende des dritten Abschnitts dieser Schrift, BA 115/16, schreibt er: »Dabei ist es eine unnachlaßliche Aufgabe der speculativen Philosophie: Wenigstens zu zeigen, daß ihre Täuschung wegen des Widerspruchs (sc. zwischen Natur und Freiheit) darin

Daseins weiter vertieft und entdeckten darin die mehrfache Transzendenz als ihr entscheidendes Merkmal. Als *er selbst* überschreitet der Mensch jegliche Bestimmung über sich selbst, und in Richtung seines Lebens als er selbst, in der Richtung, *um derentwillen* er er selbst ist und als er selbst lebt, zielt er über alles Endliche und Bedingte hinaus. Diese Transzendenz, so suchten wir zu zeigen, eröffnet den Raum der Freiheit, zunächst als den Raum der immer je größeren Möglichkeit. In diesem Raume aber, und dies zu sehen ist entscheidend, ist es dem Menschen gegeben, sich selbst zu bestimmen, dies jedoch nur im Zusammenhange mit den ihn bestimmenden und bewegenden Gründen. So erscheint die Freiheit hier als positive Selbstbestimmung, doch gerade so noch einmal als determiniert, jedoch nicht mehr biologisch, vielmehr transzendent determiniert. Diese transzendente Determination schaltet die biologische Determination nicht aus, setzt sie vielmehr voraus und umfaßt sie. Dieses durch Transzendenz gekennzeichnete und der Freiheit als Freiheit selber zugehörige Determinantensystem offenbart sich am klarsten in den reinsten, höchsten und äußersten Möglichkeiten der Freiheit: dort, wo sie ganz mit sich eins, ganz leichtes und hohes Spiel wird, ist sie eins mit dem, was sie bestimmt, so daß keine Wahl mehr ist, und daß das freieste Spiel zugleich das notwendigste ist, und daß diese Notwendigkeit gerade die reinste Freiheit ist. Dies zeigte sich als eine äußerste Möglichkeit der Vollendung, der freilich die entgegengesetzte gegenübersteht: in der die Freiheit mit sich selbst in Konflikt kommen kann und in Konflikt kommt und ihr transzendierendes Wesen zum Bösen denaturiert, eine umgekehrte äußerste Möglichkeit und äußerste Gefahr, die von der menschlichen Freiheit nicht abzulösen ist. Sie steht zweideutig und fragwürdig und darum gefährdet wie nichts sonst zwischen dem Höchsten und dem Dunkelsten und geht zwischen diesen Polen schwankend ihren Weg.

beruhe, daß wir den Menschen in einem anderen Sinne und Verhältnisse denken, wenn wir ihn frei nennen, als wenn wir ihn als Stück der Natur, dieser ihren Gesetzen für unterworfen halten, und daß beide nicht allein gar wohl beisammen stehen *können*, sondern auch, als *nothwendig vereinigt*, in demselben Subject gedacht werden müssen …«. Angesichts dieser Nähe zu Kant müsste eine Erörterung des Unterschiedes unserer Position gegenüber der kantischen beim Bedenken dessen ansetzen, was wir oben als Lichtung des Daseins zu erläutern suchten.

2. Wir brauchen diese Beobachtungen nur um ein Weniges zu verlängern, dann sehen wir von ihnen aus so etwas wie die Stellung des Menschen im Ganzen des Seins.

Wir sehen, daß der Mensch ganz Natur ist, so ganz, daß nichts an ihm naturlos ist. Der Mensch ist fest begründet im lebendigen Grunde der Natur und ihrer vielfältig vernetzten Determinanten. Darin können und müssen wir den biologischen Aussagen folgen, so weit sie auch gehen mögen.

Ist der Mensch aber ganz Natur, so ist er zugleich auch ganz mehr als Natur, er ist er selbst so sehr und so ganz, daß nichts an ihm *nur* Natur wäre und je sein könnte. Überall vielmehr ist der Mensch *in* der Natur *über* der Natur. Und dies durch ein Moment, das von biologischen Aussagen und Aussagereihen aus gar nicht direkt in den Blick kommen kann.

Woran liegt dieses »Mehr« gegenüber der Natur? Im Zuge des Umwillens, das zu diesem Mehr des Menschen entscheidend gehört, liegt es, an der allumfassenden und alles übergreifenden Grenzenlosigkeit und Unbedingtheit der Ausrichtung dieses Umwillens. In dieser Ausrichtung umfaßt und übergreift der Mensch alles. Ist er einerseits ein einzelnes und begrenztes Naturwesen, so ist er andererseits alle Natur umfassend und übergreifend und darum auch aller Natur gegenüber.

Verlängern wir an diesem Punkte unsere Betrachtungen um ein Weniges, dann können wir es wagen zu sagen: Der Mensch ist in der Transzendenz seines Umwillen immer schon ausgerichtet auf das Allumfassende, Unbegrenzte und Unbedingte und von diesem beansprucht. Im Hinblick auf diesen Zusammenhang kamen ältere Denker nicht ohne Grund auf den Gedanken, das Allumfassende, Unbegrenzte und Unbedingte, das den Menschen in seiner Freiheit immer schon beansprucht, sei das, was in der Sprache der Religion Gott genannt wird, und der Mensch sei also im Grunde oder in der Spitze seines Wesens von Gott beansprucht oder von Gott angerührt oder Gott berührend. Er sei in seinem Wesen lebendig geprägt von diesem Höchsten her.[20]

[20] Vgl. hierzu meine schon genannte Abhandlung »Thomas von Aquin über das Böse«. Die überlieferten Gedanken über den Menschen als Ebenbild Gottes sind schon von F. A. Staudenmaier gesammelt worden (Die Lehre von der Gottebenbildlichkeit im Menschen, in: *Tübinger Theologische Quartalschrift* 1830, 199–284 und 403–524). In der neueren Zeit auch von Michael J. Scheeben, *Handbuch der katholischen Dogmatik*, Bd. 2, Freiburg 1878, §§ 147–154, 333–536, und vor allem

Ist dies richtig gesehen, dann heißt es in unserem Zusammenhange: Weil der Mensch als Naturwesen zugleich zum Unendlichen und Unbedingten, zu Gott offen ist und von daher beansprucht, darum ist er in der Natur zugleich naturfrei, wenn auch niemals naturlos. Von dieser Ausrichtung her ermöglicht sich das freimachende Determinationssystem als der Anspruch des Strahls des Unbedingten, der den Menschen erst zu ihm selbst macht.

Dies erklärt die zwei großen Paradoxe der menschlichen Freiheit. Das eine: daß der Mensch um so freier, um so mehr er selbst wird, je stärker sich ihm, in welcher Form auch immer, das Unbedingte gewährt und ihn erfüllt und bestimmt. Augustin, den wir hier noch einmal zitieren dürfen, hat dafür das klassische Wort geprägt: »Illo solo dominante liberrismus«[21]. Wo er – Gott – allein und ganz herrscht, da bist du, weit entfernt davon, ganz Knecht zu werden, wie du glauben und fürchten magst, erst ganz und zuhöchst frei.

Und die andere Paradoxie: Der Mensch vermag es nicht, des Unendlichen und Unbedingten (das *ihn* vermag und *ihn* bestimmt) von sich aus Herr zu sein. Er ist selber nicht unbedingt und ist nicht Gott. Darum ist er seiner eigenen Freiheit nicht sicher, darum ist er in sich zugleich aufs Höchste beschenkt und aufs Äußerste gefährdet, darum ist er Freiheit zum Guten und Bösen. Wegen seiner bleibenden und von ihm aus unaufhebbaren Differenz zum Unendlichen und Unbedingten.

Im Gegensatz zur festen und eindeutigen Eingründung des Menschen in der Natur ist also seine andere Seite, seine Bestimmung durch das Unbedingte, die ihn über alle Natur erhebt, zweideutig und ambivalent. So zeichnet sich die Stellung des Menschen im Ganzen ab. Er ist ganz Natur und als Natur mannigfaltig bedingt und begrenzt. Aber als Natur geöffnet und beansprucht von dem, der alle Natur umfaßt und übergreift. Er ist gleichsam ihn berührend mit dem Scheitel seines Wesens. Aber er kann ihn nicht fassen und geht darum wie taumelnd auf seinem Weg.

Seine Stellung ist also das »Zwischen« in einem mehrfachen Sinne. Er ist zwischen Natur und dem, was mehr ist als Natur. Er ist ganz Natur und ganz mehr als Natur und doch keines von beiden ausschließend.

Michael Schmaus, *Katholische Dogmatik*, Bd. 2, München 1949, 287 bis 312. Vgl. hierzu auch die Literatur in LThK 4, 1092.

[21] Augustin, *De Moribus Ecclesiae* 1, 12 (ML 33, 21).

Und er ist in seinem höchsten Bezuge instabil und wie auf die Spitze gestellt, zwischen Gut und Böse. Nicht von der Sicherheit der Naturwesen und nicht von der Sicherheit Gottes. Er ist das instabile Zwischen. In dieser seiner Stellung liegt seine Größe und seine Gefahr.

Es hatte also schon einen guten Grund, wenn das Menschenwesen in der neuplatonischen Tradition das Wesen der Grenze genannt wurde. »Anima intellectiva dicitur esse quasi quidam horizon et confinium corporeorum et incorporeorum.«[22] Wir können zwar die neuplatonische Metaphysik nicht teilen, die bei Proklus und dem Liber de Causis hinter diesem Ausdrucke steht. Aber der Ausdruck ist auch ohne diesen Hintergrund – wie schon für Thomas von Aquin – sinnvoll, und er hat sich für uns neu gefüllt und weiter differenziert.

6.2. Theologische Anmerkung

Es sei gestattet, zum Schluß noch eine theologische Anmerkung zu machen. Denn in mehr als einer Hinsicht fällt von unserem Gedankengange, wie es scheint, einiges Licht auf grundlegende Aussagen der neutestamentlichen Botschaft, die aller christlichen Theologie zugrunde liegt. Es genügen wenige Sätze, um dies im Ansatz deutlich zu machen.

Die biblische Botschaft spricht den Menschen in seiner Freiheit an, ohne diese hätte sie keinen Sinn.

Sie spricht näher den Menschen in seiner gefährdeten, gebundenen, ja böse gewordenen Freiheit an. In der Sprache der Bibel heißt dies: Sie spricht den Menschen als Sünder an. Damit weist sie auf die entscheidende negative Möglichkeit der Freiheit hin. Sie ist für die biblische Botschaft die entscheidende faktische Wirklichkeit. Diese Wirklichkeit des Bösen, zu der es, wie wir sahen, gehört, sich vor sich selbst zu verhüllen, wird durch das Wort des Evangeliums enthüllt und freigelegt: Nicht als eine bloße Fehlleistung, vielmehr als ein Ereignis und ein Stand der Frei-

[22] »Die geistige Seele, so heißt es, ist etwas wie ein Horizont und eine Grenze zwischen Körperlichem und Unkörperlichem.« Thomas von Aquin, *Summa contra Gentiles* II, 68, 1453 b. Thomas bezieht sich hier (dicitur) auf den neuplatonischen *Liber de Causis* und damit mittelbar auf Proklus. Die neuplatonische Traditionslinie ist eindeutig. Vgl. Thomas, *In Librum de Causis*, ed. Pera Marietti, Turin 1955, S. 17 f., Nr. 22 im Text des *Liber de Causis* = Nr. 61 im Text des Thomas. Weitere Thomastexte, die sich auf diese Stelle beziehen, a. a. O. 18.

heit, der gerade den wesentlichen Bezug der Freiheit zu dem sie freimachenden, unbedingten Gott negativ betrifft und von da her sein entscheidendes Gewicht hat.

Die biblische Botschaft spricht ferner die böse und sündig gewordene Freiheit so an, daß sie ihr die Ankunft der Herrschaft Gottes ansagt und in dieser Ansage der Ankunft Gottes ihr von Gott her neu sich ermöglichendes Heil. Zu dem, was die verkündigte Ankunft der Herrschaft Gottes mit dem Menschen zu tun verheißt, gehört vor allem und entscheidend die »Nachlassung der Sünden«, also die Überwindung der grundlegenden Depravation der Freiheit, mit der der Mensch eigentlich nicht leben kann und deren Überwindung er doch nicht selber leisten kann.

Die biblische Botschaft verkündet darüber hinaus mit der nahenden, Sünden nachlassenden Herrschaft Gottes das freie Geschenk der Gunst oder der Gnade Gottes als eine lebendige, sich dem Menschen mitteilende Kraft. Sie verkündet die Gunst Gottes als belebenden Geist.

Hierfür ist es kennzeichnend, daß die Belebung durch das Geschenk des Geistes an entscheidenden Stellen des Neuen Testamentes als eine Befreiung der in Sünde gebundenen Freiheit zur *freien Freiheit der Kinder Gottes* verkündigt wird. Darum wird gesagt: *»Wo der Geist des Herrn ist, da ist Freiheit«* (2 Kor. 3,17).

Auf alles dies fällt, so dürfen wir sagen, einiges Licht, wenn man den Verhältnissen der Freiheit denkend nachgeht, wie wir es versuchten. Es fällt Licht auf die Möglichkeit des Bösen und wohl auch auf die freimachende Herrschaft Gottes[23]. Aber freilich, für den Glaubenden wirft die Botschaft noch viel mehr ihr eigenes Licht auf die Rätsel der Freiheit. Sie löst diese Rätsel, indem sie die Freiheit losspricht und dies aus einer anderen Vollmacht als der des Denkens.

Nehmen wir dies im Glauben ernst, dann bleibt freilich zu fragen, wie weit die Christen ihre Sache wirklich als Sache der Freiheit ergriffen und realisiert haben und wie sie sie noch weiter ergreifen und realisieren wollen. Die Frage bleibt immer gestellt.

[23] Dies habe ich näher auszuführen versucht in dem Buche *Heilsverständnis*, Freiburg, Basel, Wien 1966, besonders § 10, 140 ff. [Gesammelte Schriften, Bd. IV/1.]

Literatur in Auswahl

Im folgenden wird auf einige Literatur zum Thema Determination und Freiheit hingewiesen.

Zunächst nenne ich einige wichtige Werke zum Thema Freiheit und Verhaltensforschung. Dies entspricht der ganzen Anlage des ausgeführten Gedankens.

Anschließend wird eine knappe Auswahl der philosophischen Literatur zum Thema Freiheit gegeben. Diese soll zunächst beispielhaft einige bedeutende Werke der großen abendländischen Überlieferungen nennen. Aus der Nennung wird sichtbar, daß die Freiheit zu den großen und zentralen Themen des abendländischen Denkens seit Anfang gehört hat und bis heute noch gehört.

Im neueren Schicksal des abendländischen Denkens ist die Freiheit, teilweise im Abstoß, teilweise in Anknüpfung an ältere Traditionen neu bedacht worden. Die kantische Wende, der deutsche Idealismus, Kierkegaard und andere haben dazu entscheidend beigetragen.

In der Philosophie unseres Jahrhunderts und unserer eigenen Zeit ist das Thema der Freiheit neu und entscheidend in den Mittelpunkt des Denkens gerückt. Max Müller hat nicht ohne Grund darin ein entscheidendes Merkmal der gegenwärtigen Philosophie gesehen (a.a.O., 162). Dabei scheint es ihm entscheidend, daß im modernen Philosophieren nicht mehr Freiheit vom Sein und von der Existenz her, sondern vielmehr Sein und Existenz von der Freiheit her verstanden werden (a.a.O., 180). Daß Sein und mehr noch Existenz von Freiheit her verstanden werden, dies kann einen fundamental-ontologischen Sinn haben wie bei Heidegger oder einen radikal-existentialistischen wie bei Jean Paul Sartre.

Die kritische politische Philosophie unserer Tage, die in Deutschland vor allem durch Theodor W. Adorno und durch Max Horkheimer repräsentiert ist, hat sich davon freilich wieder grundsätzlich abgewandt, um die Realisierungsbedingungen der Freiheit in der modernen Gesellschaft zu untersuchen.

Der kurze Überblick, der im folgenden durch ausgewählte wichtige Werke vorgestellt wird, zeigt, wie der schicksalsreiche Gang des philosophischen Denkens im Abendland bis in unsere Tage hinein immer wieder neue Seiten an dem unergründlichen Problem der Freiheit angeleuchtet und zur Diskussion gestellt hat.

Unsere eigene Untersuchung wollte die verschiedenen Positionen zum Problem der Freiheit im Auge behalten. Aber nicht zu allen sollte unmittelbar gesprochen werden. Vielmehr war der Gang des Gedankens bestimmt vom Ausgang: der Auseinandersetzung mit der Verhaltensforschung.

Literatur zum Thema Verhaltensforschung und Freiheit

Lorenz, Konrad, *Das sogenannte Böse. Zur Naturgeschichte der Aggression*, 3. Aufl., Wien 1964. [ungekürzte Ausgabe, 21. Aufl., München 1998]. Vgl. dazu die wichtige Besprechung von Bernhard Casper im philosophischen Jahrbuch der Görres-Gesellschaft, Jahrgang 73, 1965, 169–172.

Ders., *Über tierisches und menschliches Verhalten. Aus dem Werdegang der Verhaltenslehre. Gesammelte Abhandlungen*, 2 Bde., München 1965.

Ders., Die instinktiven Grundlagen menschlicher Kultur, in: *Die Naturwissenschaften* 1967, 377–388.

Holst, Erich von, Über Freiheit, in: 4. *biologisches Jahresheft* 1964 des Verbandes deutscher Biologen e. V., herausgegeben von Bernhard Hassenstein, 77–81.
[In: *Zum Gedächtnis an Erich von Holst* (= Biologisches Jahresheft, hg. vom Verband deutscher Biologen, Bd. 4) Iserlohn 1964, 77–81]

Hassenstein, Bernhard, Angst und Flucht bei Tieren, in: *Universitas* 1965, 507–516.

Freiheit und Determination (= Studien und Berichte der Katholischen Akademie in Bayern, Bd. 38), Würzburg 1966. Der Band enthält Beiträge von Wolfgang Wickler, Albert Görres, Helmut Kuhn, Paul Bockelmann, Richard Egenter.

Eibel-Eibesfeldt, Irenäus, *Grundriß der vergleichenden Verhaltensforschung. Ethologie*. München 1968. [8. überarb. Aufl., München, Zürich 1999] Vgl. die Besprechung dazu in DUZ März 1968, 31.

Ausgewählte philosophische Literatur zum Thema Freiheit in zeitlicher Ordnung

Aristoteles, *Nikomachische Ethik.*

[Ders., *Die nikomachische Ethik*, gr.-dt., übersetzt von Olaf Gigon, neu hg. von Rainer Nickel, Düsseldorf, Zürich 2001.]

Augustin, *De libro arbitrio.*

[Aurelius Augustinus, *Opera* Bd. 2,2 (= Corpus Cristianorum, Series Latina, Bd. 29) 1970.]

Thomas von Aquin, *De veritate*, q. 22–25.

Ders., *Summa theologica I/II*, q. 6 a. 3.

Ders., *De malo.*

Kant, Immanuel, *Grundlegung zur Metaphysik der Sitten*, Riga 1786.

Ders., *Kritik der praktischen Vernunft*, Riga 1788.

Schelling, Friedrich Wilhelm Joseph von, *Philosophische Untersuchungen über das Wesen der menschlichen Freiheit und die damit zusammenhängenden Gegenstände*, 1809.

[Ders., *Philosophische Untersuchungen über das Wesen der menschlichen Freiheit und die damit zusammenhängenden Gegenstände*, hg. von Thomas Buchheim, Hamburg 2001.]

Kierkegaard, Sören, *Die Krankheit zum Tode. Eine christlich-psychologische Entwicklung zur Erbauung und Erweckung*, Kopenhagen 1849.

[Ders., *Die Krankheit zum Tode. Eine christlich-psychologische Entwicklung zur Erbauung und Erweckung*, übers., mit Einleitung und Kommentar hg. von Hans Rochol, Hamburg 1995.]

Bergson, Henri, *Essai sur les donnés immédiates de la concience*, Paris 1889.

[Ders., Essai sur les donnés immédiates de la concience, in: *Oeuvres*, ed. de André Robinet, 3. Aufl., Paris 1970.]

Ders., L'énergie spirituelle, in: *La Science francaise*, 1919.

[Ders., *L'énergie spirituelle. Essais et conférences*, 58. Aufl., Paris 1955.]

Windelband, Wolfgang, *Über Willensfreiheit. 12 Vorlesungen*, Tübingen 1923.

Reiner, Hans, *Freiheit, Wollen und Aktivität. Phänomenologische Untersuchungen in Richtung auf das Problem der Willensfreiheit*, Halle 1927.

Heidegger, Martin, *Sein und Zeit*, Halle 1927.

[Ders., *Sein und Zeit* (= Gesamtausgabe, Bd. 2), hg. von F.-W. von Herrmann, Frankfurt/M. 1977.]

Ders., *Vom Wesen des Grundes*, Halle 1949.
[In: Ders., *Wegmarken* (= Gesamtausgabe, Bd. 9), hg. von F.-W. von Herrmann, Frankfurt/M. 1976, S. 123–175.]
Ders., *Vom Wesen der Wahrheit*, Halle 1943.
[In: Ders., *Wegmarken* (= Gesamtausgabe, Bd. 9), hg. von F.-W. von Herrmann, Frankfurt/M. 1976, S. 177–202.]
Jaspers, Karl: *Philosophie, 2. Band, Existenzerhellung*, Berlin, Göttingen, Heidelberg 1932 [4. Aufl. 1973].
Sartre, Jean-Paul, *L'être et le néant*, Paris 1943 [Paris 1968].
Ders., *Descartes*, Paris 1948.
[Descartes, Rene / Sartre, Jean-Paul, *Discours de la méthode pour bien conduire sa raison et chercher la verité dans les sciences / Abhandlungen über die Methode des richtigen Vernunftgebrauchs und der wissenschaftlichen Wahrheitsforschung. Mit einem Beitrag über Descartes und die Freiheit von Jean-Paul Sartre*, Mainz 1948.]
Ders., *Les chemins de la liberté*, Paris I 1945; II 1945; III 1949; IV 1949.
[Vgl. Ders., *Die Wege der Freiheit*, übers. von Hans Georg Brenner, Reinbek bei Hamburg 1961 ff.]
Wenzl, Alois, *Philosophie der Freiheit*, 2 Bände, München 1947/1949.
Mottier, G.: *Déterminisme et liberté*, Paris 1947.
Geiger, Luis-Bertrand, De la liberté. Les conceptions fondamentales et leur retentissement dans la philosophie pratique, in: *Revue des Sciences philosophiques et théologiques* 1957, 601–631.
Siewerth, Gustav, *Die Freiheit und das Gute*, Freiburg 1959.
Otto, Maria, *Reue und Freiheit. Versuch über ihre Beziehung im Ausgang von Sartres Drama* (= Symposion, Bd. 6), Freiburg, München 1961.
Glockner, Hermann, Gegenständlichkeit und Freiheit, in: Ders., *Metaphysische Meditation zur Fundamentaltheologie* (= Gesammelte Schriften, Bd. 1), Bonn 1963.
Müller, Max, *Existenzphilosophie im geistigen Leben der Gegenwart*, 3. Aufl., Heidelberg 1964.
[Ders., *Existenzphilosophie. Von der Metaphysik zur Metahistorik*, hg. von Alois Halder, 4., erw. Aufl., Freiburg 1986.]
Sciacca, Michele Federico, *La libertà e il tempo*, Mailand 1965.
Krings, Hermann, Wissen und Freiheit, in: *Die Frage nach dem Menschen. Aufriß einer philosophischen Anthropologie. Festschrift für Max Müller*, hg. von Heinrich Rombach, Freiburg, München 1966, 23 ff.

Adorno, Theodor W., *Negative Dialektik*, Frankfurt/M. 1966.
[Ders., Negative Dialektik, in: *Gesammelte Schriften*, hg. von Rolf Tiedemann, Bd. 6, 4. Aufl., Frankfurt/M. 1990.]

Horkheimer, Max: *Zur Kritik der instrumentellen Vernunft*, Frankfurt/M. 1967.
[Ders., Zur Kritik der instrumentellen Vernunft, in: *Gesammelte Schriften*, hg. von Alfred Schmidt, Bd. 6, Frankfurt/M. 1991.]

Die Person als das Un-begreifliche
Vorlesung Sommersemester 1966
(bislang unveröffentlicht)

[1.] Einleitung

Wir denken über das nach, was Person ist, wobei es uns noch besonders auf die personale Beziehung ankommt.

Wir tun es in der Weise eines philosophischen Bedenkens, das versucht be-denklich, d.h. geduldig hinblickend, bei dem Sachbereich zu verweilen, der mit solchen Worten angesprochen ist, um ihn in der Eigentümlichkeit und Anfänglichkeit seiner Seinsweise sichtbar werden zu lassen.

Persona: das Wort gehört dort, wo wir es am frühesten antreffen, in den Bereich des Schauspiels. Es bedeutet dort die Maske oder die Verkleidung, in der ein Schauspieler auftritt, dann die Rolle, die einer spielt, und dann von da aus, die Rolle, die ein Mensch im Lebenszusammenhange spielt. Es sagt so immer das Aussehen und damit das Ansehen, das sich jemand im Kreise seiner Mitmenschen gibt.

Mit anderer Färbung sehen wir es dann später auftauchen, und zwar im Rahmen theologischer Erwägungen zur Christologie und zur Trinitätslehre. In diesen Zusammenhang gehört die berühmte Definition des Boethius: Person sei »naturae rationalis individua substantia« (in: de duabus naturis et de una persona, XI).[a] Hier scheint in »naturae rationalis« noch etwas von der alten Vorstellung der Rolle, des Aussehens, Ansehens mitzuspielen, jedoch ist von jener Rolle oder jenem Aussehen (εἶδος) die Rede, die die Natur (nicht der Wille) dem Menschen mitgab.

Und es ist so von dieser Natur die Rede, daß darin auf deren individua substantia, deren einzelnes Für-sich-Stehen abgehoben wird. (Worauf der alte römische Personbegriff gerade nicht abhob).[b]

Ohne daß freilich bei Boethius das Bedürfnis empfunden wird zu sagen, worin eigentlich das Besondere dieser substantia individua liege.

Mit dieser Akzentuierung sind Wort und Begriff in die abendländische Geschichte des Denkens eingegangen. Sie finden wir, kaum wesentlich verschoben, im Mittelalter, etwa bei Thomas u. a. Höchstens bei Scotus kommen neue Töne herein (individuum ineffabile, persona incommunicabilis)[c], ohne aber für die weitere Geschichte des Denkens große Wirkung zu entfalten.

So im Wesentlichen auch in der neueren Zeit bei Leibniz, bei Kant, Hegel. Aber es fallen doch auf das, was das Einzelsein der natura rationalis angeht, neue Lichter, vor allem bei Kant (auch darauf [ist] zurückzukommen).

Erst in der neuesten Zeit ist das, was das alte Wort Person sagt, in ganz neuer Anfänglichkeit erfahren, bedacht und ausgesagt worden. Das Stichwort für diese einer langen Entwicklung gegenüber durchaus neue Erfahrung hat M. Buber gegeben (nicht freilich ohne Vorläufer zu haben: Franz Rosenzweig und Ebner vor allem). (Ich und Du, 1922 herausgegeben; 1921 Ferdinand Ebner, Das Wort und die geistigen Realitäten; 1921 Franz Rosenzweig).[d] Hier [geschieht] ein Durchbruch eines ganz neuen Denkens, orientiert an dem, was bisher Person genannt wurde (Erfahrungen des 1. Weltkrieges und Bedenken jüdischer, insbesondere chassidischer Traditionen).

Seither [ist] Personalismus fast zum Modewort geworden, darum auch gelegentlich wieder in die Schranken gewiesen.

Wir suchen im Blick auf die alte Geschichte, im Blick noch mehr auf den neuen Aufbruch (Buber, Rosenzweig, Ebner) und mit beider Hilfe im Blick auf die Sache selber zu denken und denkend zu klären, um was es heute geht (oder nicht geht), wenn wir von Person (personaler Beziehung, Personalismus) reden.[e]

[2. Die Frage nach der Person]

Was wir Person nennen, begegnet uns in unserem menschlichen und mitmenschlichen Bereich. [Es] scheint im Spielbereich der Frage zu stehen[f]: Was ist der Mensch? Aber: die Fragerichtung *was*, wonach wir fragen,[g] klingt nicht nach Person. So versuchen wir: *Wer* ist der Mensch? So zielt die Frage genauer in die Richtung, in der das Personale sich zeigen kann.

Noch nicht genau genug. Denn jetzt wird *»der Mensch«* befragt. Das zielt wie auf ein Allgemeines, auf [einen] Typus. Das Allgemein-Typische scheint aber nicht die Weise des Personalen zu sein.

So müssen wir am Ende fragen: *Wer bist Du.* Dann fragen wir nicht mehr nach einem Was, und wir befragen nicht mehr ein Was. Die Frage zielt an allem Was vorbei, auf das Du: Wer bist Du? Sie zielt auf die *Person als Person.*

Wie sollen wir aber eine solche Frage beantworten? Wie soll ein Ich, ein Du sagen, wer es ist?

Es stellen sich leicht und zunächst kaum vermeidlich Antworten nach der Art des überlieferten metaphysischen Denkens ein.

Dann wird auf die Frage, wer bist Du?, geantwortet: Du bist so und so etwas, ein vernünftiges Wesen diesen und diesen Typs etwa.

Haben wir mit solchen Antworten das Du-hafte in dem Du, das wir befragen, berührt, gar gefaßt?

Wir kommen im Verfolg[en] der Frage: Wer bist Du? – in den Bereich jenseits aller möglichen Bestimmungen und Objektivation, aus aller Persono-logie heraus.

Logos: bestimmende Aussage über Person.

Ins Unbestimmbare, Unfaßbare, Un-Objektivierbare? Ist die [Person] das bloß Unbestimmte? Wie soll Person zu denken sein, wenn nicht objektiv? [Das] Ergebnis ist negativ. Aber dies ist entscheidend und kann reichen Gewinn bringen.

Das zunächst negative Phänomen nötigt uns zu einer grundsätzlichen Wandlung des Denkens. Ihr ist weiter nachzudenken.

Wir haben versucht, auf dem Hintergrund einer alten europäischen Tradition die Frage neu zu stellen: Was ist eine Person? Denn: vielleicht ist das älteste Bekannte für uns erst neu zu entdecken. (Der Blick auf Ebner, Rosenzweig, Buber kann auf diesen Gedanken bringen.)

Im Ansatz dieses neuen Bedenkens wurde uns die Frage: Was ist eine Person?, schnell zu der Frage: *Wer* bist *Du?* Das in dieser Frage erfragte *Wer,* das Du, versuchten wir dann, der Überlieferung entsprechend, zunächst in objektiven Begriffen antwortend zu fassen. Aber da überraschte uns gleich im ersten Gange des Denkens dieses Erfragte, indem es sich nämlich grundsätzlich aller objektiven Faßbarkeit entzog. Jedes Wer und Du steht jedem Begriffe, der es zu fassen sucht, gegenüber und also außerhalb seiner. Wer Du bist, wer ich bin: das ist so überhaupt nicht objektiv faßbar.

Darum ist es, dieses Wer, auch nicht ein bloßer und seiner ontologischen Konstitution nach gleichgültiger Einzelfall einer allgemeinen Natur oder eines allgemeinen Begriffes, wie es die berühmte Definition des Boethius nahelegen könnte: naturae rationalis individua substantia ist etwas ganz anderes als bloß der Einzelfall, an dem nichts als das Allgemeine der natura rationalis begegnete und zu denken wäre.

Daß das Erfragte Wer eines begegnenden Du (eines begegnenden Ich) objektiv nicht zu fassen ist, das hat noch eine sozusagen praktische Konsequenz, die wir ergänzend noch kurz bedenken wollen.

Die Konsequenz ist diese, daß das erfragte Wer eines begegnenden Du nicht nur im Denken nicht objektiv zu fassen ist, sondern auch nicht im Handeln als einem Be-handeln.[h] Angesichts der Tatsache, daß unser Zeitalter dem Menschen viele Möglichkeiten an die Hand gegeben hat, ihresgleichen zu behandeln (durch Pharmaka oder durch psychologische Methoden oder was immer), angesichts der Tatsache also, daß der manipulierbare Mensch eines der großen Themen unseres Jahrhunderts geworden ist, dürfte der einfachen Überlegung einige Bedeutung zukommen, die zeigt, daß dieser, der Du bist oder der ich bin, niemals objektiv behandelbar ist, ebenso wenig wie im objektiven Denken faßbar, wiewohl auch im übrigen Menschen manipulierbar sein mögen – was ja nicht zu bestreiten ist.[i]

Zwar kann man Menschen behandeln, man kann sie Maßnahmen unterwerfen, aber alle derartigen Maßnahmen, mit denen ein Mensch etwa zu einer bestimmten Handlung oder zu einer bestimmten Haltung veranlaßt werden soll, können nur soweit führen, dass ein Mensch sich überlegt, was ihm zugemutet wird, und sich dann vielleicht dazu entschließt, der Maßnahme oder dem Befehl oder was es sein mag gemäß zu handeln. Er überlegt sich dies, er verhält sich dazu, und damit zeigt er wiederum, dass er als er selbst nicht unter dem Befehl steht. Der innerste Punkt des Ich selbst, des Du selbst steht jeweils darüber und ist auch von Maßnahmen und Befehlen und allen derartigen Obektivierungsformen nicht unmittelbar faßbar. Das Ich selbst steht in einer freien Stellung, freigestellt von allen möglichen Objektivierungsformen als zunächst nur sich selbst gehörender Ursprung, der deswegen immer frei zustimmen oder sich verweigern kann. Befehle und Maßnahmen können ein partnerisches Du auf ihre Seite gewinnen, aber sie können es nicht direkt zum Objekt machen.

Man kann die Verhaltensweisen eines Menschen durch psychologische Maßnahmen geeigneter Art oder auch durch Drogen verändern, aber bei alledem, was man so tun kann und auch tut, ergibt sich unentrinnbar eine eigentümliche

Alternative. Entweder hat man durch eine solche psychologische oder pharmakologische Veränderung das Verhalten des Menschen in den Griff bekommen, und nun verhält er sich programmgemäß. Aber: dann verhältst Du dich nicht, Du überlegst dir das dann nicht, Du nimmst nicht Stellung. Dann müssen wir eher sagen: es handelt, es funktioniert. Deine Reaktionssphären und Reaktionsweisen werden zu Effekten und Verlängerungen der von außen angesetzten Maßnahmen, die gleichsam durch Dich hindurchlaufen, aber Dich nicht als Du berühren. Du selbst bleibst gerade ausgeschaltet. Du bist gar nicht im Spiel. Wer darum auf die angedeutete Weise der Reaktionen eines anderen Menschen sicher geworden ist, der weiß noch lange nicht, ob er seines Du selbst sicher ist und was also passieren mag, wenn der Partner als er selbst inmitten der Behandlung, der er unterworfen wurde, eines Tages erwacht und dann anfängt, darüber nachzudenken: was passiert da an mir? Er weiß nicht, was dann geschieht, wenn der Partner selbst allererst anfängt, als ein Ich selbst einem Du selbst gegenüber ins Spiel zu treten. Davor bleibt die ganze Behandlung wiederum zurück.

So zeigt sich noch einmal: Der innerste lebendige Kern im Menschen, den wir als Du ansprechen können und der als Ich ein Du ansprechen kann, liegt außerhalb des direkten Zugriffs jeglicher Objektivierung, sei sie nur denkender, d. h. begreifender oder be-handelnder Art.

Aber gerade diese Überlegung gibt zu erkennen, daß die hier erscheinende Nicht-Objektivierbarkeit nicht so sehr etwas sagt über die Schwäche unseres theoretischen oder praktischen Objektivierungsvermögens, sondern eher etwas über die Stärke, die ontologische Einzigartigkeit dessen, nach dem wir fragen, wenn wir fragen: wer bist Du? Dieses ist aller Weise von Objektivierung gegenüber wie ins Freie und Unantastbare gestellt, mag dieses noch so sehr eingesenkt sein in [das] vielfältig Faßbare und Behandelbare und in ein Niveau von ontolgischer Selbständigkeit gehoben, das um seines Ranges willen von allen Objektivierungsversuchen unerreichbar bleibt. Es erscheint wie in einem ersten Aufblitzen, indirekt durch die Negativität hindurch, der einzigartige Rang dessen, was wir das Personale nennen.

Wie sollen wir aber das positive Wesen dieses Personalen ohne Objektivierung in den Blick des Denkens gewinnen können? Wie sollen wir das Positive dieses Wesens auch positiv sagen dürfen, das wir bis jetzt nur indirekt, durch die Negativität der Nicht-Objektivierbarkeit, zu spüren bekamen. Wie eröffnet sich der Bereich, der Zugang, positiv?

Darauf ist zu sagen: Zum Glück gibt es einen gangbaren Weg, des Du innezuwerden, ohne es formal und objektiv zu begreifen. Es gibt diesen

Weg nicht nur, sondern wir bewegen uns auch *immer schon* auf ihm und verstehen uns immer schon auf ihn. Es ist der Weg der personalen Beziehung als der Begegnung von Ich und Du – der Beziehung und Begegnung, nicht insofern diese als ein bloß Vorliegendes und Vorkommendes aus der Distanz der Objektivität betrachtet wird. Vielmehr der [Weg] der Beziehung und Begegnung, indem sie geschieht, sich ereignet und in ihrem Geschehen und Ereignis charakteristisch sich kundtut. In der geschehenden Beziehung und Begegnung ist die Möglichkeit geborgen, des objektiv unberührbaren Du inne zu werden, ohne es zu begreifen. Damit auch die Möglichkeit, es in seinem positiven Wesen anfänglich zu erfahren. Damit dann auch die Möglichkeit, solche anfängliche Erfahrung ins denkende Wort zu bergen. Dieses denkende Wort und sein Gesagtes, d.h. Gedachtes, hat dann nicht den Sinn eines objektiven und objektivierenden Begriffes, weil nicht mehr die Funktion eines be-greifenden Fassens. Es hat den Sinn eines offenbarenden Winkes aus der Erfahrung des Ereignisses der Begegnung in dieses immer wieder mögliche Ereignis.[j] Was sich zuspricht und winkt in der Erfahrung des Ereignisses kann als dieser Zuspruch und Wink geborgen, eröffnet, gedeutet werden im Wort und weist dann wieder ins Ereignis, ohne aber dieses wie ein Objekt zu fassen und in die Distanz der Objektivität vorzulegen. Damit ist Gedanke und Wort etwas ganz anderes als ein objektiver Begriff. Aber deswegen nichts weniger Genaues, nichts Subjektiv-Beliebiges. Die Nähe zur Erfahrung des Ereignisses der Begegnung hat ihre eigene Genauigkeit.

Man kann auf diesen allem objektivierenden Begreifen gegenüber anderen Weg des Denkens, auf diese neue Bahn und Fahrt von Erfahrung geistiger Art, in diese neue Weise des Denkens und Sprechens nicht hineinkommen durch Konstruktionen von außen. Es gibt keine kontinuierlichen Übergänge vom objektiven Denken und Sprechen in diesen Bereich. Es ist wie ein Sprung. Aber wir können den Sprung springen. Weil wir immer schon in ihn geworfen sind. Wir können die Wendung des Weges (des Denkens und des Sprechens) finden und nehmen, weil wir uns immer schon auf diesen Weg gestellt und geschickt finden, ohne daß uns dies freilich zumeist auffiele und eigens merklich würde. Die Möglichkeit des Ereignisses und des Verständnisses der Begegnung ist uns von unserem Ursprunge her geschenkt, jenem Ursprunge, von dem her wir uns nur mit uns selbst beschenkt finden. Nur und einzig darum können wir überhaupt auf diesen Weg eingehen.

Diese Anfänglichkeit der sich verstehenden Begegnung von ich und du kann durch eine einfache Grundüberlegung deutlich werden. Eine Art negatives Denk-Experiment.[k]

Was das Wort Du in der Begegnung sagt, dieser Gehalt ist nicht von anderen Begriffen oder Kategorien her zu gewinnen. Man kann einem Menschen das äußere menschliche Antlitz eines Mitmenschen vorzeigen, aber woher weiß er, daß man zu einem solchen Gebilde Du sagen kann? Gewiß nicht von der Konstatierung äußerer Elemente her. Alle äußere Feststellbarkeit ist höchstens conditio sine qua non dazu. Woher wissen wir das Du? Wir wissen es immer schon, wir können diese größte menschliche Kunst, das Du und seine Sprache zu verstehen im Ereignis der Begegnung und selber das Du zu sprechen, von unserem Ursprunge her. Diese Kunst ist unlehrbar. Sie ist gewiß entwickelbar, aber im Kerne in der innersten Substanz ist sie unlehrbar.

In diesem von Anfang eröffneten Bereich als der sich ereignenden Beziehung als der Begegnung von Ich und Du gilt es sich einzusehen. Was zeigt sich dort vom Du, vom Ich, schließlich von der Beziehung selber? Wie können wir es genau und sorgfältig genug als Wink des Ursprungs, als Wort des Ereignisses denken, ohne es falsch zu objektivieren?

3. *Das Anfängliche*

Unsere Überlegungen zu »Person« haben zu zwei Grund-Einsichten geführt, die sich ergänzen und alles Weitere bestimmen.

1. Was wir Person nennen, ist in seinem entscheidenden Wesen weder theoretisch noch praktisch-behandelnd objektivierbar. Es entzieht sich allen Versuchen dieser Art.

2. Was also in der Weise der Objektivierung nicht zu fassen ist, das ist doch im Ereignis der Begegnung auf eine eigenständige Weise zu erfahren. Immer in der Begegnung und nur in der Begegnung können wir des Du *als Du* innewerden. Das, was wir Person nennen, gehört so in die Begegnung als in den Bereich, in dem es als Person sich offenbart und ins Anwesen kommt.

Dies bedenkend wurden wir auf das Wunderbare aufmerksam, das darin liegt, daß wir die im Prinzip unlernbare Kunst der Begegnung immer schon vermögen, weil wir immer schon in ihrem Bereiche angetreten sind: als einander begegnen Könnende.

Von diesen grundlegenden Einsichten zeichnet sich der weitere Weg so vor, daß alle Gedanken über Person und personale Beziehung, die zu entwickeln sind, ihr Recht und ihren Ausweis beziehen müssen aus dem denkenden Aufenthalt in dem Ereignis der Begegnung; und daß ihr Leistungssinn aus solchem Ursprung sich ergebend nicht sein kann, das in der Begegnung sich Zeigende in beziehungsloser Objektivität zu fassen und vorzulegen: vielmehr das Ereignis der Begegnung selber zu bezeugen in seiner Ereignishaftigkeit und in solcher Bezeugung das Un-objektivierbare zum Vorschein zu bringen auf seine ereignishafte Art.

Von da aus fragen wir nun neu: Was ist das: eine Person?[1] D. h.: Wer ist das: Du? D. h. jetzt: Was spricht sich im Ereignis der Begegnung als das Wesenhafte des Du zu?

Du sprichst dich zu. Du tauchst auf (im Blick, Gruß, Zuspruch). Verweilen wir bei diesem Einfachsten, dann kommen wir darauf.

Der lautlose Stoß dieses Auftauchens, Du, in der Begegnung: das ist selbst das Ereignis des Du oder dieses ereignishafte Wesen als Du. Du bist in der Begegnung dieses auftauchende Anfangen als Du. Darin waltest Du als Anfangen, als anfangender, d. h. sich ereignender Anfang. Als das Vermögen oder die Mächtigkeit des Anfangens. In diesem Wort kann sich zuerst bezeugen, was sich zuspricht.

Auf was wir jetzt blicken und als das anfangende Wesen des Du zu nennen versuchen, das ist aber eigentlich nicht der Anfang im Ablauf der Zeit, nicht jener Anfang, der darin liegt, daß mit jeder Begegnung ein neuer Inhalt sich in den Ablauf der Zeit einträgt. Das geschieht zwar auch. Aber das eigentlich Anfängliche, auf das wir jetzt zu blicken suchen, liegt in diesem Inhalt selber, und es waltet also immer, gleichgültig, ob dieser Inhalt zeitlich gerade eben anfing oder vielleicht seit Jahren dauert und [sich] immer wiederholt. Was in der Begegnung erfahren wird, das ist in seinem Wesen (nicht nur in seinem Auftauchen in [der] Zeit) anfänglich und dies vom ersten zeitlichen Augenblick an und noch nach der längsten Dauer: immer und jederzeit. Das Du ist als Du Anfänglichkeit, Ursprung, wesenhafte Initiative und Initiativkraft.

Negativ kann man sagen: Was im Du begegnet, hat als solches nicht von woandersher angefangen. Was da auftaucht, ist nicht die bloße Folge einer äußeren Ursache. Zwar hat der Mensch als ganzer in seinem Bestande mancherlei Ursachen. Aber aus deren Analyse heraus kommt man nie zu dem, was einem in der Begegnung anblickt oder winkt: Du. Das fängt vielmehr einfach von sich selbst her an und bricht aus sich selbst auf: Du. Es ist auch nicht aus einem außer ihm liegenden begrifflichen oder logischen Anfang abzuleiten.[m] (Du muß man vom du her verstehen, ableiten). Etwa als Fall eines umfassenden Naturbegriffs. So kann man zwar manches am Menschen deduzieren, d.h. von anderswo herleiten und in seiner Verständlichkeit anfangen lassen. Aber so kommt man – wir sahen es schon – nie zum Du als Du.

Dies mag uns helfen zu sehen, daß das Du als Du zuerst reine Anfänglichkeit ist, reiner Ursprung, an sich selbst aufbrechend und als er selbst aufgehend.

Darum kann man nicht hinter das Du kommen als an etwas, was dieses von hinten oder von rückwärts bestimmte, sei dies nun logischer oder ursächlich-effektiver Natur. In diesem Sinne hat das Anfangen des Anfangs, das Du als Du, nichts hinter sich, aber alles vor sich. Wo ein Mensch als ein Du selber im Ereignis der Begegnung einem Anderen als dem Ich selbst gegenüber auftaucht, da bricht also jedesmal aus ungreifbarem Ursprung etwas auf. Diese Ursprünglichkeit oder Anfänglichkeit kann bisweilen zum Glänzen kommen in der Erfahrung der unvergleichlichen Frische, die zur geglückten Erfahrung des Du gehört. In ihr bezeugt sich das rein anfangende Wesen des Du.

Nun denken wir Anfangen leicht – am äußeren Ablaufschema der Zeit orientiert – als einen punktförmigen Akt. In einem Zeitpunkt fängt etwas an, im nächsten ist es schon nicht mehr anfangend, sondern weiterdauernd. Und soweit in einem nächsten oder weiteren Zeitpunkt wieder Anfang sein soll, so muß dieser neu anfangen und also diskontinuierlich zum ersten Anfang. Zeit-Anfänge ordnen sich so als diskontinuierliche Punkte auf der Geraden der Zeit.

Mit der Anfänglichkeit des personalen Du ist es aber ganz anders – gar nicht von daher zu verstehen. Es zerfällt, ungeachtet seiner Anfänglichkeit, gerade nicht in diskontinuierliche Punkte aus bloßen Aktualitätsstößen.

In der personalen Anfänglichkeit bist Du gerade beständig als Du selbst, dieses in Identität mit sich selbst sich durchhaltende anfängliche Wesen. Indem ich Dir begegne, bist Du immer die Frische dieses Aufbruchs: Du. (Du bist aber auch immer derselbe durch die Momente, die

Dauer, die Unterbrechungen der Ereignisse hindurch). So ist das Personale gerade beständig in seiner Anfänglichkeit, wie es auch immer anfänglich ist in seiner Beständigkeit, immer als dasselbe (beständige) Unableitbare und Unabgeleitete (anfänglich), mir begegnend und mir begegnen könnend. Darin bist du das beständige, bleibende, mit dir selbst durch die Zeit hin Identische, dich selbst beständig Besitzende, dich selbst beständig Vollziehende, indem Du das stets aufbrechende und aufzubrechen Vermögende bist. Sonst könnte ich nicht Du zu Dir sagen, wenn Du nicht beständig Du selbst wärest. Wie ich auch dies Wort Dir nicht sagen könnte, wenn Du nicht beständig unableitbar als Du aufbrächest und anfingest.

In der Beständigkeit deines Anfangens erfahre ich dich als auf mich zugehend, als mich anrufend, mir winkend.[n] Dein Anfangen und Deine Anfänglichkeit begegnen sich im Ruf und Wink, in der Sprache, mit der du mich ansprichst, in dem Namen, mit dem Du mich rufst. Da kommen wir, an der objektiven Ordnung der Dinge und Vorgänge der Welt orientiert, leicht auf den Gedanken, da seien zwei Dinge oder Felder von Realität aufeinander bezogen zwar, aber doch unterschieden. Das Du im Hintergrund als das sprechende und die Lautzeichen der Sprache im Vordergrund als die Signale, mit denen Du dich kundtust in der äußeren Ebene der Realität – durch Kausalnexus verbunden vom Anfang zur Folge, durch Kausalschluß zu erschließen von der Folge zur Ursache. Nun kann man zwar nicht bestreiten, daß die Sprache, mit der jemand einen anderen ansprechen kann, auch für sich, z. B. physikalisch betrachtet werden kann, und daß man dann die Person als das ihr gegenüber Andere, sie Aussendende betrachten kann. Betrachten wir dies aber im Zusammenhang der geschehenden Begegnung, dann ist es ganz anders. Dann sind nicht zwei Ebenen von Realität. Dann läßt Du nicht als ein Dir gegenüber ganz Anderes Sprachsignale aus dir hervorgehen. Vielmehr:[o] Indem ich Deinen Gruß wahrnehme, mir zugerufen, nehme ich unmittelbar *Dich* wahr, mich grüßend. Indem ich Dein Wort höre, das Du mir sagst, nehme ich unmittelbar *Dich* wahr, zu mir sprechend. Ich gehe, solches in der Begegnung wahrnehmend, nicht von einem zu einem anderen hinüber, etwa mit Hilfe eines Schlußverfahrens, ich werde vielmehr unmittelbar Deiner inne. Wie du, auf und zu mir hin, Gruß und Wort aus dir hervorgehen läßt, läßt Du Dich selbst hervorgehen zu mir hin, wendest Du Dich selbst als Anfang mir zu, läßt Du dich selbst als Folge deiner selbst (als das Hervorgehende) aufgehen zu mir hin und mich angehen.

Fragt man also, was die Person anfängt, wo sie in der Begegnung ihre Anfänglichkeit ins Spiel bringt, so muß man sagen: Sie fängt an zu sprechen, aber gerade darin fängt sie als sie selbst an und geht sie als sie selbst hervor und so ist sie auch in dieser Hinsicht reiner Anfang, nur in der Weise der Sprache.

Ihre Anfänglichkeit stellt sich immer wieder her. Sowohl im Blick auf ihre Beständigkeit zurück, wie im Blick auf ihre Folgen voraus, überall anfangender Anfang. In der Erfahrung der Unvergleichlichkeit als der Einzigartigkeit des Personalen leuchtet dessen Anfänglichkeit am reinsten.

Von hier aus suchen wir weiter über das Wesen personaler Begegnung nachzudenken.

4. Person als Gespräch

Wir beginnen erneut, über das nachzudenken, was wir (abstrakt) Person nennen.

Was das ist: »Du«, zeigte sich allem objektivierenden Zugriff entzogen, doch erfahrbar in der Begegnung. Es zeigte sich in der Begegnung in seiner freien Anfänglichkeit. Wo ich Dir begegne, begegne ich immer einem unerrechenbaren Aufbruch und Ursprung: Du. Diese Anfänglichkeit des Du in der Begegnung bringt seine Unvergleichlichkeit und Einzigartigkeit mit sich. Was ich erfahre, indem ich Dir begegne, ist immer einzigartig, weil immer neu und anfänglich. Gerade darin wird offenbar, daß dieses »ich und du« nicht und nie der bloße Fall eines allgemeinen Wesen ist, vielmehr immer das Einmalige. Und daß dieses »Ich und Du« nicht zu einer bloßen Summe zusammenzählbar ist. Es ist vom Wesen einzigartig, weil immer anfänglich. Soweit waren wir gekommen.

Nun kann durch die Überlegung von der Einzigartigkeit des Ich und des Du der Eindruck entstehen, dieses, was wir als Ich ansprechen und als Du ansprechen, müsse in seiner unzusammenzählbaren Einzigartigkeit ein völlig Isoliertes sein als ein je nur Einzelnes. So entsteht die Frage: Ist Person, zufolge ihrer einzigartigen Anfänglichkeit, das Einzelne und Vereinzelte? Ist sie, was Kierkegaard auf einer hohen Stufe der Reflexion und mit polemischem Pathos »der Einzelne« nannte?[P]

Es zeigt sich, daß die Frage nach der Einzelnheit von Ich und Du weder mit einem bloßen Ja noch mit einem bloßen Nein beantwortet werden kann. Vielmehr müßte, wenn man im Formalen bleiben will, gesagt werden: Ich und Du, das ist je immer und schlechthin einzeln und zugleich nicht-einzeln. Was sagt aber eine solche formale Aussage dem Gehalte nach, d.h. dem nach, was in der Begegnung Phänomen wird und sich zeigt?

Zuerst:[q] Ich und Du, das ist immer und schlechthin einzeln. Nur ich bin ich, nur Du bist Du. Diese exklusive Einzelnheit ist so stark, daß sie nicht einmal im unverbindlichen Wunschdenken überschritten werden kann. Zwar wünschen wir bisweilen: Wenn ich nur dieser oder jener andere wäre. Aber bei solchem Wünschen wünschen wir nur, die Eigenschaften jener anderen zu haben (Glück, Intelligenz, Reichtum), aber gerade so, daß *wir* dann jene Eigenschaften hätten, daß *ich* sie hätte, dieser einzelne: ich, und kein anderer. Wo wir also wünschen, ein anderer zu sein, da wünscht jeder, gerade er selbst zu bleiben (und nicht ein anderer zu werden) und als dieser Einzelne selbst, »ich«, die Eigenschaften des anderen zu haben. Sonst hätte ein solcher Wunsch ja gar keinen Sinn.

Dieses kleine Gedankenexperiment zeigt, wie radikal jedes Ich ein schlechthin einzelnes ist und wie exklusiv also der Satz: Nur ich bin ich. Ich bin so sehr auf dieses einzelne Ich konzentriert, daß ich es noch nicht einmal im Wunsche verlassen kann. Die anfängliche Einzigartigkeit des Personalen zeigt und bezeugt sich in dieser radikalen Einzelnheit noch einmal.

Allein diese Einzelnheit des personalen ich und Du ist zugleich niemals nur einzeln, vielmehr immer und schlechthin auch nicht-einzeln. Das Einzelnsein impliziert von seinem Wesen her ein personales Zusammen eigenster Art (also niemals von der Art einer Summe oder einer bloßen klassifizierenden Sammlung). Ich als ich bin immer zusammen mit [einem] (wirklichen oder möglichen) Du, insofern ich als ich immer bezogen bin auf Dich (wirklich oder möglich). Ich bin: als Bezogenheit auf Dich. Du bist: als Bezogenheit auf mich. Ich bin, Du bist: als Bezogenheit auf anderes Du bist, ich bin. Ich bin, du bist gerade als je unvertauschbar einzelnes immer auch schon versammelt in einen sammelnden Bereich personaler Beziehungen. Und dies keineswegs so, daß ich etwa zuerst bloß einzeln wäre, und dann käme gelegentlich eine personale Begegnung, eine Beziehung zu einem Du dazu. Vielmehr so, daß ich überhaupt nur ich selber bin und sein kann im mich mit anderem Ich zusammen sammelnden Spielfeld möglicher Beziehung. Dieses sammelnde Wesen des einzelnen Ich und Du kommt ihm also anfänglich vom Wesen und darum immer zu, wenngleich es freilich nicht immer in gleicher Weise realisiert ist.

Zwar kann ein Mensch natürlich de facto einsam sein. Dann bleibt der Zuspruch des Du, der lebendige Kontakt der Begegnung aus. Ein Mensch kann die Stille dieses Ausbleibens als Wohltat empfinden. Nichts stört ihn. Er kann die Stille dieses Ausbleibens auch als Not empfinden: die Not der Kontaktlosigkeit, der Anteillosigkeit, der Antwortlosigkeit. Er geht in seiner Einsamkeit wie in einem leeren Raume dahin, der doch und gerade durch seine Leere ihn beengt.

Beides aber läßt spüren und erfahren, daß die Einsamkeit so etwas wie einen Raum um sich hat: den Raum möglicher Begegnung. Der Raum ist freilich nicht ausgefüllt. Dies hindert aber nicht, daß es ein Raum möglicher Begegnung ist. Der glücklich Einsame denkt: Endlich bin ich allein, niemand stört mich, niemand plagt mich. Dabei denkt er an den möglichen Jemand eines möglichen Störens und Plagens. Er vernimmt die Stille des Ausbleibens dieses Jemand. Also ist er in seiner Einsamkeit bezogen auf den möglichen Jemand, er ist und lebt als diese Bezogenheit, die sich nicht erfüllt und realisiert. Sonst könnte er darüber nicht froh sein. Der unglücklich Einsame denkt: Immer noch bin ich allein, niemand versteht mich, niemand spricht mir zu. Also ist er in seiner Einsamkeit bezogen auf den Jemand möglichen Verstehens, möglichen Zuspruchs. Sonst könnte er solches nicht entbehren. Also lebt er und ist er als Bezogenheit auf ..., die sich nicht erfüllt; als lebendiger Raum möglichen Zuspruchs, möglicher Begegnung, unter deren Ausbleiben er leidet.

Darum ist die Möglichkeit der Einsamkeit kein Argument gegen unsere These, daß das Ich immer und vom Wesen in ein begegnendes Miteinander verwiesen und versammelt sei, sie ist vielmehr ein Argument für diese These. Einsamkeit ist nur als defizienter Fall eines grundsätzlichen Miteinander-Seins möglich und verständlich.[r] Nur wer sieht, kann, wenn es finster ist, auch sehen, daß er nichts sieht. Nur wer ins Zusammen und Miteinander offen und bezogen ist, kann sehen, daß es ausbleibt und so einsam sein. Darum können Stühle [?] und Steine nicht einsam sein, obwohl sie bisweilen vereinzelt auftreten. Sie kümmern sich nicht darum. Aber der Mensch, ich und Du: weil wir im Horizonte des Du, des Zusammen, der Begegnung leben, darum ist für uns das Ausbleiben von solchem bedeutungsvoll, so oder so.

Was so der defiziente Fall zeigt, das zeigt der nicht-defiziente noch mehr und noch deutlicher. Der Fall also, in dem der Horizont der Begegnung nicht leer bleibt, sondern sich mit wirklicher Begegnung füllt, in dem das Zusammen nicht ausbleibt, sondern sich einstellt; in der sie [die Begegnung] sich vollends so einstellt, daß sie nicht in der gewöhnlichen Undeutlichkeit und Nivellierung hängen bleibt, sondern in heller Eigentlichkeit herauskommt. Der – freilich nie selbstverständliche – optimale Fall (das Gegenstück des reinen Defiziensfalles) zeigt die Grundverhältnisse am deutlichsten.

Der Fall, in dem Du mir begegnest, mich meinend, mich anrufend, in dem ich mich dem Anruf der Begegnung öffne und exponiere und mich auf ihn einlasse, dich annehmend und vernehmend, was zeigt er?

Er zeigt – wir kommen auf dies zurück –: Du. Er gibt das Du (er gibt Dich) hell und deutlich als Dich zu erfahren und zu spüren. Er läßt Dich Dich sein, gerade jetzt. Im Ereignis der Begegnung entfaltest Du wirklich, was das Wort Du anspricht. In diesem Sinne können wir auch sagen: in der Begegnung wirst Du erst »Du«, fängst an, indem Du Dich nämlich als Du ereignest. Im Ereignis der Begegnung wirst Du, was Du bist (an sich, dem ursprünglichen Wesen nach), nämlich Du.

Aber dies nicht und nie allein. Vielmehr: Indem sich mir in der Begegnung dies ereignet und zuspricht: Du, da ereignet sich auch und zugleich das Dazugehörige: *ich*. Vom Anruf Deiner in der Begegnung an- und aufgerufen, erweckt und sensibilisiert, bekomme ich allererst eigentlich zu spüren, was dieses andere heißt: ich. Da bin ich erst im vollen, wachen, wirklichen Sinne als ich da, Ich als Ich Dir gegenüber (wie Du als Du mir gegenüber). Auch ich werde erst in der Offenheit der Begegnung, was ich immer schon (dem Horizont der Möglichkeit nach) bin. Ich trete ein (aus der Möglichkeit) in meine Wirklichkeit: Ich, im selben Atemzug, in dem Du in Deine Wirklichkeit eintrittst: Du.

D.h. aber: Ich bin das, was ich als ich bin, in Wirklichkeit nur von Dir her und in deinem Anruf. Und Du bist das, was Du als Du bist, nur von mir her und in meinem Anruf. Sowohl das Ich wie das Du, wir sind das, was wir als solches sind, nur im Zusammen von Ich und Du. Wir bekommen uns je aus dem Zusammen der Begegnung geschenkt: Ich und Du: Wir sind in Wirklichkeit (der verwirklichten Wirklichkeit) das Zusammen von ich und du.

Dieses Zusammen aber ist keine Addition. Da treten nicht zwei Einheiten ohne sich zu verändern bloß nebeneinander. Das Zusammen ist ein Ereignis sui generis, dessen erfahrbarer Gehalt, dessen lebendige Fülle auch ist und anderes ist als ich allein und du allein. Es ist nicht eine Zusammensetzung des bloß ich und bloß Du. Es schwingt zwischen mir und Dir, mich an mich[s] und dich an dich freigebend und sein lassend.

So sind wir nun wirklich ich und Du[t] (was wir immer schon der Möglichkeit oder dem Horizonte nach waren) im Zusammen und aus dem Zusammen von ich und Du.[u]

Im Blick darauf wird nun sichtbar, inwiefern das vom Wesen her schlechthin Vereinzelte auch und zugleich das vom Wesen her schlechthin Versammelte ist.

Von daher fällt neues Licht auf das, was wir das anfängliche Wesen des Personalen genannt haben. Ich, Du, das ist immer Ursprung, Anfang, darum nicht errechenbar und nicht ableitbar. Aber nun sehen wir: Im Zusammen der Begegnung ist das Anfangende auch das Angefangene. Indem dieses von mir aus anfängt: ich begegne Dir, ich blicke auf Dich, ich rufe Dich: da kann ich sehen, daß dieses Anfangen auch nicht von mir angefangen hat, vielmehr schon Ant-wort war auf das, was mir von Dir entgegen kam. Das anfangende Wort als das erste Wort ist schon und auch Ant-Wort und so zweites Wort. Die erste Betroffenheit, mit der ich vielleicht einen Blick erwidere, der auf mich fällt; sie ist Anfang (Aufgang meiner selbst) als Antwort auf das Wort Deiner Blicke. Aber auch Dein Blick, in dem Du anfingst, mir zu winken, er ist Antwort auf das, was sich Dir aus meinem vielleicht noch ruhenden Wesen zusprach.[v]

Indem ich mich auf das Schicksal der Begegnung einlasse, stehe ich in der Ver-antwortung. In der Ver-antwortung der Begegnung erfahre ich allererst, was das ist, das in keinen Allgemeinbegriff zu fassen ist: Du. Solchermaßen ist Begegnung, Ich und Du, Wir, die Stätte der Offenbarung, des Offenbarwerdens dessen, was wir mit dem Worte Person meinen. In der Begegnung geschieht das, was man »Begriff der Person« nennen kann.

So gehören das Ich und das Du als das je schlechthin Vereinzelte je immer schon in das lebendige Zusammen des Ereignisses der Begegnung. Aus dem Zusammen und in ihm empfängt sich je das Ich und das Du in [ihrer] Anfänglichkeit. Die Anfänglichkeit aber zeigt sich im Zusammen als die Anfänglichkeit in der Verantwortung.

Je einzelner der Einzelne, desto höher das Zusammen.

Je anfänglicher der Anfangende, desto antwortender (wer Ursprüngliches zu sagen hat, kann ursprünglich antworten).

So eigentümlich ist es mit dem, was formal das Personale genannt wird.

[Es ist] aus keinem anderen Modell abzuleiten.

5. Verantwortung. Gespräch. Geschick

Unsere Gedanken über Person und personale Beziehung suchen ins lebendige Gefüge dessen einzudringen, was wir immer schon sind: jeder für sich und alle miteinander.

Es zeigte sich: Wer sich als Ich aussprechen kann oder wer als Du angesprochen werden kann, der ist ebenso je auf eine ausgezeichnete Weise einzeln wie auf eine gleich ausgezeichnete Weise immer bezogen, darum immer nicht-einzeln, immer im Spielbereich des Miteinander, des Du, des Wir. Er ist ebenso immer reine Anfänglichkeit wie immer auch Antwort auf wirklichen oder möglichen Zuspruch vom Du her. Im Spielbereich dieser Dialektik konstituieren wir uns je erst als ich und du: Ich, dieser unvertauschbare Einzelne, werde wachen Sinnes, was ich bin, ich: im Angesicht des Du, im Kontakt der Begegnung, in welchem Kontakte Du dich als Du konstituierst für mich.

Wir versuchen diese Dialektik alles Personalen noch um einen Grad konkreter zu sehen und ihrem Gang noch weiter zu folgen.

1. Konkret zeigt sich die personale Dialektik in den Stufen ihrer Entfaltung.[w]

So beginnt alles Menschentum im Schoße der Familie. In diesem Schoße erwacht der beginnende Mensch, als beginnendes Ich, als anfangender Anfang, als der unableitbar einmalige und darum unvergleichlich neue. Er erwacht jedoch so, daß in seinem Erwachen zum beginnenden Ich auch sein erstes Du für ihn erwacht, an den Tag tritt, das seinerseits unvergleichliche. Beides geschieht in einem Aufgang, der als einer zugleich der Aufgang des Ich und des Du ist. Es geht auf das Miteinander der Begegnung und dies zuerst und also nicht so, daß einzelnes Erwachen und Aufgehen voranginge und dann sich vereinigte ins Miteinander. Vielmehr: Es erwacht der eine Aufgang: Du und ich, der in dem einen Augenblick seines Erwachens sich in zwei Pole auseinanderlegt, diese einander gegenüberstellt und darin sie selbst sein läßt: Du und ich.

Auf dieser Stufe der kindlichen Anfänglichkeit ist so die Dialektik des ich und du schon da und wach, aber in einem wachen Da, das gleichwohl noch wie träumend ist. Es ist noch wie träumend, weil es noch ganz im Schoße der Natur ruht. Es strömt wie von selbst dahin, getragen von dem, was wir den Strom der Natur nennen. Daher kommt die schöne Selbstverständlichkeit, in der der anfangende Mensch als er selbst mit seinem Du und in ihm lebt und beide Pole, ich und du, hell und einfach ineinander scheinen.

2. Jedoch gehört es zum Geschick des Menschentums und des zu ihm gehörenden ich und du, daß es sich aus der träumenden Versunkenheit in die Natur erhebe und sich selbst ergreife und realisiere. Es gehört zu ihm, daß er auf diese zweite Stufe komme, an der er das von der Natur zunächst vorgegebene ich und du als er selbst eigens ergreife, um in solchem Ergreifen zu werden, was er ist, nämlich als er selbst zu werden, was er von Natur aus ist, nämlich ich und du.

Indem der Mensch auf diesen Weg eingeht, auf den er sich gewiesen findet, eigens und selber zu werden, was er zunächst von Natur aus ist, wird er in die Spannung der Opposition treten, um sich als ich zu ergreifen und zu realisieren. Ich gegen Dich, gegen Euch alle.

In der Spannung dieser Opposition löst er sich aus dem bloßen Naturzusammenhange und damit aus der natürlichen Selbstverständlichkeit des Wir miteinander. Er erhebt sich als ich selbst und stößt sich damit ab aus der bloßen Selbstverständlichkeit des Miteinander. Indes vollbringt er dieses gerade im Angesicht des Du und des Wir, in dem er angetreten ist und so wiederum in der Begegnung. Diese wird nicht weggeschafft. Sie bekommt nur einen polemisch-negativen Akzent. »Ich gehe meinen Weg. Ihr könnt mit gleich sein.« Gerade darin entdeckt und erfährt er dieses Ihr neu als widerständig, doch zu ihm gehörig, ja er will sie, um im polemischen Abstoß von ihnen und so wiederum durch sie er selbst zu werden. Ich Euch gegenüber.

Wiederum also gehen ich und Du (Ihr) miteinander, Vereinzelung und Begegnung, aber die ganze Dialektik hat jetzt einen neuen (negativen) Ton und damit eine neue Schärfe und Ausdrücklichkeit bekommen.

3. Aus dieser Phase der Opposition im Wege des Selbstwerdens von ich und du führt der gewiesene Weg weiter. Das Ich hat angefangen, sich gegen sein natürliches Du und Ihr als es selbst aufzustellen. Aber bei der bloßen Negativität dieses Gegen kann es nicht bleiben. Es findet sich

an eine neue Positivität gewiesen, an eine neue Beziehung: ich und du. Aber da das Ich sich nun einmal als es selbst erhoben hat, kann es nicht mehr in die bloße Natur zurücksinken, um aus ihr sein eigentliches Du zu gewinnen. D. h. aber, es findet sich nun auf den Weg gewiesen, als ich selbst selber sein Du zu finden. Selber, das heißt aber auf eigene Kosten und eigene Gefahr. Es heißt, selber das Du zu wagen und auf das Du hin sich selbst zu wagen. Indem das zu sich selbst sich erhebende Ich selbst zu diesem Wagnis und damit zum möglichen Positiv-Werden eines neuen Ich und Du ansetzt, erfährt es das Gewagte dieses Wagnisses. Es erfährt dieses, weil es zum Voraus das Unausdenkliche spürt, das Einmalige, aus keiner Formel Deduzierbare, das ihm aus jedem möglichen Du entgegenkommt. Es spürt, daß es im Ansatz des Wagnisses des Du, in einen Bereich möglichen Glückes und möglicher Gefahr tritt, dessen Chancen sich nicht errechnen lassen.[x] Darin spürt dieses Ich aber schon sein mögliches neues Du, zunächst als das verwirrende, weil zugleich lockende und gefährdende Du. Es spürt darin auch auf eine neue Weise sich selber, ich, in seiner Spannung: als das, das sich exponieren und riskieren soll. Es wird als ich sensibilisiert vom Risiko der möglichen Begegnung, wie das Du für ihn fühlbar, sensibel wurde als das verwirrende Schicksal [?].

So ist eine Zone von Verwirrung und Hemmung zu durchschreiten.[y] Sie kann sehr unterschiedlich entwickelt sein. Sie kann sich zur Unwahrnehmbarkeit verdünnen. Sie kann zum kaum Überwindlichen anwachsen. In ihr kündet sich das Schicksalhafte, das zur personalen Begegnung gehört.

Diese Schwelle der Hemmung macht es möglich, daß der Mensch auf dem Wege zu werden, was er ist, in der Begegnung, stehen bleibt und ausweicht und das Wagnis des Du nicht eingeht. Sie macht dies um so eher möglich, als es die Verhältnisse erlauben, in eine personal unwirkliche Allgemeinsamkeit auszuweichen, in der jeder scheinbar frei er selbst und scheinbar mit allen in Kontakt ist, und in der doch in Wahrheit niemand wirklich er selbst ist, weil jeder bloß in allgemeinen Vorstellungen und Gewohnheiten mitschwimmt, und in der in Wirklichkeit auch niemand eine wirkliche Begegnung wagt, weil überhaupt niemand etwas wagt.[z]

Diese und alle anderen Bewegungen des Ausweichens vor der wirklichen Begegnung sind selber schon eine Antwort auf die als möglich in Betracht gekommene Begegnung, weil das Du schon in den Blick getreten war, weil von ihm her so etwas wie Gefahr dem Ich sich zugesprochen hatte: weil also schon ein anfänglicher Zuspruch vom Du her erfahrbar war, so folgte die Antwort als Wegblicken, Versagen, Ausweichen. Das gehört zu den Möglichkeiten des verantwortenden Wesens, das überall zwischen ich und du waltet.

Diese Möglichkeit, an der unvermeidlichen Schwelle der Hemmung entspringend, zeigt, daß die geglückte positive Begegnung nie selbstverständlich ist. Weder der Gang der Natur noch die bloße Logik des Endlichen kann sie erzwingen. So sehr sie als Möglichkeit immer und unter allen Umständen zum Menschen gehört, so sehr ist ihre selbstrealisierte Wirklichkeit immer gefährdet, und, wo sie sich gewährt, immer wie ein Geschenk, ungeachtet des Selbstengagements, das dieses fordert.

4. Wagt sich die Freiheit des Ich ins Du hinein, und schenkt sich in solchem Wagnis das Geschenk der Begegnung, tritt das Ich über die Schwelle auf sein Du zu (und das Du aufs Ich). Was geschieht dann? Auf dieser vierten Stufe unseres Weges?

Dann ereignet sich die Begegnung als das Gespräch. Ich bin deiner gewärtig und du meiner. Ich spreche dich an und du mich. Die zwei Anfänglichkeiten berühren sich, beide zugleich anfänglich und so füreinander unableitbar, beide zugleich anfänglich und so miteinander in Kontakt.

Was heißt dies, sofern ich es zunächst von einer, von meiner Seite aus betrachte?

Es heißt, daß ich auf Dich höre, Dir zuhöre, mich Dir öffne und dem, was aus der unvergleichlichen Anfangshaftigkeit Deiner auf mich zukommt und mich berührt. Im zuhörenden Hören schütze ich mich nicht mehr mißtrauisch und gehemmt vor dir. Ich lasse Dich dich aussprechen und exponiere mich deinem Ausspruch und Zuspruch. Ich exponiere mich dem freilich Unberechenbaren und darin Unausdenkbaren, was mir da von dir her entgegen kommt. Ich antworte hörend, zuhörend und damit mich exponierend für dich.

Indem ich hörend der Berührung standhalte und ihr antworte, gehe ich immer auch schon verstehend auf dich und deinen Zuspruch ein. Ich gehe ein und hinein in das, was du mir sagst, ich gehe mit und vollziehe mit, aus den hellen Kräften meines Lebens, was Du sagst. Ich denke (mit meinen Gedanken): Solches also sagst du mir.[aa]

Immer ist Verstehen im begegnenden und antwortenden Hören.

Selbst dort, wo ich dich nicht oder nicht ganz verstehen kann, da bin ich doch mitdenkend mitgegangen, soweit es ging und da habe ich, als es nicht mehr ging, doch noch verstanden: Du willst mir damit etwas sagen, was ich nicht verstehen kann. Das Nicht-verstehen ereignet sich auf dem Boden des Verstehens und als eine Weise des Verstehens.

Indem ich verstehend Deinem Zuspruch antworte und mich auf ihn einlasse, nehme ich ihn an mich und verwandle ihn damit zugleich. Ich verwandle Deinen Zuspruch dadurch, daß ich ihn mit meinen Gedanken mitdenke. Darin wird er mein Gedanke. Als meiner mag sich ganz anders, vielleicht erstaunlich, vielleicht befremdlich ausnehmen, was von Dir her ganz natürlich aussah.

Indem ich verstehend zu eigen mache und zu eigen machend verwandle, gebe ich auch schon die Antwort, dem hörenden Antworten, dem verstehenden Antworten folgt das antwortende Antworten. »Wie kannst du solches sagen? Ich sage dir dieses dazu.« In der antwortenden Antwort steige ich vollends als ich selbst, als Anfang, in das ein, was du zu mir sagst als Anfang. Ich gehe auf dich ein, und zwar als ich, in dieser meiner freien Anfänglichkeit. Und so bin ich ganz ich selbst, indem ich antwortend auf deine Rede, auf dich einging. Ich bin, mich aufhaltend in dir, auf den ich einging, ich selbst.

Wie du mich hörend, mich verstehend, auf mich antwortend eingehend, frei du selber bist in mir, auf den du eingingst.

Beide sind darin für je sich selber und füreinander in einem durchsichtig. Beide sind zugleich hörend und antwortend, antwortend und hörend.

Und endlich ist im Im-Eins-Schlag dieses Zweiseitigen zugleich nur eines: das Gespräch als das eine lebendige Zusammen von ich und Du.

Was ist aber diese eine Begegnung, Zusammen, als Gespräch? Es ist etwas, was sich bewegt, was geschieht, was mit jeder Antwort einen neuen Gang nimmt, fortgeführt wird von seinem Stand an einen anderen und vielleicht unerwarteten Ort? Das bewegte Ereignis des Gesprächs, im ständig sich erneuernden In-eins-Schlag zweier Ursprünge lebend, ist niemals aus einem allein erklärbar. Es ist immer auch etwas anderes als die bloße Addition zweier Ursprünge. Es ist etwas Drittes, in dem die beiden eins sind, in dem [sie] sich auseinandersetzen und das einen für beide immer wieder überraschenden und schicksalhaften Gang nimmt, in dem jedem für sich und beiden zusammen geschehen kann, was nicht zu erwarten war.

Die Begegnung geschieht als Gespräch. Im Gespräch zeitigt sich Schicksal.

Was heißt das? Schicksal? Was Zeitigung der Zeit? Wie hängt solches mit dem Ich und Du zusammen?[ab]

[6.] Das Sein als sich zeitigendes Schicksal

Was Ich bin, was Du bist, das lebt wesentlich in Begegnung und Gespräch. Darüber suchten wir [uns] um einiges klarer zu werden, indem wir wichtige Stufen und Elemente der Entfaltung der Begegnung bedachten. Die Stufe des naturhaften Ich und Du und ihre Entfaltung, in der das Ich als Ich selbst sich eigens ergreift, um das Du als Du selbst eigens zu gewinnen. Es wurde des wechselseitigen Hörens, Verstehens, Antwortens gedacht, in welchen Elementen die Begegnung als Gespräch sich vollzieht, und des doppelten Charakters von Wagnis und Geschenk zugleich: ich muss mich wagen auf Dich hin und Du dich auf mich hin, und zugleich wird des Gespräches Gang und Glück gewährt und geschenkt, nicht von mir, nicht von Dir. Von wem?

Demgemäß können wir jetzt zusammenfassend sagen: Was ich bin, was Du bist, das Personale, das ist, indem es lebt als Begegnung. Begegnung aber ist und lebt als Gespräch. Im Gespräch geht das immer zugleich anfangende und antwortende Wesen alles Personalen als ein solches auf.

Im Gespräch nehme ich teil an Dir wie Du an mir.[ac] Was ich bin, ist erfüllt von diesem Du, das ich in immer neuer Verwandlung spreche. Ich bin von Dir erfüllt. Und was Du bist, ist von mir als Deinem Du erfüllt. Jeder lebt vom anderen her, ihm antwortend, und auf den anderen zu, ihn anfangend, und jeder im anderen als dem, was ihn erfüllt.

Dabei kann diese wechselweise Teilnahme, die zum Gespräch gehört, viele konkrete Gestalten annehmen. Ich nehme an Dir teil, indem ich Dir glaube, Dir Vertrauen schenke, mich Deiner liebend freue; aber auch, indem ich Dir mißtraue, mit Dir streite, mich mit Dir auseinandersetze. Denn in diesem wie in den anderen Fällen ist dieses »Du« das, was mein Leben und Dasein erfüllt und durchstimmt.

1.[ad] Dieses An-einander-Teilnehmen, das zum Gespräch als zum Seinshorizont des Personalen gehört, hat aber noch eine andere Seite. Wir nehmen nicht nur aneinander teil. Wir nehmen auch gemeinsam Anteil an einem einen, in beiden (oder mehreren) Waltenden, das uns gemeinsam umfängt und erfüllt. Wir können sagen: Das Eine, das, beide in eins fassend, in den personalen Raum des Gesprächs gehört, ist das, was die beiden oder mehreren zu *einem* Wir macht. Es ist *ein* Wir für jeden. Ich sage dasselbe Wir, indem ich sage: wir begegnen einander, wir sprechen miteinander. Und du sagst deinerseits dasselbe: Wir.

Sage ich oder Du: Wir, dann ist daran das Merkwürdige, daß ich »wir« sage. Man sollte meinen, ich sei bloß ich. Aber dadurch, daß ich »wir« sage, trete ich gar nicht als ich auf, sondern als *Wir*. Im Gespräch bin ich nicht *nur ich*, sondern auch und zugleich *Wir*. Und Du desgleichen, denn auch Du sprichst das Wir oder kannst es sprechen. Und [das Wir, das] ich, der ich als ich das Wir sprechen kann, und jenes, [...] das Du sprechen kannst, das sind nicht zwei Wir, vielmehr eines und dasselbe. Ich sage das eine und selbe wie Du, wo ich sage oder Du sagst: Wir reden miteinander. Dies zeigt, daß wir im Gespräch nicht nur aneinander teilnehmen, sondern darin und dadurch auch an einem *Einen* und für beide Selben, das uns gleicherweise umfängt und zu einem *einen* Wir macht, wie es jeden an sich selbst frei gibt und jeden auf den anderen bezieht. Dies ist besonders merkwürdig, wenn wir bedenken, wie unvergleichlich, unzusammenzählbar jedes Ich und jedes Du ist. Als unvergleichlich und unzusammenzählbar ist es gleichwohl immer in ein Eines gesammelt, sobald es sich im Gespräch in seinen eigenen Wesensraum entfaltet. Es tritt das merkwürdige Gefüge des personalen Miteinander ins Licht, das ebenso jeden auf seine Einmaligkeit isoliert wie alles in ein umfassendes Eines für alle versammelt und umfängt.

2. Als was ist und auf welche Weise ist dieses versammelnde und zum Wir ver-einende Element, das zu allem personalen Leben gehört und [in] das sich jeder einzelne der personalen Partner immer schon versammelt findet?

Das ins Wir Versammelnde ist, indem es fort und fort im Laufe des Gesprächs wird und geschieht. Zwar hält es sich durch als das Beständige. Beständig, welche Wendungen auch das Gespräch nehmen mag, können wir sagen: Wir sprechen miteinander. Aber die Beständigkeit dieses Beständigen liegt nicht darin, daß es einfach vorhanden ist wie ein Ding, vielmehr darin, daß es beständig geschieht. Im Kontakt der Begegnung, im Hin und Her des Gesprächs, im Streite der Auseinandersetzung vielleicht, in diesem vielfältigen Geschehen geschieht je und je und ereignet sich je und je das Wir. Es ist durch und durch Geschehen.

Dies sieht man am deutlichsten daran, daß es immer neue Farben annimmt, sich immer mit neuen Gehalten füllt, und so als das Beständige, das Mensch miteinander [verbindet], immer wieder ein neues unvergleichlich frisches Antlitz zeigt. Was das Wir sagt, wo Menschen sagen »Wir«, das ist immer wieder etwas Frisches und Neues, betrachtet man es nur in der konkreten Farbe und in dem konkreten Leben, das sich da aussagt.

3. Wird dieses alles personale Leben in eins Versammelnde in seinem sich immer erneuernden Geschehenscharakter sichtbar, so kann es auch in seinem Charakter als Geschick und Schicksal sichtbar werden.

Das versammelnde Wesen alles personalen Lebens als geschickliches Schicksal ist freilich nicht immer gleich deutlich entwickelt, entsprechend dem, daß Begegnung und Gespräch oft auch nicht deutlich entwickelt sind und häufig nur im Undeutlichen, im Ungefähren, im vagen Ansatze bleibt, und dies besonders in der nivellierten und nivellierenden Massenhaftigkeit unseres Lebens. Aber auch dort, wo das geschicklich-schicksalhafte des ins Wir versammelnden Wesens alles Personalen nur undeutlich entwickelt ist, ist auch dieses schon wie ein Schicksal. Und in diesem undeutlichen und verblaßten [?] Schicksal sind immer Möglichkeiten schlummernd, die erwachen können.

Mit vielen Menschen kommen wir flüchtig zusammen, flüchtig bleibt das Du, undeutlich in seinem Gehalte das Wir. Aber darin kann warten und jederzeit aufstehen, was mir zum Schicksal wird groß und deutlich. Immer ist das ins Wir versammelnde Wesen voll verborgenen oder offenbaren Schicksals, voll von in Möglichkeit schlummerndem oder in die Wirklichkeit erwachendem Geschick.

Kommt die personale Begegnung als Gespräch ins Deutliche, dann wird auch [der] geschicklich-schicksalhafte Charakter des versammelnden Wesens des Gesprächs deutlich.

Er liegt einmal darin, daß sie [die Begegnung] den ins Gespräch Versammelten das je Unvorhergesehene und Unvorhersehbare doch zuschickt. Indem das Gespräch seinen Gang geht, in immer wieder anfänglichem Wort und immer wieder anfänglicher Antwort, wird das, worin beide in ein einziges Wir versammelt sind, als ein immer unvorhersehbar Neues enthüllt. Ich, der ich im Gespräch mit Dir verbunden bin, gelange mit Dir zusammen in immer wieder sich wandelnde Bereiche, in unvorhersehbar sich eröffnende Horizonte, es können sich Lichtungen der Einsicht fast plötzlich auftun, es können sich Gestalten des Glückes, aber auch der Enttäuschung ereignen, an die keiner von uns vorher zu denken vermochte, es kann der Streit in vielen Formen erwachsen und immer wieder neue Wendungen nehmen und in alledem verschieben sich geistige Orte, neue bilden sich, alte werden verlassen und es schickt sich das Unvorhersehbare. Es ist entscheidend nicht deswegen unvorhersehbar, weil Menschen noch nicht genug hinter die psychischen Mechanismen von Aktion und Reaktion kommen. Vielmehr deswegen zunächst, weil [das] personale Ich bin, Du bist aus Wesen immer anfänglich, darum aus Wesen immer neu sein könnend, immer aufbrechen könnend ist. Und dann und vollends, weil das die miteinander Sprechenden Versammelnde und in das Wir Einende deren Anfänglichkeit so ineinander flickt und fügt, daß darin immer ein noch einmal Neues und aus beiden Anfängliches aufgeht, jenes, das dann jeden der Partner sagen lassen kann: Wir sind dahin gekommen. Wir wußten eigentlich gar nicht wie, keiner von uns wäre von sich darauf gekommen. Es hat sich so gefügt.

Es hat sich gefügt, nicht eigentlich ich, nicht eigentlich Du. Gewiss: Ich und Du. Wir waren tätig dabei, anfangend, antwortend. Aber es hat sich gefügt, unser Gespräch ins Eine fügend und sammelnd, das plötzlich als ein Neues und Unvorhergesehenes uns umfing. Das Versammelnde hat sich geschickt und ist in seiner Unvorhersehbarkeit zum Geschick geworden für Dich, für mich, weil zu *unserem* Geschick.

Das Geschick aber ist zugleich mögliches Schicksal, insofern sein Unvorhergesehenes immer auch mich und dich und uns auf unvergleichliche Weise ganz betreffen kann. Wie ich vor Dir bestehe oder scheitere, welche Daseinshorizonte sich in der Begegnung öffnen oder auch schließen, welche Liebe möglich wird und auch welche Entfremdung: das betrifft Dich und mich auf entscheidende Weise, das greift in die Mitte dessen, was ich bin und was du bist, und dessen, worum es mir im Ganzen mit mir und mit Dir geht, das liegt nie im Gleichgültigen bloßer sachlicher Vorhandenheit,[ae] so wenig, daß selbst die Rede: du kannst mir jetzt ganz gleich sein, nichts weniger als eine bloße sachliche Gleichgültigkeit ausspricht. Sie spricht eine Verletztheit aus, die uns betrifft, indem sie mich als mich und dich als dich verletzt und in diesem Sinne nichts weniger als gleichgültig ist.

In dem personal angehenden und betreffenden Charakter dessen, was die sich Begegnenden je ins eine und in seiner Weise unvorhersehbare Wir sammelt, darin liegt das Schicksalhafte des Geschickes jeder Begegnung, jedes Gesprächs.

Wer wirklich begegnen kann, der beginnt, im Maße er dies tut, Schicksal zu haben, der bekommt im Laufe seines Ganges zu wissen, wie es für ihn zum Schicksal wurde, diesem oder jenem Menschen zu begegnen, er kann sich nicht mehr denken, wie es geworden wäre, wenn jenes Gespräch nicht sich ereignet hätte. Er spürt, daß die Weisungen des Schicksals in den Fügungen der Begegnungen liegen. Manchmal erscheint dies Schicksalhafte mit dramatischem Glanz, im großen Augenblick, manchmal erscheint es kaum merklich, aber langhin wirkend und vielleicht nur der Rückschau sich enthüllend, daß langsam alles anders wurde in jenem langen, doch unauffälligen Kontakt, der mich über Jahre mit jenem Menschen verband.

Wo aber umgekehrt die Begegnungen sich nivellieren, wo kein entscheidendes Du und darum auch kein entscheidendes Ich mehr gewagt wird: da wird das Dasein wie schicksallos im Unbedeutenden dahingehend.

4. Wenn das zu Begegnung und Gespräch Versammelnde Geschick und Schicksal ist, wenn es geschieht als geschickliches Schicksal, dann zeigt sich darin auch eine eigentümliche Zeitlichkeit. Das uns in die Begegnung Versammelnde zeitig sich als unser Geschick: Schicksal. Sein Geschehen hat die Weise der Zeitigung.

In der Begegnung ereignet sich der Augenblick, der alles verwandelt (oder verwandeln kann). Es zeitigt sich darin der Augenblick als ausgezeichnete Gegenwart. Die Gegenwart als das erfüllte und für dich und mich entscheidende Jetzt. In der Begegnung kann es heißen: Jetzt ist es so. Und dieses Jetzt meint dann nicht einen neutralen Zeitpunkt, sondern die Fülle der Präsenz des Schicksals, des Glückes, des Verhängnisses, das sich für uns in der Begegnung unvergleichlich zeitigte aus dem heraus, was uns schicksalhaft versammelte. Es zeitigt sich, es erwächst und ereignet sich das Schicksal als das erfüllte und aufgehende und darin unvergleichliche Jetzt. Das ist die sich zeitigende Zeit der Begegnung. Sie kann mit der Uhr nur äußerlich gemessen werden. Ihre inneren Wesensdimensionen haben mit der Uhr nichts zu tun.

Das Jetzt der in der personalen Begegnung sich zeitigenden Zeit des

Schicksals ist nicht bloß ein Maß für das, was geschieht (Merke). Es ist das Geschehen selbst, die Gegenwärtigung der Gegenwart. Es ist als Geschehen so etwas wie Sein selbst. Hier ist Zeit Sein. In diesem Sinne: Wo in der Begegnung sich zwischen Dir und mir der Augenblick des Schicksals gezeitigt hat, da kann ich sagen: jetzt ist etwas, und dieses Jetzt ist auf eine mächtige und selbst unvergleichliche Weise, der gegenüber alles andere, von dem wir sonst sagen, »es ist«, bloß erscheint wie ein Schatten.

Es zeitigt sich Schicksal als geschehende Gegenwart, als Größe des Seins. Die sich so in Begegnung und Gespräch zeitigende Gegenwart ist keine punktuelle Gegenwart. Sie beleuchtet und fügt [?], was mir als Gewesenes nachgeht, in neuen Lichtern und Fügungen.

[7.] Person und Welt

Wir kamen von der Betrachtung dessen, was Person ist (ich. Du) auf die Begegnung. Und wir kamen von der Betrachtung der Begegnung auf das Schicksal, das auf eigenste Weise zur Begegnung gehört.

Wo ich Dir begegne, da zeitigt sich das uns ins Wir Versammelnde als unser geschickhaftes Schicksal. Da bereitet sich das Unversehene und uns Betreffende (Lichtung oder Verdunklung. Befremdung oder Entfremdung), und es fügt sich als Schicksal, daß es dann so ist, wie es ist. (Und so ist eigentlich der Mut des Menschenwesen zu bewundern, dieses: daß er seinen Weg zu seinesgleichen und mit ihm zumal fröhlich findet und geht, und er weiß doch nicht, was sich ihm da an Schicksal unversehens zubereiten mag. Welches Licht beflügelt ihn zu solchem Mut?)

Vom Bedenken des Schicksals aber, das zur Begegnung gehört, kamen wir auf das Bedenken der sich zeitigenden Zeit, die zum Schicksal der Begegnung gehört. Die sich zeitigende Zeit des personalen Lebens ist nicht die Zeit der Uhr, mag sie auch äußerlich daran gemessen werden. Die Begegnung bringt die Zeit als die Gegenwart, als die Fülle der Präsenz des Schicksals, sei dieses nun groß leuchtend oder verschaffend [?] oder sei es im Unscheinbaren sich erhellend oder sich verdüsternd. Immer werden die, die sich begegnen, sagen können: jetzt ist es so. Denn es hat sich das So ihres Jetzt gefügt und gezeitigt als die Gegenwart ihres Geschicks.

Solche sich zeitigende Zeit als Gegenwart des Geschicks ist nicht bloß ein Maß für das, was geschieht. Sie ist das Geschehen selbst.

Sein selbst.

Zeitigung des ganzen Gefüges der Zeit als dessen was ist, indem es geschieht. »Jetzt ist alles (was gewesen ist) anders!« Sie [die Begegnung] eröffnet neue Horizonte der Zukunft, Möglichkeiten und Hoffnungen. In der Zeitigung des Schicksals fügt sich das ganze Gefüge der Zeit in eine neue und unerwartete Ordnung. Im »Wir miteinander« zeitigt sich, indem sich Gegenwart zeitigt, das ganze Gefüge der Zeit auf eine neue qualitativ bestimmte Weise. (Epoche, davon noch reden)

Wohin sind wir gekommen? Wir, aneinander teilnehmend, nehmen am versammelnden Wesen teil. Dieses sammelt, geschieht als Geschick und Schicksal und zeitigt sich als Augenblick und Zeit.

Wo, woher kommt dies und uns der Mut, das Schicksal zu bestehen. Wie [kommen wir] zu Welt. Sprache etc.!

Zeitigt sich so im Geschehen des Miteinander das ganze Gefüge der Zeit, dann legt sich die Frage nahe, wie es mit der Welt stehe. Gehört doch die Zeit des Schicksals zur Welt, als der geschickten und geschicklichen Welt. Welt ist wie der Raum des Geschicks, der alles umfassende Horizont, in dem sich sein Walten entfaltet. »Unsere Zeit und Welt«.[af]

Gehört nicht auch die Dimension der Welt, wie jene der Zeit, zum Ich, zum Du, zum Gespräch, zum Miteinander? Oder ist Welt nicht gerade das Andere der Person und des personalen Lebens, der sachhafte, apersonale, bestehende Bestand dessen, was ist im Ganzen?[ag]

Auf mehrfache Weise gehört die Welt zum personalen Sein und Leben.

1. Zuerst als Voraussetzung und als ermöglichende Vorgabe. Zwar ist Personales, indem es als Anfängliches und also nicht aus Voraussetzung und Vorgabe lebt. Aber unbeschadet dieser Anfänglichkeit und Ursprünglichkeit geschieht das Du, ich, wir. Begegnung geschieht im vorbereiteten Grunde, der dich, mich, uns trägt.[ah]

Dies ist dann freilich etwas wie ein Anfang vor dem Anfang. Der je Anfangende findet sich für sein Anfangen eingelassen in eine ihn tragende Welt, aus der sich ihm die Möglichkeiten und Weisen seines Anfangenkönnens vorgeben. Ohne diese Vorgabe könnte der Mensch als Person nicht anfangen. Die Welt als Vorgabe ist ihm bereitet, ehe er als er selbst in ihr antritt. So ist sie ihm der Anfang vor seinem Anfang. In dieser Stellung nennen wir die Welt mit Vorzug die Natur des Menschen. Zu dieser vorgegebenen Welt als Natur gehören z. B. die biologischen, aber auch soziologischen und besonders die sprachlichen Determinanten des menschlichen Daseins.[ai]

Was aber Du als Du in diesen vielgestaltigen allgemeinen Weltmedien je anfängst, oder wie Du als anfangendes Du darin je bist und Dich offenbarst, das ist doch immer ein Neues. Von daher kommt immer etwas z. B. in die Sprachmelodie hinein, das es noch niemals gab. Und insofern hat dann doch im schon angefangenen Anfang etwas Neues angefangen, das nicht schon war: Du hast angefangen, das war nicht schon da. In all dem vielfach vergleichbaren Material bist Du als Du immer unvergleichlich. Diese Unvergleichlichkeit ist eine Folge der Anfangsmacht und Anfangswürde der Person als Person, des personalen Du als Du.

So ist die endliche Person, ihr Leben als Miteinander im schon vorbereiteten Grunde der Welt. So [ist] Welt als Natur des personalen Lebens.

2. Aber indem Person lebt, Begegnung geschieht, das Schicksal sich zeitigt, bleibt die Welt als Natur nicht einfach stehen. Es geschieht etwas mit ihr. Die Personen greifen hinein in die von da sich bietenden Möglichkeiten. Sie lassen das Neue geschehen und sich zeitigen in der Welt. Sie realisieren sich selbst und ihr Leben damit in der Welt. So aber ist Welt für sie nicht mehr bloß Natur. So ist sie das Feld personaler Verwirklichung, und in dieser Stellung wird sie allererst Welt als Welt (gegen Welt als Natur).[aj]

So realisiert sich die Person in die grundsätzlich allgemeine Sprache der Welt und in allen anderen Möglichkeitsfeldern, die ihr das Anfangende ihrer Welt je und je entgegenbringt. Es ist immer Person in Welt, unvergleichlich im Vergleichlichen, und anders kann sie nicht wirklich sein.

Indem sich das personale Leben in der Welt realisiert, wird die Welt als Welt gesetzt. Meine Welt (meine Pläne, Ideen, Gewohnheiten, Ziele). Unsere Welt (in der wir uns wiedererkennen und in der wir uns als in dem zu uns Gehörigen tätig bewegen). Sie ist jetzt nicht mehr bloße Natur. Sie ist das Feld deines, meines, unseres Lebens. Daraus geht ihr Charakter als Welt allererst hervor. In diesem Sinne stiftet das personale Leben Welt als Welt (meine, deine, unsere). Es setzt sie nicht nur voraus.

Dieser Welt schaffende Zug des personalen Lebens geht so weit, daß dieses Leben die von ihm gestiftete Welt ins Objektive entlassen kann und entläßt und so von sich als dem personalen Anfang scheinbar ablöst. Wir, arbeitend und lebend als Wir in unserer Welt, bringen unsere Welt hervor als unsere Kultur, unsere Sprache, unsere Technik etc., ja als unsere Weltzeit.[ak] Sie geht immerfort aus personalen Anfängen, aus Begegnung und ihrem Geschick hervor. Aber was so immerfort aufsteigt und hervorgeht, webt sich zusammen zum großen Gewebe unserer Welt und Weltzeit. Darin [ist?] der objektive Zug (Hegel, objektiver Geist). Was ich, was du dazugabst, was uns erwuchs[?], da wir uns begegneten, das scheint daran das Unwesentliche geworden zu sein, von dem man nicht mehr zu reden braucht. Dann ist das personale Leben so weltstiftend, daß es die gestiftete Welt und Weltzeit von sich ablöst als das große Ganze des objektiven Geistes. Und doch ist es auch dann noch und gerade so meine, deine, unsere Welt.[al]

Für die, die als Ich und Du einander begegnet sind, ist in der Begegnung alles anders geworden. Alles ist für sie nun eingetaucht in die Freude der Begegnung oder in den Schmerz des Zerwürfnisses, des Schicksals, der für sie in der Begegnung liegen mochte. Alles, die Welt also, sieht für sie nun anders aus als vorher. Fällt Begegnung aus, kann ich es niemand erzählen, was ich wirke, erforsche, Natur, dann wird alles leer und bedeutungslos. Betrachtet man die Dinge im Lichte der Bedeutsamkeit, dann liegt also nicht so sehr das Ich und Du, die Begegnung, in der Welt, als vielmehr die Welt im Ich und Du. Die Welt ist vom Wesen der Begegnung umfangen,von ihrer Farbe bedeckt und im ganzen Horizonte überleuchtet vom Licht oder vom Schatten, die von der einzigartigen Begegnung sich ausbreiten. So allererst ist Welt. Man kann also sagen: in der Begegnung gelingt oder verfällt für Menschen, was für sie Welt ist und im ganzen bedeuten kann. Darin waltet Welt für sie als Welt. Das Ich und Du ist in diesem Sinne so groß wie die ganze Welt.

Noch einmal also taucht die Welt auf als das Bezugsfeld der Person. War sie zuerst der Boden, aus dem sich die Person in ihrer Anfänglichkeit erhebt, und dann das Feld der ihr zugeordneten Realisierung, so erscheint sie jetzt als das von der Bedeutsamkeit des Personalen Umfangene und so als Welt erst für Menschen Durchgebildete.

So ist eine eigentümliche Dialektik zu sehen an Person und Welt. Welt [ist] einerseits vorgegeben, anders als das Personale. Andererseits [wird sie] erst vom Personalen als Welt entfaltet, gestiftet und in die Bedeutungsfülle des Personalen einbehalten.[am]

[Sie ist] sowohl der immer vorbereitete Spielbereich wie das immer neu zu erspielende Spiel des personalen Lebens und seines sich immer neu zeitigenden Geschickes.

Die waltende Welt wie die sich zeitigende Zeit gehören in den Bereich des personalen Lebens.[an] Sie sind die Dimensionen seiner Entfaltung, seines Geschicks. Dazu gehört eine dritte Dimension, worin sich das Personale in seine Zeit und Welt entfaltet und erhellt: Sprache.

8. Person und Sprache

Wir haben einige der Grunddimensionen des personalen Lebens erläutert. Die Dimension der sich zeitigenden Zeit, in der für die einander Begegnenden sich das Schicksal als Gegenwart ereignet. Die Dimension der Welt, die als Natur alles personale Leben trägt, die als meine und unsere Welt vom personalen Leben (Begegnung miteinander) immer neu erspielt und gestiftet wird und die selbst als objektivierte Welt hinsichtlich ihrer Bedeutung ins Personale zurückwinkt und so in seinen Spielbereich einbehalten bleibt.

Waltende Welt wie sich zeitigende Zeit: Welt-Zeit als Dimension der Entfaltung des Geschickes alles personalen Lebens.

Dazu muss eine dritte Dimension genannt und bedacht werden, in der sich alles zusammenschließt: die Dimension der Sprache. Sofern alles Leben von Ich und Du und Wir immer anfangend und immer antwortend ist, insofern ist es immer Gespräch. »Ich rufe Dir, ich höre Dich mich rufen: Du sagst mir, ich antworte dir« usw. Dies sind Grundgestalten des Geschehens der personalen Begegnung. Sie geschieht in den Bahnen und Wegen der Sprache und eben darum als Gespräch.

Was ist das: Sprache als Gespräch: Wir sind gewohnt, Sprache als Bestand zu denken[ao] (von Worten, ihrer Grammatik und Syntax etc.). Aber Sprache hat nicht angefangen als Bestand von Worten und Formen, ist es wohl geworden. Sprache hat damit angefangen, daß Menschen miteinander sprachen. Und immer noch lebt sie ihr primäres Leben als Geschehen des Sprechens. Die Sprache als Geschehen des Gespräches ist ursprünglicher als die Sprache als Bestand. Der Sprachbestand muß aus dem Sprachgeschehen erklärt und gedeutet werden, nicht umgekehrt.

So haben wir die Sprache als Geschehen des Gespräches zu betrachten, auch von der Natur der Sprache her. Und ohnehin von der personalen Begegnung her. Sprache ist primär dieses: daß es sich ereignet, daß ich mit Dir spreche, daß sich die Begegnung als Gespräch ereignet.

Was ist die Sprache als Gespräch?[ap] Sie ist das Bergende und Entbergende der Offenheit im Ganzen, als die Begegnung je und je geschieht.

In der Begegnung geschieht es, daß Du für mich offen da bist und ich für dich. Im Offenen von Dir zu mir, von mir zu Dir, gehen die Gänge unserer Begegnung, unseres Gesprächs. In der Begegnung geschieht es, daß wir, miteinander sprechend, den Raum unserer Welt, in der wir gründen, durchstreifen, daß wir Welt in solchem Durchstreifen neu als unsere Welt stiften und erscheinen lassen. In der Begegnung geschieht es, daß das sich zeitigende Geschick sich öffnet und offen da wird für uns, jenes, was uns sagen läßt: Jetzt ist es so geworden mit uns. Die ganzen Dimensionen des personalen Lebens sind offen, ereignen ihre Offenheit, indem sich die Begegnung ereignet.

Diese vieldimensionale Offenheit aber ereignet sich auf dem Weg der Sprache, darin also, daß wir miteinander sprechen. In die gesprochene Sprache birgt sich das Miteinander und Zueinander, und die Welt und Zeit, die zum Miteinander und Zueinander gehören. Diese ganze lebendige Offenheit birgt sich und faßt sich in den Namen, mit denen wir einander rufen und einander antworten, und in den Worten, in denen wir einander die Gestalten der Welt und die Ereignisse des Geschickes weisen. Diese ganze Offenheit lebt, geborgen in den Worten und Weisen der Sprache, die als Gespräch zwischen uns geschieht. Sie lebt geborgen und gefaßt, d.h. benannt, aber nicht verborgen. Die Sprache birgt die Offenheit des Personalen, jedoch so, daß sie diese gerade als Offenheit birgt und hütet und sein läßt. In der geschehenden Sprache entbirgt sich darum das in ihr zuvor Geborgene und Gefaßte. Ich rufe Dich beim Namen und zeige in solchem Anruf, daß und wie ich zu Dir offen bin und du zu mir. Der offene Bezug hat sich geborgen im Ruf des Namens, jedoch so, daß er im Geschehen dieses Rufs gerade laut wird, hervorgeht und sich ins Offene öffnet: Du kannst und sollst ihn hören und ihm antworten. Und so ist es mit allem, was in unserem Gespräch zu sagen sein wird im Durchgang durch unsere Welt und durch unser Geschick, im Hin- und Hergang von Zuspruch und Antwort. Das Offene fügt sich ins Wort und birgt sich so im Wort und erlangt in solcher sich fügenden Bergung ein eigentümliches Klingen und Scheinen. (Darum ist es nicht gleich, wie ich Dir etwas sage.) In solcher Geborgenheit in das eigentümliche Klingen und Scheinen des Wortes geht auf und entbirgt sich fort und fort und klingt und scheint, was wir einander zu sagen haben und was alles in der Sage mitschwingen mag an personalen Bezügen und welt-zeitlichen Dimensionen.

So können wir verstehen, was die These sagt: Die Sprache als Gespräch sei das Bergende und Entbergende der Offenheit im Ganzen, als die Begegnung je und je geschieht.

Damit aber können sehr merkwürdige Grundzüge des sprachlichen Lebens oder des Lebens der Sprache in den Blick kommen,[aq] die wir, an die Sprache als Bestand gewöhnt, kaum erwarten. Sie können nun sichtbar werden im Quellgrund aller Sprache, im Geschehen des Gespräches als dem Geschehen der personalen Begegnung. Als die Offenheit des Geschehens dieser Begegnung zeigt die Sprache jetzt auf eigentümliche Weise alle Grundzüge dieses Geschehens.

Wo die Begegnung als das Gespräch geschieht, da geschieht sie zunächst auf den Wegen der Sprache als den schon vorliegenden.[ar] In dieser Stellung ist die Sprache wie der Natur-Grund des Gesprächs (analog, wie Welt zunächst als Natur Begegnung und Personalität trägt). Wir brauchen, miteinander sprechend, die Sprache nicht neu zu erfinden. Die Bahnen ihrer Möglichkeiten sind schon gelegt und wir bewegen uns wie selbstverständlich, wie von Natur aus in diesen Bahnen und Möglichkeiten. So brauchen wir uns für gewöhnlich auf die Wahl der Worte nicht zu besinnen, die Sprache selber hat schon vorgewählt, das alte Leben der Sprache unter Menschen hat seit alters die Bahnen der Möglichkeiten des Sprechens entworfen und so sprechen wir wie von Natur aus so, wie wir sprechen, wie es immer schon gewesen ist mit der Sprache.

Aber dann ereignet sich etwas sehr Merkwürdiges. Ich fange an zu sprechen zu Dir. Dich anrufend, dich auffordernd, dich bittend oder wie es sein mag. Ich fange als ich Dir gegenüber an. Ich fange als die unfaßliche Anfänglichkeit und Ursprünglichkeit an. Es entspringt aus der Sprache meine Sprache oder genauer: mein Sprechen, in dem ich als dieses anfängliche »Ich vor Dir« mich berge und öffne. Es entspringt aus der Sprache, die es schon je gab, mein Sprechen, dies erfinde ich neu, etwas, das es noch niemals gab, das sich vielmehr jetzt ereignet, anfänglich, erstmalig, unvergleichlich. Die alte Sprache wird Bergung und Entbergung des Unversehenen, der geschehenden personalen Ursprünglichkeit.

So läßt sich jetzt etwas vernehmen, desgleichen es noch niemals gab.

(Ich rufe dich jetzt beim Namen). Das Ereignis der personalen Ursprünglichkeit erweckt aus der alten Sprache eine neue Sprache, einen neuen Klang, eine neue Frische, »Ich spreche zu Dir«. Das alles wird im Durchgang durch die personale Ursprünglichkeit neu geschaffen, neu geboren, selber ursprünglich.

Dies kann durchaus unauffällig geschehen und zumeist achten wir dessen kaum. Aber woher kommt es dann, daß jeder von uns, wohl im Grunde der allgemeinen und für alle gleichen Sprache sich bewegend, doch seine eigene Sprache hat, die so keinem zweiten eignet?

Aber damit noch nicht genug: Habe ich dich aus meiner Ursprünglichkeit auf meine Weise angesprochen, dann wirst Du mir antworten. Du wirst darin offen und zugewandt sein meinem Zuspruch. Aber Du wirst als Du, dieses wiederum einmalige und ursprüngliche, auf mein Wort eingehen, ihm antworten. So wird in Deiner Antwort zwar mein Zuspruch als die Voraussetzung, auf die Du dich beziehst, enthalten sein. Du wirst aber darauf als Du, d. h. aus deiner Anfänglichkeit antworten und es wird also wiederum etwas Neues und Unvorhergesehenes,[as] wenn auch aufs Vorhergehende Bezogenes sich auftun und mir in deiner Antwort wieder entgegenkommen. Ursprung wird dem Ursprung antworten. Und wenn mein Zuspruch schon aus der alten Sprache etwas Neues machte, so hat deine Antwort dieses Neue schon im Auge und beantwortet es noch einmal mit einer anderen Ursprünglichkeit und Neuheit. Die Sprache kommt in Bewegung, indem sie hin und wieder geht von Ursprung zu Ursprung. Aus ihrem Bestand ist strömende Bewegung geworden; Bewegung zudem im Unversehenen, denn wer mag sich dessen versehen, wann und wie und mit was ich dich anspreche, wann, wie und mit was Du mir antwortest.

Darin aber geschieht etwas, was zugleich noch mehr ist [und] anderes als das Meine und das Deine. Es geschieht das Geschick. Wir kommen, miteinander sprechend, vielleicht in eine Gegend, in der sich neue Horizonte auftun, an die keiner von uns zuvor dachte. Dann mögen wir sagen: Was ist uns geschehen? So also ist es jetzt, so hat es sich gefügt. Es eröffnet sich im Gang der Sprache die Heraufkunft des Geschickes als der sich zeitigenden Gegenwart.[at]

Die sich zeitigende Heraufkunft des Geschickes eröffnet vollends im Hin und Her von Ursprung zu Ursprung der miteinander Sprechenden eine *neue* Sprache, und dies umso mehr, je größer das Geschick sich zeitigt.

Warum sprechen Menschen von einem bestimmten Punkt ihres Weges aus auf einmal anders als früher? Wie bilden sich die mit der Zeit sich wandelnden beweglichen Sprachlandschaften zwischen Mensch und Mensch, bald sparsamer und herber werdend, ganze Wortfelder versinken lassend. Sie können nicht mehr gesagt werden. Bald neues, ungeahntes, freies Gelände gewinnend, von neuen Lichtern erhellt, von neuen Quellen befruchtet? So birgt und entbirgt sich das sich zeitigende Geschick, es zeitigt sich selbst als je neue Sprache, als jenes Neue, das Menschen sagen läßt: Jetzt, auf einmal, können wir so miteinander sprechen.

Erwägt man diesen dynamischen, beweglichen, sich stets neu zeitigenden Charakter der geschehenden Sprache des Gesprächs, so kann man[au] auch von der Sprache das heraklitische Wort sagen: du steigst nicht zweimal in denselben Fluß.[av] Dies gilt von der Sprache, die zwischen zwei Menschen oder in der kleinen Gemeinschaft eines Kreises von Freunden oder einer Familie hin- und herschwingend, ihren Weg geht: es klingt heuer anders als im vergangenen Jahr. Wo wird es noch hintreiben? Und man kann es von der Sprache der großen Sprachgemeinschaft eines Volkes sagen, insofern sie in den Gesprächen und aus den Gesprächen vieler Menschen stets lebend sich fort und fort erneuert. Denn wir sprechen nicht mehr die Sprache Luthers und nicht mehr die Goethes und auch nicht mehr die Vorkriegssprache und auch schon nicht mehr die Sprache des ersten Nachkriegsjahrzehnts, und wohin mag das noch treiben?

So aber kann wieder der Schein entstehen, die stets im Gespräch sich ereignende und sich erneuernde Sprache treibe, die sie zuletzt im Unversehenen des Geschickes steht, nur richtungslos und chaotisch dahin. Hierzu aber hat schon Franz Rosenzweig (im Stern[aw]), dem wir hierin folgen dürfen, bemerkt, daß ungeachtet aller Ursprünglichkeit des Personalen, das alles Sprechen bestimmt, und unbeschadet alles geschicklich sich zeitigenden Ganges der Sprache, diese doch im Ganzen in einem gerichteten Zuge steht, weil es im Ganzen in aller Begegnung und allem Gespräch und Widerspruch um eines geht, daß sich von jedem Spruch her reiner kläre, wie es eigentlich ist und wie es eigentlich sein soll unter Menschen und mit ihrer Welt und ihrer Zeit. Alle, was sie auch sagen mögen, wollen dazu etwas sagen. Es geht um das Zum-Vorschein-Bringen der wahren, alles umfassenden Wahrheit. Es geht eben darin um das Zum-Vorschein-Bringen, worin alle einverstanden sein könnten und sich verstehen könnten. Denn alle wollen immer alle überzeugen. Es geht um die alle ins große Einverständnis stimmende Wahrheit des Daseins im Ganzen. Immer liegt sie im Sinne aller Menschen und aller ihrer Gespräche und aller gesprochenen Sprache und aller ihrer geschickhaften Wandlungen. Nie wird sie erreicht. So geht die Bahn des Gesprächs und der Sprache, vielfältig schwingend und sich erneuernd, immer asymptotisch auf dieses Äußerste (ἔσχατον) zu. In diesem Sinne hat alles Geschick der Sprache einen eschatologischen Zug, er hält ihr Geschick in Gang und läßt es nie ruhen. [Sie] lebt von eschatologischer Zukunft. Bestand als immer schon. Zeitigung als jetzt. Eschaton. So entbirgt sich im Wunder der Sprache, das ganze Wunder Ich, Du, Wir.

[9.] Das Personale und das Unbedingte

Unser Gedanke führte durch die Dimensionen des personalen Lebens, der personalen Begegnung. Die Dimensionen der Welt, der Zeit, zuletzt der Sprache.

Indem personale Begegnung den Charakter des Gespräches hat, bewegt sie sich in den Bahnen der Sprache. Im Gespräch lebt das Ich und Du und Wir, im Gespräch durchmißt es seine Welt, im Gespräch zeitigt es seine Zeit, im Gewesenen der immer schon vorliegenden Sprache den neuen und einmaligen Klang erweckend, der im Zwischen von Dir zu mir aufblitzt und sich zeitigt als das sich ereignende Jetzt. Im je neuen Klang des Jetzt der geschehenden Sprache des Gesprächs aber zieht es einem immer Künftigen entgegen, um das es in allem Gespräch geht: einem wachsenden Einverständnis, einer helleren Wahrheit, einer reineren Fülle des Seins. Denn in allem Gespräch geht es um so etwas, und so steht es im Zuge seines Worum-Willen als seiner Zukunft.

Wie die Sprache des Gesprächs die Räume der Welt durchmißt, so umfängt sie und eröffnet sie alle Erstreckungen der Zeit. In ihr versammeln sich alle Dimensionen des personalen Lebens.

Doch sollten wir noch einmal eigens und sorgfältiger auf jenes achten, um das es in allem Gespräch und also in allem lebendigen Miteinander geht und in dessen Zug und Anspruch also alles dies liegt.[ax]

Es hat fürs erste zumeist unscheinbare und vielfältig zersplitterte Gestalten. Wir pflegen über alles Mögliche miteinander zu sprechen und es pflegt uns dabei auch auf allerlei und keineswegs immer auf besonders

Bedeutsames anzukommen. Läßt sich aber nicht in diesem undeutlich Vielfältigen, auf das es uns zunächst anzukommen pflegt, ein umfassender Grundzug deutlicher ausmachen?

1. Wir können sagen: Es geht immer um das, auf das die Antwort »gut« gegeben werden kann. Es geht immer um das Gute, nicht in einem abstrakten Sinn, sondern in dem konkreten der personalen Anfänglichkeit und Verantwortlichkeit: Es geht um das, was das »gut« als Ruf und Antwort hervorruft.

Dies mag nun wiederum im Einzelnen alles Mögliche sein (Scherzwort oder großes und ernstes Wort). Aber in diesen vielerlei Möglichkeiten ist überall ein allumfassendes und unbedingtes Element verborgen.

2. Ein Allumfassendes: denn es kommt darauf an, daß ich im Gespräch etwas sagte oder etwas Gesagtes hörte, zu dem nicht nur Du oder ich »gut« sagen, d.h. antworten könnten, sondern auch jeder andere mögliche Partner. Darum freuen wir uns, wenn wir erfahren, daß viele, gar alle dem von uns Gesagten zustimmen. Darum beschäftigt es uns, wenn einzelne widersprechen. Und wo das Gespräch im kleinen Kreise bleibt und bleiben soll, wo es die Gestalt einer exklusiven Intimität annimmt (wo gesagt wird: niemand geht es etwas an, was wir einander zu sagen haben), da ist doch noch gerade im Ausschluß der anderen ihr Einschluß und damit das Allumfassende, um das es auch hier noch geht, spürbar. Denn es ist doch der Gedanke dabei: niemand soll etwas dagegen sagen. Alle könnten mit uns zufrieden sein und ihr »gut« uns zurufen, verstünden sie uns nur. In solchen Gedanken aber verrät sich, daß es auch denen, die niemanden zum Zeugen ihres Gesprächs und ihrer Begegnung haben möchten, um das all-umfassende »gut« geht.

3. Das Allumfassende, um das es so im Grunde immer geht, ist aber als solches auch das Unbedingte.[ay] Das, zu dem alle sollen sagen können »gut«, ist von keinem abhängig, von keinem bedingt. Es ist das Unbedingte als Wahrheit, dem alle von Natur aus die Antwort bereit haben: Gut! So ist es in Wahrheit. Es ist das Unbedingte als Gerechtigkeit, der alle zurufen: Gut, so ist es recht. Es ist das Unbedingte als Vollkommenheit, als Schönheit, dem alle Applaus geben.

Das Miteinander als Gespräch steht überall – wenn auch auf die verschiedenste Weise – im Zuge und im Zuspruch des all-umfassenden und unbedingen Guten als seines Umwillen, Ziel, Zukunft.

Diese Beobachtung wird durch eine andere und nicht weniger wichtige bestätigt. In dem Maße nämlich, in dem das Unbedingte aus seinen gewöhnlichen Verbergungen und Verhüllungen hervortritt in der Begegnung zweier oder mehrerer Menschen,[az] in dem Maße gewinnt auch die Begegnung und das Miteinander erst seine höchste und eigentlichste Dimension. Man kann sagen: Im selben Maße, in dem das Unbedingte wahrer, d.h. un-verborgener wird im Leben eines Miteinander, in dem Maße wird auch dieses Miteinander wahrer, d.h. seines wahren Wesens angemessener. Wo Menschen miteinander zu tun haben, und wo das Hin und Her, also das Gespräch dieses Zu-tun-Habens über die gewöhnliche Unverbindlichkeit hinausgelangt und in ernste und bedeutende Bereiche kommt, da bekommen sie vielleicht zu spüren, daß es ihnen beiden gemeinsam schließlich einfach um die Wahrheit geht und sie miteinander um sie ringen, vor der alle anderen Rücksichten zurücktreten müssen. In dem Augenblick bekommt ihr Miteinander, ihr Gespräch (das vielleicht ein Ringen miteinander ist) einen Ernst und eine Tiefe ganz neuer Art. Sie brechen wie durch einen Boden durch, lassen faktische Rücksichten und vordergründige Möglichkeiten hinter sich, sie spüren, daß sie miteinander am Unbedingten sind, das nun unverhüllter, offener und in diesem Sinne wahrer und mächtiger sie einfordert. Daher kommt der Ernst, in den nun ihr Kontakt miteinander auf einmal gekommen ist. Sie spüren (d.h. erfahren) gleichzeitig und eins mit der enthüllten Macht des unbedingten Anspruchs, daß nun auch ihr Gespräch in seine wesentliche Wahrheit gelangt, d.h. in den Bereich, in dem das Wesen und der Rang dessen, was eigentlich Menschen miteinander verbindet, erst eigentlich herauskommt, ein wesentlicher Rang, der durch nichts aufzuwägen und vom Wesen her weder durch Vorteil noch durch Gefahr zu erschüttern ist. Das Wesen des sich vollziehenden Miteinanders tritt nun selbst in den Rang des Unbedingten und nimmt an ihm teil.

Ähnlich kann für miteinander im Gespräch Verbundene (und das heißt auch: miteinander handelnde Menschen) aus dem Ideal der zu realisierenden Gerechtigkeit und Freiheit das Unbedingte sprechen, das jedes Opfer rechtfertigt und unter Umständen fordert. Und wo solche im Gange ihres Miteinander spüren, daß sie miteinander unter demselben unbedingten Anspruch der zu realisierenden Gerechtigkeit und Freiheit stehen, da werden sie noch in der Leidenschaft des Kampfes ums Recht auf eine Weise eines Sinnes, die alle anderen Weisen hinter sich läßt. Und sie werden eine Bruderschaft des Geistes entdecken, sie verbindend, in welcher der wahre und wesentliche Sinn menschlichen Miteinanders (d.h. miteinander Sprechens und miteinander Handelns) allererst für sie hervortritt.

Es kann in der einfachen Freundschaft zweier Menschen und in den Gesprächen, in denen sie lebt, eine wortlose aber lebendige Treue erwachsen, deren Rang und deren Kraft über allen Bedingtheiten steht, und die an keiner Nützlichkeit mehr gemessen werden kann, eine lebendige Unbedingtheit, die sich ihnen als die wesentliche Wahrheit ihres personalen Miteinanders und Zueinanders verschwiegen offenbart, die jedes Opfer möglich macht.

Es kann die Liebe zwischen Mann und Frau sich zu einer Helle entfalten, die zugleich reinstes Geschenk und höchste Verpflichtung ist, unbedingt wie eine Epiphanie der Ewigkeit. Durch die ganze Welt könnte der Rang dieses Lichtes nicht aufgewogen werden, das als lebendige und beglückende Unbedingtheit über den Liebenden glänzt.

Es kann Geschenk und Anspruch des Unbedingten freilich auch verletzt werden, die einander unter dem höchsten Anspruch Begegnenden können dem Anspruch gegenüber und aneinander schuldig werden. Dann tritt eine Verletzung auf, die gerade in ihrer Negativität noch einmal den Anspruch des Unbedingten und die aus ihm sich ableitende Würde des personalen Miteinanders geltend macht. Wo die Schuld zwischen Menschen tritt und wo sie das Glück und die Treue zum Scheitern bringt, da wird im geistigen und personalen Schmerz des Schuldigseins noch einmal das Große erfahrbar, das Unauskaufbare, mit dem nicht zu handeln ist, das große Unbedingte, das Menschen an Menschen bindet und fügt. Auch wo ich an meinem Partner schuldig werde, indem ich am Unbedingten scheitere, das uns beide in Anspruch nahm, adelt es mich noch, indem es mir eine Realität der Schuld erfahrbar macht, die dichter und höher ist als alles, was ich sonst Realität zu nennen pflege. Nur Menschen sind unter allen Wesen, die wir kennen, von solchem Rang, daß sie schuldig werden können, und eigentlich können sie nur aneinander schuldig werden, denn das Unbedingte, unter dem der Mensch steht, wird gerade und nur im Miteinander zum Ereignis, segnend oder richtend. Und auch wo es richtet, läßt es den schuldigen Menschen (sofern er nicht ausweicht), seine Würde erfahren in der Macht seines unvergleichlichen Schuldigseins.

In solchen Erfahrungen ist das Allumfassende und Unbedingte, das zu Gespräch, Begegnung und personalem Miteinander gehört, nicht mehr nur das immer ausstehende und zukünftige Worum-willen. In ihnen ist es das sich zeitigende Jetzt des großen Augenblicks.

Der große Augenblick ist im empirischen Laufe des menschlichen Daseins freilich das Seltene und nur bisweilen sich aus dem Alltäglichen Heraushebende. Ist er so zwar empirisch nicht das Allgemeine, so hat er aber gleichwohl vom Wesen her eine allgemeine Bedeutung. Dies zeigt sich z. B. daran, daß das Große und Seltene immer das von sich her *alle* Interessierende und Angehende ist. Wo immer wir im Laufe unseres gewiß zumeist ziemlich gewöhnlichen Lebens des Ereignisses des Unbedingten in Begegnung und Schicksal von Menschen miteinander ansichtig werden: da geht es uns sofort an und erregt uns, als ob es *unsere* Sache wäre. Wo wir im Leben unserer Freunde oder im Beispiel von Zeitgenossen die große Liebe, den großen Kampf, die große Schuld wahrnehmen, den großen Ernst und den Einsatz des Opfers, die Spur der Ereignisse des Unbedingten, da spricht solches erregend, beunruhigend, vielleicht erweckend zu uns, die wir zumeist hinter dem Großen zurückbleiben. Und warum haben die großen Dichter seit den Griechen immer wieder den Schicksalsgang großer Begegnungen, großen Einsatzes, großer Schuld vor allen Menschen gezeigt, wenn nicht deshalb, weil sie die zumeist verborgene und verschüttete Wahrheit alles menschlichen Miteinanders vor aller Augen am großen und erschütternden Bild der Seltenen ins Unverborgene der lauten Sprache verlauten lassen wollten, als die Wahrheit für alle, nicht nur für die, deren Bild in der Dichtung erhoben wird. In der Öffentlichkeit des dichterischen Wortes, in der Resonanz, die die vielen ihm geben, zeigt sich das Seltene als die Erscheinung der alle betreffenden, aber den meisten verborgenen Wahrheit.

Was in der Begegnung geschieht, steht in Wahrheit im Wink des Unbedingten, im Wink der Ewigkeit. Unter dem Wink und Zuspruch der Ewigkeit stehend, ist ihr Wesen immer Antwort, d. h. lebendiger und anfänglicher Widerhall auf den höchsten Zuspruch. Begegnung und Gesprächs sind so in noch höherem Sinn ver-antwortend, als wir es früher bedachten.

Von hier her mag M. Bubers Wort in seiner berühmten Schrift »Ich und Du« verständlich werden (III. Teil. Beginn).[ba] »Die verlängerten Linien der Beziehungen schneiden sich im ewigen Du. Jedes geeinzelte Du ist ein Durchblick zu ihm. Durch jedes geeinzelte Du spricht das Grundwort das ewige an«.[bb]

[10.] Personalität und Christentum

Wir haben den Bereich des personalen Lebens nun nach einigen seiner wichtigsten Dimensionen durchschritten. Die Dimension der waltenden Welt, die im Hin und Her von Ich und Du zugleich durchmessen und gestiftet wird. Die Dimension der sich zeitigenden Zeit des Geschickes, die im Gespräch immer neu erwächst. Die Dimension der Sprache, in der das Gespräch sich ergeht und die zugleich im Gespräch sich erneuert, der Sprache, in der sich für die miteinander Sprechenden Welt und Zeit versammeln und sich ereignen im waltenden Sich-zeitigen.

Zuletzt aber wurde sichtbar, wie das vieldimensionale Ganze des personalen Lebens auf eine ausgezeichnete Weise im Anspruch des Unbedingten steht, das mehr ist als Welt und Zeit, und wie in den großen, d. h. wesentlichen Momenten des personalen Lebens dieser Anspruch des Unbedingten auf einzigartige Weise zur Erscheinung kommt als der Anruf des ewigen Du.

Dieses zugleich Höchste und Innerste allen personalen Lebens haben wir noch weiter zu bedenken.

Es ist zu bedenken, daß der Wink des Ewigen im Leben von Dir und mir als deutlicher das Seltene ist und als solcher das leicht in der Zeit Verwehende und für Menschen allzu leicht Vergeßbare.[bc]

Da dieser Wink und Strahl des ewigen Du aber gleichwohl zum Wesen der personalen Begegnung gehört und, wie wir sahen, nicht ganz unerfahrbar ist, so kommt über die angedeutete Defizienzerfahrung hinweg doch die Möglichkeit in Sicht, daß im Kreise einer Begegnung doch einmal das ewige Du auf eine große, unvergeßliche und entscheidende Weise hervortreten und sich enthüllen könnte. Diese Möglichkeit kommt in Sicht in der Verlängerung dessen, was wir auch sonst im Leben der personalen Begegnung wahrnehmen in unterschiedlichen Graden. Denn die unterschiedlichen Grade konvergieren gegen eine höchste Möglichkeit.

Kommt so eine höchste, unvergeßliche und entscheidende Möglichkeit der Begegnung mit dem Ewigen aus den wesentlichen Verhältnissen des personalen Lebens heraus in Sicht, dann fällt von hier aus ein Licht auf das Christentum und es ergibt sich eine, wie mir scheint, wichtige Möglichkeit seines Verständnisses und seiner Deutung. Sie ergibt sich freilich scheinbar von außen, aus einem philosophischen Bedenken des Personalen. Aber vielleicht ist dieses Äußere doch nicht gar so äußerlich, wie es zuerst scheinen mag. [bd]

1. Wir fragen daher von unseren Überlegungen her: Was ist Christentum? Diese Frage muß sich zunächst konzentrieren und präzisieren zu der Frage: Welches ist das Moment, von dem her das Christentum Christentum ist? Darauf aber ist zu antworten: Das Christentum ist Christentum von der Gotteserfahrung[be] in Jesus Christus her. Diese entscheidende Gottesoffenbarung ist das entscheidende konstitutive Element für alles Christentum.

Wie aber geschieht (geschah) die Gottesoffenbarung in Jesus Christus? Doch so, daß in der Begegnung von Person zu Person, von ich und Du, von Jesus zum Kreise seiner Freunde, sich die Nähe Gottes und seiner endgültigen und darum end-zeitlichen Herrlichkeit ereignete. Diese Nähe oder Offenbarung ist nach Ausweis der Zeugnisse nicht einfach ein Bestand. Es heißt nicht: hier, in Jesus sei Gott »vorhanden«. Es ist ein Ereignis, das sich in Anruf und Antwort ereignet.[bf] Auch das, was Jesus in diesem Geschehen wesentlich ist (d.h. was er bedeutet), ist nach den anfänglichen Zeugnissen nirgends ein bloßer Bestand. Was er ist, d.h. bedeutet, ereignet sich im Zwischen von Anruf und Antwort, im Gange vieler Gespräche und mannigfaltiger Begegnungen. Auch was er ist im Sinne von »bedeutet«, das ereignet sich und zeitigt sich im vielfältigen Leben von ich und Du, und nicht außerhalb dessen. In dem, was zwischen ihm und seinen Jüngern hin- und hergeht, im Hin und Her von Anruf und Antwort, von Verkündigung und Glaube,[bg] in diesem Zwischen (nicht er für sich, nicht sie für sich) erwächst es und ereignet er sich als der Offenbarer der endgültigen Herrlichkeit Gottes, als der von Gott Gesalbte, der Christus, als der Sohn Gottes.[bh] Was Jesus als der Christus ist, und das, was er offenbart, das ist er und offenbart er wesentlich als Ereignis, als sich zeitigendes Jetzt einer neuen Zeit und Welt und Sprache, im Gange wesentlicher Begegnungen.

So wird das Grundelement des Christentums (die Gottesoffenbarung in Christus) von den Grundverhältnissen des personalen Lebens her als Möglichkeit sichtbar, und in seiner bezeugten Wirklichkeit (wenn auch zunächst nur wie von außen) verstehbar.

2. Fragen wir weiter, was aus diesem für das Christentum grundlegenden Ereignis folgt, so können wir sagen: Es folgt die Gemeinde der Jünger, die man Kirche nennt. Worin besteht Kirche, was ist sie? Von unserem Ausgangspunkt aus ist zu sagen: Sie ist das Zueinander und Miteinander der Gläubigen. Das Zueinander und Miteinander ist ein Leben als ich und du, als wir. Als solches Leben ist es Gespräch. Als Gespräch ist Kirche (als Gemeinde der glaubenden Jünger) beständig sich zeitigendes Ereignis.

So gesehen ist die Gemeinschaft der Kirche nicht einfach Bestand. Sie ist wesentlich personales Geschehen, wiewohl sie bestandhafte Elemente enthält und auch entwickelt. Sie ist wesentlich nicht eine vorhandene Substanz, ein stehendes, statisches Ding. Sie ist ein in der Gegenseitigkeit glaubender Personen sich vollziehendes Leben. Sie ist wesentlich nicht eine fixierte Institution, wiewohl sie wie alle irdische Gemeinschaft institutioneller Elemente bedarf. Sie ist wesentlich der Inbegriff des Gesprächs, das lebt, indem es gesprochen wird und also geschieht.

Ihr Geschehen gründet überall auf dem Glauben, d. h. auf der beständig sich erneuernden, glaubenden Begegnung mit der Person und also dem Ereignis Jesu. Diese grundlegende personale Begegnung bleibt gleichsam wach durch die Geschichte hin im fortdauernden Geschehen des Wir (des Gesprächs) der Glaubenden im Geschehen der Kirche. Von diesem Grundgeschehen personaler Natur lebt das Wir der Glaubenden untereinander, und es wird von diesem Wir und seinem dialogischen Leben in immer neue Bereiche getragen, erneuert.

Darum findet die Gemeinschaft der Glaubenden ihr ganzes Leben konzentriert und gehöht in der heiligen Feier. In der christlichen heiligen Feier erneuert sich, da sie eine Feier des Gedächtnisses ist, die alles gründende personale Begegnung mit Jesus, d. h. mit dem Ereignis der Gottesoffenbarung in ihm. Und es erneuert sich in eins damit das Miteinander und Zueinander, das wieder personale Ich und Du und Wir der Glaubenden untereinander. Darin ist auch die kultische Feier wesentlich Ereignis, und sie ist weit von ihrem Wesen abgefallen, wo sie zu einer bloß abzuleistenden Veranstaltung[bi] für einander nichts angehende Kirchgänger wird.

Von daher fällt auch ein Licht auf das Leben der Christenheit (der Kirche, der sich vollziehenden Gemeinschaft der Glaubenden) durch die Geschichte hin. Es kann begriffen werden als ein fortlaufendes Gespräch durch Völker und Zeiten hin. Es gelangt zu immer wieder neuen Menschen, d.h. Personen und in immer neue menschliche Räume. Darin ist das immer wieder Anfängliche alles personalen Lebens zu spüren. Es fängt immer wieder Neues an und wird immer wieder Neues geantwortet, im vielfältigen Hin und Her von Ruf und Antwort, von Verkündigung und Glaube.

Das Gespräch, als welches so das Christentum ist, d.h. geschieht in der Geschichte, es führt immer wieder ins Unversehene des Geschickes. Es zeitigt die Zeit als das Unversehene des Geschickes.

So sind geschickhaft immer wieder neue Epochen und Weisen des Christentums entstanden, die nicht vorauszusehen waren, es haben sich geschickhaft geschichtliche Christentümer entwickelt, das des Ostens, des Westens, des Mittelalters, der Reformation und Gegenreformation, und es sind im Zusammenhang damit jeweils neue Welten, Zeiten, Sprachen heraufgekommen.

Ungeachtet dieser geschickhaft unableitbaren Gestalten geschichtlicher Christentümer gehören sie doch alle in den einen Strom (zu dem einen Gespräch) des einen Christentums. Denn sie gründen alle in der immer wieder sich erneuernden einen grundlegenden Begegnung des Glaubens mit dem einen Offenbarer Jesus Christus. Dieses für alle Christentümer Eine als das Unvergeßliche, das aus dem Einstigen Einmaligen alles Jetzt aller Christenheit trägt, macht alle Christentümer zu einem Christentum. Aber dieses Eine lebt, nicht indem es bloß an sich ist und besteht, sondern indem es sich im ich und Du und Wir durch die Geschichte hin sein immer wieder unversehenes Jetzt zeitigt, in der es neu und also auf neue Weise und in neuer Sprache zum Ereignis wird und also nicht in der unfruchtbaren Starrheit bloß fixierter und schematisch konservierter Formeln. Zwar können auch Formeln eine Funktion haben. Nicht Gedanken und Tradition von dem lebendigen Gang des geschickhaften Gesprächs fern zu halten, sondern um diesem lebendigen Gang zu dienen und ihn zu nähren.

Zeitigt also so das Christentum als Gespräch aus dem immer wieder sich erneuernden Einstigen seines Grundereignisses seine immer wieder neue Gegenwart, so ist doch diese neue Gegenwart in der Zeit nie das Ende des Gesprächs, immer bleibt noch Neues zu fragen, Neues zu antworten, und neuen Herausforderungen des Geschicks zu begegnen. Und so ist das Gespräch nie fertig, das Einverständnis nie vollkommen und voll-endet, und also die Zukunft der Geschichte immer noch offen. Aber offen nicht ins Planlose und Beliebige, vielmehr über alle Unplanbarkeiten der immer unversehenen Geschichte hinweg offen und gerichtet auf ein äußerstes reinen und vollendeten Einverständnisses, das alle geschichtlichen Christentümer frei in das eine und vollendete Christentum versammelt. Denn darum geht es schließlich in allem Gespräch: um die Vollendung aller in dem einen und vollen Christusereignis.

Diese äußerste Zukunft, in allem geschicklichen Gespräch als Ziel lebend, müßte aber den Lauf der Geschichte zum Stehen bringen in dem ewigen Nun der reinen Parousie.

So gehören zum Christentum als Gespräch – wie zu jedem Gespräch, aber auf besondere Weise – das Einstige und das Jetzt und die endgültige Zukunft, alle Ekstasen der Zeit zeitigen sich, indem Christentum sich zeitigt als Ereignis und Gespräch.[bj]

Das Gespräch hat bisweilen ausgezeichnete Zeiten. In unserer Zeit zeigt sich so etwas: Mehr als jemals werden uns alle Christentümer nahe, alle gegenwärtigen, die sich auseinandergesprochen haben und lange miteinander zu sprechen vergaßen, alle vergangenen, die keiner Zeit so gegenwärtig waren wie der unseren, so daß wir das Gespräch neu und umfassender als je aufnehmen müssen mit dem Einstigen (Was sagt es uns? Wie antworten wir? Mittelalter? Antike? Biblisches Christentum.)

Und: Von der christlichen Gemeinschaft [aus gesehen] alle anderen außer- und nichtchristlichen Menschentümer [sind uns] auf einmal auch so nahe gerückt, daß ein schlechthin universales Gespräch immer unerläßlicher wird.

Damit [ist ein] ganz neuer Horizont der Geschichte des Christentums [aufgegangen,] unbeholfen und wenig vorbereitet. Aber wir sollen dem großen Geschick nicht furchtsam ausweichen.[bk]

Es fällt Licht darauf vom Bedenken dessen, was ist mit ich und Du und zwischen ich und Du.

Bedenkt man es, dieses Kleine, so muß man alle großen Bereiche durchstreifen und kommt doch nie ans Ende.

Ende der Vorlesung, auch ein Gespräch: Anfang des Nachdenkens. Anfang neuer Aufgabe.

Zum Begriff der Person
(1966)

Zu der Frage, was der Mensch sei, gehört auch die Frage, wer er sei, die Frage nach der Person des Menschen. Ihr soll in dieser Abhandlung in einigen Richtungen nachgegangen werden.

Wir fragen also: Wer ist das, der Mensch, daß wir ihn Person nennen? Wir können auf diese Frage zunächst versuchen, mit einer Definition zu antworten: Person ist dies und das. Haben wir dabei die Person als Person im Auge, dann können wir etwas Merkwürdiges beobachten: die Person, die wir in der Definition zu bestimmen suchten, kann sich fragen: Bin ich wirklich das, was diese Definition bestimmt? In einem solchen fragenden Nachdenken macht die Person jeweils auf eine zumeist unauffällige Weise offenbar, daß sie jeder Definition der Person als Person gegenübersteht. Sie zeigt gleichsam auf die Definition als ein ihr Äußeres: »Was ist das, was da über mich gesagt wird?«, oder sie steht auch in einer gewissen Weise darüber, indem sie darüber nachdenkt. Als gegenüber- und darüberstehend steht die Person dann gerade außerhalb der Definition und nicht innerhalb und unterhalb ihrer. Sofern also eine Definition die Person umgrenzen und damit umgreifen und fassen wollte, ist ihr dieses Vorhaben mißglückt. Die Person ist nicht umfaßt und nicht umgriffen, sie steht außerhalb des Zugriffs der sie greifenwollenden Definition, sie hat sich ihrem Zugriff zunächst und aufs erste entzogen.

In dieser entzogenen Stellung finden wir die Person aber nicht nur in diesem zunächst betrachteten Falle, sondern in jedem möglichen Falle, in dem sie wie immer bestimmt und in der Bestimmung gefaßt werden sollte. Über einen Menschen kann man Aussagen der verschiedensten Art machen, metaphysische, psychologische, charakterologische, biologische, physiologische usw. In solchen Aussagen und Aussagereihen kann sehr vieles darüber enthalten sein, was und wie ein Mensch ist, aber wiederum finden wir dann einen innersten Punkt im Menschen, der in jedem möglichen Falle außerhalb all dessen liegt, was in einer solchen Aussagenreihe bestimmt werden kann. Von diesem Punkte aus kann der Mensch immer anfangen, über die ganze Aussagenreihe nachzudenken, sich dazu zu stellen, etwa die Charakteristiken, mit denen er beschrieben worden ist, zu akzeptieren oder auch sie zu verwerfen. Und daran sehen wir wiederum, daß der Mensch als »Ich denke darüber nach«, »Ich nehme dazu Stellung« immer gerade außerhalb dessen steht, worüber er solchermaßen nachdenkt und wozu er Stellung nimmt. Er, der Mensch, denkt, handelt, spricht, verhält sich von einem Punkte aus, der außerhalb aller möglichen (auch außerhalb aller möglichen richtigen) Bestimmungen liegt. Keine mögliche Bestimmung gibt die den Menschen in seinem innersten Punkte charakterisierende Würde wieder. In diesem Punkte gleiten alle möglichen Begriffe ab wie an einem kristallenen Fels, der jedem Zugriff ins Unangreifbare enthoben ist.

Auch der Mensch in seinem Verhältnis zu sich selbst kann diesen Punkt nicht zu fassen bekommen. Wohl kann ich mich selbst fragen: Was bin ich? Wer bin ich? Ich kann auf diese Fragen auch sinnvolle Antworten finden. Aber: Das, als was ich mich in solchen Antworten begreife, ist das Ich als Begriffenes. Aber das Ich als Begreifendes? Dieses liegt wiederum rückwärts und hinten und kommt nicht in den Griff des Begriffs. Es kann dies gar nicht: denn was immer ich in dieser Sache denken mag, das Denkende als Denkendes bleibt hinter jedem möglichen Gedachten meiner über mich selbst. Es bleibt die Differenz zwischen dem Gedachten und dem Denkenden. Und so wird das Ich als Denkendes, als der Ursprung, aus dem sich alles Denken immerfort erhebt, niemals zum Objekt, und es kann dies nicht werden – ebensowenig zum Objekt meiner selbst wie zum Objekte anderen und fremden Denkens. Wiederum kommen wir in den Bereich des innersten Ursprunges, an dem alle Begriffe abgleiten.[1]

Daß der innerste Ursprung und Quell dessen, was der Mensch ist, als solcher nie Objekt werden kann, gilt nicht bloß für das Denken, es gilt auch für alle anderen Objektivierungsformen des menschlichen Daseins. Zum Beispiel kann der Mensch als Person nicht zum Objekt von Handlungen oder von Maßnahmen werden. Zwar kann man Menschen behandeln, man kann sie Maßnahmen unterwerfen, aber alle derartigen

[1] Vgl. I. Kant, *Kritik der reinen Vernunft* B 131: Das: *Ich denke*, muß alle meine Vorstellungen begleiten *können*; …

Maßnahmen, mit denen ein Mensch etwa zu einer bestimmten Handlung oder zu einer bestimmten Haltung veranlaßt werden soll, können nur so weit führen, daß ein Mensch *sich* überlegt, was ihm zugemutet wird und *sich* dann vielleicht dazu entschließt, der Maßnahme oder dem Befehl oder was es sein mag gemäß zu handeln. Er überlegt *sich* dies, er verhält *sich* dazu, und damit zeigt er wiederum, daß er selbst nicht unter dem Befehl steht. Der innerste Punkt des Ich selbst, des Du selbst steht jeweils darüber und ist auch durch Maßnahmen und Befehle und alle derartigen Objektivierungsformen nicht unmittelbar zu fassen. Das Ich selbst steht frei jenseits aller möglichen Objektivierungsformen als zunächst nur sich selbst gehörender Ursprung, der deswegen immer frei zustimmen oder sich verweigern kann. Befehle und Maßnahmen können ein partnerisches Du auf ihre Seite gewinnen, aber sie können es nicht direkt zum Objekt machen. Man kann die Verhaltensweisen eines Menschen durch psychologische Maßnahmen geeigneter Art oder auch durch Drogen verändern, aber bei alledem, was man so tun kann und auch tut, ergibt sich unentrinnbar eine eigentümliche Alternative. Entweder hat man durch eine solche psychologische oder pharmakologische Veränderung das Verhalten des Menschen in den Griff bekommen, und nun verhält er sich programmgemäß. Aber: Dann verhältst Du Dich nicht, Du überlegst es Dir nicht, Du nimmst nicht Stellung. Dann müssen wir eher sagen: Es handelt, es funktioniert; Deine Reaktionssphären und Reaktionsweisen werden zu Effekten und zu Verlängerungen der von außen angesetzten Maßnahmen, die gleichsam durch Dich hindurchlaufen, aber Dich nicht als Du berühren. Du selbst bleibst ausgeschaltet, Du bist gar nicht im Spiel. Wer darum auf die angedeutete Weise der Reaktionen eines anderen Menschen sicher geworden ist, der weiß noch lange nicht, ob er seines Du selbst sicher ist und was also passieren mag, wenn der Partner als er selbst inmitten der Behandlung, der er unterworfen wurde, eines Tages erwacht und dann anfängt, darüber nachzudenken: Was passiert da an mir? Er weiß nicht, was geschieht, wenn der Partner selbst anfängt, als ein Ich selbst einem Du selbst gegenüber ins Spiel zu treten. Davor bleibt die ganze Behandlung wiederum zurück. Das ist die eine Seite der Alternative.

Und die andere: Es kann natürlich im Zuge einer solchen Behandlung sein, daß meine, des Behandelnden, Maßnahmen im Zusammenhang mit einer Begegnung mit Dir geschehen, und dann habe ich vielleicht mit Dir selbst zu tun. Da wirst dann auch Du Dich verhalten, mir gegenüber und damit auch gegenüber den Maßnahmen, die ich Dir gegenüber entfalte. Indem Du Dich verhältst und aus der Unangreifbarkeit Deines Ich Stellung nimmst zu dem Einfluß der Droge, zu dem psychologischen Druck oder was immer, da erscheinst Du selbst darin, Du stimmst zu, Du protestierst oder was immer. Und darin habe ich dann natürlich mit Dir zu tun, aber darin hat sich im selben Augenblick auch gezeigt, daß Du als Du selbst eben gerade nicht bloß Objekt warst und nicht unter den getroffenen Maßnahmen stehst, wenn auch im Bereiche ihres Einflusses. Vielmehr stehst Du wiederum in der im Kerne nicht angreifbaren Selbständigkeit Deines Ich selbst. Der innerste Kern und Ursprung von Ich und Du geht niemals als Objekt in einem äußeren funktionalen Zusammenhang auf, und er kann dies nicht, nicht aus einer Schwäche, sondern durch seinen ontologischen Rang. Alle derartigen Zusammenhänge gleiten von dem ab, was wir Ich und Du nennen, oder zielen daran vorbei. Der Kern von Ich und Du zeigt, daß er zwar wohl in allen möglichen Zusammenhängen steht, indessen so, daß er allen diesen Zusammenhängen gegenüber auch er selbst bleibt, daß er allen Zusammenhängen gewachsen ist und zugleich draußen bleibt an einem ontologisch und nicht etwa bloß ethisch unangreifbaren Punkte der Freiheit.

Wir versuchen einen zweiten Hinblick. Was sich jedem objektivierenden Zugriff entzieht, was wir also niemals in den Griff bekommen können, das kann seinerseits initium, Anfang eines Ausgriffes sein und uns begegnen.

In dem zunächst freigelegten Raum suchen wir mit dieser Überlegung auf eine positive Weise das zu berühren, was zunächst alle Berührung von sich zu weisen schien. Jegliches Seiende, zu dem wir Du sagen können, hat die merkwürdige Macht, anfangen zu können. Es ist niemals bloßes Resultat von zuvor und außerhalb seiner angefangenen Wirkungszusammenhängen. Wo ein Ich selbst auftaucht einem Du selbst gegenüber, da fängt etwas an. Wesen, zu denen wir Du sagen, haben die Kraft des Ursprungs. Das, was da jeweils anfängt, ist kein schon Angefangenes, es ist auch nicht ein deduzierbarer Fall eines Oberbegriffs, es ist reiner und damit stets und in jedem Falle neuer Anfang, weder von einer äußeren Ursache noch von einem äußeren logischen Bestimmen her schon Angefangenes. Und darum kann man nicht hinter den Anfang zurückgehen auf etwas ihn Bestimmendes, sei es logischer oder ursächlich effektiver Natur. Der Anfang hat in diesem Sinne kein

Woher, das außerhalb seiner läge. Wo ein Mensch als ich selbst einem Du selbst gegenüber auftaucht, da bricht jedesmal aus ungreifbarem Ursprunge etwas auf, und wir spüren dann vielleicht bisweilen die unvergleichliche Frische und Kraft des rein sich selbst besitzenden und auf mich selbst zulaufenden Aufbruches.

Du fängst an als Du, indem Du etwa mich grüßest, mich anrufst und so fort. Darin zeigst Du Dich als Dich selbst besitzender und Dich selbst vollziehender Aufbruch. Du zeigst Dich als Folge Deiner selbst. Aber Folge nicht in dem Sinne, daß diese Folge als das Angefangene von Dir wegliefe und Du selbst hinter ihr zurückbliebest. Wo Du anfängst, mir den Gruß zu entbieten, da bist Du als Anfangender, der eine Folge entspringen läßt, gerade Du selbst. Das Anfangende und das Angefangene schlagen in eins und bleiben eins. Du bist das Beständige, Bleibende, mit sich selbst Identische, sich selbst Besitzende und sich selbst Vollziehende – und zugleich das stets neu Aufbrechende und sich Offenbarende. Du bist das mit Dir Beständige gerade, indem Du stets unvergleichlich anfängst im Aufbruche des Lebens zu mir und zu vielen anderen hin. Indem ich Dir gegenüber Deinen Aufbruch wahrnehme, nehme ich nicht eine außerhalb Deiner liegende Folge wahr, sondern ich nehme, Deinen Gruß wahrnehmend, Dich selbst wahr als mich anrufend, mich grüßend. Ich kann sagen: Du bist darin Dein Anfangen und Dein Anfang. Du bist, was Du bist, indem Du anfängst und damit gerade über das, was Du bist, auch hinausgehst. Bleiben im Wandel, Identität in der Differenzierung. Wir versuchen durch diese dialektische Formulierung auf das Wunder hinzublicken, das es zu sehen gilt: Ich fange an, Du fängst an, Ich als Ich und Du als Du.

Die Folge dieses anfänglichen Charakters von Ich und Du ist es, daß in der Begegnung, in der solches begegnet, immer etwas Neues und Frisches begegnet, dergleichen es noch nie gab und das aus keiner Regel abgeleitet werden kann. Wie viele Regeln und Ursachen auch dabei mitspielen mögen, es ist immer etwas wie eine Schöpfung aus nichts.

Indes geschieht der personale Anfang bei Menschen unbeschadet seiner Ursprünglichkeit immer in einem Medium. Dies ist dann freilich etwas wie ein Anfang vor dem Anfang. Der je Anfangende findet sich für sein Anfangen eingelassen in eine ihn tragende Welt, aus der sich ihm die Möglichkeiten und Weisen seines Anfangenkönnens vorgeben. Ohne diese Vorgabe könnte der Mensch als Person nicht anfangen. Die Welt als Vorgabe ist ihm bereitet, ehe er als er selbst in ihr antritt. So ist sie ihm der Anfang vor seinem Anfang. In dieser Stellung nennen wir die Welt mit Vorzug die Natur des Menschen. Zu dieser vorgegebenen Welt als Natur gehören z.B. die biologischen, aber auch die soziologischen und besonders die sprachlichen Determinanten menschlichen Daseins.

Was aber Du als Du in diesen vielgestaltigen allgemeinen Weltmedien je anfängst, oder wie Du als anfangendes Du darin je bist und Dich offenbarst, das ist doch immer ein Neues. Von daher kommt immer etwas z.B. in die Sprachmelodie hinein, das es noch niemals gab. Und insofern hat dann doch im schon angefangenen Anfang etwas Neues angefangen, das nicht schon war: Du hast angefangen, das war nicht schon da. In all dem vielfach vergleichbaren Material bist Du als Du immer unvergleichlich. Diese Unvergleichlichkeit ist eine Folge der Anfangsmacht und Anfangswürde der Person als Person, des personalen Du als Du.

Schon oft haben Kinder angefangen, eines Tages mit einem ersten ungefügen Wort ihre Mutter zu begrüßen. Es ist immer ungefähr das gleiche. Aber was da einer Mutter entgegenkommt, ist doch als reiner Anfang immer auch etwas völlig Unvergleichliches und Einzigartiges inmitten des Herkömmlichen und Vergleichlichen, das man schon oft auf Erden gehabt hat. Oder: Schon oft haben Liebende freundlich miteinander gesprochen, und es sind immer ungefähr die gleichen Worte, die sie einander zu sagen pflegen. Aber: was im konkreten Falle Du sagst und meinst, das gibt es nur einmal, wie herkömmlich auch die Worte sein mögen, in denen sich dieses Sagen bewegt. Dies ist von Wesen und darum immer etwas Neues und Einzigartiges, und mag es tausendmal schon wiederholt worden sein.

Wegen dieser Unvergleichlichkeit des rein in sich stehenden Anfangs können die Grundkategorien des Personalen: Ich, Du, Wir, niemals sinnvollerweise zu Gattungsbegriffen werden. Eine Person als Person ist niemals der Fall eines Allgemeinen. Als Person ist sie immer ein singulare tantum. Darum kann man Personen als Personen auch nicht zu einer Summe zusammenzählen. Zusammenzählen kann man immer nur das Gleichartige, und so kann man auch Menschen zusammenzählen, insofern sie gleichartige zusammenzählbare Einheiten bilden.

Aber: dabei hat man natürlich davon absehen müssen, daß man je dem einzelnen von ihnen als einem Du begegnen kann, das dann, wenn diese Begegnung stattfindet, immer ein Unvergleichliches ist, demgegenüber das Zusammenzählen keinen Sinn mehr hat.

Von diesen Zusammenhängen her sehen wir noch einmal und auf neue Art den eigentümlichen Zusammenhang des Unverfüglichen der Person mit dem alles umfangenden und alle Vergleiche erlaubenden Medium der Welt. Wie Person in Welt gründet, als in dem ihrem Anfang schon vorausliegenden Anfang, so ist sie auch auf Welt bezogen als den Horizont ihrer Verwirklichung. So realisiert sich die Person in der grundsätzlich allgemeinen Sprache der Welt und in allen anderen Möglichkeitsfeldern, die ihr das Anfangende ihrer Welt je und je entgegenbringt. Es ist immer Person in Welt, unvergleichlich im Vergleichlichen, und anders kann sie nicht wirklich sein. Indem das Unvergleichliche der Person im Vergleichlichen der Welt sich realisiert, erhöht die Person dieses Vergleichliche zu einer sich ihr mitteilenden Unvergleichlichkeit, und sie durchdringt ihre Welt mit dem Glanze ihrer personalen Würde. Aus der allgemeinen Sprache wird der einmalige und einzigartige Spruch und Zuspruch erweckt, und am Allgemeinen der überall offenen Weltmöglichkeiten erwacht der einmalige Klang, den die Person darin anschlagen mag. Indem die Person sich in der Welt realisiert, personalisiert sie diese selber. In der personalisierten Welt wird das Einmalige der Person zugleich allgemein und damit verständlich, und das Allgemeine wird zugleich einmalig und damit voll der humanen Würde.

Wir versuchen einen dritten Hinblick auf das Geheimnis von Ich und Du. Wenn Person negativ etwas Ungreifbares, positiv ein nur sich selbst gehörender Anfang und darum unvergleichlich ist, wenn auch im Vergleichlichen der Welt sich realisierend, so können wir fragen: Wie ist es dann überhaupt möglich, der Person als Person ansichtig zu werden, des Einmaligen und Einzigartigen, das sich auch in der Weltrealisierung als solches durchhält und bewahrt? Zeigt sich nicht immer wieder Person als etwas wie eine kristallene Kugel, zugangslos?

Und doch kann man der Person als Person ansichtig werden, man kann das Du, das personale, zwar nicht formal begreifen, aber man kann seiner in der Begegnung von Ich und Du inne werden. In der Begegnung von Anfang zu Anfang, von Ursprung zu Ursprung, von Freiheit zu Freiheit, quer durch die Weltmedien hindurch ist die Möglichkeit verborgen, des Du inne zu werden, ohne es zu begreifen: Im Sprechen des Grundwortes Du, um die berühmte Formel von Martin Buber zu gebrauchen.

Was das Wort Du in der Begegnung sagt, ist nicht von anderen Begriffen oder Kategorien her zu gewinnen. Wer nicht schon wüßte, was das sagt, dem könnte man es also niemals beibringen und erklären, weniger noch als man einem, der niemals sinnlich sehen konnte, erklären kann, was eine Farbe ist. Man kann einem Menschen das äußere menschliche Antlitz eines Mitmenschen vorzeigen, aber woher weiß er, daß man zu einem solchen Gebilde Du sagen kann? Gewiß nicht von der Konstatierung äußerer Elemente her. Alle äußere Feststellbarkeit ist höchstens conditio sine qua non. Woher wissen wir das Du? Wir wissen es immer schon, wir können diese größte menschliche Kunst, das Du und seine Sprache zu verstehen und selber das Du zu sprechen, von unserem Ursprunge her. Diese Kunst ist unlehrbar. Sie ist gewiß entwikkelbar, aber im Kerne, in der innersten Substanz ist sie unlehrbar. Aber wir sind von unserem ersten Ursprunge her belehrt und darum in die Vertrautheit mit dem Du eingesetzt, aus der heraus wir das Du zu sagen vermögen, aus der heraus wir die Begegnung vermögen und uns darin verstehen können. Wir können in der Begegnung des Du inne werden. Wir stehen eigentlich immer schon in der Begegnung mit dem Du, das man nicht äußerlich sehen und nicht äußerlich erklären und ableiten kann. Jedesmal, wenn ein Mensch einem anderen Menschen wirklich begegnet, ist sofort der Blitz des Kontaktes in der Begegnung möglich und das Sich-verstehen darauf, daß hier Ursprung mit Ursprung, Anfang mit Anfang sich trifft. Welch ein Wunder! In der Begegnung liegt der einzigartige Zugang zum Personalen, zum Du als Du.

Echte Begegnung aber, in der immer das Wunder sich erneuert und das Du als Du in seiner Unvergleichlichkeit berührt wird, ist zwar immer möglich, aber sie gelingt nicht immer und ist so nicht immer wirklich. Sie wird in unserer Welt leicht überspielt und verdrängt und zugedeckt von sachhaften und rationalen Zusammenhängen aller Art. Dies ist möglich, weil sie jedem Du sein Einzigartiges zuspricht in der allgemeinen Sprache der Welt. Indem wir diese Sprache vernehmen und vernehmend immer auch interpretieren, können wir ihr allgemeines Element herrschend sein lassen über das Einzigartige und Unallgemeine, das in ihm spricht, und dies vernachlässigen und bei der aneignenden Interpretation ausfallen lassen. Dies wird vor allem dort sich nahelegen, wo die allgemeinen Sachbezüge in der Welt für das herrschende Verständnis übermächtig geworden sind.

Daß die personale Begegnung gelinge, dazu muß also diese Gefahr gesehen und vermieden werden. Dazu müssen wir lernen, in der allgemeinen Sprache die immer unvergleichliche Sprache des Du und darin dieses selbst zu vernehmen.

Zu solchem Vernehmen, in dem sich die personale Begegnung je ereignen kann, gehört der Respekt des Hörens, das Zuhörenkönnen gegenüber der je anfangshaften Unvergleichlichkeit des Du. Dies also, daß ich meinen immer bereiten und lauernden Zugriff wegnehme, daß ich Dich Dich selbst sein lasse, Deines nur Dir gehörenden Anfangs gewärtig, der keines anderen Anfang und Aufgang ist noch sein kann. Zur personalen Begegnung gehört gleichfalls, daß ich mich exponiere und ins Spiel bringe, daß ich mich nicht schütze und spare vor dem Unausdenklichen jeder Begegnung und damit vor ihrem möglichen Schicksal. Denn zur personalen Begegnung gehört Schicksal als etwas Unableitbares, das in der Berührung geschieht oder doch immer geschehen kann.

Indem ich mich exponiere und darin das Du zu spüren bekomme, bekomme ich zugleich allererst und eigentlich auch mich selbst zu spüren, Ich als Ich Dir gegenüber. Ich werde in der Offenheit der Begegnung, was ich bin, Ich selbst im Angesichte Deiner selbst. Ich werde es in demselben Augenblick, in dem Du für mich geworden bist und immer wieder neu wirst, was Du bist, Du selbst. Beides gehört zusammen und schlägt ins Eine.

Indem ich hörend mich Dir öffne und Dich Dich sein lasse, und indem ich mich ins Spiel bringe und mich Dir exponiere und so allererst ich selbst werde und den Raum möglichen Schicksals eröffne, erfahre ich zugleich, daß dieses alles eins ist, die eine lebendige Wirklichkeit der Begegnung, soweit diese an mir liegt. Denn meine hörende Öffnung auch Dich hin ist schon mein Mich-Exponieren auf Dich hin, und mein Mich-Exponieren ist als solches schon mein Dich-sein-Lassen. Beides das Eine: ich begegne.

Dieses eine: ich begegne, ist aber immer auch schon auch dieses: ich antworte. Denn indem es von mir anfängt, gewahre ich, daß es auch nicht von mir anfängt, daß ich vielmehr hörend immer schon im Wink und Anruf von Dir her stehe, im Wink und Anruf des Du, und daß ich, indem ich mich hörend in diesen Zuspruch einbringe, ihm das Gegenwort als dasselbe wiederum zutrage: Du. Indem ich begegne, spreche ich das Du. Indem ich das Du spreche, antworte ich. Indem ich mich auf das Schicksal der Begegnung einlasse, stehe ich in der Ver-antwortung. In der Ver-antwortung der Begegnung erfahre ich allererst, was das ist, das in keinen Allgemeinbegriff zu fassen ist: Du. Solchermaßen ist Begegnung, Ich und Du, Wir die Stätte der Offenbarung, des Offenbarwerdens dessen, was wir mit dem Worte Person meinen. In der Begegnung geschieht das, was man »Begriff der Person« nennen kann.

Wie verhält sich die Begegnung als die antwortende und ver-antwortende Stätte der Offenbarung der Person zu Welt, so fragen wir jetzt. Wir stellen noch einmal die Frage nach der Welt. Im Verfolg dieser Frage mag es scheinen, als sei dies: Ich und Du, Begegnung, ein Kleines im großen Getriebe der Welt. Genaueres Zusehen vermag uns aber zu zeigen, daß das, was klein scheint, seiner Bedeutung nach so groß ist wie Himmel und Erde, so groß wie die Welt. Für die, die als Ich und Du einander begegnet sind, ist in der Begegnung alles anders geworden. Alles ist für sie nun eingetaucht in die Freude der Begegnung oder in den Schmerz des Zerwürfnisses, des Schicksals, der für sie in der Begegnung liegen mochte. Alles, die Welt also, sieht für sie nun anders aus als vorher. Betrachtet man die Dinge im Lichte der Bedeutsamkeit, dann liegt also nicht so sehr das Ich und Du, die Begegnung, in der Welt, als vielmehr die Welt im Ich und Du. Die Welt ist vom Wesen der Begegnung umfangen, von ihrer Farbe bedeckt und im ganzen Horizonte überleuchtet vom Licht oder vom Schatten, die von der einzigartigen Begegnung sich ausbreiten. Man kann also sagen: In der Begegnung gelingt oder verfällt für Menschen, was für sie Welt ist und im ganzen bedeuten kann. Darin waltet Welt als Welt. Das Ich und Du ist in diesem Sinne so groß wie die ganze Welt.

Noch einmal also taucht die Welt auf als das Bezugsfeld der Person. War sie zuerst der Boden, aus dem sich die Person in ihrer Anfänglichkeit erhebt, und dann das Feld der ihr zugeordneten Realisierung, so erscheint sie jetzt als das von der Bedeutsamkeit des Personalen Umfangene und so als Welt erst für Menschen Durchgebildete.

Mehrfältig also und immer wesentlich sind die Beziehungen des Personalen zur Welt.

Schließlich aber zeigt sich in der Begegnung als der eigentlichen Stätte des Personalen noch ein Höchstes und Wesentlichstes, größer noch als die Welt. Es liegt offenbar im Wesen der personalen Begegnung und kommt also nicht nur zufällig und gelegentlich darin vor. Das, was man den liebenden Kampf und die kämpfende Liebe der Begegnung nennen kann, führt seinem Wesen gemäß in Situationen, in denen unbedingte Treue über alle möglichen Wechselfälle hinweg wie aus der Tiefe als

Anspruch und als Kraft zugleich auftaucht. Der Anspruch ist durch nichts aufwägbar, auch durch die ganze Welt nicht. Er ist größer als die Welt. Er ist unbedingt. Der Anspruch der Unbedingtheit kann auch vernommen werden in einer notwendigen Auseinandersetzung ins Angesicht hinein. Immer wieder erscheint und macht sich vernehmlich der Anspruch des Unbedingten im Schicksal der Begegnung. Im Erscheinen dieses Momentes erreicht die Begegnung erst den ihr wesentlichen personalen und ontologischen Rang und das Schicksal die Würde, die das Opfer möglich macht. Oder: wir sehen das mögliche Glück, das die Begegnung entfalten kann, aber auch das mögliche Scheitern, das sie über Menschen bringen mag. In beiden zeigt sich bisweilen eine Größe, dergegenüber die ganze Welt nichts Entscheidendes bedeutet. Und indem sich diese Größe zeigt, wie selten es auch empirisch geschehen mag, zeigt sich wiederum der personalen Begegnung Glück oder Scheitern erst in ihrer wesentlichen und entscheidenden Dimension. Glück und Scheitern der Begegnung sind größer als die Welt. Sie stehen im Winke des Unbedingten, im Winke der Ewigkeit. Begegnung steht von ihrem Wesen her im Zuspruch der Ewigkeit, sie ist von ihrem Wesen her Antwort und Ver-antwortung auch und gerade unter dem höchsten Wort und Zuspruch. Dies ist die eigentliche Tiefe der Ver-antwortung, die zwischen Ich und Du schwingend diese einander allererst begegnen läßt, und so den Raum der Personalität eröffnet und konstituiert.

Darin deutet sich die theologische Dimension an, die von allem Anfange an und also schon vor aller positiven Theologie zur Personalität als solcher gehört, weil sie zur Begegnung als dem »Begriff« der Personalität gehört, und zwar auf durchaus eigentümliche und für Person und Personalität wesentliche Weise.[a]

Sind Person und personale Begegnung weltvoraussetzend und weltstiftend und also in mehrfachem Sinne welthaft, so ist das Personale zugleich und in einem damit auch und vor allem der Ort des Ereignisses des ewigen Du.

Erst von daher und also von dem im allerhöchsten Sinne Unbegreiflichen her können wir anfangen zu begreifen, was das ist, Person.

Miteinandersein und Transzendenz
(1963)

Wir suchen darüber nachzudenken, was Miteinandersein sei, Miteinandersein von Menschen. Wir fragen: Was ist das: Du und ich? Wir miteinander? Wir fragen nach dem *Und*.

Wir fragen diese Frage aber nicht empirisch, sondern philosophisch. Wir fragen also: Was ist daran das Wesentliche, das, woran alles Faktische zu messen ist? Was liegt dem Miteinander in seinem Wesen eigentlich zugrunde?[a]

1. Um darüber recht nachdenken zu können, müssen wir zuerst sehen lernen, daß dieses, worin wir uns ständig bewegen, das Miteinandersein, etwas Merkwürdiges, vielleicht sogar etwas Wunderbares ist. Wir müssen das Phänomen zuerst vor die Augen des Denkens bekommen, das wir nach seinem Wesen befragen wollen.

Ein Mensch und noch ein Mensch: dies scheint uns leicht eine bloße Addition von zwei Einheiten zu sein: zwei Menschen. Wenn aber: »ein Mensch und noch ein Mensch« sagen will: zwei Menschen, die einander *begegnen,* zwei Menschen, denen die Begegnung gar etwas *bedeutet,* zwei Menschen, die *miteinander* sind, dann sehen wir, daß dies etwas ganz anderes ist als eine bloße Addition zweier Einheiten. Die Addition zählt die Einheiten nur zusammen, verändert sie aber nicht. Das Miteinandersein von Menschen aber verändert die Seinsweise eines jeden von Grund auf und im ganzen gegenüber dem bloßen Einzelsein, falls es dies überhaupt gibt.

Jeder von uns hat schon die Erfahrung gemacht, daß es etwas ganz anderes ist, etwa: allein eine Reise zu machen oder miteinander eine Reise zu machen. In dem letzteren Fall ist *alles* anders gegenüber dem Alleinsein. Die Welt ist anders, und wir selbst sind anders dabei. Wie mich die Landschaften, die Städte, die Menschen ansehen, wie mich die Welt anschaut, wenn wir miteinander gehen: meine ganze Welt ist wie eingetaucht ins Miteinandersein und von ihm im ganzen wie sensibilisiert.

Und ich selber bin anders da in meiner Welt, indem ich je mit Dir da bin, indem wir miteinander sind. Ich bin als gemeint und angegangen von Dir her, ich bin: Dich meinend und Dich angehend, und das ist eine ganz andere, ganz neue Weise da zu sein gegenüber dem bloßen Einzeln-Sein.

Mein In-der-Welt-Sein im ganzen also ist eingetaucht ins Miteinandersein und im ganzen verwandelt in ihm.

Daran sieht man, daß Miteinandersein eine ausgezeichnete Qualität unseres Daseins als In-der-Welt-Sein ist, aber keinesfalls eine bloße Addition von Einzelstücken unseres Daseins. Es ist eine Qualität, die jeden als ihn selbst von Grund auf und im Ganzen seines Daseins in der Welt bestimmt und durchstimmt hinsichtlich seiner Weise, da zu sein.

Diese qualitative Bestimmung des Daseins als Miteinandersein mag im einzelnen empirisch unscheinbar sein. Aber es bedarf nicht sehr vieler Phantasie, um zu sehen, daß in ihr die Möglichkeiten unabsehbarer Schicksale für den Menschen liegen. Begegnung und Miteinander kann Hemmung sein und kann Befreiung sein, kann Glück sein im höchsten menschlichen Sinne und kann Scheitern allen Glückes, Tragik des menschlichen Daseins sein. Was alles können Menschen für Menschen bedeuten! Wie ungeheuer sind die Gänge und Möglichkeiten des Schicksals, die nur im Geheimnis der Begegnung und des Miteinander wurzeln und aus ihm entspringen! Wunderbar, ungeheuer, unheimlich ist, was Miteinandersein für jeden Menschen ist und werden kann. Ungeheuer, wunderbar und unheimlich ist die Qualität des Miteinanderseins, ganz etwas anderes also als bloß quantitative Addition von Mencheneinheiten.

Erst wenn wir dies wenigstens im Umriß und anfänglich zu sehen vermögen, können wir die Frage recht verstehen, der wir hier nachdenken: Was ist das, Miteinandersein? Worin liegt dieser so ausgezeichneten Seinsweise Wesen? Was steckt hinter dem *Und,* dem unscheinbaren Wort, wenn wir es in dieser Stellung sagen: Du und ich?

2. Wir bekommen, dieser Frage nachgehend, wohl zunächst eine Mannigfaltigkeit der unterschiedlichsten Erscheinungen in die Hände. Was Menschen je zusammengefügt zu einem Miteinander und was diesem Miteinander das Wesen gibt, zeigt sich zunächst in vielerlei Gestalten.

Die Familie ist eine solche Gestalt. Oder ein gemeinsam zu wirkendes Werk kann Menschen zu einem Miteinandersein fügen. Oder das Schicksal kann sie lehren zu sagen: wir, die solches getroffen hat. Oder die Kraft einer geistigen, künstlerischen, politischen Idee kann es sein, die Menschen eines Sinnes miteinander macht. Und leicht könnte die Reihe dieser möglichen Gestalten dessen, was Menschen zu einem Miteinander fügt, vermehrt werden.

Zeigen sich in dieser Mannigfaltigkeit irgendwo leitende, fürs Ganze maßgebliche Phänomenfelder, aus denen so etwas wie Wesen, nicht bloß vielfache Faktizität, spricht? Wir suchen Erscheinungsfelder, in denen wir in und hinter dem Vielerlei der Gestalten, die oft ins Zufällige zerstreut sind, vielleicht das eine Wesen des Miteinanderseins gewahren können und dessen wesentliches, alles bemessendes Maß.

Wir suchen solche Erscheinungsfelder in dreifacher Richtung zu durchblicken.

2.1. Bisweilen taucht etwas *Unbedingtes,* wie von selbst, wie von innen und oben erwachsen, als Seele und Geist in der Tiefe eines Miteinanderseins auf. Dann erfahren die Menschen vielleicht, daß sie im Einsatz des Herzens für das Unbedingte der Wahrheit, der Gerechtigkeit, der Freiheit auf eine Weise eines Sinnes sind und werden miteinander, die alle anderen Weisen hinter sich läßt. Wo Menschen im handelnden Vollzug ihres Daseins durchbrechen durch das Gewirre der taktischen Rücksichten und vordergründigen Nützlichkeiten in den Bereich des höheren Gewissens unter dem lebendigen und unbedingten Anruf, der für Menschen in Wahrheit und Gerechtigkeit liegen kann, wo sie spüren, daß sie miteinander unter demselben Anruf stehen, da werden sie eine Bruderschaft des Geistes entdecken, sie verbindend, in welcher der wahre und wesentliche Sinn menschlichen Miteinanderseins allererst für sie hervortritt, im Wesen durch nichts aufzuzwängen und nicht durch Vorteil oder Gefahr zu erschüttern. Dann zeigt sich das Unbedingte als alles Verfügbare und Relative schlechthin überschreitendes, transzendierendes, und darum mit ihm nicht zu verrechnendes. Karl Jaspers hat solche Erscheinungen eindrucksvoll beschrieben.[1]

[1] Vgl. dazu etwa in dem Band «Existenzerhellung« (Berlin 1932) das Kapitel (S. 50 ff.) »Kommunikation«. Karls Jaspers, *Philosophie,* Bd. 2: Existenzerhellung, 4. Aufl., Berlin, Heidelberg, New York 1973, 50–117.

Es kann in der einfachen Freundschaft zweier Menschen eine lebendige Substanz vielleicht nie beredeter Treue namenlos erwachsen, deren Rang und geistige Kraft über alle Bedingtheit hinaus wächst, und sich ihnen als die wesentliche Wahrheit ihres Miteinanderseins offenbart, die Wahrheit, die die ihr zugehörigen Menschen erst ganz eines Herzens und eines Geistes sein läßt, indem sie zugleich einen jeden in die höchste, substanzierteste Freiheit bringt, im Überschreiten und Transzendieren aller endlichen Zwecke.

Das transzendierend Unbedingte erscheint so, wenngleich zunächst nur in den seltenen und hohen Fällen, als die wesentliche Wahrheit des Miteinanderseins. Aber das solchermaßen Seltene ist doch auf eigentümliche Weise das Allgemeine. So nämlich, daß es einen Maßstab aufrichtet vor den Augen der Menschen, der alle angeht und alle denken läßt: so sollte es sein, wenn es freilich leider nicht immer so sein kann. Niemand kann dem Ruf des Unbedingten im Miteinandersein von außen begegnen – im Leben seiner Freunde, im Beispiel von Zeitgenossen, im Wort der Dichtung, die solches erhebt – ohne daß dies nicht in ihm das Maß des Unbedingten zum Erwachen brächte, als Appell seines Wesens, im geistigen Schmerz des Zurückbleibens vielleicht am klarsten zu spüren.

Ist das transzendierende Unbedingte die wahre Seele, das reine Wesen des menschlichen Miteinanderseins überhaupt? Auf was für eine Spur kommen wir da?

2.2. Wir suchen noch andere Phänomenbereiche damit zusammen zu sehen. Statt in die Tiefe blicken wir jetzt in die Weite des menschlichen Miteinanderseins. Wir fragen: Woher kommt es eigentlich, daß Menschen über alles sie vielleicht Trennende hinweg – das Trennende der Interessen, der Zeiten, der Räume, der Kulturen – sich eigentlich doch immer etwas angehen und sich nie so gleichgültig werden können, daß nicht die Gleichgültigkeit selbst noch ein Sichverhalten zueinander, ein Angehen, ein Miteinander wäre? Woher kommt es, daß uns von unserer Natur, von der Wurzel unseres Daseins her daran liegt, eins zu sein mit vielen, vielleicht gar mit allen Menschen? Warum möchten wir immer recht haben und anerkannt sein von den möglichst Vielen, von möglichst allen? Warum schmerzt es uns wahrzunehmen, daß einige – und seien es auch nur wenige – nicht mit uns übereinstimmen, unser Recht und unsere Ziele nicht anerkennen? Warum erscheinen uns unsere Gedanken, unsere Ziele, wo sie kein Echo finden, zwar vielleicht nicht notwendig unwahr oder unrichtig, aber doch als wie im Leeren und Unnützen stehend, ohne den gemäßen Raum ihrer Bedeutung? Warum kommen wir uns selbst da dann wie unnütz vor?

Und umgekehrt: Warum kommen unsere Gedanken, unsere Ziele und unser Dasein selbst mit ihnen ins Strahlen und Leuchten, wo wir den Einklang der Vielen erfahren, wo wir sehen, daß die Zustimmung alle, auch die Äußersten, ergreift, daß im großen und größten Kreis so etwas wie ein Herz und eine Seele entstehen?

Sprechen nicht alle diese Erscheinungen dafür, daß im Wesensgrund des Menschen etwas liegt, was hinsichtlich der Weite *allumfassend* ist? Dieses, daß unser Dasein in der umfassenden Übereinstimmung ins Strahlen kommt, würde dann bezeugen, daß in solcher Übereinstimmung die Wirklichkeit mit dem Wesen (dem, was sein sollte) zur Deckung zu kommen beginnt.

Es scheint, daß das allumfassende Prinzip, das im Grunde des menschlichen Daseins als Miteinandersein waltet, von sich selbst her jede Grenze überschreitet. Wieder kommen wir auf ein Transzendierendes, Überschreitendes schlechthin im Miteinandersein. Wo immer uns jemand widerspräche – er sei an einem fernen Ort oder in einer fernen Zeit –, da ist uns der Gedanke unbehaglich, und wir spüren, daß etwas in uns lebt, das diese Grenze nicht duldet, weil es *überhaupt keine Grenze* duldet. Warum hat der Ruhm eigentlich diesen Antrieb in sich, der ihn immer weiter treibt?

Es lebt etwas *Allumfassendes* und im Allumfassenden jede Grenze Transzendierendes in der Wesenswurzel unseres Miteinanderseins. Es fügt sich zu dem transzendierend *Unbedingten,* das wir zunächst in den Blick bekamen.

2.3. Wir fügen eine dritte Reihe von Beobachtungen hinzu. Das menschliche Miteinandersein hat offenbar aus derselben Wurzel einen Impuls in der Richtung zum *Erhabenen.* Wir haben vom Ruhm gesprochen, dieser eigentümlichen Steigerung des Daseins im Miteinandersein in der Richtung auf Höhe: Die Höhe scheint der Weite zugeordnet und entsprechend. Wo große öffentliche Formen des Miteinanderseins sich kräftig, d.h. ihrer Natur gemäß entfalten, da treffen wir schnell auf Phänomene wie den Glanz der Krone, die Majestät der herrscherlichen Bauten, das Zeremoniell, das die herrschenden Menschen und ihre öffentlichen Handlungen umkleidet, lauter Erscheinungen der Steigerung in der Richtung auf das Erhabene und Feierliche, ja das Sakrale, an den Spitzen des menschlichen Miteinanderseins. Der moderne demokratische Lebensstil mag dem ferner sein als der Stil früherer und anderer Zeiten. Aber auch darin erscheint der Glanz, der von den Spitzen des Miteinanderseins strahlt, das Bedürfnis der Repräsentation, welche die Vergegenwärtigung des Glanzes und der Höhe ist, und das Zeremoniell, die geregelte Feierlichkeit stellt sich doch immer wieder wie von selbst ein.

Was an der Spitze der menschlichen Gesellschaft so immer wieder erscheint als Tendenz zum Erhabenen, ist zwar, gemessen an dem durchschnittlichen Status unseres Daseins, das Außerordentliche. Es hat aber dessen ungeachtet merkwürdige Bezüge mit dem, was, alle angehend, im Ganzen der menschlichen Gemeinschaft lebt. Dies sieht man, wenn man gerade den Sinn der Repräsentation bedenkt, die an den Spitzen der menschlichen Gesellschaft auftritt. Der Sinn ist offenbar: Erscheinen, zur Darstellung, zum Da-sein, Kommen der Macht und Herrlichkeit, der Erhabenheit, und zwar nicht der Erhabenheit dieser *einzelnen* Menschen, vielmehr des *Ganzen*, als dessen Spitze die Einzelnen als die Häupter der Gesellschaft in der Rolle der Repräsentation erscheinen. Deshalb ist die Repräsentation ja auch der Öffentlichkeit zugeordnet, der Öffentlichkeit des Staates, der Gesellschaft, der Kirche. Alle, das Ganze eines umfassenden Miteinanderseins von Menschen, soll darin seine, dieses ganzen Wesens Würde und Hoheit erkennen. Die Repräsentation hat den Sinn: Das Ganze des Miteinanderseins wird darin gegenwärtig, in der Würde seines Wesens.

Daraus darf entnommen werden, daß der Zug zum Erhabenen dem menschlichen Miteinandersein überhaupt und im ganzen zugehört, gerade weil er mit Vorzug an den Spitzen der menschlichen Gemeinschaft erscheint.

Nun treffen wir aber auch in diesem Bereich den transzendierenden Zug wieder. Es scheint, daß die endlichen Möglichkeiten, die Erhabenheit zum Ausdruck zu bringen, nie ganz dem genügen, was das Wesen des menschlichen Miteinanderseins eigentlich verlangt. Darum drängt die Erhabenheit nach immer weiterer Steigerung ihres Ausdrucks, darum ist der faktisch je erreichbare Glanz eigentlich nie groß genug, und dies wird gerade dort am meisten empfunden, wo der Glanz, am Durchschnitt gemessen, sehr groß ist. Dort ist die besorgte Frage am nächsten: ist dies nun alles, was wir vermögen?

Wir spüren in alledem ein Prinzip, das *immer weiter* drängt, das ein immer je Größeres will, das also von innen her alle faktisch endlichen Möglichkeiten überschreitet und transzendiert und über alles nur Relative hinauszielt auf ein in keinem Sinne mehr bloß Relatives an Größe und Erhabenheit.

Wir fassen zusammen: in der Tiefe, in der Weite, in der Höhe, in allen Dimensionen des menschlichen Miteinanderseins macht sich ein Prinzip bemerkbar, das die Grenzen des Endlichen und Relativen im ganzen überschreitet. Man ist geneigt, darauf das Wort Pascals anzuwenden: L'homme passe infiniment l'homme.[b]

Versucht man, dies transzendierende Prinzip, das offenbar im Grunde alles menschlichen Miteinanderseins lebt, von den betrachteten Erscheinungen her zu benennen, so muß es genannt werden: das Unbedingte schlechthin, das Allumfassende schlechthin, das unbedingte Erhabene, die reine Erhabenheit und Höhe schlechthin.

Diese drei Bestimmungen scheinen wie Richtungspfeile. Sie weisen zusammen über das hinaus, was an ihnen unmittelbar faßbar ist, und sie scheinen sich an einem unbegreiflichen Punkte zu vereinigen. Unbedingtes, Allwaltendes, reine Erhabenheit, reines Sein.

Die Richtungen weisen ins Heilige, ins Göttliche, in Gott.

Dort, wo das unscheinbare Und steht: ich *und* Du, da finden wir zuletzt, den wesentlichen Erscheinungen nachgehend, das unsägliche Angesicht. In ihm ist alles verbunden, ist alles eins, was von sich her getrennt und einzeln ist.

Diese Einsicht hat Martin Buber so ausgesprochen: »Die verlängerten Linien der Beziehungen schneiden sich im ewigen Du. Jedes geeinzelte Du ist ein Durchblick zu ihm. Durch jedes geeinzelte Du spricht das Grundwort das ewige an.«[2] Solches zeigt sich schließlich in den Zeichen der Transzendenz im menschlichen Miteinandersein, wenn wir ihnen nachblicken.

3. Diese Transzendenz hat aber sofort eine Konsequenz nach rückwärts, nach den endlichen, immanenten (nicht transzendierenden) Bedingungen der Realisierung des Miteinanderseins in diesem Zeitdasein. Diese Konsequenz muß noch kurz in ihrem Wesen und in ihren Folgen gekennzeichnet werden, wenn wir das ganze Bild der Transzendenz des Miteinanderseins vor Augen haben wollen.

[2] Martin Buber, *Die Schriften über das dialogische Prinzip*, Heidelberg 1954, 76.

Die Konsequenz ist diese: im Faktischen des immanenten endlichen Daseins kann das überall ins Unendliche transzendierende Wesen des menschlichen Miteinanderseins nie rein eingeholt und realisiert werden. Die einholende Erfüllung des Wesens ist im Endlichen nicht erreichbar.

Darum streben Menschen im Miteinandersein und seinen Formen immer über das hinaus, was sie sind und sein können. Darum bleiben sie in dem, was sie faktisch miteinander erreichen, immer hinter dem zurück, was sie erreichen wollen und wonach die alles Endliche überschreitende Stimme ihres Wesens sie ruft. Menschliches Miteinandersein ist in der Endlichkeit des Zeitdaseins nicht vollendbar. Das ist die Konsequenz hinsichtlich der Immanenz, die sich aus dem transzendierenden Wesen des Miteinanderseins ergibt.

Den Menschen können wohl hohe und reine Gestalten gelingen, wie Zeichen und Symbole des Ewigen. Aber das Eigentliche liegt immer darüber hinaus, in den Bereichen, in die nur der Glaube und die Hoffnung gelangen.

Diese immanente Konsequenz des transzendierenden Wesens des menschlichen Miteinanderseins hat als weitere Folge eine tiefe und geheimnisvolle Gefährdung dieses Miteinanderseins.

Das menschliche Miteinandersein steht von seiner transzendierenden Verfassung her und angesichts seiner immanenten Unvollendbarkeit immer in der Versuchung, ungeduldig das real nie ganz Erreichbare und doch ideell nie ganz Verzichtbare sich zu *rauben* mit der Subjektivität seines Willens und es also in die Endlichkeit seines Daseins, wenngleich vergeblich, herbeizuzwingen, also absolut sein zu wollen in der bloßen Versteinerung des Eigenwillens, allmächtig und allumfassend sein zu wollen in der gewalttätigen Ausschaltung jedes anderen Rechtes und Willens, erhaben, gewalttätig, schrecklich sein zu wollen in der phantastischen Steigerung des Herrschaftsanspruches über alles menschliche Maß hinaus.

Wenn der Mensch dieser Gefahr erliegt und also im menschlichen Miteinandersein solches geschieht, dann kommt es in den bösesten Zustand, in einen Zustand, in dem es in seiner Endlichkeit wie entzündet ist von einem fressenden Feuer: Gott gleich sein zu wollen, und es doch nicht zu können, und es gerade deswegen um so gewaltsamer, um so selbstzerstörerischer, um so verzweifelter, um so unglücklicher zu wollen.

Diese Gefahr und Versuchung ist wie der Schatten, den Gott in die

Endlichkeit des Daseins hineinwirft. Der Schatten ist dunkel und wesenlos, aber schrecklich, weil er, wenngleich umgekehrt, die Umrisse dessen zeigt, dessen Schatten er ist, Gottes, der als Krone über allem menschlichen Ich und Du und als Seele in allem menschlichen Ich und Du lebt und selbst in der Abwendung nicht ganz vergessen werden kann.

Ich und Du, Miteinandersein, ist wirklich wunderbar – und unheimlich zugleich, und in beidem zusammen, dem Wunderbaren und dem Unheimlichen, erst recht unendlich wunderbar. Die Zeichen der Transzendenz, die wir darin freizulegen und zu deuten suchten, dürfen uns ehrfürchtig machen und bedenklich zugleich.

Wollen wir diesen zunächst aus einer philosophischen Besinnung gewonnenen Gedanken theologisch, näherhin biblisch ausleuchten, so brauchen wir nur die ersten Seiten des Alten Testamentes aufmerksam zu lesen.

Über die Erschaffung des Menschen lesen wir dort:

»Gott schuf den Menschen in seinem Bilde,
im Bilde Gottes schuf er ihn,
männlich, weiblich schuf er sie.
Gott segnete sie.«

Was ist in solchen Worten gesagt? Es ist gesagt, daß Menschen als Menschen, als Mann und Weib, als Ich und Du (Mann und Weib sind die Grundgestalten des Ich und Du) im Bilde Gottes sind, daß also in ihnen und insbesondere in ihrem Ich und Du die Macht und der Glanz des Bildes Gottes leuchten.

Wenige Zeilen weiter aber ist in dem heiligen Buche gesagt:

»Die Schlange sprach zum Weib:
Sterben, sterben werdet ihr nicht,
sondern Gott ist's bekannt,
daß am Tag, da ihr davon esset, eure Augen sich klären,
und ihr werdet wie Gott, erkennend Gut und Bös.«[3]

[3] Gen 1, 27 f.; 3, 4 f. Übersetzung aus: *Die fünf Bücher der Weisung*, verdeutscht von Martin Buber gemeinsam mit Franz Rosenzweig, Köln, Olten 1954, 11 und 15.

Darin ist gesagt, daß im Bilde und mit dem Bilde Gottes die Menschen nicht nur geschaffen und gesegnet sind. Im Bilde und mit dem Bilde Gottes werden sie auch versucht von der Schlange des Bösen. Und dann wird wie ein Hohn und wie ein Fluch von der bösen Schlange das gesagt, was fast gleich, vorher von Jahwe als Segen gesagt wurde:

»Eure Augen werden sich klären,
und ihr werdet wie Gott,
erkennend Gut und Bös.«

Also: Gottes Bild *über* dem menschlichen Ich und Du: Sein Segen und Seine Krone.

Gottes Bild *unter* dem menschlichen Ich und Du: Seine Schuld und Sein Fluch.

Das ist der bedenkliche Spruch der Heiligen Schrift über dem Geheimnis der Transzendenz des menschlichen Miteinanderseins, dem wir hier nachzudenken suchten.

Logik des Ursprungs und Freiheit der Begegnung (1969)

Im folgenden soll über die Logik des Ursprungs nachgedacht werden. Wenn wir von Ursprung in diesem Zusammenhange sprechen, dann meinen wir produktiven Ursprung. Also nicht ein bloß statisch Erstes, dem statisch ein Zweites und Weiteres zugedacht werden könnte, sondern ein dynamisch Erstes, das als Erstes ein Zweites und Weiteres anfängt oder anfangen kann. Wir denken an den ewigen Ursprung, der die Schöpfung angefangen hat und anfängt. Wir denken auch an den sterblichen Ursprung, an uns selber. An den Menschen, der in seiner Freiheit die Kraft des Ursprungs, des Anfangenkönnens hat, wenn auch auf andere, auf geschöpfliche Weise.

Wenn wir von der Logik des Ursprungs sprechen, dann meinen wir das Wort Logik hier nicht in einem bloß formalen Sinn. Wir wollen vielmehr wirklich vom Ursprung sprechen, von der Sache des Ursprungs und vom Wesen des Ursprungs. Die Logik des Ursprungs denkt dem Logos, das heißt dem Wesen des Ursprungs, nach, dem, was Ursprung wesentlich ist, und dies hinsichtlich der inneren, aus dem Wesen fließenden Ordnungen und Ordnungsverhältnisse. Diese sind mit der Logik des Ursprungs gemeint.

In diesem Sinne über das Wesen des Ursprungs nachdenken setzt voraus, daß das, was wir Ursprung nennen, als solches ein erfahrbares und philosophisch artikulierbares Wesen hat, das nach inneren Ordnungsverhältnissen, eben nach dem, was wir die Logik des Ursprungs nennen, sich entfaltet. Wenn dies richtig ist, dann wird es möglich und geboten sein, das Wesen des Ursprungs phänomenologisch zu erheben, das heißt zum Vorschein zu bringen und in der Analyse des Wesens auseinanderzulegen: die innere Logik, das heißt die innere Gesetzlichkeit des Ursprungs selber. Dies wird der methodische Weg unserer Überlegungen sein müssen.

1. Was also ist Ursprung?, so fragten wir zuerst. Was meint und ruft dieses Wort? Von welchem Wesen ist es ermächtigt?

Das Wort nennt ein Erstes als einen Anfang, eine Arche, ein Primum. Es meint das Erste als Anfang.

Als der Anfang ist der Ursprung etwas, hinter das man nicht zurückkommt. Der Ursprung ist als Anfang kein Abgeleitetes noch Ableitbares. Ein Seiendes, von dem wir sagen, es sei ein Ursprung, mag zwar mancherlei Voraussetzungen haben, aus denen wir es ableiten und verstehen können. Aber auf diese Voraussetzungen blicken wir nicht, wenn wir von ihm als Ursprung sprechen. Im Blick auf diese Voraussetzungen ist es ja auch nicht Ursprung. Es ist vielmehr Ursprung insofern, als es von sich selber her anfängt und nicht bloß Folge ist. Weil Ursprung ein Erstes ist, darum kann das Denken den Ursprung als Ursprung immer nur hinnehmen, aber nicht ableiten. Es kann ihm entgegenblicken und schließlich ihn umkreisen, aber es kann ihn nicht konstruieren, das heißt erklären aus vorausliegenden Elementen.

Solange wir den Menschen reduzieren auf Motive und Triebe oder auf biologische Reaktionssysteme, so lange haben wir ihn nicht als Ursprung erfahren. Erst wo wir spüren, daß er selber von sich her etwas anfängt, können wir die Ursprünglichkeit eines Mitmenschen erfahren. Man könnte sagen: Insofern der Ursprung wesentlich Anfang für das Denken ist, ist er für dieses das reine Wunder. Man kann es mit dem Satze ausdrücken: Der Anfang fängt mit dem Anfang an.

Das Wort Ursprung nennt aber ein Etwas als einen Anfang, der Etwas anfängt. Ist der Anfang ein Erstes, das keine Voraussetzungen hat, so ist er andererseits ein Erstes, das Folgen hat. Ein Anfang, der nichts anfinge, wäre kein Anfang in dem Sinne, in dem wir hier von Ursprung sprechen. Darum gehört zum Anfang die Folge, zum Primum das Secundum, in irgendeinem Sinne.

Und es gehört weiter dazu, daß der Ursprung und Anfang mit seiner Folge durch ein bestimmtes Verhältnis verknüpft ist, nämlich dieses: daß der Anfang die Folge anfängt, hervorbringt und sein läßt. Daß er seine Folge gebiert und gewährt. Eben in diesem Gewähren west das Anfangen des Anfangs, das Springen des Ursprungs: Etwas fängt an, etwas entspringt.

In dieser Hinsicht ist Ursprung nicht bloß Anfang als erstes Moment, er ist zugleich Macht oder Vermögen des tätigen Anfangens. Anfangen ist dann ein geschehender Bezug des Anfanges über sich hinaus.

In den wesentlichen Strukturgesetzen dieses geschehenden Bezuges liegt das, was wir die Logik des Ursprungs nennen.

2. Wenn dies recht gesehen ist, dann liegt eigentlich das ganze Wesen des Ursprungs an diesem Springen, an diesem geschehenden Anfangen. Auch schon ehe der Ursprung angefangen hat, liegt sein Wesen als Ursprung schon daran: auf das Anfangen hin zu sein, Ursprung also des möglichen Anfangs. In diesem Sinne war der Mensch schon Anfang und Ursprung der Sprache, ehe er wirklich sprach. Und Gott ist Gott und als Gott Ursprung auch schon – um humano modo zu sprechen –, ehe er die Welt erschuf.

Wenn das ganze Wesen des Ursprunges am Anfangen liegt, dann haben wir weiter zu fragen: Was meint dies? Was ist: etwas anfangen?

Es heißt, daß der hervorbringende Ursprung etwas hervorbringt und etwas gewährt. Daß er es also hervorgehen läßt und hervorgeleitet aus dem Schoße seiner verborgenen Möglichkeiten ins Offene des eigenen Seins.

Aus demselben als Anfang ins Andere als Angefangenes. Das Hervorbringen wird auch ein Geleiten ins Offene und insofern ein Entbergen sein. Auf Grund der Entbergung wird das Hervorgebrachte für sich im Offenen stehen als das, was es ist, und im Offenen als dieses, was es ist, angetroffen werden können. Und ferner: Das Geschehen des Anfangens, hervorbringend und ins Offene entbergend, wird gewährleisten, daß ist, was ist, und hervorgegangen ist, was hervorging. Das Hervorgegangene wird nun da sein als das, was es wahrhaft ist, und es wird gewahrt sein in dieser seiner Wahrheit von dem her, der es hervorbrachte. Es wird auf Grund dieser Wahrung und Gewährung gegen alle Zweifel sein, was es ist.

Solche Züge: Hervorbringen aus dem Verborgenen, ins Offene geleitend entbergen, im Entbergen wahren und bewahren, solche Züge gehören dazu, daß ein Anfang etwas anfangen lasse.

Behalten wir dies im Auge, so werden wir die eigentümlichen Ordnungsverhältnisse, das heißt die Logik des anfangenlassenden Ursprungs entziffern können.

Es wird zunächst deutlich werden, daß der anfangenlassende Anfang *aus sich heraus* anfangen läßt. Sonst würde er nicht als Sein gewährender Ursprung walten, dann wäre nicht er, der Ursprung, es, der das Angefangene anfing und anfängt.

Wenn er aber aus sich Sein gewährt, dann ist das Gewährte zuerst im

Gewährenden. Denn sonst könnte es das Angefangene nicht aus sich gewähren, und es wäre also nicht dessen Ursprung. Es muß, was aus ihm entsprang und entspringt, zuerst in ihm leben und walten – wir sagen nicht auf welche Weise –, damit es aus ihm entborgen werden kann. Es muß zuerst in ihm geborgen sein, damit es hervorgeleitet werden kann ins Offene des Daseins. Wenn das, was angefangen wurde, sich jenem anfangenlassenden Ursprung verdankt, dann muß es immer schon leben und gelebt haben in dem, dem es sich verdankt.

Ja, man muß noch mehr sagen. Das Angefangene ist nicht nur vordem im Schoß des Anfangenden. Vielmehr auch und gerade im Geschehen des Anfangens und Seingewährens. Das Anfangende, der Ursprung, entfaltet ja sich selbst, sein eigenes Leben, indem er es als das Geschehen des Anfangens entfaltet. Und es ist sein, des Ursprunges, Anfangen, gerade dies, was er anfängt und sein läßt anzufangen. Gerade auch im Hervorgehen und Hervorgegangensein bleibt es das Seine, das des Ursprungs, der ihm Sein gewährte und gewährt. Das heißt aber für das Wesen des Ursprungs: Er bleibt, was er ist, und er ist, was er ist, gerade darin, daß er anfangen läßt, was er nicht ist. Das Anfangen des Anderen ist doch auch nichts anderes, als das, was der anfangenlassende Ursprung ist. Aristoteles nennt, Verhältnisse des menschlichen Wissens und Könnens beschreibend,[1] ein solches Verhältnis: epídosis eis autó, die Zugabe ins Selbe. Es wird etwas dazugegeben, aber es bleibt ein Selbes.

Es muß so sein, denn ein Ursprungsverhältnis ist offensichtlich nur so möglich, daß eine Kontinuität vom Entspringenlassenden zum Entspringenden hinleitet. Sonst würde das Entspringenlassende nicht an ihm und aus ihm der Ursprung des Anderen sein, es würde nicht bis zum Anderen hinreichen, um dessen Sein zu gewähren.

Im Blick auf diesen Zusammenhang ist ersichtlich, daß eine *Analogie* walten müsse, das heißt eine Gleichartigkeit zwischen dem seinsgewährenden Ursprung und dem ins Sein gewährten Entsprungenen. Daß also die Bahn des Seinlassens, des Entspringenlassens und des Gewährens sich in einem Gleichen durchhalte.

Wir gebrauchen hier den geläufigen und zerschlissenen Ausdruck Analogie, so wie ihn Platon an einer Stelle des Phaidon einmal gebraucht.[2] Er schreibt dort: Anà tòn autòn lógon seien die Gebilde der

[1] Aristoteles, *Perì psychês*, B 417 b, 7.

[2] Platon, *Phaidon* 110 d.

unteren Welt in ihrem Glanze eins mit den reinen Ursprüngen. Das anà dürfte an dieser Stelle einen räumlichen Sinn haben[3]. Es soll demgemäß gesagt sein: Das Untere ist eins mit dem Oberen durch den Raum desselben Logos hin. Anà tòn autòn lógon. Lógos ist dann das Raumgewährende selber, das sich von den »oberen« Ursprüngen her zu den unteren hin ausspannt. Denkt man dabei etwa an den Logos als sagende Sage, dann kann man denken: Das Sagen spannt den Raum, in dem das Gesagte als das Wort sich entfaltet in eins mit dem Ursprung des Sagens: Das gesagte Wort ist so anà tòn autòn lógon, durch den Raum desselben Logos hin mit dem Sagenden verbunden.

Will man, auf diesen merkwürdigen Zusammenhang blickend, der Logik des Ursprungs einen Namen geben, so könnte er passend der der Ana-Logik sein.

Diese Ana-Logik kann an menschlichen Ursprungsverhältnissen zur Anschauung gebracht werden. Wo Menschen etwas hervorgehen lassen, etwa in der Weise der künstlerischen Produktivität, da werden solche Menschen ganz in ihrem Produzieren leben, so daß man sagen kann: Diese Menschen *sind* in diesem Augenblick ganz Produzieren. Sie gehen auf im Machen des Werks, im Bilden der Kunst. Ihr lebendig sich entfaltendes Sein geht ganz ein in diese Entfaltung, und es reicht in ihr kontinuierlich hin bis zu dem Anderen ihrer, dem Werk, das Zug um Zug aus ihren Gedanken und aus ihrer Kunst hervorgeht. Auf Grund dieser Kontinuierlichkeit wird das hervorgehende und dann hervorgegangene Werk sein, was es in den Gedanken des Wirkenden war und ist. Es wird durch den Raum desselben Logos hin mit ihm verbunden sein. Es wird als Werk den Gedanken und der Kunst des Wirkenden gleichsehen. Und dies um so mehr, je vollkommener und ursprünglicher die entspringenlassende Kunst waltete und tätig war. Es wird am Ende im Offenen dastehen, was vorher im Geist und im Herzen lebte: das gleiche, aber nun ins Offene entborgen, geleitet und gewährt.

Zur Ana-Logik des Ursprungs als der grundlegenden und umfassenden logischen Struktur tritt aber, diese modifizierend, ein anderes Strukturelement hinzu. Wir können es die Heterologik des Ursprungs nennen. Damit kommen wir auf die andere Seite derselben Sache.

Denn der entspringenlassende Ursprung wird zwar sein Gleiches ent-

[3] Vgl. dazu W. Pape, *Griechisch-deutsches Handwörterbuch*, Bd. 1, 3. Nachdruck 1954, 179.

springen und hervorgehen lassen, jedoch als sein Anderes, als sein Heteron. Es liegt ja gleichfalls im Wesen des Ursprungs, etwas entspringen zu lassen. In dem »ent« liegt das Aufbrechen einer Differenz, einer Unterscheidung. Das Entspringende tritt, indem es entspringt, in Abstand zu seinem es sein lassenden Anfang. Es *muß* so in Abstand zu ihm treten, daß es als das Andere des Anfangs erscheine. Wiewohl es in der Gleichheit des Logos bleiben muß, wird es diese Gleichheit doch in der Andersheit seines Status bewähren.

Um auch dies am einfachen menschlichen Beispiel zu zeigen: Der Gedanke, der im Herzen aufsteigt, ist zwar seinem Logos nach der gleiche wie der, der in den ausgesprochenen Worten sich offenbart. Aber die hörbaren Worte unterscheiden sich doch auch von den Gedanken des Herzens. Sie haben nicht mehr den Seinsmodus der Innerlichkeit, sondern der Äußerlichkeit, und zwar einer ganz bestimmten, nämlich der sprachlichen Äußerung für Hörer. Sie haben in dem zu hörenden Wort einen Status, den sie in der unhörbaren Innerlichkeit des Herzens nicht hatten. Der Logos, der verlautende Sinn, ist zwar derselbe innen wie außen. Es wird gesagt, was gedacht wird. Aber der Modus, in dem dieser Sinn je erscheint, der Status, worin er als derselbe steht und sich bewegt, ist doch verschieden.

Freilich darf dazu bemerkt werden, daß diese Andersheit zuerst antizipiert und dann getragen und umfangen ist von der Gleichheit. Die Gedanken des Herzens sind schon zum voraus auf Sprechen hin entworfen und gedacht. Und indem sie sich nach außen entfalten, sind sie zugleich das sich entfaltende Denken selbst, also dasselbe, aus dem sie entspringen. Die Ana-Logik erweist sich darin als die grundlegende und umfassende Struktur, grundlegender als die Heterologik. Aber diese gehört doch notwendig dazu.

Die Heterologik des Ursprungs entfaltet sich in einer Mehrzahl von Momenten.

Das Erste und Grundlegende ist das Moment der reinen Andersheit, dergemäß das Entspringende ein anderes ist als das Entspringenlassende und umgekehrt. Der Ursprung ist Ursprung, indem er etwas als sein Anderes entspringen läßt, und indem er eben dadurch die Andersheit als solche entspringen läßt, das zweite unergründliche Wunder nach dem ersten, dem Anfangen des Anfangens.

Die Andersheit des Anderen bringt weiterhin gemäß der Heterologik des Ursprungs einen anderen Seinsmodus des Entsprungenen gegenüber dem Entspringenlassenden mit sich. Im Ursprung selber ist Sein anfänglich und gewährend, im Entsprungenen ist es als Folge, als Empfangenes, als Gewährtes. Sein als Empfangenes ist aber eine andere Weise des Seins gegenüber der reinen Anfänglichkeit des Seins. Es tritt ein neuer Modus des Seins auf.

Ein drittes und besonders bedeutungsvolles Moment in der wesensnotwendigen Heterologik und damit Logik des Ursprungs ist dieses, daß das Sein als Anfängliches, sich Gewährendes, hinsichtlich seines Gehaltes das je Reichere und übertreffende ist und sein muß gegenüber dem Sein als Folge und als sich Empfangendes. Der entspringenlassende Ursprung würde aufhören, Ursprung zu sein und entspringen zu lassen, wenn er einfach in seiner Folge aufginge und in sie verschwände und also dann nicht mehr anfangen könnte. Insofern der Ursprung Ursprung ist, kann er immer noch und immer wieder anfangen. Er erschöpft sich nicht in der Folge, in dem Entsprungenen. Dieses aber erschöpft sich in seinem Entsprungensein, es ist nichts weiter als dies. Im schöpferischen Künstler ist der Quell immer lebendig, im Werk ist nur eine seiner Möglichkeiten niedergelegt. Der Ursprung ist das je an Sein Reichere und übertreffende, eigentlich Unerschöpfliche, das Entsprungene ist das an Sein Ärmere, das in eine Möglichkeit Geschaffene, das immer übertroffene.

Darum ist die Andersheit des Entsprungenen immer und notwendig auch Minderung, Abstieg vom je Reicheren zum Geringeren und Vereinzelteren.

Dies sind notwendige Entfaltungsmodi der Heterologik, die als das zweite Element die Ana-Logik als das erste und grundlegende Moment in der Logik des Ursprungs bestimmen.

So ist schließlich die Logik des Ursprungs die Logik einer heterologen Analogie. Das Entspringenlassen ergeht sich und ereignet sich in dem einen Logos, jedoch so, daß sich die Einheit des Logos in die Andersheit wendet, ohne deswegen die Einheit zu verlieren. Eben darin, in der Wendung desselben ins Andere unter Wahrung der Selbigkeit, liegt das Springen des Sprungs, das Strukturgesetz oder die Logik des Anfangens, also dessen, was den Anfang zum Anfang macht.

Nikolaus der Cusaner sagt dies in seinem kleinen Dialog »Ignota De Sapientia« in einem Modell.[4] Er spricht von den Zahlen und bemerkt, die

[4] Nikolaus von Kues, *Werke* (Neuausgabe des Staßburger Drucks von 1488), hg. von Paul Wilpert, Berlin 1967, Bd. I, 5–6, 218.

Einheit als Ursprung oder Principium aller Zahlen sei selber keine Zahl. Er meint mit dieser Einheit nicht die Zahl Eins als Quantum, sondern die Einheit als Prinzip oder als das, was eine Eins oder auch jede andere Zahl zu einer Einheit macht, »per quod, ex quo, et in quo omne numerabile numeratur«. Von diesem Prinzip oder Ursprung der Zahlen sagt er weiter: es sei ganz gleich allen Zahlen, denn: »Unum est unum semel, et duo est unum bis, et tria unum ter et sic deinceps.« Dies ist die Ana-Logik. Der Cusaner fügt aber hinzu, das Prinzip sei auch ganz ungleich allen Zahlen. Denn keine der Zahlen sei reine Einheit, reines Prinzip, und dieses sei von den einzelnen Zahlen aus unerreichbar: »Non est numero attingibile.« Dies ist die Seite der Heterologik des Ursprungs.

3. Diese merkwürdige, dialektische Logik des Ursprungs hat Konsequenzen für unser menschliches Vermögen, Ursprünge zu erkennen. Damit kommen wir auf die Logik des *Erkennens* von Ursprüngen.

Wir gehen dazu noch einmal auf die zwei entscheidenden Fälle von Ursprung ein, die wir schon genannt haben, auf den Menschen als den entsprungenen Ursprung und auf Gott als den unentsprungenen Ursprung aller Ursprünge.

Wie erkennen wir den Menschen? Wir sehen, was er sagt und was er tut, das heißt, was er tätig entspringen läßt. In dem, was er so sagt und tut, erkennen wir aber nicht nur das Gesagte und Getane, das Wort und die Tat, sondern auch ihn, den Sagenden und Handelnden selber. Wir erfahren, wie er ist. Denn in dem Entsprungenen lebt der Ursprung anà tòn autòn lógon, gemäß der Ana-Logik des Ursprungs. Der Logos des Entspringenlassenden ist im Entsprungenen offenbar, es ist derselbe Logos.

Wir erkennen den Ursprung, jedoch nicht so, wie dieser in sich selber ist. Niemand kann in sein partnerisches Du wirklich hineinsehen. Die partnerische, mitmenschliche Ursprünglichkeit in der ihr eigenen Weise zu sein, ist uns, den Begegnenden, entzogen und bleibt das Andere, gemäß der Heterologik des Ursprungs. So gesehen, ist das Du immer das Andere, immer das Anfängliche und auch immer das übertreffende gegenüber allen Worten und Gedanken.

So können wir unsere Mitmenschen, die Ursprünge, denen wir begegnen, zwar erkennen in ihrer Art, in ihrem Logos, aber in ihrer eigenen Ursprünglichkeit können wir sie nur anerkennen und in der Begegnung berühren, ohne sie gegenständlich zu wissen zu bekommen. Wenn wir

»anerkennen« sagen, dann denken wir, was dieses Wort sagt. Wir denken *an* das Geheimnis der Ursprünglichkeit hin, jedoch ohne es zu fassen, und wir sind so *an*erkennend dessen inne, ohne es begrifflich und gegenständlich vor uns zu haben.

Etwas Vergleichbares können wir im Blick auf den ewigen Ursprung sagen. Wir können ihn erkennen, wir können seine Handschrift lesen in den Bildern der Welt und in den Wundern des Menschenherzens. Aus alledem spricht sich der Logos des ewigen Ursprungs zu, seine Weise, Sein gewährend zu leben. Wir können der Ana-Logik gemäß die Analogie lesen und in ihr den ewigen Ursprung.

Aber wir können seiner nicht habhaft werden, wir können keinen Einblick darein nehmen, wie dies in dem unsäglichen Ursprung ist und waltet. Da ist er der ganz Andere, da ist die Heterologik. Da können wir wiederum nur anerkennen, das heißt anbeten, und im anerkennenden Gebet das Geheimnis berühren, ohne es zu wissen, das heißt, ohne es als Geheimnis aufzulösen. Von diesem berührenden, aber nicht begreifenden Denken spricht Thomas von Aquin einmal, in der Theologischen Summe I, 12, 7.

Dies ist die Logik unseres angemessenen Wissens um den ewigen Ursprung. Sie ist docta ignorantia, um es noch einmal mit dem Cusaner zu sagen. So kann eine recht verstandene Logik des Ursprungs dem Menschen helfen, seinen eigenen Logos recht zu verstehen, das heißt, sie kann ihm Mut machen zu erkennen, was er erkennen kann, aber im Leben des Erkennens das je Größere nicht zu vergessen, das An-Erkennen der Begegnung, des Glaubens, der Anbetung vor dem je Größeren, das ihn und sein Erkennen erst in die Ursprünge bringt, in die eigenen und schließlich in den ewigen Ursprung und damit in sein Höchstes.

Wir fügen diesem Gedanken noch eine kurze Schlußbemerkung hinzu. Mit ihr soll auf die ökumenische Bedeutung dieses Gedankens hingewiesen werden.

Man mag sich fragen, was eine scheinbar so abstrakte Überlegung zum ökumenischen Gedanken beitragen könne.

Aber sie kann uns doch wohl helfen, zu den Menschen ein rechtes Verhältnis zu haben, von denen wir uns im Bekenntnis getrennt finden. Das Bekenntnis, das sind die Worte, in denen Menschen ihren Glauben fassen. In ihnen finden wir der Mitmenschen Glauben gemäß der Analogie. Über den im Bekenntnis geäußerten Glauben muß man reden, und zuweilen, leider, muß man darüber streiten. Aber nach der Heterologie des Ursprungs ist hinter allen Worten des Glaubens das ursprüngliche Du unserer Mitmenschen. Das können und sollen wir anerkennen, in seiner Freiheit, in seiner Ursprünglichkeit, in seiner unverfügbaren Würde. Da gibt es nichts zu verrechnen oder verfügend zu wissen. Denken wir daran, so öffnet uns dies den Raum der Begegnung über alle Unterschiede der Worte und Bekenntnisse.

Und dann im Blick auf den anderen und größeren Ursprung, den göttlichen: Wir können und dürfen ihn mit menschlichen und geschöpflichen Worten nennen gemäß der Analogie. Dabei aber können sich die Weisen des Nennens und des nennenden Denkens unter Menschen verwirren, und sie können auch in Streit kommen. Bedenken wir aber gemäß der Heterologie, daß wir den ewigen Ursprung in sich selber nie begreifen und in seiner Unbegreiflichkeit nur berühren und anbeten können, dann verliert der Streit an Gewicht und Schärfe. Gebe Er, von dem alles kommt, daß er eines Tages ganz versinke.

Natürlich ist damit noch lange nicht alles und schon gar nicht das Entscheidende zur Lösung der ökumenischen Frage gesagt. Es ist nur ein geringer Beitrag, und es mag scheinen, daß er sehr von der Peripherie her komme. Aber ein Beitrag wird es doch sein. Er mag in seiner Bescheidenheit sein eigenes Gewicht haben.

Person und Welt
Überlegungen zur Stellung der Person in der modernen Gesellschaft (1980)

Den folgenden Überlegungen liegt die Beobachtung zugrunde, daß der Zusammenhang, der in dem Titel Person und Welt nur angedeutet ist, sich im Lauf der Geschichte und besonders in der Entwicklung der modernen Gesellschaft grundlegend geändert hat.

1. Geschichtliche Vorüberlegung

Um diese Veränderung zu sehen, gebe ich zuerst einige Kontrastbeispiele aus älteren und anderen Gesellschaften.

Ein gebildeter Afrikaner berichtet, daß einer seiner Landsleute von der Goldküste aus der Gemeinschaft, aus dem Clan, ausgestoßen wurde, weil er – im Unterschied zu den anderen – ein Christ wurde. Dies hatte für ihn die Folge, daß er nun plötzlich ein einzelner war, ein Individuum. Dies aber, ein einzelner oder ein Individuum zu sein, hielt er menschlich und physisch nicht aus. Er starb nach kurzer Zeit.

Ähnliches wird von Missionaren aus Bali berichtet. Christ werden können nur Clanzusammenhänge, daß heißt Dörfer als Großfamilien, und diese nur als ganzes, alles andere geht überhaupt nicht.

Analoges wird auch vom harten Leben der Beduinen im vorderen Orient berichtet. Der Clanzusammenhang ist die Bedingung der Möglichkeit des Lebens, und was ein einzelnes Mitglied angeht, geht ganz von selber auch alle an und umgekehrt. Darum sind Heiraten zum Beispiel nur möglich unter Zustimmung des ganzen Clans. Das gibt natürlich Spannungen, aber dieses System hat lange und unter harten Bedingungen relativ gut funktioniert.

Von daher kann man auch verstehen, daß die Christianisierung der germanischen Völker grundsätzlich nur als Christianisierung ganzer Stämme möglich war, und zwar von dem Fürsten als dem Clanoberhaupt her. Man braucht dafür nur an die Rolle Chlodwigs für die Christianisierung der Franken und an die Rolle Widukinds für die Christianisierung der Sachsen zu denken.

Und was bedeutet es, daß man in der japanischen Sprache das Satzsubjekt überhaupt weglassen kann, entsprechend der Tatsache, daß dort das Subjekt sich möglichst aufhebt in die Begegnung mit den anderen und also in die Beziehung, was die Grundlage der japanischen Höflichkeit ist?[1]

Was bedeutet es, daß Kinder wirklich nicht lebensfähig sind außerhalb der Beziehung zu der ganz bestimmten Bezugsperson, der Mutter? Kinder *sind* diese Beziehung, dieser Zusammenhang.

Wenn man ein wenig in der Bibel, sei es des Alten oder des Neuen Testaments aufmerksam liest, dann sieht man auch dort sehr viele Bestätigungen dieses grundsätzlichen Zusammengehörens von Menschen jenseits des Individualismus.

Dies alles weist uns darauf hin, daß die Menschen nicht von Natur aus Individuen, das heißt je einzelne, sind. Sie sind von Natur aus vielmehr Gemeinschaften, in der alle alle angehen – so, daß dieses grundsätzliche Miteinandersein, dieses Leben als Clan, als Großfamilie und gerade nicht als je einzelner, die Bedingung des Lebens überhaupt ist.

Individuen, das heißt je einzelne, sind die Menschen erst geworden durch eine keineswegs selbstverständliche geschichtliche Entwicklung. Und sie sind es überdies niemals ganz geworden. Der alte Grund des mitmenschlichen Zusammenhangs ist immer noch spürbar als der Untergrund und als das nicht ganz zu zerstörende Lebensprinzip der individualisierten modernen Gesellschaft.

Diese Individualisation, dieses Zerfallen der Gemeinschaft in Individuen, ist als ein großes, wichtiges Ereignis in der neueren Geschichte zu betrachten. Der erste deutliche Stoß dieses Vorgangs in Europa vollzog sich in der Renaissance. Man muß sich ja fragen, warum erst vom 15. Jahrhundert an bei uns, etwa in Italien, einzelne Namen einzelner Künstler auftauchen, während vorher die Namen der genialen Baumei-

[1] Vgl. dazu Hans Waldenfels, Anmerkung zum Gespräch der Christenheit mit der nichtchristlichen Welt, in: *Kirche in der außerchristlichen Welt*, hg. von der Kath. Akademie in Bayern, Regensburg 1967, 95–141, bes. 108 ff. und 134 ff. Dazu auch: Cyrill von Korvin-Krasinski, Die west-östliche Transzendenz- und Immanenzfrage, in: *Der Religionswandel unserer Zeit im Spiegel der Religionswissenschaft*, hg. von Gunther Stephenson, Darmstadt 1976, 188 ff., bes. 196 ff.

ster großer Kathedralen offenbar keine besondere Rolle spielen. In dieser Zeit tauchen also einzelne Namen, einzelne Persönlichkeiten auf, Künstler, Fürsten, Herren als je einzelne Individuen, nun gibt es erstmals seit der Zeit des klassischen Rom wieder Porträts einzelner Menschen, die wir im ganzen Mittelalter kaum kennen. Das sind Zeichen dafür, daß sich etwas sehr Grundsätzliches zu ändern begonnen hat in der Verfassung und in der Grundbefindlichkeit der Menschen in der Welt.

Wobei wir freilich beobachten können, daß diese beginnende Individualisierung in der Renaissance parallel geht mit einer starken Clanbindung gerade der großen und mächtigen Familien, am deutlichsten im damals führenden Italien zu beobachten. Dies ist ja der Hintergrund des fürstlichen Nepotismus dieser Zeit. Er zeigt, daß die alte menschliche Verfassung als Untergrund und Hintergrund der neuen Entwicklung erhalten bleibt.

Machen wir von da aus einen Sprung zu unserer modernen Gesellschaft, um im Kontrast deutlicher zu sehen, wie es in ihr mit der Stellung der Person in der Welt steht. Und beobachten wir besonders die führenden Tendenzen und die Leitbilder, die wir teils begrüßen und teils fürchten, die aber jedenfalls mächtig sind.

Wir können beobachten, daß im ganzen europäisch-amerikanischen Raum, im deutschen vielleicht noch mehr als anderwärts, die Menschen daran sind, eine Massengesellschaft zu werden, in der sich die Ligaturen, das heißt die tragfähigen Bindungen der einzelnen an die anderen und an ihre Gruppe, weitgehend auflösen oder irrelevant werden. Die einzelnen drohen damit zu gesellschaftlichen Atomen zu werden, die zwar mit Hilfe ihrer Kennziffer perfekt verwaltet werden können in einem im ganzen anonymen Verwaltungssystem, das nur aufs Funktionieren eingestellt ist, so daß die Gefahr besteht, daß jeder nur noch im Rahmen eines solchen umgreifenden Funktionsrahmens seine Rolle zu spielen hat. Dies ist das eine.

Das andere aber ist, daß wir zu spüren beginnen, daß dies ein sehr unbefriedigender Zustand ist. Und daß die Angst anwächst, er könne in dieser Richtung weiter um sich greifen. Die Dokumente des Mißbehagens über diesen Zustand kann man mit Herbert Marcuses Anklage gegen den eindimensionalen Menschen beginnen lassen.[2] Man kann dafür

[2] Herbert Marcuse, *Der eindimensionale Mensch. Studien zur Ideologie der fortgeschrittenen Industriegesellschaft*, Neuwied-Berlin, 3. Aufl. 1968. [Ders., *Der eindimensionale*

auch auf die Jugendrevolte der späten sechziger Jahre hinweisen und etwa auf die Attraktivität der sogenannten Jugendreligionen mit ihrer überstarken Gruppenbindung und auf weitere vergleichbare Erscheinungen.

Vor dem Hintergrund einer langen Geschichte und merkwürdiger und höchst zweideutiger Erfahrungen mit unserer gegenwärtigen Gesellschaft können wir also jedenfalls sagen: Der Mensch als Individuum zeigt nicht das ursprüngliche Verständnis des Menschen. Und wo der Individualismus sich extrem entwickelt, wie in unserer Gesellschaft, treten infolgedessen Spannungen und ein verbreitetes Mißbehagen auf.

Diese geschichtliche Erfahrung belehrt uns darüber, daß, was immer der Begriff »Person« meinen sollte, er jedenfalls nicht identifiziert werden darf mit dem Begriff des Individuums.

2. Was ist eigentlich eine Person?

Was können wir also unter Person verstehen? So fragen wir uns zunächst ganz unbefangen. Wir setzen keinen Begriff und auch keine Definition dessen voraus, was Person heißen solle. Wir verwenden den Titel nur als einen zunächst noch undeutlichen, aber doch in eine Richtung weisenden Titel. Und wir versuchen, diese näher zu bestimmen. Wir gehen dabei so vor, daß wir zunächst auf einige sprachliche Eigentümlichkeiten und deren phänomenologisch aufklärbaren Hintergrund aufmerksam machen.

Die sprachliche Eigentümlichkeit, von der wir ausgehen wollen, ist der Gebrauch des Wortes »ich« in unserer Sprache. Ist Person vielleicht das, was wir mit dem Wort »ich« im Gebrauch unserer Sprache meinen?

Wo dieses Wort »ich« in der Sprache auftaucht, taucht es immer im Zusammenhang mit ganzen Sätzen auf, nie also für sich allein. In Sätzen wie: »Ich denke etwas, ich höre dir zu, ich rufe dich an« usw. Es ist sehr des Bedenkens würdig, daß dieses Wort »ich« jedenfalls in der Normalsprache nur in solchen Wortverbindungen oder Sätzen, aber nie für sich allein vorkommt.

Philosophen sprechen zwar häufig von »*dem* Ich«. Aber dies ist eine

Mensch. Studien zur Ideologie der fortgeschrittenen Industriegesellschaft (= Schriften, Bd. 7), Neuwied 1989.]

metasprachliche Reflexion. Sie nimmt das Wort »ich« aus dem tatsächlichen Gebrauch heraus.[3]

Auf was deutet es aber, wenn es in solchen Sätzen vorkommt? Es deutet auf etwas, von dem man zunächst nur negativ sagen kann: Es läßt sich nicht objektivieren, weder von anderen noch von mir selber. Das merkt man sofort, wenn man den Versuch der Objektivierung macht, was ja laufend geschieht, und wenn man dann genau achtgibt, was dabei vor sich geht.

Andere objektivieren mich bisweilen, zum Beispiel ein Arzt oder ein Psychiater oder gar ein Philosoph. Der Arzt oder der Psychiater sagt vielleicht zu mir: Mit Ihnen steht es so und so, Sie sind eben so, ich habe es objektiv festgestellt. Und was geschieht dann weiter? Dann frage ich vielleicht: Ist es wirklich so? Und vielleicht bezweifle ich es. Mindestens kann ich demgegenüber Fragen stellen, und gerade daran sehen wir: Das, was »ich« nennt (in dem Satz: »ich bezweifle es«), ist gar nicht *in* der objektiven Feststellung getroffen oder gar von ihr eingefangen. Denn es steht ja offenbar dieser Feststellung *gegenüber,* als ihr anderes, und kann aus dieser Gegenüberstellung immer *dazu* (nämlich zu dieser Objektivierung als ihrem anderen) Stellung nehmen. Mit anderen Worten: Die Objektivierung ist an dem, was das Wort »ich« meint, abgeglitten und ins Gegenüber geraten.

Und wenn ein Philosoph eine Definition dessen geben will, was eine Person ist, und wenn er dabei das meinen sollte, was das Wort »ich« im Gebrauch meint, wie geht es dann zu? Denken wir etwa an die berühmte Definition des Boethius: »Persona est naturae rationalis individua substantia.«[4] Dies ist eine sehr tiefsinnige Definition, die es in vielerlei Hinsicht in sich hat. Aber auch in diesem Falle werden wir Fragen zu stellen haben. Wir werden fragen: Was soll ich davon denken? Und schon die Möglichkeit solcher Fragen zeigt wiederum, daß *ich* dieser Definition wieder *gegenüber*stehe und sie mir gegenübersteht. So bin ich ihr gegenüber frei, *zu ihr* Stellung zu nehmen, und so gerade nicht von ihr eingefangen und durch sie festgelegt. Vielleicht können wir auch sagen: Ich

[3] Dies ist neuerdings von Susanne Fromm im Blick auf Kant und namentlich auf Wittgenstein näher untersucht worden. Vgl. Susanne Fromm, *Wittgensteins Erkenntnisspiele kontra Kants Erkenntnislehre* (= Symposion, Bd. 61), Freiburg/Br., München 1979.

[4] In: De duabus naturis (PL 64, 1343).

bin ihr gegenüber in jedem Fall Subjekt und in keinem Fall Objekt. Die versuchte Objektivierung ist also auch im Fall einer so tiefsinnigen Definition nicht gelungen, und sie kann nie gelingen.

Und darum gelingt sie auch nicht mir selbst gegenüber. Ich kann zwar natürlich auch mir selbst gegenüber denken: Ich bin der und der und so und so und das und das. Aber auch dann ist das, was ich in dieser Weise denke, also das Objekt solcher Sätze meiner über mich selber, doch immer noch unterschieden von mir, *der* ich sie denke. Und dieser Unterschied läßt sich schlechterdings nicht objektivierend einholen. Dieses »Ich« steht immer noch ungreifbar und uneinholbar hinter alldem.

Es ist der objektiv unfaßbare Punkt. Und das Wort »Punkt« ist in diesem Zusammenhang auch nur eine Chiffre für das, was von der Objektwelt her gesehen das völlig Dimensionslose und damit Unfaßbare ist.

Aber dieser »Punkt« ist zugleich der *Brennpunkt der Freiheit.* Freiheit zunächst in einem negativen Sinn. Er ist frei von allen möglichen Objektivierungen und steht ihnen allen gegenüber. Frei aber auch im Sinne des Ursprungs. In ihm laufen, wenn wir in dem geometrischen Bild bleiben wollen, alle Lichtstrahlen unseres Daseins zusammen und gehen auch wiederum von ihm aus. Er ist reiner Ursprung. Als reiner Ursprung ist er auch immer das Unvergleichliche, das mit keinem Objekt vergleichbar ist und das immer neu ist. Er ist nie ein schon Angefangenes, er ist immer reiner Anfang.[5] Und der »Punkt« ist voll von unvergleichlichen Möglichkeiten oder Potentialen, und darin liegt seine Würde.

3. Brennpunkt der Freiheit

Dieser Brennpunkt der Freiheit, den wir berühren, wenn wir »ich« sagen, ist für sich allein nichts. Er ist aber auch sozusagen »alles«, insofern er alle Strahlen in sich sammelt und sie verwandelt wieder aussendet. Oder anders ausgedrückt: Dieses »Ich« lebt als Mittelpunkt eines vieldimensionalen Beziehungsgefüges. Oder wenn wir die Formel des frühen Heidegger dafür verwenden wollen: Es lebt als »In-der-Welt-Sein«. Wobei dieses

[5] Vgl. dazu meine Aufsätze »Zum Begriff der Person« und »Logik des Ursprungs und Freiheit der Begegnung«, in: *Zeit und Geheimnis, Philosophische Abhandlungen zur Sache Gottes in der Zeit der Welt,* Freiburg, Basel, Wien 1975, 41–52 und 53–62. [Vgl. S. 140–150 und S. 161–170 dieses Bandes.]

»In-Sein« nicht verstanden werden darf als bloßes Vorhandensein unter anderen vorhandenen Dingen. Vielmehr als ein lebendiges Geschehen von Beziehungen, welches Geschehen wir selber *sind,* indem wir es vollziehen.

Wenn ich zu Zuhörern spreche, dann *sind* diese Zuhörer, indem sie auf mich achten, »mir zuhören«. Sie sind lebendig diese Beziehung »zu mir«, die wir »Zuhören« nennen. Und ich selber als in diesem Falle Sprechender komme vor und hervor im Raume dessen, was meine Hörer aktuell sind. Und so sind sie mehr, viel mehr als nur sie selber.

Und ich, indem ich zu meinen Hörern spreche, bin in umgekehrter Entsprechung »zu ihnen sprechend«. Auch dies ist eine lebendige Beziehung, dieses »Sprechen zu«, in der meine Zuhörer vorkommen im Raume dessen, was ich »bin«, das heißt aktuell vollziehe. Auch ich bin also beständig mehr, als ich für mich allein bin.

Dieses Mehr-Sein als ich allein haben die Alten schon gekannt. Darum haben Thomas von Aquin und auch Aristoteles gesagt: Secundum … esse immateriale … res non solum est id quod est, sed etiam est quodamodo alia (das immaterielle Sein ist nicht nur das, was es ist, sondern es ist auch auf eine gewisse Weise anders)[6]. In der Tat, indem wir lebendig da sind, sind wir ständig über uns hinaus. Wir sind ständig auch das andere. *Es* kommt vor in dem, was wir sind, indem wir es vollziehen. Und dieses andere, das wir in dieser Weise auch sind, indem wir nämlich lebendige Beziehung zu ihm sind, können wir im ganzen »Welt« nennen. Und so sind wir in der Tat, wie Heidegger sagt, »In-der-Welt-Sein«.

Aber schauen wir uns dieses Beziehungsgefüge, das wir »Welt« nennen und das wir »sind«, noch genauer an. Dann sehen wir: Es umfaßt sehr vieles und sehr Mannigfaltiges. Es umfaßt Erscheinungen der Natur und der Kultur, der Wissenschaft und der Technik usw. Wir »sind« in der Tat dies alles, indem wir es lebendig vollziehen und uns lebendig damit beschäftigen.

Entscheidend ist aber das folgende: Die Kerne dieses weitläufigen Beziehungsgefüges, das wir je »sind«, bilden *andere Menschen,* zu denen wir Du oder Sie sagen können und die von sich wieder als ich sprechen können und zu mir du oder Sie sagen können. Und diese anderen Menschen sind wiederum Mittelpunkte mannigfaltiger Beziehungsgefüge und einer vielfältigen Welt.

[6] In: Comm. de anima II, Nr. 283.

Die Beziehungen zu anderen Menschen sind in der Tat schlechthin ausgezeichnete Beziehungen im Gesamtheitsgefüge unserer Welt, das wir sind. Denn von ihnen her strahlt allererst Bedeutsamkeit auf das Ganze unserer Welt aus. Was immer wir denken oder tun mögen – alles Beziehungen! –, wird nur bedeutsam und bekommt nur Sinn für uns, wenn es *für jemand* bedeutsam ist, also im mitmenschlichen Kommunikationszusammenhang. Und wenn dieser Zusammenhang nicht glückt oder wenn er gar ausfällt, dann wissen wir auch nicht mehr recht, was wir mit der Natur und der Wissenschaft und der ganzen Sachwelt anfangen sollen. Und darum sind die kommunikativen Beziehungen zu anderen Menschen entscheidend für das ganze Beziehungsgefüge, das wir unsere Welt nennen und als das wir sind, was wir sind.

Es muß aber noch mehr gesagt werden. Es muß gesagt werden: Wir werden erst im vollen Sinn Personen in der Begegnung und in der Auseinandersetzung mit anderen Personen im Beziehungsgeschehen von »Ich« und »Du« und »Du« und »Ich«.[7] In diesem Sinne darf gesagt werden: Ich *werde* erst in vollem Sinne Ich in der lebendigen Begegnung mit dem Du. Und jeder von uns ist nicht nur Ich, sondern jeder ist auch Ich und Du.

[7] Vgl. hierzu die klassischen Überlegungen, die Martin Buber unter dem Titel »Ich und Du« herausgegeben hat. In: Martin Buber, *Die Schriften über das dialogische Prinzip*, Heidelberg 1954. Diese Überlegungen sind von E. Levinas weitergeführt worden. Vgl. Emmanuel Levinas, *Autrement qu'être ou au-delà de l'essence*, Den Haag 1974; sowie: Ders., *Totalité et Infini*, Den Haag, 4. Aufl. 1971. Weitere Literatur dazu in: *Phänomenologie des Idols*, hg. von Bernhard Casper, Freiburg/Br., München 1981, 35. Auch Jürgen Habermas hat mit Nachdruck auf den Zusammenhang umgangssprachlich vermittelter Interaktionen als die Bedingung der Humanisierung unserer Gesellschaft hingewiesen in: *Technik und Wissenschaft als »Ideologie«*, Frankfurt/M. 1968, 96. Auch die neuere amerikanische Philosophie hat die Wechselseitigkeit (reciprocity) bzw. die wechselseitige Anerkennung (mutual recognition) als Bedingung des Zustandekommens von so etwas wie Personbewußtsein hervorgehoben. Vgl. z.B. D. Dennett, Conditions of Personhood (1976) [Ders., Conditions of Personhood, in: *The Identities of Persons*, Berkeley 1976]. Ähnlich John Rawls, Justice as Reciprocity [Ders., Justice as Reciprocity, in: *Utilitarianism*, ed. Samuel Gorovitz, New York 1971, 242–268]. Dazu Ludwig Siep, *Anerkennung als Prinzip der praktischen Philosophie*, Freiburg/Br., München 1979, 294ff. Hierzu sind weiter zu vergleichen Karl-Otto Apel, *Das Apriori der Kommunikationsgemeinschaft*, Frankfurt/M. 1973 und Jürgen Habermas, *Technik und Wissenschaft als »Ideologie«*, Frankfurt/M. 1968, 96–98.

Gerade darin kommt der Grund der archaischen Sozialisation des Menschen, die die alte und immer noch – wenn auch verborgen – lebendige Grundverfassung des Menschen ist, wieder an den Tag.

Und dazu müssen wir noch bedenken, daß die anderen Menschen, mit denen wir – so oder so – in Beziehung stehen, ja ihrerseits auch »In-der-Welt-Sein« sind. Sie sind auch Mittelpunkte ihrer Welt, ihres für sie offenen Beziehungsgefüges, mit vielleicht anderen Schwerpunkten und anderen Horizonten.

Also ist immer je eigenes In-der-Welt-Sein auch Sein oder Kommunikation mit anderen Welten. Und so entsteht ein vieldimensionales und vielfältig sich überschneidendes und vernetztes Gefüge von Welt. Und jeder einzelne ist, indem er lebendig da ist, ein lebendiger Ursprung in diesem unabsehbar sich verzweigenden und vernetzenden Gefüge, das er auch ist. Und so wie der Ursprungspunkt jedes einzelnen unfaßbar ist, so ist schließlich diese Weltperipherie unabsehbar.

4. Eine andere Dimension

Dabei muß noch auf ein Weiteres geachtet werden. Es ist für das hier zu Erörternde schließlich entscheidend. Unsere Welt, die wir auf eine gewisse Weise selber sind, ist uns nämlich ebenso *vorgegeben,* wie sie uns *aufgegeben* ist.

Sie ist uns zuerst vorgegeben. Wir sind auch uns selber vorgegeben. Wir haben uns eines Tages vorgefunden, ohne gefragt worden zu sein, ob wir leben wollen. Wir haben eine glücklichere oder wenig glücklichere Erbmasse vorgefunden, wir haben uns im Kreis unserer Eltern und unserer Familie, unseres Volkes, unserer Sprache, unserer Zeit vorgefunden. Das sind alles Größen, in die wir ungefragt hineingestellt worden sind und die alle für unser Schicksal entscheidend sind.

Aber diese vorgegebene Welt ist *uns* vorgegeben. Sie ist vorgegeben jenem Brennpunkt der Freiheit, von dem wir sprachen. So steht sie einerseits uns auch gegenüber – so, daß wir uns sogar auch selber auf eine gewisse Weise gegenüberstehen. Denn wir fragen uns ja manchmal: Warum bin ich so gewachsen und so begabt usw., und was soll ich eigentlich damit anfangen? Und erst recht ist die ganze äußere Welt als vorgegebene auf ihre Weise uns gegenüber und winkt und fragt uns. So wie wir sie fragen: Warum ist gerade dies unsere Welt, und was sollen wir damit anfangen? Von unserer Welt, von diesem Vorgegebenen, gehen also Strahlen aus, und sie sammeln sich und treffen sich im Brennpunkt unserer Freiheit. Und so merke ich: So bin ich, so ist meine Welt, und dies bewegt und beschäftigt mich auf vielerlei Weise.

Diese vorgegebene Welt, die innere wie die äußere, ist aber im gleichen Zug auch eine aufgegebene. Ich merke deutlich: Sie fordert mich heraus, ich soll etwas mit ihr anfangen und ihren Winken antworten. Von dem Brennpunkt der Freiheit, in dem die Strahlen der Welt sich sammeln, sollen also auch wieder neue Strahlen ausgehen, ein neuer Aufbruch soll sich von da erheben, ein neuer Anfang etwa von der Form: Jetzt, nachdem ich dies gesehen habe, nachdem ich gesehen habe, daß die Dinge so und so stehen, nehme ich, von mir aufbrechend, so und so Stellung dazu, und ich werde das und das veranlassen und mich so und so verhalten. Der Punkt, den wir mit dem Wort »ich« zu bezeichnen pflegen, bricht also nun auf, um die Aufgaben auf seine Weise zu lösen, die ihm die vorgegebene Welt als aufgegebene gestellt hat. Und gerade in diesem Aufbruch zeigt sich, daß dieser Brennpunkt auch der Sammelpunkt schöpferischer Potentiale und schöpferischer Ursprünge und Neuanfänge ist.

Diese prägnante Gegenüberstellung des zugleich vorgegebenen und aufgegebenen Charakters unserer Welt läßt sich aber nur als eine vorläufige Formel auffassen, die sich nicht vollständig durchführen läßt. Denn wir können beobachten, daß wir das Aufnehmen der Winke der vorgegebenen Welt und das verantwortliche Beantworten der darin liegenden Aufgaben nicht exakt voneinander trennen können. Es sind die beiden Pole eines einzigen lebendigen Geschehens. Wenn meine Zuhörer meine Worte hören, dann scheint dieses Hören ein bloßes Aufnehmen, eine bloße Rezeptivität, gar vielleicht eine bloße Passivität zu sein. Dies ist aber eine Täuschung. Das Hören ist nämlich Ver-nehmen und in diesem Vernehmen zugleich schon Aktivität, lebendiger Mitvollzug, Mitdenken, und dies aus dem Wurzelpunkt der Spontaneität eines jeden heraus. Darum ist, wenn zwei dasselbe hören, es für den einen doch nicht ganz das gleiche wie für den anderen, und so ist jedes Hören immer schon Ver-nehmen, das heißt prüfendes, auswählendes, fragendes In-die-Hand-Nehmen und in diesem Sinn schon Aktivität. Wir sind keine Kassettenrecorder. Diese nämlich sind wirklich bloß passiv, und also ist es ihnen ganz gleich und für sie ganz folgenlos, was auf ihrem Band aufgezeichnet wird.

Aber uns ist das niemals ganz gleich. Unser Hören ist immer schon ein lebendig das Vernommene gestaltendes Hören. Unsere Welt ist immer, sei es auch in nur anfänglicher Form, eine von uns interpretierte Welt. Alles Vorgegebene ist immer schon als unserer Aufgabe vorgegeben und von dieser schon durchdrungen. Alles Vernehmen ist immer schon auch Stellungnahme und somit tätige Antwort, die ver-antwortet werden muß.

Von hier aus kommt dann endlich in Sicht, was das Wort »Person« meint oder meinen könnte. Es könnte meinen den unfaßbaren und je einmaligen Ursprung und Brennpunkt, insofern er in seiner zugleich vorgegebenen und aufgegebenen Welt hervortritt ins Offene dieser seiner Welt, dieses seines vieldimensionalen Relationsgefüges, und darin Stellung bezieht und Gestalt gewinnt und eine Rolle spielt: per-sonat. Der Quellpunkt, der Quell, der Ursprung der Freiheit bricht auf und macht sich in seinem Aufbruch vernehmlich – sonat – in der zu ihm gehörenden und zugleich ihm vor- und aufgegebenen Welt. Und darin gewinnt er eine Gestalt in dieser Welt, wie der antike Schauspieler, indem er in der Maske spricht, Gestalt gewinnt in der Welt des Spiels. Denn dies ist wahrscheinlich die ursprüngliche Bedeutung des griechischen Wortes »prosopon«, das dann im Lateinischen mit »persona« wiedergegeben wurde. Es ist die Maske oder das Angesicht oder der Anblick, durch den sich die Handlungseinheit einer Spielgestalt zu Gesicht und zu Gehör bringt.[8] Versteht man das lateinische Wort »persona«, wie wir es soeben getan haben, als ein Wort, das zu einem Zeitwort »per-sonare« gehören könnte, dann darf man sagen: Personando fit persona. Im Geschehen des Aufbruchs des unfaßbaren Ursprungs in seine Welt erbildet sich die Person. Diese sprachliche Deutung des Wortes »Person« ist zwar philologisch fraglich, aber sie kann doch in unserem Zusammenhang erhellend sein.

Darin liegt auch die unverlierbare Würde der Person, nämlich in der Erscheinung und dem Aufbruch des einmaligen Ursprungs in seine variable und vieldimensionale Welt.

[8] Vgl. dazu A. Halder in: LTHhK VIII, 217.

5. Person als durch ein Sollen bestimmte Aufgabe

Hat man dies einmal gesehen, dann lassen sich daraus wichtige Gesichtspunkte ableiten für eine mehr oder weniger angemessene Stellung der Person im Ganzen der Gesellschaft oder für eine mehr oder weniger angemessene Entfaltung des personalen In-der-Welt-Seins eines jeden in der Gesellschaft. Es läßt sich aus der angedeuteten Ontologie der Person eine De-Ontologie gewinnen, eine Lehre über die gesollten und notwendigen Entfaltungsmöglichkeiten der Person in ihrer Personalität, und dies im Blick auf die, ja in Konfrontation mit den nivellierenden Tendenzen unserer Zeit und Welt.

Es ist nämlich zu sehen, daß Menschen als Personen um so mehr ihre Personalität zu entfalten vermögen, je ganzheitlicher sie alle Potentiale, die im Brennpunkt ihres Ursprungs verborgen sind, entfalten können und je weiter und ganzheitlicher sie sich in ihre ganze Welt zu entfalten vermögen. Für eine solche umfassende, personelle Entfaltung ist es entscheidend, daß die kopersonalen Beziehungen, die ja fürs Ganze von Person und Welt schlechthin bedeutsam sind, voll entwickelt werden. Daraus ergibt sich eine Art Zielvorstellung dessen, wie eine Personalität sich voll und stark zu entfalten vermag.

Geben wir dafür ein paar Beispiele. Sofern ein Mensch sich als bloßes Sachwissen entwickelt oder gar als bloße Speicherung von Information, ist er zwar möglicherweise sehr nützlich. Aber er wird darin, soweit er darauf beschränkt bleibt, nur ein sehr begrenztes Potential seines personalen Ursprungs zu entfalten vermögen und andere Potentiale brachliegen lassen.

Dieses ist der Grund dafür, daß ein sehr gelehrter Mensch unter Umständen persönlich ziemlich primitiv sein kann. Besser ist es schon, wenn es – sagen wir – einem Gelehrten gelingt, die Sachen, mit denen er zu tun hat, nicht nur sachgerecht zu erforschen und zu speichern, sondern sie gar zu lieben. Denn gerade in der Liebe, auch in der Liebe zu Sachen, brechen die personalen Ursprünge in einer besonders ganzheitlichen Fülle auf wie kaum sonst irgendwo. Und so wird es ihm dann möglich sein, seine Sache mit Schwung, mit Begeisterung, mit Phantasie zu betreiben, und sein Tun braucht darum nicht weniger sachgerecht zu sein. Aber es bekommt nun ein starkes personales Gepräge, man spürt darin etwas Einmaliges und Ursprüngliches, man spürt, daß ein ganzer Mensch ganz persönlich dahintersteht und darin lebt.

Dies führt dann auch schnell dazu, daß das ganze Sachwissen leicht und wie von Natur aus in die kopersonale Dimension eingebracht wird. Denn ein wirklich liebender Gelehrter wird von seinen Sachen gern und interessant anderen erzählen, er wird gern seine Freunde einladen, wenn ihm eine neue Einsicht gelungen ist, nur um sich mit ihnen zu freuen, und in einer solchen Gemeinsamkeit der Freude werden dann alle den Eindruck einer schönen und reichen persönlichen Ursprünglichkeit haben. Die Ich-Es-Relation, von der Martin Buber sprach, wird dann wie von selbst umfangen sein von einem schönen persönlichen Leben und also aufblühen in der Ich-Du-Relation. In jener Relation also, in der die Person als Person erst wirklich aufgeht.

So etwas könnte also ein Gegenmittel oder ein Korrektiv sein gegen den personalen Primitivismus, der leicht hinter einem bloßen Sachwissen oder einer bloß rationalen technischen Weltbeherrschung und einer cleveren technischen Geschicklichkeit steckt. Nichts gegen Sachwissen, nichts gegen Technik und Geschicklichkeit. Aber diese unsere Zeit und Welt bestimmenden Mächte werden leicht zu Ideologien, wie Jürgen Habermas gesagt hat, die dann das Persönliche der Person auszutrocknen beginnen, die Kräfte der Liebe absaugen und im schlimmsten Fall schließlich nur ein dürres, aber gut brauchbares und gut funktionierendes Bild von Person und Personalität übriglassen.

Oder, um mit den Worten von Erich Fromm zu sprechen: Es geht darum, Wissen und Können nicht bloß zu *haben,* sondern ein wissender und schöpferisch vermögender und in alldem liebender Mensch zu *sein* aus dem persönlichen Ursprung heraus und darin bei aller fachlichen Perfektion gegen alle Fachidiotie gefeit, also immer und gerade auch im fachlichen Bereich der persönlichen Beziehung fähig zu sein.[9]

Es gehört dazu auch dies, daß der ganzheitlich sich entfaltende personale Ursprung sich in eine ganzheitliche und allumfassende Welt entfaltet, daß also auch der andere Pol der Personalität umfassend und ganzheitlich ausgebildet werde. In dieser Hinsicht kann man sagen: Person ist um so reicher in ihrer Personalität entfaltet, je ganzheitlicher und umfassender ihre Welt entfaltet ist, je mehr ein Mensch mit Himmel und Erde, mit Natur und Geist, mit Leben und Tod, mit dem Irdischen und dem Göttlichen etwas anfangen kann und je mehr er zu diesem Ganzen

[9] Erich Fromm, *Haben oder Sein. Die seelischen Grundlagen einer neuen Gesellschaft,* Stuttgart 1976.

ein lebendiges Verhältnis hat. Je mehr er, um mit Novalis zu sprechen, ein Mikrokosmos ist, das heißt einer, in dem das Ganze sich lebendig spiegelt, und je mehr ihm andererseits das Ganze ein Makroanthropos ist, das heißt ihn von allen Seiten wieder lebendig und menschlich anblickt. Ein weltloser oder weltenger Mensch kann in seiner Enge gewiß ehrenwert sein, aber er kann seine Personalität kaum voll entfalten.[10]

Wie wunderbar ist es demgegenüber, einem Menschen zu begegnen, für den alles spricht, dem alles etwas sagt, den alles grüßt und der wiederum alles grüßt, und dies mit Geist und Herz und mit dem Ganzen, was er von seinem verborgenen Ursprung her ist und sein darf! In einem solchen ist die Personalität voll und reich entfaltet.

Auch diese Dimension der personalen Entfaltung hat es in unserer Zeit und Welt schwer und ist gefährdet. Und zwar durch die für uns unvermeidliche Spezialisierung. Sie ist unvermeidlich, denn niemand kann alles wissen und in allem mit der heute unerläßlichen Perfektion Fachmann sein. Und niemand kann in der Fertigung, in der Technologie, im Management, in den verschiedenen Zweigen der modernen Großverwaltungen alles können. So werden wir, gerade als Intellektuelle, zu einem Volk von Spezialisten, von denen, wenn sich dies weiter in diese Richtung entwickelt, bald keiner seinen Nachbarn mehr verstehen wird, weil dieser ja auf etwas ganz anderes, auch sprachlich, spezialisiert ist.

Aber so verkümmert dann leicht der Reichtum der Welt, in dem allein sich die Person als Person voll zu entfalten vermag. Sie verkümmert zu einem schmalen Sektor, und die Personalität der Person wird damit selber schmal in ihrer Entfaltung und Realisierung, wenn auch im schmalen Sektor perfekt.

Und dann droht wiederum die Deformation des Fachidiotismus.

Aber das muß doch nicht so sein. Zwar muß Spezialisierung sein, das ist unser Schicksal, mit dem wir fertig werden müssen, aber kann die Spezialisierung nicht eingebettet werden in einen weiten und umfassenden Bildungshorizont von Geschichte und Kunst, von Literatur und Philosophie, von Irdischem und von Göttlichem? In einen Horizont, in dem man zwar nicht überall Fachmann sein kann, aber man kann überall Geist und Leben und Originalität entwickeln, und man kann dann manchmal auf Gedanken und Impulse kommen, auf die die Fachleute

[10] Novalis, *Gesammelte Schriften*, Bd. 3, hg. v. P. Kluckhohn und R. Samuel, 2. Aufl. Stuttgart 1965, 316.

gar nicht kommen. Wie viele wichtige Entdeckungen sind nicht von Liebhabern gemacht worden?

Ich möchte hier eine Art Plädoyer abgeben zugunsten eines umfassenden Dilettantismus als eines fruchtbaren Mutterbodens für die notwendige fachliche Perfektion. Der Dilettantismus – das ist die Liebhaberei. Die Liebhaberei, wenn sie recht verstanden und recht betrieben wird, öffnet aber die Horizonte. Der Liebhaber interessiert sich für alles und kann mit allem etwas anfangen. Und sofern es sich nicht um einen blöden Dilettantismus handelt, den es freilich auch gibt, kommt ihm zu allem ein Gedanke, weil er als Liebhaber alles ein wenig liebhaben kann. Und in einem solchen Horizont kann die fachliche Spezifikation gut und gesund gedeihen, so daß die Personalität der Person darunter keinen Schaden leidet, sondern sich schön und weit entfaltet.

Wichtig ist in diesem Zusammenhang, daß der Mensch als Person im Horizont seine Potentiale auch *tätig* entfaltet. Und in dieser Hinsicht darf man sagen: Je lebendiger und tätiger er sie entfaltet, desto mehr entfaltet er seine Person in seiner Welt. Denn als Person soll der Mensch aus seinem ganz persönlichen Ursprung schöpferische Kräfte entfalten in freiem Austausch und in freier Antwort auf die Winke seiner Welt. Er soll seinen Ursprung, den einmaligen, einbringen in diese seine Welt, so daß dann darin etwas Neues entstehen kann, ein neuer Klang, eine neue Konstellation, ein neuer Beitrag zur Gestaltung der Welt, etwas, was es bisher so noch nicht gab. Und gerade darin wird er als Person deutlich.

Diese schöpferische und tätige Entfaltung des personalen Ursprungs ist unter den heutigen Bedingungen von zwei Seiten her gefährdet.

Einmal durch die sich steigernde Konsumhaltung, die zu einem unschöpferischen bloßen Rezipieren des Angebotenen führt und dadurch die personalen schöpferischen Kräfte des Ursprungs eher einschläfert und lähmt, am deutlichsten zu sehen im gedankenlosen Mißbrauch des Fernsehkonsums.

Ähnlich lähmend kann aber auch der Umstand wirken, daß in vielen Berufen nur das fertige Schema eines Plans auszuführen ist, daß also die Verwaltung schon an alles gedacht und für alles gesorgt hat, daß die Meinungen, die man haben muß, von den Medien vorgemacht sind usw., so daß man nichts mehr selber zu denken und nichts mehr selber zu entwerfen braucht. Es ist eine Tendenz zu spüren zur total verwalteten Welt, die dann nur noch ungenügenden Spielraum läßt für persönliche und also freie Entfaltung.

Aufgrund dieser verbreiteten Lähmung wird die personale Spontaneität oft auch dann nicht entfaltet, wenn von den äußeren Bedingungen her der Spielraum dafür da wäre, wie es in der reichlich bemessenen Freizeit und im Urlaub der Fall zu sein pflegt.

Es scheint, daß durch diese Tendenz zur Lähmung das schöpferische Potential des Personkerns, des Brennpunkts der Freiheit, auch in sich selber verunsichert wird.

Und aus dieser Verunsicherung ergibt sich dann bisweilen ein wilder Ausbruch, und dies ist die andere Bedrohung der Entfaltung der personalen Spontaneität. In diesem Ausbruch geht sie dann hinweg über alle Winke der Welt und namentlich über alle Zusprüche und Ansprüche und Rechte der Mitpersonen. Die Spontaneität streift so den Charakter der Antwort und der Verantwortung ab und bricht in totalitäre Haltungen und zerstörerische, terroristische Aktionen aus. Daraus kann der Schein einer eindrucksvollen personalen Entfaltung hervorgehen. Es ist aber ein falscher Schein, denn in diesem Fall ist die Entfaltung des Personkerns ja verunglückt und gescheitert und hat sich selbst verloren, indem der innerste Ursprung zugleich echte Partnerschaft verloren hat.

Beides sind besonders aktuelle Gefahren und Bedrohungen der personalen Entfaltung, die eine weitverbreitet und alltäglich, die andere durch einzelne, spektakuläre Fälle faszinierend.

Die echte und wahre Entfaltung der personalen Spontaneität muß unter heutigen Bedingungen schauen, daß sie sich aus dem Zwang der Nivellierung erhebt und insofern gegen den Strom schwimmt. Sie muß aber gleichzeitig darauf achtgeben, daß sie nicht in selbstherrliche Isolierung sich versteigt.

6. Die Person in ihrer personalen Entfaltung

In diesem Zusammenhang muß schließlich noch auf eines besonders aufmerksam gemacht werden.

Die Person in ihrer personalen Entfaltung steigt in ihrem personalen Rang und in ihrem Profil, je mehr sie in ihrer Entfaltung auf Negativitäten stößt und diese zu bewältigen vermag. Negativitäten sind Umstände, die dem Entfaltungsdruck der Person eine Grenze setzen und ihm so klarmachen: So geht es nicht, hier kommst du nicht weiter.

Solche begrenzenden Negativitäten sind immer eine besondere Herausforderung für die Person. Sie kann vor ihnen ausweichen, weil sie sehr unbequem sind. Sie kann aber auch darauf eingehen und sich ihnen stellen. Dann geht sie freilich ein Risiko ein, denn die Negativität setzt ja ihrem Entfaltungsdrang, dem Drang der Entfaltung ihrer Potentiale, eine Grenze, ein Nein entgegen.

Wenn die Person sich aber dieser Grenze und dieser Herausforderung stellt und in diesem Sich-Stellen bleibt, dann staut sich die personale Kraft an dem Hindernis dieses Nein, dieser Negativität, und sie wird darin intensiver, und es kann ihr gelingen, dieses Nein der Negativität positiv zu überwinden, und in dieser Überwindung der Negativität der Grenze wächst dann der Rang der personalen Kraft und der Entfaltung der Person auf eine ausgezeichnete Weise. Dies ist der stärkste Antrieb des Geschehens der personalen Entfaltung: Annahme der Herausforderung und antwortende Überwindung. Challenge and Response, wie A. Toynbee gesagt hat. Und dies sah er als die Triebfeder der ganzen menschlichen Geschichte an.

Geben wir auch dazu einige Beispiele. Schon im sportlichen Spiel deutet sich dieses Gesetz an. Denn gerade dort, wo das als ganz unmöglich Geltende herrscht, das, was allen Bemühungen ein Nein entgegensetzt, dort wird es für den Ehrgeizigen erst interessant, seine Vitalität steigert sich daran, und wo es dann schließlich doch gelingt, da ist es wie ein Wunder, und alle klatschen Beifall. So ist es bei den Akrobaten im Zirkus, die gerade das unmöglich Scheinende mit Eleganz ausführen: den doppelten Salto frei durch die Luft, von der Hand des einen Partners auf die Schulter des anderen, hoch über dem Boden. Oder denken wir an die Geschichte des Alpinismus, an den Kampf ums Matterhorn seinerzeit oder die Eiger-Nordwand. Beide Berge sagten: Nein, hier kommst du nicht weiter. Das ist die Negativität. Sie fordert heraus mit ihren Gefahren, aber auch mit ihren Lockungen. Und wenn die Herausforderung angenommen wird und damit freilich auch die Gefahr, dann steigert sich die Vitalität, und sie kann zum höheren Sieg führen, freilich nur unter Risiken und Opfern.

Und so ist es mit der Entfaltung der Person als Person in ihrer Welt, vor allem in der mitmenschlichen Welt. Wo keine Belastungen durch Schicksale und schwere Auseinandersetzungen zu bestehen waren, da bleibt die Personalität der Person zwar im guten Fall gut, aber doch relativ schwach in ihrer Entfaltung. Wo aber Schweres zu tragen war, Schmerz und Schuld, wo es schien, als gehe nichts mehr – Negativität –, und wo es einem Menschen dann gelang, sich dem Schweren zu stellen und es schließlich zu verarbeiten, da wird er zwar mit Narben aus diesem Kampf hervorgehen, aber zugleich mit gesteigertem personalem Rang.

Oder wo ein Mensch mit anderen Menschen harte Auseinandersetzungen hat, sie sich also gegenseitig bestreiten und negativ zueinander verhalten, und wo ein Mensch einer solchen Auseinandersetzung nicht ausweicht, aber seinen Gegner auch nicht einfach totschlägt, verbal oder real, wo vielmehr beide die Auseinandersetzung so offen und so redlich als immer möglich miteinander austragen, da wachsen beide aneinander in ihrem personalen Rang. Oder ein weiteres wichtiges Beispiel: Wenn ein junger Mann sein Mädchen liebt und sie schließlich einander heiraten, dann ist dies sicher eine schöne Sache und ein besonders glücklicher Fall von personaler Entfaltung im angemessenen und guten Spielraum von Ich und Du und Du und Ich. Aber die Jahre gehen dahin, und mit den Jahren wird die Sache ein wenig eintöniger und ein wenig beschwerlicher. Und eines schönen Tages kommt es zur Krise. Und dann sieht es aus, als ginge es nicht mehr, für sie nicht mehr und für ihn auch nicht mehr. Die Negativität erscheint.

Das Einfachste ist, ihr auszuweichen und einfach auseinanderzulaufen. Das Schwierige, aber Höhere ist es, sich dieser Herausforderung zu stellen und die Sache geduldig und redlich und offen durchzuarbeiten, miteinander, was vielleicht schmerzlich ist. Aber gerade daraus kann eine neue und tiefere Art von Treue und Liebe erwachsen, die ohne die Dazwischenkunft der Negativität und ihre Überwindung gar nicht möglich gewesen wäre. Und die beiden werden dann vielleicht sagen können: Jetzt erst begreifen wir den wahren Sinn dieser drei einfachen Wörter: ich und du. Das Personsein ist in eine neue Dimension hineingewachsen.

Personale Treue, also eine besonders vornehme Form personalen Lebens, ist ohne diese Fähigkeit, die Herausforderung der Negativität anzunehmen und tapfer und geduldig zu bestehen, gar nicht möglich.

Wie steht es aber damit in unserer modernen Welt? Nicht zum besten! Im Konsumdenken wird möglichst jeder Belastung ausgewichen. In der Permissivität der Erziehung wird es den jungen Menschen oft abgewöhnt, mit Grenzen fertig zu werden, gefordert zu werden und auch einmal eine harte Sache bestehen zu müssen.

Und indem man aus dem kritischen Rationalismus, wie ihn Hans Albert entworfen hat, eine Art Weltanschauung gemacht hat, ist weithin das entstanden, was Robert Spaemann die hypothetische Zivilisation genannt hat, in der Dinge und Personen nach Bedarf austauschbar werden, im Betrieb ebenso wie in der Liebe und in der Ehe. Denn auch Liebe und Treue sind diesem Ansatz gemäß nur hypothetisch und werden also nur durchgehalten, solange es gut und leicht geht, aber alles ist jederzeit austauschbar gegen bessere Alternativen.[11]

Und damit entfällt dann häufig das eigentliche Prinzip personaler Reifung an den negativen Momenten.

Wie steht es also nun im ganzen mit dem, was wir Person und personale Entfaltung im Kontext unserer modernen Welt und Gesellschaft nennen? Es steht so, daß wir, sofern wir voll entfaltete und gereifte Personen sind oder werden wollen, uns vieler nivellierender Tendenzen in unserer Zeit und Welt erwehren müssen. Aber gerade in einer solchen Welt und Gesellschaft ist es von der größten Bedeutung, daß es Menschen gibt, die es wagen, in diesem ungeheueren Apparat wirklich lebendige Personen zu sein, ich und du, ich selbst und du selbst, wir miteinander. Die Zeit wartet gerade darauf, und sie weiß im Grunde, daß sie gerade dieses notwendiger hat als alles andere, mag sie es auch mit ihren Strukturen noch so sehr erschweren.

Und um so mehr sollten wir als Christen uns dieser schwierigen, aber dankbaren Aufgabe widmen. Denn uns ist die Liebe Gottes anvertraut durch das Evangelium und den Geist Jesu. Und also sollten gerade wir aus der Kraft des Glaubens und des Evangeliums und aus der Kraft des Geistes Jesu uns der ganzen Welt frei öffnen in liebender Bereitschaft. Und in der Kraft des Geheimnisses des Kreuzes sollten wir am meisten die Last der Negativität dieser unserer Welt, die Last des Bösen und des Streites und des Leidens und des Sterbens bestehen können und in solchem Bestehen wachsen und reifen als Personen, als von Gott Gerufene – »Ich habe dich bei deinem Namen gerufen!« – mitten in unserer großen und so problemreichen Welt. Denn jeder von uns ist wirklich bei seinem Namen gerufen, und zugleich sind wir alle zusammen gerufen.

[11] Vgl. Robert Spaemann, Überzeugungen einer hypothetischen Zivilisation. Bemerkungen zu einem wissenschaftlichen Problem der Gegenwart, in: *Neue Zürcher Zeitung*, Fernausgabe Nr. 277 vom 26. November 1976, 27.

Über das Wesen und den rechten Gebrauch der Macht

Eine philosophische Untersuchung und eine theologische These dazu (1960)

Vorbemerkung

Die folgenden Darlegungen gehen auf einen Vortrag zurück, welchen ich im Oktober 1959 vor der »Vereinigung für die Wissenschaft von der Politik« in Königswinter gehalten und später vor der »Freiburger Gesellschaft für Politik« wiederholt habe.

Der Gedankengang des Vortrags wurde für die vorliegende Ausgabe[a] neu durchgearbeitet. Die verwendeten Begriffe sollten dabei womöglich genauer gefaßt und die Denkschritte deutlicher erklärt werden. Aber der Gedankengang selber wurde nicht verändert. Er sollte sich aus seinen eigenen Prinzipien entwickeln und in positiver Weise straff zusammengefaßt dargeboten werden. Eine Auseinandersetzung mit der umfangreichen und zum Teil wichtigen Literatur, welche insbesondere in den letzten Jahren zu dem hier erwähnten Fragenkreis erwachsen ist, lag nicht im Ziel des Vortrags und der vorliegenden Untersuchung.

Was den theologischen Teil dieser Untersuchung anbelangt, so ist auch und insbesondere hier der Gedanke in starker methodischer und systematischer Zusammenraffung vorgetragen. Methodisch beschränkt sich dieser theologische Teil im wesentlichen darauf, die neutestamentlichen Äußerungen zu unserer Frage zu untersuchen. Nur an einer, freilich wichtigen Stelle wird auch die kirchliche Überlieferung mit herangezogen.

Das hierbei entwickelte Verständnis der neutestamentlichen Texte läßt sich, wie ich glaube, vor dem Forum der modernen wissenschaftlichen Exegese rechtfertigen. Aber es sollte nicht in die Diskussionen einzelner exegetischer Fragen eingetreten werden. Hier ging es nur darum, den Versuch einer die exegetischen Einzelfragen integrierenden theologischen Gesamtdeutung der einschlägigen biblischen Texte zu wagen und in einem knappen Umriß darzustellen.

Daß alles dies im ganzen, aber besonders im theologischen Teil ein Versuch ist, nicht mehr, das weiß der Verfasser wohl. Philosophische und theologische Deutungen dieser Art können wohl auch gar nichts anderes sein.

1. Über das Wesen der Macht

1.1. Der ontologische Grund der Macht

1. Macht im umfassendsten und zugleich grundsätzlichsten Sinne ist das Vermögen zu sein. Was immer ist, *vermag* zu sein und *ist* insofern. Was gar nicht zu sein vermag, also gar nicht mächtig ist, das ist auch nicht. Sein (im Sinne von: Dasein eines Seienden) und Macht sind untrennbare Bestimmungen. Ja, wir müssen schließlich sagen: Sein (in dem genannten Sinn) *ist* Macht. Oder: Macht ist ein zum Sein des Seienden als solchem gehörender Grundzug eben dieses Seins. Macht ist im Grunde ontologischer Natur. Die Wurzel oder das Fundament jeder Art von Macht liegt im Sein des Seienden als solchem, ja sie fällt mit diesem zusammen und in eins. Dies ist der fundamentale ontologische Aspekt jeglicher Macht.

So betrachtet ist Macht also nicht etwas, was zum Seienden erst hinzuzukommen hätte und bisweilen dann auch wirklich hinzukäme. Sie ist in ihrem ontologischen Grunde keine äußere oder gar zufällige Zutat zum Sein des Seienden, keine zusätzliche Eigenschaft oder Ausstattung. Sie ist, in ihrem Grunde betrachtet, das Sein des Seienden selbst. Es soll damit freilich nicht bestritten werden, daß in den konkreten Ausformungen und Gestaltungen der Macht diese auch als Zutat und als äußere Ausstattung eines Seienden oder einer Gesellschaft erscheinen kann. Davon wird später noch zu sprechen sein. Aber diese Erscheinungen berechtigen nicht zu der Meinung, Macht sei in ihrem ontologischen Grunde nur Seinszutat und nicht selber Sein.

Nur wenn wir sehen, daß Macht in ihrer Wurzel mit dem Sein des Seienden in eins zusammenfällt und daß sie darum einen Grundzug eben dieses Seins des Seienden selber zum Vorschein bringt, nur dann können wir sie im ganzen recht verstehen, von dieser ihrer ontologischen Wurzel an bis in den Bereich ihrer konkreten Verästelungen und Erscheinungen, die freilich vielfältiger und verwirrender Natur sind.

2. Welches aber ist der Grundzug, den die Macht am Sein des Seienden zum Vorschein bringt? Unter welcher Hinsicht ist das Sein des Seienden Mächtig-Sein?

Insofern ist das Sein des Seienden Mächtig-Sein als dieses: zu sein an das Seiende übertragen ist, damit das Seiende eben dies vollbringe: zu sein. Der Blitz ist und ist mächtig, insofern es ihm gegeben ist, Vollbringer seines Seins als des Blitzens zu sein und also solches zu vollbringen. Das Sein ist Mächtig-Sein oder Macht, insofern es dem Seienden zum Vollbringen anheimgegeben ist. Diesen Zug am Sein des Seienden läßt die Sprache zum Vorschein kommen, indem sie uns heißt, das Sein der seienden Dinge und Wesen von diesen als den Subjekten des Seins auszusagen. Der Blitz blitzt, der Löwe reißt, der König herrscht. Die Sprache sagt in solchen Sätzen, daß diese Seienden ihr Sein als Blitzen oder als Reißen oder als Herrschen vollbringen. Sie läßt uns ihr Sein »aktiv« verstehen: eben als Vollbringen.

Darum sagen wir: Insofern das Sein dem Seienden zum Vollbringen anheimgegeben ist und von ihm »aktiv« vollbracht wird, insofern können Seiende mächtig genannt werden, dies ist die Hinsicht, in der sich ihr Sein als Mächtig-Sein oder als Macht geltend macht.

3. Halten wir dies fest und sehen wir im Lichte dieses Gedankens die Reihe der seienden Dinge und Wesen durch, die wir kennen, dann sehen wir, daß Sein als Selbst-Vollbringen und also als Macht uns nicht überall in gleichem und überhaupt nicht überall im eigentlichen Sinne begegnet. Man wird sich also fragen, wo im Bereich des uns bekannten Seienden der genuine Ort der Macht sei, der also, an dem sie in ihrem eigentlichen Wesen hervortritt.

Im Umkreise unserer Welterfahrung begegnet uns Macht auf der einen Seite im Bereiche der Natur, auf der anderen Seite im Bereiche des menschlichen Lebens und Daseins.

Die Natur ist für uns voll von Machterscheinungen. Wir haben als Beispiele den Blitz und den Löwen genannt. Aber nun müssen wir fragen: Sind die elementaren Mächte, die Dinge und Wesen der Natur, wirklich *selbst* mächtig? Blitz und Sturm erscheinen uns zwar mächtig, aber sie wissen nicht, was sie in ihrer Macht vollbringen und zerstören. Auch das reißende Tier weiß dies nicht. Ja, diese Wesen wissen nicht einmal, *daß* sie vollbringen oder zerstören. Sie haben von sich selbst her kein Verhältnis zu dem, was *uns* freilich als wirkende oder zerstörende Macht begegnet. Sie sind selbst unschuldig und harmlos, denn das Wirken und Zerstören und die darin liegende Machtentfaltung wird nicht von ihnen selbst als solche vollbracht. Wir müssen also schließlich sagen: Die Wesen der Natur entfalten *selbst* keine Macht.

Wieso aber können und müssen wir dies sagen? Wir müssen es sagen, weil die Wesen der Natur überhaupt nicht als Selbst sind. Sie haben kein Verhältnis zu sich selbst. Sie sind nicht sich selbst anheimgegeben. Man ist geneigt zu sagen: Das Sein strömt nur durch sie hindurch, sie selbst jedoch wissen nichts davon und haben so selbst gar nichts damit zu tun. Dies gilt auch von den Tieren, wenn auch in anderer Weise als von den unbelebten Wesen der Natur. Den Tieren schreiben wir zwar Bewußtsein zu. Aber zu diesem ihrem Sein als Bewußtsein haben sie selbst kein Verhältnis. Darum können sie selbst nicht wissen, was sie tun, und sie können nicht selbst Stellung nehmen und entscheiden. Ihr Sein geschieht als Bewußtsein, aber dies ist ihnen nicht selbst anheimgegeben. Es geschieht einfach.

Weil die Dinge und Wesen der Natur nicht als Selbst sind, weil ihr Sein ihnen nicht selbst anheimgegeben ist, darum sind sie *selbst* nicht mächtig. Sie sind vielmehr ihrem Sein preisgegeben, und mächtig erscheinen sie nur für die anderen. Es zeigt sich wieder, daß die Macht ein Grundzug des Seins ist. Was als Selbst seinslos ist, ist als Selbst auch machtlos.

Darum erscheint das, was Macht ist, im Bereiche der Natur nur in uneigentlicher Gestalt, nämlich in der Gestalt der ihrer selbst nicht mächtigen Macht.

Im Bereiche des menschlichen Lebens hingegen sehen wir in dieser Hinsicht ganz andere Verhältnisse vor uns. Im ganzen Bereich der uns vertrauten Dinge und Wesen ist allein der Mensch *er selbst*. Ihm ist dieses, zu sein, *selbst* zum Vollzuge anheimgegeben. Er verhält sich zu seinem Sein, indem er es verstehend vollzieht. Er *»ist«* im ausgezeichneten Sinne, denn er vollbringt verstehend und vollziehend selbst sein Sein.

Der Mensch ist darum auch allein unter allen Wesen, die wir kennen, seines Seins mächtig. Weil er seines Seins mächtig ist, so erscheint bei ihm Macht – als Macht zu sein verstanden – in ihrer eigentlichen und spezifischen Gestalt, während sie in der Natur nur in entfremdeter und uneigentlicher Gestalt erscheint. Darum ist es etwas qualitativ anderes, wenn der Mensch in der Entfaltung seiner Seinsmacht aufbaut oder zerstört oder wenn der Sturm oder das Feuer solches tun. Denn der Mensch weiß, was er tut, und er tut es selbst. Er kann es aber selbst tun, weil er als

Selbst *ist.* Wenn wir also das Wesen der Macht in ihrer eigentlichen und qualifizierten Gestalt studieren wollen, dann müssen wir uns an den Menschen halten.

Es sind die ontologischen Verhältnisse selber, welche diese scheinbare Verengung des Orientierungsfeldes vorschreiben. Daß es nur eine scheinbare Verengung ist, wird sich sogleich zeigen.

4. Wie steht es mit dem Sein des Menschen, der solchermaßen sich selbst anheimgegeben ist?

Es gehört zur grundlegenden Seinsverfassung des Menschen, daß er seiend doch zugleich auch nicht sein kann. Er ist kein notwendiges Wesen.

Dieses Auch-nicht-sein-Können oder diese Nicht-Notwendigkeit ist nun zwar nichts Besonderes, das etwa nur beim Menschen auftritt. Vielmehr zeigen alle Dinge und Wesen dieser Welt, die wir kennen, diese Nicht-Notwendigkeit. Sie können alle sein und auch nicht sein.

Da dem Menschen aber, und im Kreise der Weltwesen ihm allein, sein Sein zum Vollzuge anheimgegeben ist, so hat der erwähnte Umstand, die Nicht-Notwendigkeit, beim Menschen diese Folge: Er, der Mensch selbst vermag sein Sein *und auch sein Nichtsein.* Er kann sein Sein aufstellen und behaupten, er kann es auch aufgeben und von sich tun. In dieser doppelten Weise ist dem Menschen sein Sein anvertraut und in die Hand gegeben. In beiden Möglichkeiten zeigt sich seine Macht. Der Mensch ist mächtig zu sein und sein Sein zu behaupten, er ist auch mächtig, sein Sein hinzugeben und es damit aufzulösen. Beides ist hinsichtlich der Macht seltsamerweise im Grunde eins: Der Mensch ist als er selbst mächtig, mächtig zu sein und auch mächtig, ohnmächtig zu sein. Im letzteren Falle geht er den Weg der Auf- und Hingabe seines Seins.

Beim Menschen also legt sich die zunächst einfache ontologische Grundbestimmung der Macht in diese doppelte Möglichkeit auseinander. Bei ihm gibt es sowohl die Macht der Macht wie die Macht der Ohnmacht. Die ontologischen Grundverhältnisse des Menschen bringen diese Doppelung der Macht mit sich.

Tiere sind nicht so. Sie haben zwar auch die Möglichkeit des Nichtseins, und sie erleiden ihr Ende, wenn es eintritt. Aber selbst zu verzichten, selbst aufzugeben, das ist nicht in die Macht ihres Seins und damit ihrer Entscheidung gelegt. Dies geschieht nur, aber sie selbst vollbringen es nicht, und sie vermögen dies auch nicht.

5. Das Sein des Menschen hat noch eine andere ontologische Grunddimension, die die Erscheinungen der Macht in seinem Bereich entscheidend bestimmen muß.

Das Sein, dem Menschen zum Vollzug anheimgegeben, ist viel größer, als er selbst ist. Der Mensch ist nichts weniger als fixiert und umgrenzt auf seinen ontischen Bestand. Er ist überall Offenheit über sich selbst hinaus, und diese Offenheit ist im Grunde unbegrenzt, mag es auch der faktischen Grenzen noch so viele geben.

Der Mensch vollbringt daher das ihm anheimgegebene Sein in fortwährenden Ausgriffen ins Offene. Er ist (vollbringt also sein Sein), indem er erkennt, weiß, besitzt, genießt usw. In den Vollzugsformen dieser Art ist und lebt der Mensch im Offenen der prinzipiell nirgends begrenzten Welt. In diesem Vollziehen seines Seins gehört das jeweils Gewußte oder das Besessene und alles dieser Art zum Sein und Leben des Menschen selbst dazu. Im Wissen und im Besitzen von alledem richtet der Mensch vollziehend sein eigenes Sein auf. Und selbst das über alles positive Wissen und alle positive Bemächtigung Hinausliegende gehört noch zu ihm, indem es ihn reizt und lockt oder ängstigt und warnt. Es gehört das Wißbare und das Bemächtigbare ohne Grenzen zum Dasein des Menschen und bestimmt dies. Selbst wenn der Mensch sein Sein aufgibt, indem er sein Wissen, seinen Besitz, seine Sicherungen aufgibt, so verhält er sich auch in solchem Aufgeben noch zum Gewußten, zum Besessenen, zum Sichernden. Und darin gehört es immer noch mit zu ihm selbst und seinem Sein dazu.

Bezeichnen wir den unbegrenzten Horizont des für den Menschen Offenen, das zu ihm gehört und in dem sich sein Sein vollzieht, als *Welt*, dann können wir sagen: Des Menschen Sein, ihm anheimgegeben, ist *Welt-Dasein*, das heißt, es erstreckt sich in einem lebendigen Vollzugsganzen in die offene Weite, die alle Möglichkeiten umfaßt und die wir Welt nennen.

Wollen wir nun am Welt-Dasein des Menschen betonen, daß es am Menschen selbst liegt, dies Sein zu vollziehen, dann müssen wir von *Welt-Macht* sprechen. Da der Mensch Welt-Dasein ist, so ist er, als Macht gesehen: Welt-Macht.

Dies Wort bezeichnet uns jetzt das Vermögen, selbst zu sein in der Weise des Menschen: also in der Weise des Wissens, des Besitzens, des Beherrschens oder des Aufgebens von solchem. Wer etwas weiß, ist dessen mächtig, wer etwas besitzt, desgleichen. Er *ist* er selbst im Einbezug des anderen seiner, im Bereiche aller Möglichkeiten, im Bereiche der Welt. Wer vieles wissen will, wer noch mehr besitzen will, der ist dessen auch mächtig, sein Sein in der Weise des Wollens oder des Strebens in das auszubreiten, was jenseits seines wirklich Gewußten oder Besessenen liegt. Wer aber schließlich auf etwas verzichtet, der ist des Verzichteten auch mächtig, sonst könnte er ja gar nicht verzichten.

In alledem zeigt sich die Weltdimension des menschlichen Daseins als Welt-Macht. Zunächst immer noch in dem einen, durchaus fundamentalen ontologischen Sinn. Aber dieser Sinn hat sich uns jetzt am Menschen auf eigentümliche Weise spezifiziert.

6. Welt-Dasein und damit Welt-Macht des Menschen entfalten sich in einer Vielfalt möglicher Bezüge. Wir fragen, diese Vielfalt überblickend, wiederum: Gibt es in der Vielfältigkeit der menschlichen Seinsvollzüge einen ontologisch ausgezeichneten Bereich, in dem sich das, was Sein des Menschen genannt werden darf, auf vorzügliche, vielleicht auf entscheidende Weise offenbart? In diesem Bereich müßte dann auch, unseren Ansätzen gemäß, das Wesen der Macht in seiner eigentlichen Gestalt sich enthüllen.

Innerhalb der Mannigfaltigkeit der menschlichen Seins-und Weltbezüge heben sich die *personalen* mitmenschlichen Bezüge von den Sachbezügen ab. Sieht man im Raum dieser Unterscheidung genauer zu, so gewahrt man, daß das Sein des Menschen, insofern es als Seinsvollzug verstanden wird, nur und erst in den personalen Bezügen die Fülle seiner Eigentlichkeit zu entfalten vermag. In den Sachbezügen (Sachen kennen, Sachen besitzen und so fort) ist zwar wohl der Mensch auch auf eine gewisse Weise sich selbst vollziehend, aber selbst wenn er ganz darin aufgeht, so ist darin allein sein Selbst durchaus noch nicht zur Eigentlichkeit seines vollen Seins erwacht und entfaltet. Dies wird freilich zumeist erst auffällig, wenn personale Bezüge, die als solche wirklich entwickelt sind, im Kontrast danebentreten. Wo das Ich-Selbst im Ereignis einer Begegnung einem Du-Selbst gegenübersteht und sich in und aus diesem personalen Gegenüber versteht, da allererst ist das Ich-Selbst als solches im ganzen und eigentlich angegangen, gemeint und dadurch gleichsam sensibilisiert, während Sachen mich selbst ja nicht meinen. Ihnen gegenüber bin ich selbst fremd und im Grunde allein. Das personale Angegangensein und Erwecktsein als Ich-Selbst in der Begegnung ist aber immer zugleich transitives und tätiges Leben. Als Ich-Selbst ganz wach, *meine* ich Dich-Selbst. Darin erst *bin* ich aber allererst im vollen und eigentlichen Sinne Ich-Selbst, und ich weile, solches vollziehend in der Eigentlichkeit meines Seins. Ich kann sagen: Nur dem Du gegenüber bin ich, was ich bin. Im apersonalen Bereiche ist mein Sein weder in seine Eigentlichkeit noch in seine Fülle entfaltet. Dort bin ich nicht ganz und nicht eigentlich, was ich bin.

Das Ich-Du ist aber nur die eine Grundform personaler Beziehung. Die andere und untrennbar dazugehörige ist das Wir. Bin ich als Ich-Selbst angegangen und angehend einem Du gegenüber, dann sind wir auch ein Wir, das Wort Wir ist dann jederzeit möglich. Und spricht es einer von uns aus, dann ist deswegen kein Seinsumschlag eingetreten. Was da lebt vom Du zum Ich, vom Ich zum Du, ist immer noch das gleiche wie vorher: Dasselbe hat nur sein anderes Aussehen zum Vorschein gebracht, nämlich das des Wir. Jedes Ich-Du ist durch sich selbst auch ein (virtuelles) Wir, wie jedes Wir auch ein (virtuelles) Ich-Du ist. Ich-Du und Wir sind die beiden Antlitze desselben personalen mitmenschlichen Seins.

Jetzt können wir sagen: Die Eigentlichkeit und Fülle seines von ihm zu vollziehenden Seins erreicht und gewinnt der Mensch als Ich-Selbst einem Du gegenüber oder als Wir. Der letztere Ausdruck ist in seinem ontologischen Grund dem ersteren äquivalent, aber er zeigt ein anderes Gesicht derselben Sache.

Der Mensch als Ich-Selbst ist also wesentlich zugleich als Wir. Darum kann jeder einzelne von *uns* aussprechen, was *er* tut und ist, und immer auch sagen: wir tun …, wir sind … Jeder *ist* auch als das Wir seiner Freunde, seiner Familie, seiner Gruppe, seines Standes, seines Volkes und so fort.

Es gibt unermeßliche Abwandlungen des wirhaften Wesens des menschlichen Seins. Zu ihnen gehören auch die stets möglichen Verflachungen, Formalisierungen, Erstarrungen des Wir. Aber ebenso auch die Möglichkeiten des Aufstiegs zur reinen Erfüllung und zur klaren Höhe.

Prinzipiell aber gilt immer, was wir zunächst am einfachsten Grundmodell ablasen: Nur im Mitmenschlichen, mag es als Ich-Du oder als Wir erscheinen, liegen die Möglichkeiten zur Entfaltung der Fülle und Eigentlichkeit des menschlichen Welt-Daseins. Nur in diesem Bereich kann der Mensch eigentlich und voll sein, was er ist.

Wenn nun Sein Macht ist in dem oben angedeuteten Sinn, der Mensch aber im ganzen Kreise des Seienden der ausgezeichnete Ort der Erscheinung des Seins wie der Macht ist: dann muß innerhalb der Entfaltungsmöglichkeiten des menschlichen Daseins wiederum der personal wirhafte Bereich der sein, in dem mit dem Sein auch die Macht ihre eigentliche und volle Gestalt gewinnt.

Im eigentlichen und vollen Sinne seiend und darum mächtig ist der Mensch erst, indem er in der Begegnung des Du mächtig ist, es vermögend als Anruf, als Hingabe, als Liebe oder wie immer und indem er als Wir mächtig ist und es darin vermag, sein Leben und Sein als das umfassende Leben des Wir zu vollziehen und das umfassende Leben des Wir als sein Leben. Alle Herrschaft, etwa als Sachbesitz, ist demgegenüber nur ein Schatten von Macht. Sein und Macht erreichen von ihrem Wesen und ontologischen Grunde her innerhalb des Welt-Daseins des Menschen ihre Spitze als Sein und Macht des Wir. Hier ist der eigentlich entscheidende Ort, an dem sich Macht mit Vorzug zeigt und damit als das, was sie ist. Hier liegt die ontologische Grundlage für die Erscheinung, daß Gruppen, Klassen, Völker *sind,* indem sie *mächtig* sind in ihrer Welt. Auf diesen »Ort« haben wir also unsere Betrachtung im folgenden zu konzentrieren.

1.2. Das ideelle Prinzip der Macht

Wo das Welt-Dasein des mitmenschlichen Wir als Macht hervortritt, da ist auch die ausgezeichnete Stelle, an der Macht durchsichtig wird auf ein sie innerlich belebendes Prinzip hin, welches sie als menschliche Macht ideell konstituiert. Wir nennen dieses ideell die menschliche Macht konstituierende Prinzip das *Recht.*

Wir gebrauchen dabei den Titel Recht zunächst noch nicht im Sinne einer konkreten und positiven Rechtsgestalt. Wir meinen vielmehr zunächst jenes schlechthin fundierende ideelle Prinzip, das allem positiven und realisierten Recht als Maßstab dient und von dem her es sich entscheidet, ob diese konkrete Rechtsgestalt wirklich Recht ist oder nicht. Die Idee *des* Rechtes ist Maßstab für alles, was Recht genannt werden darf, aber sie wird selbst nicht – etwa an einem anderen Maßstab – gemessen. Sie ist souverän. Oder anders ausgedrückt: Sie ist gegenüber allen abgeleiteten Rechten schlechthin fundierend, aber nicht mehr fundiert. Sie ruht im Absoluten. In diesem Sinne sprechen wir hier zunächst von Recht als Idee.

Was hat Macht als Macht eines menschlichen Wir mit dieser Idee »Recht« zu tun?

1. Macht in ihrem menschlichen Erscheinungsbereich zeigt sich in der Tat überall als von einem absoluten ideellen Moment innerlich bestimmt. Mächtige Menschen sind wesentlich in der Weise mächtig, daß diese Menschen sich *berechtigt* wissen, mächtig zu sein. Zum mindesten beanspruchen sie, berechtigt zu sein. Mag dieser Anspruch auch selber wiederum unberechtigt sein, so zeigt er doch in seinem Anspruchscharakter, wie wesentlich für Menschen die Berechtigung zu ihrer Macht gehört. Sie muß zum mindesten, und sei es trügerisch, beansprucht werden, damit menschliche Macht als menschliche *sei* oder wenigstens zu sein scheine.

Daran kann abgelesen werden, daß Macht in ihrer spezifischen Erscheinung als menschliche Macht von ihrem Wesen her *ermächtigte* Macht ist. Das Recht ist es, das menschliche Macht erst ermächtigt, und ohne diese Ermächtigung ist die Macht nicht, was sie wesentlich ist.

In diesem Zusammenhang zeigt sich auch, daß das Recht als das ermächtigende Moment der Macht nicht einfach ein anderes der Macht ist. Macht und Recht sind nicht gegeneinander einfach nur verschiedene oder unterschiedene Dinge. Dies sieht man zum Beispiel daran, daß die Macht, wo sie im Leben der menschlichen Geschichte als *rechtlose* Macht sich enthüllt und hervortritt, allein durch diesen Mangel an Recht in ihrem Machtcharakter entscheidend gemindert und geschwächt ist. Die Macht *vermag* nun nicht mehr durchaus, was sie sonst vermöchte, sie ist einfach durch das Weniger an Recht auch weniger Macht und darum weniger seiend. Umgekehrt ist allein das An-den-Tag-Kommen eines wirklichen Rechtes eines Menschen oder einer Menschengruppe für sich allein schon vermögend und also mächtig, auch wenn keine äußeren Machtmittel hinzutreten würden. Das Recht vermag zum Beispiel, solche herbeizurufen und tut es auch.

Daran wird sichtbar, daß Recht selbst Macht ist. Der anfangs von uns aufgestellten Gleichung, der gemäß Sein Macht ist, gesellt sich nun diese weitere hinzu: Recht ist Macht. Allein dieser Gleichung muß sogleich eine Unterscheidung hinzugefügt werden, damit sie nicht in primitive Mißverständnisse führt.

Das Recht erscheint im Rahmen des Seins und Lebens des Menschen als ein inneres wesenskonstitutives Prinzip der Macht selbst. Das Ermächtigen, also das Berechtigen, vom Recht ausgehend und der Macht sich mitteilend, ist nicht nach dem Modell der Einwirkung einer äußeren Ursache auf die Macht zu denken, das Recht ist vielmehr das Innere der menschlichen Macht selbst, das nicht durch eine Tätigkeit nach Art eines Verursachens, sondern einfach durch sein Sein und Walten als Recht die menschliche Macht als menschliche wesentlich hervorgehen läßt und erbildet. Es ist ähnlich wie man im mittelalterlichen Aristotelismus sagte, die anima sei das formende Lebensprinzip des lebendigen Leibes. Nicht ein dem Leben gegenüber anderes Ding, vielmehr ein Prinzip des lebendigen Leibes selbst als eines lebendigen, ohne den dieser überhaupt nicht wirklicher lebendiger Leib wäre. Das innere Prinzip also, das diesen in seiner Lebendigkeit allererst und beständig hervorgehen läßt und erbildet, das Prinzip im Leibe, von dem her er allererst ist, was er ist.

In Analogie dazu denken wir das Verhältnis des Rechtes zur Macht. Recht ist das innere Prinzip, von dem her die Macht lebendige, sinnvolle, wahre Macht ist. Als wahre Macht ist sie allererst auch wirkliche Macht, nämlich wirklich in qualitativem Sinne, wirklich als wahre Macht. Vom Recht her als dem Ermächtigenden der Macht hat diese ihre wesentliche Wahrheit als Macht, und darin ist sie lebendig und wirklich.

Daher kommt es dann auch, daß wirklich rechtlose Macht als Macht unwahr, aber im eigentlichen Sinne auch unwirklich und von innen her tot ist; freilich mag sie ihre unwahre Wirklichkeit und ihr im tieferen Sinn unwirkliches Leben lange und schrecklich aufrechterhalten, es ist aber höchst kennzeichnend, daß sie auch dieses nur vermag so, daß sie wenigstens den Schein des Rechtes oder zum allerwenigsten den wenngleich unwahren Anspruch desselben vor sich herträgt, um von ihm zu leben unter Menschen. Ohne diesen (nur scheinbaren) Rest von Recht könnte sie überhaupt nicht sein, auch nicht als unwahre Wirklichkeit.

2. Ist das Recht also ein inneres konstitutives Prinzip aller menschlichen Macht und in diesem Sinne mit ihr eins, so unterscheidet es sich doch von der menschlichen Macht dadurch vor allem, daß es nicht unter der Macht des Menschen steht. Über das Recht als solches, über die Idee des Rechtes vermag der Mensch nichts. Aber das Recht vermag über den Menschen, indem es ihn beständig und von innen her beansprucht und richtet. Vom Recht beansprucht und gerichtet aber wird der Mensch in seiner Macht allererst, was er ist: menschlich.

Indem das Recht inneres Konstitutionsprinzip der Macht ist, ist es dieser immanent. In seinem Beanspruchen und Richten über den Menschen von oben her aber ist es dessen Macht entzogen und transzendent. Das Recht ermächtigt innerlich. Aber in seinem Ermächtigen macht es offenbar, daß der Ursprung seines beanspruchenden und richtenden Waltens oberhalb des Menschen liegt, in den Sternen, im Himmel, an einem unantastbaren Ort.

Nicht der Mensch macht das Recht recht, sondern das Recht macht den Menschen menschlich, und es macht darin dessen Macht zur menschlichen Macht. Es ermächtigt den Menschen, indem es ihm gewährt, Recht zu haben. Aufgrund solchen Rechthabens aber ist der Mensch erst in Wahrheit verfügend und mächtig im Kreise seines Welt-Daseins.

Das hier hervortretende eigentümliche Zusammen der Immanenz und der Transzendenz des Rechtes im Herzen der menschlichen Macht entspricht genau jenem Grundverhältnis im Sein des Menschen, kraft dessen zwar der Mensch er selbst ist und also selbst zu sein vermag und mächtig ist; aber über das Selbstsein selbst vermag er nichts, in dieses findet er sich eingewiesen, ungefragt und von jenseits und oberhalb seiner selbst aus. Wohl aber findet sich im Selbstsein des Menschen ein Verhältnis zu dem Ursprung, von dem her er seiner selbst mächtig ist; und zwar ein Verhältnis, das über sein Menschsein entscheidet.

Dieses Grundverhältnis des menschlichen Daseins, daß er er selbst ist und doch nicht von sich selbst, dies ist es, das uns in der Gestalt der sowohl immanenten wie transzendenten Natur des Rechtes wiederum begegnet, sobald wir das menschliche Dasein unter dem Gesichtspunkt der Macht betrachten. Das Recht ist das »Selbst« oder die »Seele« der menschlichen Macht. Aber es verdankt sich nicht der menschlichen Macht.

3. Mit diesen eigentümlichen Verhältnissen hängt es zusammen, daß das Einssein von Immanenz und Transzendenz des Rechtes im Bereich der menschlichen Macht zugleich eine Differenz einschließt zwischen Macht und Recht, und zwar eine höchst merkwürdige.

Einerseits, so finden wir, ist der Mensch durch sein Wesen als Mensch *unlöslich* mit dem Recht verbunden. Er würde aufhören, ein Mensch zu sein, wenn er nicht mehr im Bereiche des Rechtes wäre.

Andererseits ist der Mensch als Mächtiger, sein Sein selbst Vermögender und Vollziehender doch auch nicht unlöslich eins mit dem Recht. Das Recht liegt ja in seinem Ursprung jenseits seiner Macht und Verfügung, so daß also der Mensch einfach auf Grund dessen, daß er er selbst ist oder mächtig ist, nicht einfach auch schon im Recht ist; wohl aber ist das Recht, einfach dadurch, daß es Recht ist, immer schon ihn beanspruchend und richtend in ihm. Blicken wir vom menschlichen Selbstsein zum Recht hin, so ist das Verhältnis ein lösliches. Blicken wir vom Recht her zum menschlichen Selbstsein hin, so ist das Verhältnis unlöslich. Die Differenz des menschlichen Selbstseins zum Recht liegt nicht neben der Einheit des Rechts mit dem Menschen, sondern in dieser Einheit selber. In dieser Differenz in der Einheit aber gründet die Möglichkeit, daß Menschen in der Entfaltung ihrer Seinsmacht nicht nur recht, sondern auch unrecht zu sein vermögen.

Der Mensch vermag in der Entfaltung seiner Seinsmacht aus dem Anspruch des transzendent gegründeten Rechts herauszutreten. Tut er dies, so tritt er zwar durch seine Macht ins Unrecht, aber das Recht hört dadurch nicht auf, ihn wesentlich zu bestimmen, und er hört dadurch nicht auf, sich vom Recht bestimmt zu wissen und seine Macht nur als berechtigte Macht zu erkennen. In der Lösung der menschlichen Macht vom Rechte erhält sich die unlösliche Bindung.

Diese zeigt sich vom Recht her darin, daß das Recht selbst nun die Machtentfaltung des Menschen in der Weise wesentlich bestimmt, daß es diese richtet, indem es sie verurteilt. In der Verurteilung, Unrecht zu sein, wird die menschliche Macht ernst genommen vom Recht. In dieser Verurteilung liegt das eigentliche humanum, das das Recht auch noch der unrecht gebrauchten Macht des Menschen zubringt. Das Unrecht ist von daher nicht einfach ein nichtiges Nichts. Es ist etwas Ernstes: Es ist wirklich Unrecht, dieses ist sein Recht.

Vom Menschen her jedoch zeigt sich die Unlöslichkeit seiner inneren, seinsmäßigen Bindung an das Recht auch im menschlichen Heraustreten aus dem Recht darin, daß der Mensch sich nun genötigt findet, seine Machttat als Recht zu deklarieren, und dies nun durch seine Macht und obwohl er weiß, daß diese aus Macht geschehende Rechtsdeklaration nichtig ist. Der Mensch kann nicht anders als selbst und gerade im Unrecht Recht haben zu wollen. So stark ist die unlösliche Bindung seines Wesens an das Recht. Darum tut er auch nie einfachhin und geradeaus das Unrechte, wenn er unrecht tut. Er vollbringt vielmehr, von seinem

Wollen und dessen Deklaration her gesehen, das Rechte. Dies steht freilich unter der Verurteilung durch das wirkliche Recht, das nicht im Wollen des Menschen gründet. Aber so gesehen ist alles Unrecht auf eine gewisse Weise unrechtes *Recht,* und anders kann es nicht sein, das heißt, es kann nicht anders vollzogen werden vom Menschen. Selbst also in der Verkehrung noch ist es die Idee des Rechtes, die die unrechte Macht ermöglicht und ermächtigt.[1]

Um dieser eigentümlichen Verhältnisse willen legt sich nun die an sich durchaus einfache Idee des Rechtes im Bereich und Spielraum der menschlichen Seinsmacht in zwei Gestalten auseinander. Sie werden gewöhnlich Recht und Unrecht genannt. Nach dem oben Ausgeführten wäre es noch genauer zu sagen: rechtes Recht und unrechtes Recht. Die Differenz zwischen beiden entsteht im Spielraum der menschlichen Seinsmacht, insofern diese zwar von ihrem Wesen her eins ist mit dem ermächtigenden transzendenten Recht, doch von ihren Daseinsverhältnissen her nicht durchaus eins.

Damit wird aber notwendig für das menschliche Vermögen des Seins das Recht als das rechte Recht zum nicht Selbstverständlichen und damit zur Aufgabe. Es liegt nun am menschlichen Vermögen zu sein, daß es sich füge in das dieses Vermögen erst ermächtigende Recht, und damit in die für alle menschliche Seins- und Welt-Macht schlechthin entscheidende Einheit mit dem, was diese Macht erst menschlich, wesentlich und wahr macht. Diese Aufgabe ist nichts weniger als zufällig oder äußerlich für den Menschen, sie ist vielmehr für das Selbstsein des Menschen so wesentlich, daß sie überhaupt entscheidet über das, was dieses Selbstsein ist.

Im Bereiche dieser Wesensaufgabe liegt die ethische Bestimmtheit aller menschlichen Machtentfaltung.

Blicken wir von hier aus zurück auf das im ersten Abschnitt Gesagte, so wird uns auffallen, daß hier zum zweiten Mal eine Ambivalenz im Spielfeld der menschlichen Macht begegnet, und auch dieses Mal erhebt

[1] Ich habe diese Zusammenhänge in der Abhandlung »Über das Böse« 1959, [unter dem Titel: Thomas von Aquin über das Böse, in: Bernhard Welte, *Auf der Spur des Ewigen. Philosophische Abhandlungen über verschiedene Gegenstände der Religion und der Theologie,* Freiburg, Basel, Wien 1965, 155–184] sowie in der Schrift »Nietzsches Atheismus und das Christentum«, Darmstadt 1958 [2. Aufl. 1964] unter noch allgemeineren Gesichtspunkten darzulegen gesucht.

sie sich aus den ontologischen Grundverhältnissen der menschlichen Macht. Begegneten wir zuerst der Macht, die eigene Macht zu behaupten, und der Macht, die eigene Macht auch hinzugeben, so stehen wir jetzt vor der tieferen Ambivalenz: Aus der transzendenten ideellen Bestimmtheit der menschlichen Macht heraus kann diese im rechten Recht und im unrechten Recht sein, aber nicht außerhalb des Rechtes.

Beide Male geht es um Sein oder Nichtsein des Menschen. Das erste Mal im ganz elementaren Sinne. Das zweite Mal im höheren, nämlich wesentlichen und ideellen Sinne. Die Bedeutung dieser Ambivalenzerscheinungen wird uns im folgenden noch einmal unter neuen Gesichtspunkten zu beschäftigen haben.

1.3. Die geschichtliche Konkretheit der Macht

1. Ist menschliche Seins- und Welt-Macht wesentlich vom Recht ermächtigte Macht, so fordert anderseits das Recht durch die Macht seiner transzendenten Idee: von der Macht des *Menschen* realisiert zu werden. Das Recht will von sich her durch des Menschen Macht getan und vollbracht und dadurch ins Werk gesetzt und in der menschlichen Wirklichkeit aufgestellt werden. Es verlangt als ideelles Prinzip sozusagen seine Inkarnation im Fleische der menschlichen Seinsmacht, wie umgekehrt diese einer Idealisation durch das transzendente, also übermenschliche Recht bedarf.

Auf diese Weise entsteht durch die Wesensdynamik des Rechtes selber im menschlichen Bereich das realisierte Recht, durch menschliche Macht herrschend geworden im Bereiche des menschlichen Wir, zum Beispiel eines Volkes oder einer Völkergemeinschaft. Das realisierte Recht, die unter Menschen konkret gewordene und geltende Rechtsordnung, ist immer zugleich Machtordnung, indem es nämlich konkret *herrschendes* Recht ist: Idee zwar im Prinzip, nun aber realisiert und dadurch zugleich modifiziert durch die Entfaltung und Aufrichtung menschlicher Macht.

Die solchermaßen im Boden und Grund menschlicher Macht realisierte und konkret gewordene Rechtsordnung fällt nicht mehr rein und ohne Rest zusammen mit der transzendenten Idee des Rechtes. Etwas anderes ist die *reine* Idee, etwas anderes die durch die Macht *realisierte* Idee.

Aber diese ist auch nie der Idee des Rechtes gänzlich ungleich und fremd. Denn sie lebt als menschliche Machtgestalt, wie wir gesehen haben, von der Ermächtigung durch das Recht.

Sie ist als Rechtsordnung zugleich Machtordnung, denn sie ist nun durch menschliche Macht wirklich im menschlichen Bereich. Jede Machtordnung unter Menschen ist aber auch Rechtsordnung, ihrem Sinn und Anspruch nach vom Recht lebend.

Das konkrete Recht, als Macht unter Menschen aufgestellt, ist, an der reinen Idee gemessen, immer gemindertes Recht, nie in vollendeter Weise das reine Maß erfüllend, an dem es gemessen werden muß. Aber es ist der reinen Idee gegenüber auch gemehrtes Recht: Es hat die Dimension konkreter wirksamer Realität unter Menschen hinzugewonnen, die es als reine Idee wohl anforderte, aber nicht erreichte.

Das Recht lebt daher zwar nicht rein, aber dafür um so nachdrücklicher und realer unter Menschen in der Gestalt konkreter mächtiger Ordnungen etwa staatlicher Art. Man mag das Römische Recht als Beispiel nehmen: Die Macht des römischen Imperiums trug es.

Ist das konkrete Recht unvermeidlich defizient gegenüber der reinen Idee des Rechtes, so ist es vermeidlich, aber doch immer möglich, daß es zu mächtigem Unrecht werde. Das ist eine Folge jener ontologischen Grundverhältnisse, die wir oben erwähnt haben. Es ist eine äußerste und schreckliche Möglichkeit unter Menschen: daß sich eine konkrete Rechtsordnung im ganzen als mächtiges Unrecht erhebe.

Gemäß dem früher Gesagten muß auch eine solche mächtige Unrechtsordnung deklarieren, Rechtsordnung zu sein. Sie wird noch einmal, wenn auch auf äußerst verkehrte und böse Weise, bestätigen, daß konkret unter Menschen jede Machtordnung auch Rechtsordnung ist.

2. Ist die menschliche Macht zur konkreten Gestalt der Rechtsordnung unter Menschen geworden, so tritt sie samt dem Recht, dessen Realisierung sie darstellt, unter die Bedingungen des menschlichen Daseins als eines konkreten gesellschaftlichen. Die wichtigste Folge, welche sich aus diesen Bedingungen ergibt, ist die geschichtliche Macht-und Rechtskonkurrenz.

Diese Konkurrenz erfließt aus den Seinsverhältnissen des menschlichen Wir, der Grundform allen geselligen und gesellschaftlichen Daseins der Menschen.

Jeder Mensch ist ein einzelner. Aber jeder Mensch ist zugleich auch

Welt-Dasein und als solches mehr als ein einzelner. Davon wurde schon gesprochen. Jeder einzelne ist in seinem Dasein bestimmt und geprägt von der Unbegrenztheit möglicher Bezüge, von der offenen Welt des möglichen Wissens, Beherrschens und so fort, und diese den Menschen bestimmende Welt ist für ihn ohne grundsätzliche Grenzen. Jeder einzelne ist darin auch »quodammodo omnia«, wie Thomas von Aquin sagte, mögliches Einssein mit allem, und dies in Gestalten wie: alles wissen, alles haben und so fort.

In dem dergestalt offenen Raum des Welt-Daseins des Menschen ist aber das entscheidende und ausgezeichnete Bezugssystem das, das ihn in personalen Bezügen verbindet mit anderen als seinen Mitmenschen. Auch davon wurde bereits gesprochen. Jeder einzelne steht als Welt-Dasein im überall offenen mitmenschlichen Raume des möglichen Wir, und dieser Raum ist die eigentliche Welt des Menschen. Auch und gerade diese Menschenwelt in spezifischem Sinne ist vom Ansatz des menschlichen Welt-Daseins her unbegrenzt. Auch und gerade hier erweist sich das menschliche Sein als »esse quodammodo omnia« beziehungsweise »omnes«.

Die faktischen Entfremdungen und Zerklüftungen unter Menschen, die es freilich überall gibt, bestätigen dies nur, und zwar auf doppelte Weise. Einmal wären solche Entfremdungen gar nicht möglich, wenn die Menschen sich überhaupt nichts angingen. Nur solche, die sich etwas angehen, können sich auch fremd werden und können sich auch streiten. Das unbegrenzte Sich-etwas-Angehen ist der Boden der Möglichkeit für alles Sich-Entfremden. Die Entfremdung selber aber, und dies ist das andere, auf das hinzuweisen ist, scheidet wohl Menschen untereinander. Aber jeder einzelne, bei dem diese Scheidung wirklich zu sich kommt, wird erfahren, daß sie nicht nur ihn, diesen einzelnen, von den anderen trennt, sondern daß sie auch ihn in sich selbst beunruhigt und mit sich selbst nicht ganz eins sein läßt. Die Trennung, die den einen vom anderen scheidet, ist sie erst wirklich einmal an den Tag getreten, scheidet auch das Sein jedes einzelnen in sich selbst. Sie scheidet ihn, insofern er kommunikatives Welt-Dasein ist.

Jeder einzelne ist also er selbst, und er ist Einheit mit allen, grundsätzlich universales Wir.

Was von dem einzelnen Menschen gilt, gilt auch von einzelnen Gruppen im Rahmen der größeren, schließlich universalen mitmenschlichen Verbundenheit. Darum geht es auch ihnen immer wieder um die gemäße Form des Eins-Seins mit allen, und dies gerade auch dann, wenn sie sich begrenzen. Es geschieht, und es kann geschehen, weil die einzelnen Gruppen *an sich* eins sind mit allen.

Die Spannung im Ganzen des wirhaften menschlichen Daseins entsteht nun dadurch, daß *jeder einzelne* (und auch jede einzelne Gruppe) auf die angedeutete Weise »alle« ist. Dadurch ist es möglich und unausbleiblich, daß das kommunikative Alles-Sein in allen seinen Erscheinungsformen in vielen einzelnen Realisierungszentren auftritt. Von vielen Punkten aus muß die Tendenz zu universalen, alle Grenzen überschreitenden Bildungen entstehen. Diese müssen unvermeidlich untereinander strittig werden. Wären die Menschen nur einzelne, so gäbe es diesen Streit nicht. Jeder wäre auf seine Einheit begrenzt. Wären sie nur ein einziges allumfassendes Wir, so gäbe es den Streit der Konkurrenz auch nicht. Sie wären ja alle eins. Aber weil das grundsätzliche Wir vereinzelt ist, oder jeder einzelne als Wir ist, darum tritt die Erscheinung der Konkurrenz auf. Weil das Sein des Menschen auch und gerade als Welt-Dasein Macht ist, darum tritt diese Konkurrenz als Machtkonkurrenz auf.

Darum findet jeder einzelne Träger von Sein und Seinsmacht sich anderen möglichen und wirklichen Trägern von Macht *gegenüber,* und die in diesem Gegenüber entstehenden Ansprüche stoßen sich gegenseitig. Jeder will mehr sein, etwa mehr Einfluß, mehr Macht haben, als ihm der Partner zu lassen bereit ist.

Jede im qualitativen Sinne seiende, das heißt mächtige Gruppe findet sich anderen konkurrierenden Gruppen gegenüber, und sie bestreiten sich gegenseitig ihr Sein, in einzelnen Bezügen oder, wenn es hoch kommt, auch im ganzen. Die menschliche Gesellschaft ist so konstituiert, daß sie zugleich eine überall *eine* und eine überall geteilte ist, und dadurch ist sie das unabsehbare Spielfeld nie ganz zu beruhigender Machtkonkurrenz.

Von daher ist alle menschliche Macht, wiewohl sie von ihrem Begriffe her ein reines Positivum ist, doch immer auch negativ, sie ist immer auch Macht *gegen,* da sie sich genötigt sieht, sich in der machtgemäßen Negation der möglichen oder wirklichen Konkurrenz zu behaupten, von der sie ganz oder teilweise bestritten wird oder bestritten werden kann. Ist menschliche Macht nicht auch Macht *gegen* wirkliche Macht, dann ist sie in *diesem* Bezug Ohnmacht, und es entsteht ein Seinsverlust, der im äußersten Falle auch total werden kann. Die Machtkonkurrenz als

Grundsituation menschlicher Macht ist wegen der dargelegten Wesensverbundenheit von Macht und Recht notwendig und immer auch Rechtskonkurrenz. Die Konkurrenzsituation ist auch die Grundsituation aller *konkreten* Rechtserscheinungen und Rechtsordnungen. Alle Konkurrenten machen in der Konkurrenz ihr Recht geltend, ihr wirkliches oder ihr angemaßtes, und sie bestreiten das Recht des Gegners. Der Streit der Macht, sei er ruhend oder offen, ist auch ein Streit des Rechtes und ums Recht.

Ist die angedeutete Konkurrenz von Macht und Recht die durchgehende Grundsituation der Macht wie des Rechtes der menschlichen Gesellschaft im ganzen, dann hat dieses, wie man sehen wird, zur Folge, daß das konkrete Recht unter Menschen nie ganz und für immer stabil sein kann. Es ist dann im ganzen immer eine offene, das heißt bezweifelbare und bestreitbare Frage: wo unter Menschen der Ort des Rechtes sei. Im ganzen ist jedes Recht unter Menschen auch bestritten oder wenigstens bestreitbar. Ein ganz neutraler Ort, der außerhalb dieses stets möglichen Streites läge, wäre vielleicht so etwas wie ein platonischer topos epoyranios, aber kein menschlicher Ort mehr.

Von daher ist alles konkrete Recht in große Fragen und Gefährdungen gestellt und mit ihr die Wesentlichkeit und Wahrheit der Macht, und man kann von daher die Sorgen verstehen, die Pascal dazu äußerte.[2]

3. Dies wird besonders sichtbar, wenn wir die Rechts- und Machtkonkurrenz und damit die Strittigkeit von Recht und Macht auf ihrem unter Menschen obersten, auf dem souveränen Niveau betrachten.

Geschieht der Streit um Macht und Recht innerhalb einer die streitenden Konkurrenten umfassenden und anerkannten mächtigen Rechtsordnung, also im Raume von bestehendem mächtigem Rechte, so kann das Recht durch Anrufung der Instanz, die die Macht- und Rechtsordnung in Händen trägt, geklärt werden. Es läßt sich innerhalb dieses Raumes feststellen, wer Recht hat, und damit kann der Streit beendet werden.

Aber der grundsätzlich wichtige Fall ist der, wo das in der Konkurrenz strittige Recht der Macht – oder die strittige Macht des Rechtes – oberhalb der konkret bestehenden, mächtigen und anerkannten Rechtsordnung stattfindet und wo es also gerade darum geht, *in* der Auseinander-

[2] B. Pascal, *Pensées*, Nr. 294 ff. [Ed. par Léon Brunschvicg.]

setzung den Rechtsboden als den maßgeblichen und konkret mächtigen, geschichtlich wirklich seienden allererst heraufzuführen. Dann hat der Streit keine wirklich mächtige Instanz unter Menschen mehr über sich, er findet auf souveränem Niveau statt. Dies ist die Ebene, auf der sich die Macht des künftigen Rechtes aus dem Handeln in der Situation erst bilden muß. Auf dieser Ebene liegen die hohen und eigentlichen Knotenpunkte des geschichtlichen Prozesses der Macht. Dies ist die politische Ebene im engsten und höchsten Sinne dieses Wortes. Auf ihr kulminieren alle Erscheinungen und inneren Spannungen der Macht unter Menschen in höchster Verdichtung.

Diese Ebene und ihre entscheidungsvolle Situation kann sich auch innerhalb einer bestehenden staatlichen Ordnung bilden, und dies in verschiedenen Abwandlungen. Zum Beispiel, wenn eine kleine Gruppe innerhalb eines Staates sieht, daß dessen Recht im ganzen kein wirkliches Recht hat und seine Macht also eigentlich nichtig ist, wenn sie von diesem ihrem Wissen aus das Recht des Staates bestreitet aus dem Anspruch des reineren und höheren Rechtes fürs Ganze und mit der Möglichkeit, das heißt mit der Chance der Macht, dieses Recht kämpfend zu erstreiten: dann streitet in einem solchen Streit vielleicht die wirkliche Macht und das wirkliche Recht gegen die nichtige und wesenlose Macht und ihr nichtiges Recht, und auf jeden Fall findet ein solcher Streit dann auf souveräner Ebene statt, wiewohl er dem Scheine nach innerhalb einer bestehenden Rechts- und Machtordnung geführt wird.

Die Situation ist freilich häufiger, und auch dies mit vielen möglichen Abwandlungen, im zwischenstaatlichen Bereich. Dort ist das Äußerste, wozu sie führen kann, der Krieg, der gewaltsame Streit um das künftige Mächtigsein des einen oder des anderen Rechtes. Auch der Krieg wird immer unter der Idee des Rechtes geführt, des Rechtes, das streiten muß, um nicht unterzugehen, das mächtig sein muß, um zu sein und in der Geschichte zu bestehen, und das zugleich bestritten ist.

Auf dieser höchsten Ebene kulminiert auch die Gefährdetheit der Macht. Denn gerade auf dieser Ebene ist es ja zwischen den Kämpfenden offen, was nun im ganzen recht oder unrecht sei. Darum wird ja gestritten. Und dies angesichts des Umstandes, daß im kämpfenden Handeln auf der obersten Ebene nicht nur erst geklärt werden soll, was sein wird als rechte herrschende Macht, sondern auch, was konkret sein und gelten soll als das künftige mächtige Recht, als die gebotene Ordnung.

Es wird sichtbar, daß, was hier zu geschehen hat, nicht einfach ablesbar ist als Fall einer für alle Fälle geltenden abstrakten Regel. Denn das künftige Recht, das erstritten werden soll, war noch nicht da. Es wird gewiß viele Einzelpositionen umfassen, deren Recht genannt werden kann und geachtet werden muß. Es sind Grundrechte nennbar, die in jeder Situation anzumelden sind. Nie darf gelogen, nie dürfen Verträge gebrochen werden. In solchen Bereichen wird das Naturrecht auch im höchsten Konflikt der Macht unumstritten und deutlich bleiben können. Aber in den entscheidenden geschichtlichen Situationen geht es nicht nur um solche Positionen. Es geht im Grunde genommen auf der höchsten Ebene primär um das Künftige im ganzen, hinsichtlich der Macht sowohl wie hinsichtlich des Rechtes. Und es geht in bezug auf dies zu gewinnende Ganze dann darum, daß von ihm aus neu das konkrete Recht des einzelnen formuliert werden muß, ebenso wie die konkrete Stellung aller einzelnen Positionen im neu zu erstreitenden Ganzen neu hervortreten wird: die Stellung etwa des Eigentums, der Familie, der sozialen Stände und so fort.

Die alle mechanische Berechenbarkeit überschreitende Einmaligkeit der geschichtlichen Situation auf der höchsten Ebene tritt namentlich dann entscheidend hervor, wenn wir zusätzlich dazu bedenken, daß das, was hier geschieht, nicht nur durch den Menschen geformt wird, sondern auch durch das, was man vielleicht den Strom der Geschichte nennen kann. Man braucht nicht gerade Hegelianer zu sein, um zu sehen, daß es alle Einzelheiten übergreifende Sinnzusammenhänge in der Geschichte gibt, die nicht einfach von Menschen gemacht werden, die aber die Schicksale der Menschen und die Gestalten des Menschentums durch das Handeln der Menschen hindurch bestimmen und tragen. In deren Gang und Strom findet sich alles Einzelne eingebettet. Die Geschichte selbst eröffnet jeweils Möglichkeiten fürs Ganze in immer wieder durchaus einmaligen Situationen und Wendungen. Man kann und muß für sie aus der Vergangenheit lernen, aber es ist nie nützlich, die Vergangenheit einfach kopieren zu wollen. Denn die Geschichte geht zwar, wie wir zu sehen glauben, keinen sinnlosen Gang, aber auch und erst recht keinen berechenbaren. Die in der Geschichte waltenden Mächte bereiten bisweilen das Heraufkommen bestimmter Rechtsgestalten, und dann kommen diese Gestalten, und sie werden konkret mächtiges Recht, mögen die einzelnen Handlungen, durch die diese Gestalten heraufkommen in der Geschichte, im Sinne des Rechtes noch so fragwürdig sein. Wesentliche Elemente der modernen Rechtsordnung und ihrer Grundlagen gehen auf irgendeine Weise auf das zurück, was wir in der Französischen Revolution als geschehen wissen. Niemand wird alles, was im Rahmen dieses Ereignisses im einzelnen geschah, rechtfertigen wollen. Aber es geschah dort gleichwohl ein Durchbruch, der im Sinne der Geschichte lag. Er hat weithin Grundlagen konkret mächtigen Rechtes erbracht. Die Geschichte ist voll von äußerst spannenden Beispielen dieser Art.

Welcher Mensch aber will sagen, daß er des Sinnes der Geschichte, und gar noch im voraus, mächtig sei?

Auf der souveränen Ebene geschieht durch das Handeln der Menschen hindurch die Geschichte, bereiten sich die konkreten Macht- und Rechtsordnungen. Aber gerade auf dieser Ebene, wo es am meisten auf alles ankommt und wo darum die Frage am größten sich erhebt, was zu tun und wie Macht zu gebrauchen oder nicht zu gebrauchen sei, bleibt die Frage am meisten offen: Wie können Menschen allen gerechten Forderungen und durch diese dem Ganzen des von der Geschichte Geforderten und durch dieses *der Idee des Rechtes selber* gerecht werden in der souveränen Situation, die immer wieder neu und erstmalig und ohne Vorbild und doch von so großem Gewicht ist?

Dies ist die Frage nach dem Ethos der Macht in ihrer höchsten, entscheidendsten, wesentlichsten Form.

Sie muß gestellt werden. Denn gerade auch diese souveräne Situation, ja sie zuhöchst, steht unter der Anforderung und unter dem Gericht des transzendent gegründeten Rechtes als der Seele aller Macht.

Aber es wird sichtbar sein, daß zur Beantwortung der Frage dann, wenn sie so gestellt ist, weniger ein Gelehrter, eher ein Weiser, ja vielleicht ein Prophet gefordert wird, daß es da um Urteile geht, deren Findung vielleicht auf divinatorische, auf inspirierte, auf pneumatische Weise gelingen kann, aber gewiß nicht auf die Weise bloßer abstrakter Berechnung und formaler Deduktion.

Aber wie gefährdet sind gerade solche Wege, die jeweils im Spielraum von Gewissen und Erleuchtung zuletzt allein gegangen werden müssen von Menschen, und wie leicht schlägt, was echte Sendung und echter Auftrag sein kann und sein sollte, um in das falsche und böse Sendungsbewußtsein eines blinden und schrecklichen Fanatismus!

Damit sind wir an dem Punkt, auf den es schließlich im ganzen ankommt. Es geht zuletzt und entscheidend um den Gebrauch der Macht in diesem souveränen, obersten politischen Bereich, in dem das Recht in der Gestalt der Macht streiten muß und bestritten ist. Das ganze Problem der Macht drängt sich hier in die eine ethische Frage zusammen, in deren Spitze sich alles sammelt, was wir von den ontologischen Wurzeln der Macht bis hierhin zu betrachten suchten: Wann darf und muß vielleicht Macht angewandt und gebraucht werden in diesem Bereich? Wann dürfen und müssen vielleicht Menschen im Ernst zum Schwert der Macht greifen? Wann dürfen oder müssen sie vielleicht darauf verzichten?

Mit dieser Frage wollen wir im folgenden die christliche Offenbarung befragen. Welche antwortenden Gedanken hält sie uns bereit?

2. Entwurf einer theologischen These zum rechten Gebrauch der Macht

2.1. Die theologische Bestätigung der menschlichen Macht

Die neutestamentliche Botschaft belehrt uns mit aller wünschenswerten Klarheit darüber, daß das Recht, die Seele der Macht, von Gott kommt, und mit ihm die gerechte Macht selbst. Gott steht hinter dem je mächtigen und herrschenden Recht. Dies heißt zugleich im Sinne dieser Botschaft, daß alles menschliche Mächtigsein getragen ist von dem von Gott herkommenden Recht und seiner Macht, daß es aber auch an dieses Recht und an diese Macht Gottes gebunden ist und von dort her gerichtet wird.

Nach dem bei allen Synoptikern begegnenden Herrenwort haben wir dem Kaiser zu geben was des Kaisers ist (Mt 22,21 par.). Die Macht des von ihm ausgehenden Rechtes wird anerkannt.

Der bekannte Text des Römerbriefes stimmt dem bei und begründet dies auf seine Weise. »Es gibt keine Gewalt außer von Gott … Die Obrigkeit ist Gottes Gehilfin … zum Guten« (Röm 13,1–7). Dies ist an dieser Stelle gesagt nicht für die Träger der Macht unmittelbar, sondern für die, die sich unter den Herrschenden finden, ihnen zugeordnet als Untergebene. Damit ist aber grundsätzlich auch die Macht selbst als von Gott gegebene bestätigt. (Auf die Frage der unrechten Macht und ihrer Überwindung einzugehen war an dieser Stelle kein Anlaß.) Die Situation: der Macht untertan zu sein, erscheint hier als von Gott zugewiesen.

Dem entspricht es wiederum, wenn bei Johannes im Munde Jesu dem römischen Landpfleger gegenüber das Wort begegnet: »Du hättest keine Gewalt über mich, wenn sie dir nicht von oben gegeben wäre« (Joh 19,11).

An allen diesen, im übrigen unter sich sehr unterschiedlich gearteten Stellen bestätigen die neutestamentlichen Texte einhellig, daß nicht nur die transzendente Idee des Rechts, sondern auch die konkrete geschichtliche Gestalt des mächtigen Rechtes und damit die Macht selber von Gott gegeben ist, den Untergebenen von dieser Quelle her zugeordnet.

Dem ist freilich hinzuzufügen, und die Schriften des Neuen Testaments unterlassen es nicht, dies zu tun, daß die demgemäß von Gott geordnete Obrigkeit selber unter dem Gerichte Gottes steht. Sie ist nicht unantastbar. Die Art, wie gemäß den Berichten des Neuen Testamentes der Täufer Johannes mit Herodes umgeht (Mk 6,17 ff. par.), wie Jesus vor Pilatus auftritt (Mt 27,11 ff. par; Joh 18, 28–38; 19,10 ff.), wie die Christen etwa nach den Berichten der Apostelgeschichte zur jüdischen Obrigkeit sich verhalten (»Man muß Gott mehr gehorchen als den Menschen«, Apg 5,29), wie die Johannes-Apokalypse das die Christen verfolgende Römische Reich zeichnet: alles dieses zeigt übereinstimmend, daß nach dem hier Gesagten die Gewalt von Gott ist für die ihr Untergebenen, daß sie aber selber unter der größeren Gewalt des Rechtes und des Gerichtes Gottes steht.

Und was sagt das Neue Testament zum Gewaltenstreit der obersten politischen Mächte um das Recht? Die Schrift sagt zunächst erstaunlich wenig dazu. Sie sagt weder, es soll so sein, es soll gestritten werden, es soll Kriege geben und was dazu gehört. Sie sagt aber auch nicht, alles dieses müsse durchaus abgeschafft werden. Die immer wieder sich ergebende Perspektive scheint vielmehr diese zu sein: Die neutestamentlichen Bücher setzen den Streit auf Erden als einen für die Welt charakteristischen Zustand voraus. So ist es nun einmal in dem Bereiche, der »diese Welt« genannt wird. Es erübrigt sich fast, dafür einzelne Stellen anzuführen. Wie in der Schrift des Kaisers, wie der jüdischen und der römischen Behörden, wie der in deren Dienst stehenden militärischen Einheiten gedacht wird, alles dies bestätigt diese Meinung.

Die Schrift anerkennt auch, daß es innerhalb der durch diesen Zustand gekennzeichneten irdischen Welt die Möglichkeit echter Verpflichtung geben kann zum verteidigenden Kampf um das göttliche Recht. Dann kann der Kampf oder doch die Bereitschaft für ihn zur Pflicht werden, wie es einst bei den Makkabäern war. Die dort hervortretende Haltung wird im Grunde auch im Neuen Testament nicht zurückgenommen. Das johanneische Jesuswort zum Beispiel setzt sie voraus: »Wäre mein Reich von dieser Welt, so würden meine Diener gekämpft haben, daß ich den Juden nicht ausgeliefert würde« (Joh 18, 36).

Man darf dies und manches, was dazu gehört, wohl so verstehen: Es gibt von Gott her für den Menschen im ganzen innerhalb des irdischen Lebens als unverzichtbar zugemessene Güter und Rechte, die von dem Menschen verteidigt werden dürfen und müssen, wo es aufs Ganze und Wesentliche geht, auch mit Mitteln möglicher Gewalt unter den Risiken gegebenenfalls sogar des eigenen Untergangs. Das verteidigende Kämpfen um das unveräußerliche Recht gehört zur Ordnung und damit auch zur Verpflichtung der Welt. Wer in der Welt sein will, muß um sein Recht und um das der Seinen gegebenenfalls kämpfen. Nur muß die kämpfende Anwendung der Macht im Recht sein vor Gott. Die Schrift bestätigt so, wenn wir recht sehen, was wir schon aus der philosophischen Erörterung zu erkennen glaubten: Sein in der Welt heißt Macht haben und Macht gebrauchen, und dies auch und gerade in der strittigen Situation.

Im Bereich des so Angedeuteten scheinen die möglichen theologischen Auskünfte klar und eindeutig, wenn auch freilich, wie man sehen wird, nicht sehr konkret. Im Bereiche dieser Gedanken bewegen sich auch die meisten theologischen Äußerungen zum Gebrauch der Macht, die in den Diskussionen der letzten Jahre gemacht wurden, auch die päpstlichen Verlautbarungen, vor allem Pius XII. hierzu.[3] Es geht dabei immer wieder um Prinzipien des gerechten Kampfes, des gerechten Ver-

[3] Grundsätzlich ist zu verweisen auf die »Acta Apostolica Sedis« (AAS), Rom, das amtliche Publikationsorgan des Hl. Stuhles, in dem u. a. alle Rundschreiben und die wichtigsten Verlautbarungen des Papstes in Originalsprache veröffentlicht werden. Für die deutsche Übersetzung empfehlen sich für den Zeitraum 1939 – 1954: *Aufbau und Entfaltung des gesellschaftlichen Lebens, Soziale Summe Pius XII*, hg. von Arthus-Fridolin Utz und Joseph-Fulko Groner, 2 Bde., Fribourg 1954, hier besonders Band II, 3. Buch, 3. Teil, Die politische Ordnung, 1756 – 2078; oder ab 1946: die »Herder-Korrespondenz« (HK), Freiburg 1946 ff., die laufend über die päpstlichen Verlautbarungen referiert und die entsprechenden Texte in deutscher Übersetzung bringt. – Im einzelnen sei hingewiesen auf folgende Ansprachen, die sich mit unserer Thematik, freilich unter sehr verschiedenen Gesichtspunkten, beschäftigen: Weihnachtsansprache 1948, in: AAS 41 (1949) 5–15 = HK 3 (1948/49) 162 – 166; Ansprache an die Teilnehmer des VI. Internationalen Kongresses für Strafrecht am 3. 10. 1953, in: AAS 45 (1953) 730–744 = HK 8 (1953/54) 77–83; Ansprache an die Teilnehmer der 16. Sitzung des Internationalen Dokumentationsbüros für Militärmedizin am 19. 10. 1953, in: AAS 45 (1953) 744–754 = HK 8 (1953/54) 125–129; Ansprache an die Teilnehmer des VIII. Ärztlichen Weltkongresses am 30. 9. 1954, in: AAS 46 (1954) 587–598 =

teidigungskrieges und so fort, wie sie zum mindesten als möglich vom Neuen Testament vorausgesetzt werden. In diesem Bereich wird das politische Gewissen in seinem Welthorizont an- und aufgerufen zur Prüfung und zum Einsatz.

2.2. Die neutestamentliche Botschaft der Gewaltlosigkeit und ihr theologischer Sinn

Es ist nun aber für die neutestamentliche Position in unserer Sache ganz entscheidend, daß neben den genannten Aussagen und Andeutungen auch noch ganz andere stehen. Es gibt wesentliche und zentrale neutestamentliche Sätze und Gedanken, welche das Gegenteil des bisher Erläuterten auszusagen scheinen. Es macht bisweilen den Eindruck, als lägen hier innerhalb des Raumes des Neuen Testamentes zwei kaum zu vereinbarende Ebenen vor. In der zweiten und nun zu betrachtenden, welche dem Bisherigen gegenüber entgegengesetzt geartet ist, scheinen zudem die eigentlich charakteristischen und wesentlichsten Gedanken der neutestamentlichen Offenbarungsbotschaft zu unserer Sache zu liegen. Wir zitieren den vielleicht wichtigsten Grundtext hierzu aus jenem Stück, welches die Bergpredigt genannt wird. Nach Matthäus (5, 38 ff.) lautet er folgendermaßen:

»Ihr habt gehört daß gesagt ward:
›Auge um Auge und Zahn um Zahn!‹
Ich aber, Ich sage euch:
Nicht widerstehen dem Argen!
Sondern wer dich schlägt auf die rechte Backe,
kehre ihm auch die andere zu!
Und dem, der mit dir rechten
und deinen Rock nehmen will,
laß ihm auch den Mantel!
Und wer dich preßt für eine Meile,
geh mit ihm zwei.«[4]

HK 9 (1954/55) 76–79; Weihnachtsansprache 1954, in: AAS 47 (1955) 15–28 = HK 9 (1954/55) 212–217; Weihnachtsansprache 1956, in: AAS 49 (1957) 5–22 = HK 11 (1956/57) 173–180.

[4] Zitiert nach: Ernst Lohmeyer / Werner Schmauch, *Das Evangelium des Matthäus*

Dieser theologische Grundtext steht im Neuen Testament keineswegs isoliert und allein. Er ist insbesondere im Zusammenhang zu sehen mit dem Tod Jesu und dem theologischen Verständnis dieses zentralen Ereignisses innerhalb der Welt des Neuen Testaments. In den biblischen Berichten über den Tod Jesu wird gesagt, daß der Herr durch das Lassen des Lebens und damit auch der Gewalt oder der Macht des Lebens aus den eigenen Händen und in die Hände des Vaters hinein das neue Leben aus Gott und damit die neue Ordnung und das neue Reich gewinnt. Darum heißt es im 1. Petrusbrief (2, 21 ff.): »Christus hat euch ein Vorbild hinterlassen, daß ihr in seine Fußstapfen tretet ... da er geschmäht wurde, schmähte er nicht, da er litt, drohte er nicht (Jes 53, 7 ff.), sondern er überließ es dem, der gerecht richtet.« In der Leidensgeschichte nach Matthäus wird aus diesem Grunde eindrucksvoll das zur Verteidigung der gerechten Sache erhobene Schwert zurückgewiesen. »Stecke dein Schwert an seinen Ort, denn alle, die das Schwert nehmen, werden durch das Schwert umkommen« (Mt 26, 52).

Hier wird jene neue Ordnung sichtbar, von der es in der johanneischen Leidensgeschichte heißt: »Mein Reich ist nicht von dieser Welt« (Joh 18, 36). Wir spüren: Hier erscheint ein, ja vielleicht *das* Grundanliegen der neutestamentlichen Verkündigung, vielleicht *der* zentrale Zug in dem offenbarenden Ereignis des Todes und der Verherrlichung Jesu und damit das verpflichtende Grundmodell des christlichen Daseins.

Denn das Neue Testament denkt nicht daran, diese Sache und diesen theologischen Rang des Ereignisses des Todes Jesu auf das persönliche Schicksal Jesu eingeschränkt zu lassen. Alle Christen sollen in diese Ordnung eintreten. Alle sollen in diesem Sinne den Fußstapfen des Herrn nachfolgen, wie es im 1. Petrusbrief hieß, und zu allen ist im Philipperbrief (2, 5), gleichfalls einem fundamentalen Texte, gesagt: »Dieses soll die Gesinnung sein in euch, die auch in Christus Jesus ist.«

Was besagen diese Worte und diese theologische Deutung des Todes Jesu in unserem Zusammenhang?

Dies heißt zumindest: Gebrauche nicht Dein Vermögen, Deine Gewalt zu sein! Es heißt auch: Gebrauche Deine Gewalt nicht für Dein Recht! Und da diese Worte Grundsatzworte und diese weisende Deutung des

(Kritisch-exegetischer Kommentar über das Neue Testament, Sonderband 1), Göttingen, 2. Aufl. 1958, 135.

Todes Jesu eine grundsätzliche Weisung ist, so heißt dies auch: Kämpfe auch nicht für das Recht der Deinen!

Dies heißt, anders gewendet und im Rahmen der irdischen Ordnung: Gebrauche Deine Macht dazu, sie nicht zu gebrauchen! Überlasse Dich gewaltlos dem Argen, dem Schläger, dem Räuber. Laß Dich schlagen, laß Dich berauben!

Und dies heißt zunächst wiederum: Riskiere es unterzugehen, das Sein aus Deinen Händen wegzugeben und zu lassen! Darum geht es zuletzt: Gib das Sein weg aus Deiner Hand.

Was bedeutet diese zunächst so befremdliche Weisung theologisch? Welchen Richtungssinn hat sie, und welche Weise oder Qualität soll ihr zukommen?

In ihr spricht ein Enthusiasmus, der die Ordnung des menschlichen Daseins überhaupt sprengt und damit diese Daseinsgestalt im ganzen. Jedoch nicht ins Nichts hinein. Alle diese Sätze und Weisungen stehen im Kontext des großen neutestamentlichen Grundwortes vom Reiche Gottes. »Selig sind die Armen …, denn ihrer ist das Reich« (Mt 5, 3 par.), dies ist der theologische Kontext aller dieser Weisungen. Wenn also vom Nicht-Gebrauch der Macht und damit im Zusammenhang vom Lassen des Daseins aus den eigenen Händen heraus gesprochen wird, dann heißt dies: Laß Dein Dasein fahren, nicht ins Nichts hinein, sondern in die Hände der Macht und damit des Rechtes Gottes hinein. Überlaß Dich ganz jener anderen Macht jenes anderen Reiches! Spring ab dahin und dahinein! Weil das Neue Testament in seinem innersten Wesen Ausrufung und Verkündigung des Reiches und der Macht und der Herrlichkeit Gottes ist, eben deswegen und in bezug darauf sagt es auch, daß die Menschen ihre Macht aus den Händen geben sollen: Nur Gottes Macht soll herrschen, und von ihr sollen alle leben. Dies ist der theologische Richtungssinn der Weisung zum Machtverzicht.

Das Reich Gottes aber wird hinsichtlich seines pneumatischen Gehaltes und damit seiner Qualität vom Neuen Testament entscheidend als eine Ordnung der *Liebe* gesehen und verkündet. Davon sprechen vor allem die johanneischen Schriften, aber nicht nur diese. Von daher erhält dann auch der christliche Machtverzicht die entscheidende Qualifikation der Liebe.

»Gott ist die Liebe, und wer in der Liebe bleibt, der bleibt in Gott« (1 Joh 4, 16), mit diesen Worten sagt der 1. Johannesbrief das aus, was sonst Reich Gottes genannt wird. Er betont zugleich, daß die Offenbarung der Liebe Gottes ganz von Gottes Seite her beginnt, also durchaus Reich und Ordnung *Gottes* ist. »Darin besteht die Liebe, nicht daß wir Gott geliebt haben, sondern daß er uns geliebt und seinen eigenen Sohn als Opfer für unsere Sünden gesandt hat« (1 Joh 4, 10). Darin ist zugleich gesagt, daß die entscheidende Offenbarung der Macht der Liebe Gottes in Jesus, und zwar in seinem Opfertode, zu sehen ist. »So sehr hat Gott die Welt geliebt, daß er seinen eigenen Sohn dahingegeben hat« (Joh 3, 16). Der Gewaltverzicht also und die damit verbundene Aufgabe des eigenen Lebens hat an der maßgeblichen Gestalt Jesu die Bedeutung der Offenbarung der Liebe.

Daraus zieht dann der 1. Johannesbrief durchaus konsequent und in Übereinstimmung mit dem schon Erwogenen die Folgerung, daß diejenigen, welche sich im Glauben in diese neue Ordnung stellen wollen, ihrerseits verbunden sind, in Liebe bereit zu sein zur Aufgabe ihres Lebens. »Daran haben wir die Liebe erkannt, daß er sein Leben für uns hingegeben hat. Auch wir sind verpflichtet, für die Brüder das Leben hinzugeben« (1 Joh 3, 16). Wiederum und auch hier also ist von den Christen im Hinblick auf ihr Vorbild, Jesus Christus, Aufgabe der eigenen Macht bis zur Möglichkeit der Aufgabe des eigenen Daseins gefordert, und dies im Geiste der Liebe und des liebenden Einklangs mit der Liebesoffenbarung Gottes im Tode Jesu.

Von der Liebe ist aber zugleich gesagt, daß sie die Zusage des Reiches und des ewigen Lebens hat und daß gerade das Äußerste an Hingabe und Opfer, das sie unter Umständen dem Menschen abverlangt, in die Herrlichkeit des Reiches führt, das ganz von Gott her lebendig ist, ja daß diese Aufgabe selbst schon ein Teil und eine Offenbarung dieser Herrlichkeit ist. In diesen theologischen Zusammenhang gehört manches, was in den Paulusbriefen an entscheidenden Stellen gesagt ist. Von hierher muß man den endzeitlichen Klang und den endzeitlichen Enthusiasmus des sogenannten Hohenliedes der Liebe (1 Kor 13) verstehen: »Die Liebe hört niemals auf« (1 Kor 13, 8). Und im großen 8. Kapitel des Römerbriefes sieht Paulus aus diesem Grunde die Auferstehung des getöteten Jesus zusammen mit der untrüglichen Hoffnung derer, die glaubend bereit sind, in die Ordnung Jesu einzutreten und damit freilich irdisch alles zu gefährden. »Wer will uns scheiden von der Liebe Christi? Trübsal oder Bedrängnis oder Verfolgung oder Hunger oder Blöße oder Gefahr oder Schwert? Es steht ja geschrieben: Um Deinetwillen mordet man uns Tag um Tag; wir sind Schlachtschafen gleichgeachtet. Aber in all dem obsiegen wir durch den, der uns geliebt hat. Denn ich bin gewiß, daß weder Tod noch Leben, weder Engel noch Herrschaften, weder Gegenwärtiges noch Zukünftiges, noch Mächte, weder Höhe noch Tiefe, noch irgendein anderes Geschöpf uns zu scheiden vermag von der Liebe Gottes, die in Christus Jesus ist, unserem Herrn« (Röm 8, 35–39). In diesen Worten nimmt das, was in den Seligpreisungen der Bergpredigtworte gesagt wurde, eine äußerst konkrete Gestalt an.

2.3. Theologische Synthese im Entwurf

Überblicken wir nun das Ganze der neutestamentlichen Aussagen über den Gebrauch der Macht, so sehen wir deutlich die beiden zunächst diametral einander entgegenstehenden Grundhaltungen und Grundmodelle des Seins, die zwei Welten: kosmos oytos, diese Welt, und kaine ktisis, die neue Schöpfung. Beide Welten erscheinen als von der Autorität Gottes getragen: auf der einen Seite die gerechte Gewalt der Menschen und damit das Recht der Obrigkeit, des Staates, das Recht und die Pflicht, unter Umständen die Gewalt zu gebrauchen, und dies auch in den obersten Situationen des geschichtlichen Lebens und im politischen Raume. Das mögliche Recht und die mögliche Pflicht zum gerechten Krieg und zu allem, was damit zusammenhängt.

Und auf der anderen Seite die *neue* Ordnung: die Gewaltlosigkeit aus Liebe und um des Reiches Gottes willen. Die Weisung, Raum zu geben für die Ungerechtigkeit, zum Leid bereit zu sein, zum Unterliegen sogar, um alles Gott zu überlassen, seiner Macht, seinem Reich, seiner Herrlichkeit, seiner Liebe. Sein soll die Rache sein, sein der Sieg, nicht aber unser. Selig sollen sein nicht, die siegen, sondern die Verfolgung leiden um der Gerechtigkeit willen. Dies ist die andere Seite.

Die entscheidende Frage für uns ist nun: Wie gehört dies zusammen, was zunächst so scharf und gründlich einander gegenübersteht? Wie gehört dies *zusammen,* von Gott her und auf den Menschen, auf uns hin, die wir doch versuchen müssen, im Raume dieser Welt und ihrer geschichtlichen Begegnungen und damit auch im Raume der Politik dieser Welt uns christlich zurechtzufinden?

Die Frage, wie diese Doppelheit zusammengehöre, ist durchaus auf uns hin gestellt, sie ist durchaus aktuell, und sie ist so auch vom Worte Gottes her gemeint.

Diese im Rahmen der neutestamentlichen Botschaft erscheinende Zusammengehörigkeit, kraft derer sich die Macht und das Reich der Menschen dem Reich und der Macht Gottes gegenüber finden und doch zusammengehören, ist meines Erachtens so zu deuten:

1. Auch vom Evangelium her und auch angesichts des Ethos der Bergpredigt und des Todes Jesu besteht noch die Ordnung dieser Welt. Auch von daher bestätigt sich uns, daß Gott den Menschen das Dasein in der Welt gegeben und überantwortet hat und damit auch das Vermögen und die Macht des Daseins in der Welt und damit die Möglichkeit und die Verpflichtung, diese als seine Macht und in Verantwortung gegenüber dem Zuspruch des in Gott gegründeten Rechtes zu gebrauchen. Auch vom Evangelium her soll der Mensch seine Macht gebrauchen, sein Dasein in der Welt verantworten, und dies im Geiste der Gerechtigkeit. Er soll dies bis in die obersten und strittigsten und damit gefährdetsten, aber für sein Dasein folgenreichsten Situationen. Das Evangelium gibt uns keine generelle Erlaubnis, uns von den Spannungen und Belastungen zu drücken, welche zur Ordnung und zur Verantwortung der Macht in dieser Welt gehören. Denn es wollte uns nicht aus dieser Welt herauslösen. Am eindrucksvollsten bestätigt uns dies wohl das Wort Jesu, das wir bei Johannes lesen: »Nicht bitte ich, daß du sie herausnähmest aus der Welt, sondern daß du sie bewahrest vor dem Bösen« (Joh 17,15).

Aber gleichzeitig und inmitten dieser Ordnung besteht der Ernst jenes so zentralen christlichen Imperativs: Der Mensch als Christ soll sich nicht wehren gegen das Unrecht, er soll es leiden und in solchem Leiden alles Gott und seiner Macht und seinem Reich überantworten und überlassen. Der Imperativ also, das Dasein in der Welt nicht in der eigenen Hand zu halten, vielmehr es loszulassen. Dieser Imperativ und der ihn beseelende Geist der Liebe Gottes muß mit der Ordnung der Welt zusammen und inmitten der Welt leben und gelebt werden.

2. Die Frage ist aber gerade, wie dies zusammen und inmitten gemeint sei.

Darüber läßt sich zunächst negativ das Folgende mit dem meisten Grund annehmen: Der christliche Imperativ zum Machtverzicht soll offenbar nicht etwas sein, was man vom anderen oder gar von einem Volke und vollends nicht gegen seinen Willen einfach fordern darf. Denn dies hieße ja verlangen, die Welt zu verlassen, die Welt, in die wir doch gemäß demselben Evangelium von Gott gewiesen sind, sowohl als einzelne, wie in unseren Gemeinschaften.

Für diese Auffassung spricht jedenfalls eine christliche Überlieferungslinie, welche mir für diese Sache außerordentlich bedeutsam erscheint. Wir sehen, daß insbesondere die antike Kirchengeschichte durchzogen ist von einer langen und eindrucksvollen Reihe innerchristlicher Auseinandersetzungen, die einem bestimmten Typ folgen. Sie kommen jeweils in Gang angesichts von sich immer wieder bildenden Gruppen von »Vollkommenen«, welche bereit und willens waren, die Bedingungen des Daseins unter dem Anspruch des Evangeliums durch eine Reihe negativer Entschlüsse ganz aus der Hand zu geben, Entschlüsse wie die zur Ehelosigkeit, zur Eigentumslosigkeit, zum Gehorsam. In dem Maße, als diese Entschlüsse und der hinter ihnen stehende Imperativ zur *allgemeinen* Regel erhoben werden sollten, wendete sich das kirchliche Bewußtsein jedesmal dagegen.

In diesen Zusammenhang gehören die altchristlichen Auseinandersetzungen um den Montanismus im zweiten Jahrhundert, um die von Novatian ausgelöste Bewegung der »Reinen« im dritten Jahrhundert, zum großen Teil auch die Bewegung der Donatisten mit ihrer Märtyrerschwärmerei im vierten Jahrhundert, und wir wissen ja, daß Bewegungen dieser Art ihre späteren Fortsetzungen hatten bis tief ins Mittelalter hinein.

Die Kirche hat sich von Anfang an und kontinuierlich dagegen gewehrt, den dahinter stehenden ethischen Imperativ in dieser oder jener Form zu einem *allgemeinen Gesetz* und zu einer allgemeinen Ordnung der Kirche zu machen oder ihn als solchen anzuerkennen, so hohe Achtung sie auch den dahinter stehenden christlichen Impulsen entgegenbrachte und jenen Menschen, welche im Glauben an das Evangelium frei das Äußerste wagten. Wir sehen, wie Jahrhundert um Jahrhundert die Bewegungen dieses Typs von der Christenheit ausgeschieden und in ein Häretikertum isoliert wurden, sobald sie ihren Grundansatz des »vollkommenen« christlichen Lebens zum allgemeinen Gesetz machen wollten. Wichtig ist es, in diesem Zusammenhang zu sehen, daß das hier sprechende Bewußtsein in einem offenbaren und auch ausdrücklichen Zusammenhange steht mit der Stellungnahme, die Paulus im 1. Korintherbrief (7,25ff.) gegenüber der Ehelosigkeit einnahm. Diese Auseinandersetzungen erfolgten freilich de facto nicht im Blick auf den Gebrauch der höchsten öffentlichen Daseinsmacht, im Hinblick auf die oberste politische Situation und die von ihr abverlangten Entscheidungen. Dazu war zunächst keine Veranlassung.

Aber die in allen diesen Auseinandersetzungen mit großer Konsequenz zum Ausdruck kommende Haltung der Christenheit darf vermutlich ganz grundsätzlich verstanden und darum auch auf diesen Bereich ausgedehnt werden. Es dürfte theologisch und insbesondere auch neutestamentlich legitim sein, die hier zum Ausdruck kommende Haltung auch auf die höchste äußerste Situation zu beziehen, um die es uns hier geht, zu deren Diskussion im einzelnen aber weder im Neuen Testament noch in der alten Kirche viel Anlaß bestand.

Die Forderungen von Armut, Ehelosigkeit und Gehorsam, wie sie im Bereich dieser innerkirchlichen Auseinandersetzungen von Anfang an auftraten als konkrete Ausformung des zentralen christlichen Impulses, sie bedeuten, grundsätzlich verstanden: Aufgabe des Vermögens zu sein in die Hände Gottes und seines Reiches hinein, und zwar in jenen menschlichen Seinsbereichen, die durch Besitz, Familie und gesellschaftliche Stellung bestimmt sind. Diese Forderungen bedeuten also grundsätzlich: Gib Deine Macht zu sein überhaupt auf, in die Hände der Macht und der Herrlichkeit Gottes hinein. Sie haben im Grunde einen generellen, nicht einen speziellen Sinn. Von diesem generellen Sinne her reicht das in diesen grundsätzlichen Forderungen Gedachte durchaus auch bis in die obersten politischen Regionen hinein, ja die hier drängende Forderung käme dort erst in den Boden ihrer höchsten möglichen Entfaltung.

Hat sich also das Selbstverständnis des Christentums von Anfang an und kontinuierlich und darum theologisch verbindlich dafür eingesetzt, daß jene Prinzipien zunächst in den Gestalten von Armut, Ehelosigkeit und Gehorsam kein generelles und äußeres Gesetz für das Ganze der Christenheit sein konnten, dann ist es meines Erachtens legitim, diese Einschränkung auch für den Fall des Machtverzichts im politischen Raum zu verstehen. Im kleinen wie im größeren Kreis des Daseins handelt es sich im Grunde gleichermaßen um den Verzicht auf das Vermögen zu sein. Es kann im Hinblick auf die angedeutete christliche Überlieferungslinie im einen wie im anderen Falle nicht als christlich verstanden werden, diesen Verzicht in der Weise eines allgemeinen Gesetzes zu fordern.

3. Andererseits darf aber der in solchen Forderungen zum Ausdruck kommende Geist auch nicht als unwesentlich für das Christentum be-

trachtet und auf die private Sphäre beschränkt werden. Dafür steht das, um was es hier geht, zu zentral in der Mitte der genuinen neutestamentlichen Botschaft und ihres kirchlichen Verständnisses.

Was das Christentum also positiv fordert in diesem Bereiche, dürfte etwas sehr viel Schwierigeres sein als ein einfaches undialektisches und allzu klares Ja oder Nein zur Macht oder auch als eine bloße äußerliche Scheidung zwischen dem öffentlichen und dem möglichen privaten Bereich etwa klösterlicher Natur.

Gefordert ist, wenn wir recht sehen, daß *inmitten* des klaren Ja zum gerechten Gebrauch der Macht und damit zur Verantwortung der Macht diese Macht ausgeübt werde im Geiste und in der Bereitschaft, alles Gott anheimzustellen und, wenn die Stunde und der Ruf es erfordern, zu leiden und sich zu opfern.

Es geht also, wenn wir recht sehen, darum, daß gehandelt werde nach der Ordnung dieser Welt, aber *im Geiste* der »neuen Schöpfung«. Das Neue des zentral christlichen Anliegens sollte demnach nicht als allgemeines Gesetz und nicht als äußere öffentliche Ordnung da sein, aber auch nicht fern von der äußeren und öffentlichen Ordnung des Daseins, sondern mitten darin als Geist, aus dem gehandelt werden solle und könne, und damit als verborgene Bereitschaft und als verborgener Antrieb aus dem Geist. Es geht, um dies konkreter zu sagen, darum, daß gehandelt werde mit der Schnelligkeit, der Stärke, der Entschlossenheit und allen anderen Eigenschaften, die zum Stile des wirklich handelnden, verantwortlichen Gebrauches der Macht gehören; und daß zugleich die handelnden Menschen von innen her frei seien von der fanatischen und schrecklichen Einfachheit im Gebrauche der Macht und bereit, wenn die Stunde und der Geist rufen, nicht nur zu Milde, sondern gegebenenfalls auch zum Leiden, zum Opfer, zur Übergabe, im Glauben und in der Liebe und in der glaubenden und liebenden Gemeinschaft mit dem Herrn des Glaubens. Nie wird es aber christlich genannt werden dürfen, in solchem Gewaltverzicht zu bleiben oder ihn zu wählen aus bloßer Schwäche oder aus bloßer Gleichgültigkeit gegenüber wirklicher handelnder und beschwerender Verantwortung. Aber es wird auch nicht christlich genannt werden dürfen, sich um die Möglichkeiten des Gewaltverzichts überhaupt nicht zu kümmern.

Es geht also um den Gebrauch der Macht im Geiste christlichen Machtverzichtes, im Geiste des Opfers und der Liebe. In diesem Sinne sollen die Christen handeln mit ruhiger Hand, aber mit pochendem Gewissen.

Aus der so angedeuteten und gewiß schwierigen Synthesis müßte sich die christliche Weise und der christliche Stil des Gebrauches der Macht entwickeln lassen. Man wird sicher dafür keine mechanischen und starren Regeln angeben können. Aber einiges dazu läßt sich doch wohl sagen.

Wo inmitten des politischen Handelns und seiner notwendigen Härte der Geist der Bergpredigt lebt, da wird inmitten der Entschlossenheit zugleich die christliche Distanz von dieser Entschlossenheit und von dieser Härte lebendig sein, und diese wird, wir haben es schon angedeutet, die Gefahr böser Fanatismen fernhalten und die stets drohenden Erstarrungen lockern, ohne die notwendige Festigkeit anzutasten. Sie wird so den Geist der Sachlichkeit und der Bereitschaft auf das Handeln ausbreiten.

Mehr noch: Wo im Bereich des politischen Machtgebrauchs der Geist der Bergpredigt lebt, da wird er sich entfalten in der Bereitschaft zur Milde im Bereiche des öffentlichen Lebens dort, wo der rechte Gebrauch der Macht diese zuläßt. Der christliche Geist wird für die Wege der Macht Möglichkeiten der Liebe entdecken, insbesondere in der Form des Einsatzes der politischen Macht zugunsten der Menschen und Menschengruppen, die der Hilfe und der Anhebung bedürftig sind. Der Einsatz der Macht für die Rechtlosen oder die an Recht Armen wird im Bereiche solchen Handelns als eine öffentliche Aufgabe drängend hervortreten.

Allgemein wird ein christliches Handeln im angedeuteten Sinne im politischen Raum zu einer erhöhten Wachheit und Geneigtheit zur Machtbegrenzung führen zugunsten des Lebens der je größeren Gemeinschaft. In diesen Bereich können fallen: Begrenzungen der Eigentumsmacht zugunsten der öffentlichen Aufgaben, Begrenzung der durch Majorität sich ergebenden Macht einer Partei zugunsten des Gesamtstaates, Begrenzung der Rüstungsmacht zugunsten des Friedens aller Völker und so fort. Die Machtbegrenzung zugunsten des größeren Ganzen kann zwar durchaus auch ein Prinzip reiner Staatsräson sein. Aber dieses Prinzip kann vom christlichen Grundimpuls her geweckt, belebt und im Geiste der Liebe verlebendigt werden.

Im ganzen wird diese von uns geforderte Immanenz des Geistes der Bergpredigt im welthaften Umgange mit der Macht Möglichkeiten entdecken des Friedens, der Liebe, der Rücksicht usw. und diese jeweils gerne benützen.

Zu der angedeuteten »dialektischen« Haltung, dem Ja im Nein und dem Nein im Ja bezüglich des Gebrauches der Macht, gehört dann freilich auch, daß es im Rahmen des christlichen Gesamtlebens immer *möglich* sein muß, daß sich ein einzelner als Ausnahme in diesem Weltdasein oder eine Gruppe von einzelnen *frei* für die völlige auch äußere Machtlosigkeit und damit die völlige Preisgabe ihres Daseins aus den eigenen Händen an Gott entschließen und damit den Geist des Christentums wie in einem aufblitzenden Feuer auch nach außen sichtbar machen. Man braucht nur an eine Gestalt wie die des hl. Franz von Assisi zu erinnern, um die Bedeutung solcher Entschlüsse für das Ganze des christlichen Lebens zum Bewußtsein zu bringen. Wo es solche Entschlüsse und die aus ihnen erfließenden Lebensformen aus freier Wahl und also nicht aus Gesetz gibt, da erscheint dann wie ein Zeichen inmitten der Geschichte das, was für das Ganze des Daseins eines Christen bedeutsam ist und was im Ganzen und gerade an den höchsten Stellen des Weltdaseins und Weltlebens des Ganzen als verborgener Geist, als Hoffnung und Antrieb und Bereitschaft leben sollte, aber nicht als *äußere* Gestalt leben kann.

Das Ganze hingegen der christlichen Gesellschaft ist in dieser Welt dazu berufen und gewiß auch dazu verpflichtet, mit der Macht des Daseins das Dasein in der Welt im Recht zu halten und damit auch das welthafte Dasein der genannten Ausnahmen zu gewährleisten.

Daß die Dinge so richtig gesehen sind, dafür sprechen wichtige Texte des Neuen Testamentes selber. Zu ihnen gehört die »Regel des Sauerteigs« (Mt 13, 33 par.): »Das Reich der Himmel es ist gleich dem Sauerteig, den ein Weib nahm und verbarg in drei Maß Mehl, bis das Ganze durchsäuert war.« Diese Regel wird, wie mir scheint, auf die geforderte Immanenz des Geistes der neuen Ordnung inmitten der bestehenden und auch weiter durchzuführenden alten Ordnung gedeutet werden dürfen.

In derselben Linie dürfte die Paulinische Regel liegen, zu »haben als hätte man nicht«. Im 1. Korintherbrief (7, 29 ff.) lesen wir darüber: »Dies sage ich, Brüder, die Zeit ist zusammengedrängt. Von nun an sollen die, die Frauen haben, sein wie nicht Habende, die Weinenden sein wie nicht Weinende, die sich freuen, wie sich nicht Freuende, die Kaufenden wie nicht Besitzende, die die Welt Gebrauchenden wie nicht Gebrauchende, denn es vergeht die Gestalt dieser Welt.« In diesen Sätzen ist Besitz und Gebrauch der Welt und damit doch wohl auch der Macht nicht verboten.

Aber dieser Besitz und Gebrauch ist dialektisch verknüpft mit dem Geist des Nicht-Besitzes und Nicht-Gebrauchs. Dies scheint mir ein starkes theologisches Argument für die vorgeschlagene Deutung zu sein.

4. Dazu muß aber schließlich und im Blick auf das ganze von uns erwogene Problem noch ein letzter Gesichtspunkt der neutestamentlichen Botschaft genannt werden. Er muß gerade im Hinblick auf die schwierige Forderung genannt werden, durch die der allgemein öffentliche Gebrauch der Macht verknüpft wird mit dem geforderten Geist des Verzichts und des Opfers der Macht und damit des Seins.

Es ist nämlich schließlich im Sinne des Neuen Testaments zu sagen: Es sind alle Sünder vor Gott. Es wird christlich gesehen bei keinem, weder bei dem Mächtigen noch bei dem, der etwa aus freiem Entschluß auf alles verzichtet hat, einen Grund zur Selbstgerechtigkeit geben und damit ein Rühmen vor Gott. Die ersten drei Kapitel des Römerbriefes sagen dies unvergeßlich und durchaus in Übereinstimmung mit dem gesamten Tenor der neutestamentlichen Botschaft. Dies heißt in bezug auf unser Problem: Wer die Macht gebraucht, wird nicht rein bleiben. Wer sie aber nicht gebraucht, etwa aus Gründen des Glaubens, wird auch nicht rein bleiben. Er wird – von anderem abgesehen – ja auch mitschuldig sein an der Unreinheit der Macht der Mächtigen, weil er diese Macht benutzt. Denn auch er lebt ja auf dieser Welt, weil dieser Mächtige ihm den Daseinsraum gewährleistet und sichert.[5]

Zuletzt also ist, christlich gesehen, alles Rühmen nur bei Gott. Dies erleichtert und erschwert die Sache der Macht zum letztenmal. Es erschwert sie, weil sich der Mensch von Gott nie aus der Verantwortung gelöst und entlassen findet. Aber es erleichtert sie auch und dies doch noch nachdrücklicher: weil dieser Gedanke den Menschen ermuntert, im Bewußtsein der eigenen Hinfälligkeit gleichwohl zu handeln und das Dasein zu wagen auf diese oder jene Weise, dabei aber nicht auf sich selbst zu blicken, sondern im großen Vertrauen des lebendigen Glaubens alles Heil, das persönliche und das allgemeine, von Gottes verborgener Macht und Herrlichkeit zu erwarten.

[5] Hierzu besonders eindrucksvoll Reinhold Schneider, Der Friede der Welt, in: *Börsenblätter für den Deutschen Buchhandel (Frankfurter Ausgabe)* 12 (1956) S. 1378–1383 (vgl. hierzu: Reinhold Schneider, *Der Friede der Welt*, Wiesbaden 1956). [Vgl. Ders., *Der Friede der Welt*, hg. von Edwin Maria Landau, Frankfurt/M. 1983].

In sie hinein muß alle menschliche Macht und aller menschliche Machtverzicht, so groß und eindrucksvoll das eine wie das andere erscheinen mag, doch zuletzt münden und aufgehen.

Dasein als Hoffnung und Angst
(1982)

1. Dasein als Hoffnung

Als Christ kann man über das Thema »Unsere Hoffnung« in doppeltem Sinne nachdenken. Einmal vom Evangelium her und der Hoffnung, die dieses Evangelium uns eröffnet. Andererseits aber auch von unserer menschlichen Natur her, insofern diese ursprünglich eine hoffende Natur ist und in dieser ihrer eingeborenen Hoffnung auf das Evangelium gleichsam zuläuft.

Die Hoffnung scheint eines der Grundphänomene des Selbstverständnisses der Menschen zu sein, und sie wird in der Gegenwart auch besonders von den Theologen betont. Was die menschlichen Dinge angeht, so muß vor allem an das berühmte Werk »Prinzip Hoffnung« von Ernst Bloch erinnert werden. Es wurde geschrieben zwischen 1938 und 1947 in den USA, die deutsche Ausgabe erschien im Jahr 1959.[a] Das Werk wurde zu einem der Grundbücher des neueren Denkens dieses Jahrhunderts. In ihm erscheint die Hoffnung als Grundkraft aller menschlichen Bemühungen, der individuellen ebenso wie der gesellschaftlich-geschichtlichen. In allen Zweigen des vielströmigen Lebensstromes wird die Hoffnung als das eigentlich belebende Prinzip aufgewiesen, in der Literatur, in der Kunst, im Sport, in der Philosophie, in der Religion, in Gesellschaft und Politik, im ganzen und in allem.

Dieser mächtige Ruf eines jüdischen Philosophen unseres Jahrhunderts ist in der christlichen Theologie nicht ohne Echo geblieben. Jürgen Moltmann hat 1965 unter ausdrücklicher Berufung auf Bloch sein wichtiges Buch »Theologie der Hoffnung«[b] erscheinen lassen. Und auf katholischer Seite hat Johann Baptist Metz ebenfalls unter Berufung auf Ernst Bloch sich nachdrücklich diesem Thema gewidmet.

Die Gemeinsame Synode der Bistümer in der Bundesrepublik Deutschland hat im Jahr 1975 den wichtigen Text mit dem Titel »Unsere

Hoffnung« beschlossen, ein großangelegter Text, der offensichtlich in seinem Entwurf von Johann Baptist Metz stammt und der den Sinn des Christseins in unserer Zeit unter dem Titel »Hoffnung« zusammenzufassen sucht.[1]

Entsprechend stand der 85. Deutsche Katholikentag in Freiburg im Breisgau 1978 unter der Devise »Ich will Euch Zukunft und Hoffnung geben«[2].

Auch der Deutsche Evangelische Kirchentag in Nürnberg 1979 hat sich mit demselben Thema befaßt.[3] Man darf somit sagen, daß das Thema Hoffnung wie kein zweites die moderne Theologie bestimmt.

Ebenso bestimmt dieses selbe Thema die Philosophie, die man als einen Ausdruck dessen verstehen darf, was die Menschen dieser Zeit mit Vorzug fühlen und wie sie sich selber verstehen.

Was ist hier vom Menschlichen her entdeckt worden, so fragen wir uns. Es ist entdeckt worden, daß menschliches Leben wesentlich Hoffnung ist, d.h. menschliches Leben wird so gelebt, daß dieses Leben immer in einer interessierten und aktiven Antizipation der noch ungewissen besseren Zukunft sich vollzieht. Eben dies nennen wir Hoffnung.

Unser Dasein in der Welt ist uns nicht gleichgültig. Es kommt uns immer damit auf etwas an. Indem es uns auf etwas ankommt, entwerfen wir jeweils die sinnvollere und bessere Gestalt dieses Daseins selber voraus in die Zukunft. Wir wissen dabei wohl, daß dieser hoffende Vorentwurf auf eine Bestätigung und Erfüllung angewiesen ist, die wir nicht oder jedenfalls nicht ganz und nicht immer in der Hand haben. Weil wir die Bestätigung nicht ganz in der Hand haben, hat der hoffende Vorentwurf es auch immer zu tun mit Zweifeln und mit Angst.

Aber wir setzen in diesem großen und merkwürdigen Spiel des Lebens

[1] Unsere Hoffnung. Ein Bekenntnis zum Glauben in dieser Zeit, in: *Gemeinsame Synode der Bistümer in der Bundesrepublik Deutschland. Beschlüsse der Vollversammlung. Offizielle Gesamtausgabe I,* 2. durchgesehene und verbesserte Auflage, Freiburg/Br. 1976, 71–111.

[2] *Ich will Euch Zukunft und Hoffnung geben. 85. Dt. Katholikentag vom 13. bis 17. September in Freiburg,* hg. vom Zentralkomitee der Dt. Katholiken, 2. Aufl., Paderborn 1978.

[3] *Deutscher Evangelischer Kirchentag Nürnberg 1979. Dokumente,* hg. im Auftrag des Präsidiums des Deutschen Evangelischen Kirchentages von H. Uhl, Stuttgart 1979, darin: Vorträge und Gespräche, Reihe 4: Geschichte und Hoffnung, 286–341; Hoffnung entfalten, Arbeitsgruppe 2, 478–543.

immer auf das, auf was wir hoffen. Und also nicht auf das, was wir oft gleichzeitig fürchten. Wir setzen interessiert auf das Gehoffte, wenn auch ohne Gewißheit. Dies ist der merkwürdige Charakter der Hoffnung.

Tatsächlich tun wir alles, was wir tun, und wir können es nur tun, insofern wir dabei von dem – zumeist unausdrücklichen – Gedanken geleitet sind: Es wird schon Sinn haben, oder es wird schon für etwas gut sein, oder es wird mich schon zu einem erstrebten Ziel hinführen, d.h. aber, wir tun alles aus Hoffnung.

Damit hängt auch die Sinnfrage zusammen, die neuerdings so viel und mit Recht erörtert wird. Hoffend fragen wir nach dem Sinn. Diese Frage ist uns niemals gleichgültig. Wir fragen interessiert in die Zukunft hinein, auf die wir hinlaufen.

Sehen wir noch genauer hin, so bemerken wir, daß diese Hoffnung nicht nur tatsächlich unser lebendiges Dasein begleitet, sie ermöglicht es vielmehr auch. In dem Maße, als unsere Lebensbewegungen von der Hoffnung erfaßt sind und also ihnen ein sinnvolles Ziel winkt von unseren Vorentwürfen her, in dem Maße vermögen wir diese Lebensbewegungen auszuführen.

Und auch das Umgekehrte gilt. In dem Maße als uns die Sache mit unserem Dasein mehr und mehr sinnloser erscheint und hoffnungslos, erscheint auch die Durchführung des Lebens sinnleer und fraglich und fällt tatsächlich zusammen. Man kann es immer und immer wieder beobachten, daß die Kraft und der Mut überhaupt zu leben in sich zusammenfallen, wenn die Hoffnung auf ein sinnvolles Leben erlischt. Daher kann man sagen, die Hoffnung und die mit ihr verbundene Sinnvoraussetzung ist die Bedingung der Möglichkeit lebendigen menschlichen Daseins. Und als Bedingung der Möglichkeit ist sie dann auch die Triebfeder, die alle Formen unseres Daseins in Gang setzt.

Und insofern der hoffende Mensch seine Sache, an der er so interessiert ist, auf die Erfüllung der Hoffnung setzt, wenn auch ohne Gewißheit, insofern entwirft er auch ein Maß erfüllten Lebens voraus. Dieses Maß bemißt die faktisch eintretenden Erfüllungen im vorhinein. Wir pflegen zu fragen: Was ist nun aus allen unseren Bemühungen herausgekommen? Sind sie wirklich etwas Sinnvolles und Erfüllung Gewährendes, oder ist es gar mit ihnen nichts, sind sie nichtig, weil sie sinnleer sind und Erfüllung versagen? In solchen Fragen messen wir bewußt oder unbewußt alle sich einfindenden Gestalten des Daseins.

So ist die Hoffnung, insofern sie zugleich Sinnvoraussetzung ist, sowohl die Bedingung der Möglichkeit als auch die Triebfeder, als auch schließlich der Maßstab unseres Daseins im ganzen.

Daraus folgt, daß diese Hoffnung jedenfalls in ihrem Grundbestand allen empirischen Erfahrungen unseres Daseins zuvorkommt. Sonst könnten diese nicht daran gemessen werden. In der Hoffnung und ihrer Sinnvoraussetzung steckt etwas wie ein apriorisches Maß allem Empirischen gegenüber, das sich in unserem Dasein ereignen mag. Wir bemessen die sich einstellenden Gestalten unseres Daseins an dem, was wir im vorhinein als das Gute oder das Glückliche oder das Sinnvolle ansehen und auf was wir also hoffen.

Wir dürfen dazu bemerken, daß diese Hoffnung auch eine Seite hat, die man als Glauben bezeichnen kann. Denn wir können ja nicht hoffen auf einen guten Fortgang unseres Lebens, ohne daß wir an eine sich fügende Gewährung denken. Einen solchen Gedanken aber darf man auch als Glauben bezeichnen. Und darum läßt sich das, was wir hier als Hoffnung entfalten, auch auf der Ebene des Glaubens darlegen. Doch wollen wir hier in der Hinsicht der Hoffnung bleiben.

2. Um das Leben dieser fundamentalen Hoffnung noch genauer zu sehen, müssen wir schließlich noch folgendes bedenken. In dieser fundamentalen und apriorischen und also nicht aus Erfahrungen abzuleitenden Hoffnung und der von ihr implizierten Sinnvoraussetzung kann man eine doppelte Seite unterscheiden.

Einmal die Seite der Natur. Bevor wir etwas bewußt und ausdrücklich erstreben, wollen und erhoffen, hoffen wir schon von Natur, darum hoffen auch schon die Kinder, das Experiment des Lebens möchte gut ausgehen. Ebenso wie man die Hoffnung bei allen sogenannten Naturvölkern findet.

Aber die Natur wird dann von unserem bewußten Denken und Wollen gestaltet und in bestimmte Formen gebracht und auf bestimmte Ziele ausgerichtet. Die Gestalten und Formen, die die Hoffnung durch dieses bewußte Denken und Wollen annimmt, sind sehr verschieden. Sie können auch negativ sein. Die Hoffnung kann im bewußten Wollen auch aufgegeben werden, so daß also dann ein Mensch sagt, es hat doch alles keinen Sinn, es ist nichts mehr zu hoffen.

Aus dem Zusammenspiel dieser beiden Seiten bilden sich die konkreten Formen menschlicher Hoffnung, jedoch immer auf der Basis einer immer schon hoffenden Natur. Immer sind beide Momente beteiligt und bilden zusammen die lebendigen Formen unseres hoffenden Lebens.

Darum kann auch die Hoffnung nie total und bis auf den Grund aufgegeben werden. Dieser Zusammenhang macht auch den lehrreichen Grenzfall einsichtig, der dann vorliegt, wenn ein Mensch erklärt, er habe alle Hoffnung aufgegeben. Dies ist freilich möglich. Aber sofern ein Mensch dies erklärt, tut oder vollzieht er etwas. Insofern er also etwas tut oder vollzieht, ist er in diesem Vollzuge geleitet von einer Vorstellung, etwa von der Erfahrung, ich muß oder ich sollte das sagen, es ist besser und redlicher so. Dies aber ist eine Form der gelebten Sinnvoraussetzung oder der gelebten Hoffnung. Das heißt: Auch ein äußerster negativer Fall der Sache der Hoffnung ist nur dadurch möglich, daß er, insofern er noch Positivität aufweist, wiederum getragen ist von der Hoffnung, die der Nerv des menschlichen Verhaltens überhaupt ist.

3. Verfolgt man nun den hoffenden Entwurf von Sinn, der unser Leben leitet, durch das konkrete durchschnittliche Leben der Menschen, dann erkennt man, daß sich dieser Entwurf zunächst und zumeist auf einzelne Möglichkeiten des Daseins entwirft. Das apriorische Maß, das in diesem Entwurf steckt, wird, wenn es vom bewußten Willen ergriffen wird, sogleich nach dem empirischen Material der Möglichkeiten greifen und sich mit diesen bekleiden. So tun wir dann dies oder jenes, weil es diesen oder jenen Erfolg verspricht für das Einkommen oder für das Ansehen oder für das Vergnügen oder für die Gesundheit, oder was es sonst im einzelnen sein mag. Die konkreten Sinnentwürfe sind Entwürfe einzelner Sinngestalten, einzelner Handlungen, einzelner Erfolge. Sie leben aber von dem apriorischen Sinnentwurf und gestalten sich in der bewußten Auseinandersetzung mit den konkreten und einzelnen Möglichkeiten. Erfüllung stärkt Hoffnung, Enttäuschung lähmt sie.

Dabei zeigt sich das Merkwürdige, daß wir bei keinem der solchermaßen erreichten Ziele ganz auf die Dauer stehen bleiben und uns ganz mit ihm zufrieden geben können. Wir können zwar vieles und vielleicht alles ergreifen, vieles und alles kann in den Horizont unserer Hoffnung kommen; der Vor-Entwurf scheint viel, vielleicht alles zu umfassen. Aber alles einzelne, was uns dabei begegnet, erweist sich als so, daß sich angesichts seiner immer wieder neu so etwas wie eine Differenz in der Hoffnung und der Erwartung eröffnet, die dieses einzelne zunächst gestillt hatte. Das was den Sinnentwurf im konkreten Leben konkret erfüllen sollte, das Erreichbare und das schließlich Erreichte, entspricht nie ganz dem Entworfenen, dem Erstrebten, dem Erhofften. So entsteht immer neu eine Sinndifferenz. Sie scheint sich jeweils für einen Augenblick zu schließen dann, wenn wir ein konkret erstrebtes Ziel erreicht haben. Ist es aber erreicht, so entsteht die Sinndifferenz von neuem und es ergibt sich daraus jeweils ein Überschuß an Hoffnung, aus dem sich alle Utopien nähren. Das Prinzip Hoffnung bleibt immer wach und blickt immer weiter und weiter, es ist in allen Bewegungen des menschlichen Lebens lebendig und es findet in keiner dieser Bewegungen vollständige Ruhe.

Dies gilt für das einzelne Leben ebenso wie für das geschichtliche Leben der menschlichen Gesellschaft im ganzen. Es ist auch im großen und ganzen noch nie ein Glücks- oder Vollendungszustand aufgetreten, bei dem der Mensch oder auch die Menschheit stehen geblieben wäre mit dem Gefühl: Nun ist nichts mehr zu wünschen oder zu hoffen übrig, nun ist alles erfüllt, nun kann die Geschichte von ihrer Mühsal und ihrer Sisyphosarbeit endlich ausruhen. Auch aus den größten Triumphen und Erfolgen, die einen Augenblick als strahlender Gipfel alles Erlebens erscheinen konnten, hat es den Menschen immer wieder weitergetrieben. Nur dies erklärt die unbeendbare Unruhe des geschichtlichen Lebens, die Tatsache also, daß die Geschichte immer und immer wieder weitertreibt und an keinem erreichbaren Punkt stehenbleibt.

Man darf darum gewiß sagen: Die Hoffnung lebt von der Aussicht auf Erfüllung ihrer Sinnvoraussetzung, diese ist aber im endlichen und innergeschichtlichen Bereich unmöglich. Wir streben nach ihr beständig und pflichtmäßig, aber gerade der Zustand des vielleicht einmal erreichbaren Glückes selber hat Fragen bei sich: Ist nun dies alles? und für immer? Fragen, die Zeugnis davon ablegen, daß der Sinnentwurf der Hoffnung immer nur höchstens teilweise erfüllt wird, aber niemals ganz, auch und gerade nicht in den Stunden des vielleicht einmal möglichen Glückes.[4]

So zeigt sich das Prinzip Hoffnung in seinem konkreten Leben als ein transzendentales Prinzip in dem Sinn, daß dieses Prinzip alles menschliche Leben und Handeln allererst ermöglicht. Es ist aber zugleich ein

[4] Vgl. dazu Bernhard Welte, *Heilsverständnis. Philosophische Untersuchungen einiger Voraussetzungen zum Verständnis des Christentums*, Freiburg/Br., Basel, Wien 1966, bes. 116ff. [Gesammelte Schriften, Bd. IV/1].

transzendierendes Prinzip, weil es alles menschlich Erreichbare überschreitet und offenbar darüber hinaus auf so etwas wie wirkliche Transzendenz zielt. Denn Transzendieren ohne Transzendenz, wie es im Grunde von Ernst Bloch entworfen wurde, wäre ein leeres und darum schließlich hoffnungsloses Transzendieren.

Bei Ernst Bloch heißt es in dem berühmten Schluß seines Werkes »Prinzip Hoffnung«: Wenn der Mensch »sich erfaßt und das Seine ohne Entäußerung und Entfremdung in realer Demokratie begründet, so entsteht in der Welt etwas, das allen in die Kindheit scheint und worin noch niemand war: Heimat«[5]. Dies ist ein schöner, ja ein bewunderswerter Satz, und gewiß ist es richtig, daß das, worauf es im Leben ankommt, uns allen in die Kindheit schien als das verheißene große Glück. Gewiß ist es auch richtig, daß noch niemand in diesem Lande war. Aber woher nehmen wir das Recht, so muß gefragt werden, zu hoffen, daß so etwas »in der Welt« entstehe? Die Welt wird schon lange umgetrieben und das Glück der »Heimat« wird schon lange gesucht. Es spricht nichts dafür, daß das immer Gesuchte und nie Gefundene demnächst doch gefunden werden könnte.

Indem sich der Sinnentwurf der Hoffnung als transzendentales und zugleich transzendierendes Prinzip zeigt, zeigt sich also im endlichen Leben immer die Sinndifferenz, d. h. das Ungenügen aller endlichen Erfüllungen. Das Faktische in allen Situationen entspricht nie ganz dem, was wir eigentlich von ihm verlangen und erhoffen. Darum muß der Sinnentwurf und seine Hoffnung sich auch nicht bloß auf einzelne Sinnträger oder Ziele, die möglich erscheinen, beziehen. Diese Hoffnung kann sich auch in die Möglichkeit wenden, sich auf das Ganze des Daseins zu beziehen und nach dem Ganzen des Sinnes des ganzen Daseins zu fragen. Dann wird die Frage der Hoffnung eine totale Frage, und dies deswegen, weil sie sich dann erst ganz identifiziert hat mit der Natur, die diese Frage hervorbringt. Man darf darum sagen: dies geschieht eigentlich im Grunde immer, wenn auch nur selten ausdrücklich. Geschieht es ausdrücklich, dann erheben sich Fragen wie diese: Was hat dieses, daß ich da bin und lebe in unserer Welt, im ganzen für einen Sinn? Worauf darf man im ganzen mit diesem Dasein hoffen? Und die Frage stellt sich häufig genug auch und mit Recht im Sinne der mitmenschlichen Solida-

[5] Ernst Bloch, *Das Prinzip Hoffnung: in fünf Teilen.* Ausgabe in 2 Bde., Frankfurt/M. 1959, 1628.

rität. Dann lautet sie etwa: Was hat dieses, daß wir alle da sind und leben im ganzen für einen Sinn? Was für eine Hoffnung besteht für uns alle im ganzen? Solche Fragen nach dem Sinn im ganzen können sich bedrängend ergeben, aber nur, weil wir uns im Grunde immer schon in ihrem Spielraum bewegen. Die totale Sinnfrage ist bedrängend, weil sie sich niemals weltimmanent total beantworten läßt. In ihrem Lichte erscheint die Sinndifferenz gleichfalls als eine totale und definitive. Wir werden niemals zufrieden sein und dies endgültig, soweit wir absehen können. Aus dieser Erfahrung kann die große Schwermut sich erheben oder auch die dunkle Nacht der Verzweiflung.

Diesen Zusammenhang kann man auch wie folgt zum Ausdruck bringen. Wir verstehen unser Dasein immer hoffend auf einen Zustand hin, zu dem wir unbedingt und nach jeder Hinsicht ja sagen könnten. Wir streben nach der Möglichkeit einer vollständigen Identifikation. Den Zustand der vollständigen Identifikation können wir auch den hellen Zustand oder das Heil nennen. Das Heil ist das, was wir immer, wenn auch mit Zweifel erhoffen. Die Sinndifferenz, von der wir sprachen, und die sich ständig neu öffnet, ist auch eine Heilsdifferenz. Aber nichts Erreichbares ist ganz heil. Diese Heilsdifferenz ist das grundlegende Merkmal unserer Situation als endlicher Menschen in einer endlichen Welt. In dieser endlichen Welt stößt unsere Hoffnung immer an Grenzen wie an Wände, wobei sie dann immer weiter will, aber nicht kann. Die Wand, auf die die Hoffnung solchermaßen immer wieder stößt, ist ja eine bewegliche Wand, sie läßt sich immer wieder verschieben, aber sie läßt sich innerhalb des endlichen Kreises unseres Lebens nicht aufheben.

Gewiß verhüllt sich diese Tatsache häufig in der alltäglichen Gleichgültigkeit unseres Lebens, und diese Grundtatsache bedarf also der Enthüllung und der Klärung durch eine Analyse, wie wir sie versucht haben. Gelingt sie und wird also von ihr aus unser Daseinsverständnis als Heilshoffnung klar, und wird es zugleich klar in seiner immer wieder sich erneuernden Heilsdifferenz, dann wird unsere Hoffnung die Frage nach dem sie Erfüllenden schließlich an die Transzendenz selber richten. An eine Botschaft vom Heil, die größer ist als alles Irdische und die vom jenseits alles Irdischen kommen müßte.

4. Diese ganze Situation mit der Sinn- und Heilsdifferenz, der In-Fragestellung aller Hoffnung verschärft und differenziert sich dann, wenn wir die entscheidenden negativen Grunderfahrungen des menschlichen

Daseins, nämlich Tod und Schuld, näher ins Auge fassen. In der Vielfalt des Erfahrungsstromes scheint es schließlich auf wenige negative Grundzüge hinauszulaufen, an denen das Sinndefizit oder das Heilsdefizit und damit das Defizit an Hoffnung zur entscheidenden Ausbildung kommt. Dies sind eben die zwei Grundzüge Tod und Schuld.

Analysiert man den Erfahrungsgehalt dieser negativen Grunderfahrungen Tod und Schuld, so zeigt sich folgendes: Beide sind unleugbare Momente jedes menschlichen Lebens und Daseins. Niemand wird leugnen, daß jeder Mensch sterblich ist und sterben muß. Und niemand wird im Ernst leugnen, daß jeder Einzelne niemals ganz von Schuld freizusprechen ist.

Diese beiden Grundzüge jedes menschlichen Lebens unterliegen auch starken Verdrängungsstrategien, welche sie für das durchschnittliche Bewußtsein zum Verschwinden bringen oder zur Unerheblichkeit herabsetzen. Diese Verdrängungsstrategien mögen sogar teilweise sinnvoll sein, sie erleichtern uns das Leben. Aber wenn sie das Ganze des Lebens besetzen, dann werden sie höchst fragwürdig.

An den Tod soll nicht gedacht, von ihm womöglich nicht gesprochen werden, sein befremdliches Wesen – wenn es schon nicht ganz verschwiegen werden kann – soll doch zu einem gewöhnlichen Vorkommnis nivelliert werden, so daß man etwa die Todesanzeigen in der Zeitung mit ebensolcher Gleichgültigkeit überblicken kann wie die Anzeigen für Filme, Zigaretten und Supermärkte.

Bei der Schuld sind die Verhältnisse analog, jedoch komplizierter. Zwar reden alle Leute von Schuld und vom Bösen in der Welt. In der Regel aber ist es so, daß dabei die Schuld die der anderen ist. Man darf also vermuten, daß die Erfahrungen von Schuld mit Hilfe des Sündenbockmodells immer weiter geschoben werden. Schuldig sind immer entweder die Kapitalisten oder die Kommunisten oder wer immer, jedenfalls die anderen. Kommt die Rede aber etwa doch auf die immerhin mögliche eigene Schuld, so gibt es wiederum viele Wege, diese zum Verschwinden zu bringen. Man kann dazu z.B. die Psychologie oder auch die Soziologie benützen. Dann wird die Schuld eine Sache entweder der psychischen Verfassung oder eine Folge der soziologischen Determinanten, und so wiederum nicht je meine Schuld. Auf solchen und auf manchen vergleichbaren Wegen wird die primäre Schulderfahrung oft erfolgreich verhindert.

Diese primäre Schulderfahrung tritt erst und nur dann auf, wo ich mich selbst wirklich als schuldig weiß. Ein solches Wissen stellt sich nur im Durchbruch durch seine Verhüllungen ein, und es enthüllt dann ein ungeahntes und neues Antlitz der Schuld.

Die beiden genannten zentralen Momente der Sinndifferenz und damit der Infragestellung unserer immanenten Hoffnungen bedürfen darum einer sorgfältigen analytischen Aufklärung. Sonst bleibt ihre Phänomenalität, also das, was sie von sich selber her zeigen können, gerade verhüllt. Hier hat die Philosophie also wiederum Aufklärungsarbeit zu tun gegen starke herrschende Vorurteile.

Wenn der Durchbruch aber geschieht und die analytische Aufklärung von Schuld und Tod ihr Ziel erreicht, dann wird freilich auch sichtbar, daß die genannten Grunderfahrungen beide ein absolutes Moment enthalten, und zwar jedesmal in negativer Stellung und dies im Verhältnis zur Hoffnungsstruktur des Menschen.

So ist es bei der Erfahrung des Todes: Sie ist die Erfahrung unbedingter und unentrinnbarer Macht – einer Macht, die jedes Handeln und Feilschen niederschlägt. Man kann den Tod zwar durch die ärztliche Kunst oft hinausschieben, aber niemals kann man ihn ganz überwinden. Und es hat offensichtlich keinen Sinn, ihm etwa Geld oder was immer anzubieten, damit er einen verschont. Er kommt und nimmt uns hinweg auf jeden Fall. Angesichts des Todes ist immanent nichts mehr zu verfügen und zu hoffen.

Darin aber kann ein Mensch etwas Unbedingtes spüren, ja es kann ihm wohl eine mögliche Ahnung Gottes aufgehen.

Dies umso mehr, als die Phänomenalität des Todes sogar in unserer säkularisierten Welt so etwas wie einen sakralen Charakter hat. Denn der Tod – wo er wirklich erfahren wird – macht Schweigen aus Ehrfurcht. Er verbreitet eine Atmosphäre von Feierlichkeit. Und dies hilft dazu, daß der Tod in seiner Unbedingtheit die Erfahrung Gottes bereithalten kann, unabhängig davon, ob jemand ausdrücklich an Gott glaubt oder nicht.[6]

Allerdings erscheint die angedeutete Erfahrung des Absoluten hier in negativer Stellung, negativ zur Grundtendenz unseres Lebens der Hoffnung. Der Tod entzieht das Leben und er verhält sich so negativ gegen das Leben-wollen und das in ihm implizierte hoffende Heilseinwollen. Er

[6] Vgl. dazu Bernhard Welte, *Der Ernstfall der Hoffnung. Gedanken über den Tod*, Freiburg/Br., Basel, Wien 1982 [Gesammelte Schriften, Bd. I, 3].

zeigt sich als hoffnungsloses Unheil. Das Geheimnis Gottes aber, das sich in der Erfahrung des Todes andeuten kann, schweigt darin und verhält sich so wiederum negativ. Ja ist es nicht so, daß man sagen muß, es bereitet Unheil? Ist es nicht vor allem zu fürchten?

So kann man sagen, der Tod ist die totale Infragestellung des menschlichen Sinnentwurfes und seiner Hoffnung, insoweit diese immanent sind.

Aber es ist kennzeichnend, daß der Tod in seiner Infragestellung des Heilsverständnisses und der Hoffnung diese doch nicht auslöscht. Der Sinnentwurf als hoffender Heilsentwurf trägt in der Tat weiter, auch in dem Dunkel des Todes und auch über die Grenze dieses Dunkels hinaus. Dieses Weitertragen der Hoffnung macht die Grenze erst scharf. Gerade indem wir nicht sterben wollen und sich der innerste Impuls unserer Hoffnung dagegenstemmt, indem wir aber sterben müssen, zeigt sich, daß der elementare hoffende Heilsentwurf auch angesichts des Todes lebendig bleibt. Dies bestätigt sich auch empirisch, z. B. in den Naturreligionen, denn sie alle hoffen über den Tod hinaus.

Aber der Heilsentwurf und seine Hoffnung werden durch die Erfahrung des Todes über eines belehrt, vorausgesetzt freilich, daß diese Erfahrung im Ernst gemacht wird. Es bekommt nämlich der hoffende Mensch zu wissen, daß er angesichts seines Todes sein erhofftes Heil nicht mehr selber weiterverfolgen und nicht aus eigenen Kräften realisieren kann, und schon gar nicht im immanenten Bereich. Hier erscheint eine absolute Schranke. Der Mensch muß angesichts des Todes mit seiner Hoffnung entweder in Verzweiflung stürzen, was allerdings möglich ist, und die Kraft seines weiterdauernden Hoffens in ihrem Feuer gleichsam verbrennen, sofern der Mensch es nicht vorzieht, den Sachverhalt einfach zu verdrängen.

Sucht der Mensch aber Stand zu halten gegenüber der Versuchung zu Verzweiflung und Verdrängung, so muß er, will er konsequent sein, nun das Heil, auf das er immer noch vorblickt und das er immer noch erhofft, vom ganz Anderen erwarten, über das er weder verfügen kann noch eigentlich will. Er wird also hoffend und vielleicht sogar bittend ins dunkle Geheimnis des Absoluten blicken. Er wird hoffend und bittend hören lernen in dieses dunkle Geheimnis hinein. Dies ist eine wesentliche Modifikation der Hoffnung und ihres Heilsverständnisses in der entscheidenden Situation der Heilsdifferenz. Gerade hier, wo sich diese Differenz in der schärfsten und konkretesten Form, nämlich der des Todes, zeigt, offenbart sie auch das wahre Wesen der Transzendenz der menschlichen Hoffnung. Denn die Hoffnung bleibt wach und sie wird darüber belehrt, daß sie sich über die Grenzen der ganzen immanenten Welt und damit alles bloß menschlichen Vermögens und Verfügens hinausbeugen muß. Das transzendierende Wesen der Hoffnung nimmt also die Form des Hörens an – ob sich ein Heilszeichen zeige oder des Bittens – um ein solches Zeichen – und also des Hoffens im spezifisch religiösen Sinn, Formen, die sich gewiß weiter auf das Heil beziehen, jedoch so, daß sie dieses vom Unverfügbaren und vom ganz Anderen erwarten, vom Geheimnis jenseits der Schwelle des Todes. Hier also kann die Hoffnung ihre reinste, realste und höchste Gestalt gewinnen.

Und wie ist es bei der Schuld, wo sie als je meine ernstlich zur Erfahrung kam? Auch sie bringt die Erfahrung, unter einem unbedingten Anspruch zu stehen, und auch sie bringt eine negative Stellung dieses darin sprechenden Unbedingten zur Erfahrung. Schuldig geworden weiß ich, daß ich dem unbedingten Anspruch nicht genügt habe und nun etwas wie eine unbedingte Verurteilung über mir steht, mit der sich nicht handeln läßt. Ist nicht auch darin eine Erfahrung des Unbedingten, gar eine Erfahrung Gottes möglich?

Die Negativität der unbedingten Erfahrung der Schuld hat wiederum zwei Seiten. Sie besteht einmal darin, daß ich niemals schuldig sein will und mich mit meinem eigenen Schuldigsein niemals identifizieren kann, gerade dann nicht, wenn ich de facto schuldig geworden und also mit der Schuld identisch geworden bin. Daraus erklären sich die beständigen Bemühungen, dem Schuldigsein auszuweichen und es zu verdrängen. Es ist ja wirklich so: Wir wollen nicht schuldig sein, aber zuweilen sind wir es. Und dann steht auf der anderen Seite das Unbedingte, gar das Unbedingte Gottes als Verurteilung uns gegenüber und dies in dem innersten Antrieb, aus dem wir leben, der Hoffnung. Die Hoffnung scheint daran zu stranden.

So läßt auch die Schuld, sofern ich sie nicht verdrängen will – was freilich immer naheliegt, aber auch immer ein schwindelhaftes Unternehmen ist – eigentlich hinsichtlich der Hoffnung und ihres Heilsentwurfes nur zwei Möglichkeiten offen: Entweder den Sturz in die Verzweiflung oder aber die Wendung in das Übernehmen der Schuld angesichts des Unbedingten, letztlich angesichts Gottes. Dies aber ist die Wendung in die Reue. In der Reue verstumme ich vor dem Unbedingten und übergebe mich an das Unbedingte. Alles Fordern und Verfügen muß dann aufhören. Aber nicht hat aufgehört der Grundtrieb des Hoffens. Aber er verwandelt sich nun in seine neue Form. Nämlich in die Hoffnung auf das ganz Andere, das Unbedingte jenseits aller Machbarkeit und jenseits aller Immanenz. Vielleicht geht aus solcher Hoffnung auch die Bitte hervor, gerichtet an das ganz Andere, an das Unverfügbare, an das Geheimnis des Absoluten: Vergib mir. Und aus der Hoffnung und der Bitte kann wiederum ein hoffendes Hören-lernen erwachsen ins dunkle Geheimnis des Unbedingten hinein. Auch hier nimmt das transzendierende, d.h. überschreitende Wesen des hoffenden Heilsverständnisses angesichts der konkreten Erfahrung des Heilsverständnisses in der Schuld die Form an: Über das eigene Vermögen und Verfügen und Dürfen sich hoffend hinauszubeugen ins ganz Andere und Unverfügbare, ins Hören, ins Bitten.

Die entscheidenden Realitäten des menschlichen Lebens also können – wie wir sahen – den hoffenden Menschen lehren, hörend und verstehend vorauszublicken auf das Nicht-faktische, auf das Nichtverfügbare und Nicht-konstruierbare seines Heils. Dieses mögliche Heilsverständnis ist für den Menschen, sofern er sich recht darin versteht, das hoffende Vorverständnis eines möglichen, aber der eigenen Macht entzogenen Heils. Diese Realitäten lehren vorlaufend Heil verstehen, insofern sich dieses aus seinem eigenen im Geheimnis des Ewigen liegenden Ursprung zusagen sollte.

Diese Realitäten lehren weiter, das erhoffte und vorverstandene Heil als ein solches zu verstehen, welches die Dialektik der innergeschichtlichen Heilsdifferenz, die die Hoffnung immer wieder neu belebt und immer wieder neu in Frage stellt, in eine reine Erfüllung aufzulösen vermöchte oder doch jedenfalls eine solche Auflösung eschatologisch verhieße. Als ein mögliches und erhofftes Heil, das insbesondere die entscheidenden Momente dieser Dialektik, nämlich Schuld und Tod, entscheidend beträfe und für sie eine unausdenkliche Wende und eine Erfüllung verhieße. Die entstehenden Situationen lehren vorlaufend und hoffend so etwas zu verstehen wie Auferstehung der Toten und Vergebung der Sünden, aus der sich gewährenden Huld des unausdenkbaren Absoluten.

So führt die Hoffnung als wirkliche menschliche Grundkraft, sofern sie sich nicht täuschen will über die entscheidenden Realitäten des menschlichen Daseins, an die Schwelle des Glaubens im christlichen Sinn. Und wenn der Glaube gewonnen wird, dann ermöglicht er seinerseits die neue und größere Hoffnung, die allein die ganze Realität des Menschen ernstnehmende Hoffnung. Die Hoffnung enthüllt sich als jene Grundkraft, von der Augustin an der berühmten Stelle sprach als von dem unruhigen Herzen.[c] Es ist unruhig, bis es ruht in dem Gott, der die Sünden vergibt und die Toten erweckt. Die Grundkraft der menschlichen Hoffnung erweist sich als die ausgestreckte Hand, die eine mögliche Verbindung sucht mit der Erfüllung verheißenden Antwort.

Das Prinzip Hoffnung als menschliche Grundkraft hat so – wenn man sie bis in ihre äußersten Konsequenzen verfolgt und angesichts der harten Realitäten unseres Daseins – einen adventlichen Charakter. Es bereitet die Wege des Herrn, um von ihm dann aufgenommen, verwandelt und erhöht zu werden.

Das Synodendokument »Unsere Hoffnung« wie auch das Thema des 85. Deutschen Katholikentages betreffen also unser Leben und Dasein an seiner zentralen Stelle. Gleichzeitig spricht es ein zentrales Anliegen der christlichen Botschaft aus. Der Hoffnungskern unseres menschlichen Lebens ist zudem dadurch wichtig, daß er in der modernen Welt zu einer besonderen Ausdrücklichkeit gekommen ist. Dies wird durch das Buch von Ernst Bloch ebenso angezeigt wie durch das Erwachen der Sinnfrage an vielen Stellen unseres modernen Daseins. Dies ist also der humane Ansatz, dem die übermenschliche Erfüllung als das wirkliche Eu-Angelion, die wirkliche Frohbotschaft verkündet werden muß für den Menschen, der immer hofft und doch mit seiner Hoffnung immer an die menschlichen Grenzen stößt. Denn das Evangelium sagt ihm gerade angesichts seiner Grenzen: du darfst trotzdem hoffen!

2. Dasein als Angst

Das Thema der Angst ist nicht nur ein Thema der Psychologie und der Verhaltensforschung. Es ist auch ein Thema der Philosophie. Und zwar in besonderer Weise der neueren Philosophie. Die Klassiker der Philosophie, die sich die Angst zum Gegenstand gemacht haben, finden sich nicht im Altertum und im Mittelalter, wohl aber in der Neuzeit. Kierkegaard ist der erste Denker, mit dem dieses Thema auf eine große Weise aktuell wurde. 1844 gab er unter dem Pseudonym Vigilius Haufniensis das berühmte Buch »Der Begriff Angst« heraus. Er nimmt darin ein Denkmotiv von Franz von Baader auf, dem großen katholischen romantischen Philosophen. 1927 erschien Heideggers »Sein und Zeit«, ein Buch, in welchem der Kierkegaard'sche Begriff der Angst in neuer Fassung neu auftaucht, nämlich als Grundbefindlichkeit des menschlichen Daseins, welche Befindlichkeit dieses Dasein vor seine ontologisch entscheidende Erfahrung bringt, nämlich die Erfahrung des Nichts, in dem sich nach Heidegger das Sein anzeigt.

Kierkegaard und Heidegger, diese beiden sehr charakteristischen Denker der neueren Zeit haben einen wichtigen älteren Vorläufer, nämlich Blaise Pascal. Bei ihm spielt das Wort Angst keine große Rolle, eine umso größere aber die Sache, um die es sich handelt. Er ist auch dadurch wie durch andere Umstände der erste im engeren Sinn moderne Denker.

Auch früher hat es wohl schon philosophische Beschäftigungen mit der Angst gegeben, z. B. bei Thomas von Aquin und anderen. Aber niemals früher hat das Thema der Angst eine so zentrale Rolle gespielt wie bei den genannten Denkern des 17., 19. und 20. Jahrhunderts.

Die Angst scheint als Grundbefindlichkeit ein spezifisches Kennzeichen der Neuzeit zu sein. Dafür sprechen auch Stimmen aus dem literarischen Raum. Ein prägnantes Beispiel dafür ist Franz Kafka. In einem Brief an Milena Jasenská schreibt er: » … und außerdem ist es ja mein Wesen: Angst«. Und an einer anderen Stelle schreibt er an dieselbe Partnerin: »… ja ich bestehe aus ihr, und sie ist vielleicht mein bestes«[7].

Was ist das für ein unheimlicher Gast, der anscheinend zusammen mit dem Aufsteigen von Rationalismus, Aufklärung, Wissenschaft und Technologie im europäischen Bewußtsein sich meldet: die Angst als Grundbefindlichkeit?

1. Wir versuchen diesen Befund ernst zu nehmen und eine Analyse der Angst als Grundbefindlichkeit durchzuführen. Dazu müssen wir zuerst versuchen uns klar zu werden, wie oder als was wir Menschen uns in dieser Welt vorfinden oder uns befinden. Wir müssen die Grundsituation des Menschen aufsuchen, von der die Grundbefindlichkeit Zeugnis gibt.

Wir finden uns so vor, daß es uns immer um etwas geht mit unserem Dasein, um mit Heidegger zu sprechen. Das, worum es geht, hat in unserer Sprache verschiedene Namen, z. B. Glück, wir möchten glücklich

[7] Zitiert nach M. Reich-Ranicki, in: *Frankfurter Allgemeine Zeitung* vom 15. 3. 1975.

sein; oder auch Heil, wir möchten heil und gut sein; wir bringen es auch mit dem Wort »Sinn« zum Ausdruck, indem wir etwa sagen: Wir möchten, daß das, was wir tun und wie wir leben, Sinn habe. Wie dem im einzelnen auch sein möge, unser Dasein ist uns offenbar niemals ganz gleichgültig. Wir erwarten von ihm etwas und es geht uns in ihm um etwas, etwa daß es sinnvoll sei.

Bei näherem Zusehen beobachten wir weiter, daß wir bei allem und jedem einzelnen, was wir tun oder unterlassen oder wie wir uns unterhalten, es auf Sinn absehen und darüber hinaus sogar Sinn voraussetzen. Wir handeln aus der Voraussetzung, unser Tun, oder was es sein mag, habe Sinn. Die Sinnvoraussetzung scheint eine universale Voraussetzung unseres Lebens überhaupt zu sein. Wir setzen jedenfalls durch die Tat und das Verhalten voraus, die Sinnfrage habe eine positive Lösung. Und umgekehrt: In dem Maße, wie die Sinnvoraussetzung zweifelhaft würde oder gar ausbliebe, würde die Kraft und der Mut des Lebens sinken und schließlich ersterben. Wer an gar keinen Sinn mehr glauben kann, der kann eigentlich nicht mehr leben.

Darum kann man sagen: Leben, lebendiges Dasein heißt für uns im ganzen: an unserem Dasein interessiert sein; und weiter: Am Dasein interessiert sein heißt: voraussetzen, daß es Sinn habe da zu sein und daseiend dies oder jenes zu tun. Interesse und Sinnvoraussetzung gehören also zu den elementaren Beständen im Grunde unseres lebendigen Daseins. So, nämlich interessiert und Sinn voraussetzend, finden wir uns vor oder befinden wir uns in der Welt.

2. Nun finden wir uns aber zusätzlich zu diesem ersten Befund und von ihm aus gesehen in der Lage weiter zu sehen, daß das, woran wir interessiert sind und von dem wir den Sinn erwarten, jeweils in der noch nicht entschiedenen Zukunft liegt. Wir arbeiten um eines künftigen Nutzens oder um eines künftigen Gewinnes willen. Und die Sprache legt uns nahe zu sagen: Was wir machen, soll auf etwas Vernünftiges oder etwas Erfreuliches oder etwas Sinnvolles hinauslaufen. Wo es hinauslaufen soll in seinem Lauf, da ist es ja wohl noch nicht angekommen. Das kommt erst noch auf das solchermaßen laufende Dasein zu. Sinnvoraussetzung ist Voraussetzung sinnvoller Zukunft.

Und natürlich nicht irgendeiner Zukunft, sondern je meiner Zukunft. Denn ich laufe ja mit dem Interesse an meinem Dasein meiner Zukunft entgegen. Wir sind an unserer Zukunft interessiert und erwarten von ihr die sinnvolle Gestalt unseres Daseins. Interesse und Sinnvoraussetzung einerseits und Zukunft andererseits hängen für uns untrennbar zusammen und bilden unsere Grundsituation.

Dann muß aber weiter gefragt werden: Woraus bildet sich die Gestalt der Zukunft? Sie bildet sich zunächst aus dem Zusammenspiel der Möglichkeiten meiner Welt und der Möglichkeiten meiner Freiheit. Aus den Möglichkeiten meiner Welt, d.h. aus dem, was mir möglicherweise entgegenkommt an Möglichkeiten der Natur: an Gesundheit oder Krankheit z.B., an Möglichkeiten meines gesellschaftlichen Kontextes: Wem werde ich begegnen, vor wem werde ich bestehen müssen, welchen Einflüssen werde ich ausgesetzt sein, der Möglichkeiten der geistigen Welt: mit welchen Ideen und geistigen Impulsen werde ich es zu tun bekommen usw. Die zukünftigen Möglichkeiten meiner Welt werden bestimmen, auf was mein jetziges Dasein mit seinem Interesse hinausläuft.

Aber nicht die Möglichkeiten als bloß bestehende. Vielmehr insofern, als sie meiner Freiheit begegnen werden und sie herausfordern werden, insofern als ich in meiner Freiheit mit diesen mir entgegenkommenden Möglichkeiten etwas werde anfangen können. Was wohl? Oder vielleicht auch nichts werde anfangen können. Es werden also die Möglichkeiten meiner Welt mit den Möglichkeiten meiner Freiheit zusammenspielen, und aus diesem Zusammenspiel wird sich meine Zukunft bilden, das worauf es mit mir hinausläuft, heute und morgen und weiter und woran wir so sehr interessiert sind. Dies sind zunächst bloße Möglichkeiten, und als Möglichkeiten noch nichts Wirkliches und in diesem Sinne »Nichts« wie Kierkegaard und Heidegger gesagt haben.

Die beiden Möglichkeiten dieses Zusammenspiels, die Möglichkeiten der Welt und die der Freiheit, sind beide nicht durchaus bestimmbar und insofern unbestimmt und unbestimmbar. Was die Welt mir in Zukunft entgegenbringen mag, davon kann ich zwar einiges erwarten und einiges vielleicht sogar voraussagen. Aber kann ich es wirklich ganz sicher wissen? Darum ist es ja so interessant, jeden Tag die Zeitung neu zu lesen: das, was sich neu zeitigte und was man am Tag vorher noch nicht wissen und daher noch nicht lesen konnte. Darum können wir unserer Zukunft nie ganz sicher sein, wir müssen abwarten, was kommt.

Können wir aber unserer Freiheit sicher sein? Wissen wir, was wir antworten werden auf das, was auf uns zukommt? Wissen wir, ob wir uns bewähren werden oder ob wir versagen werden? Wir dürfen uns vielleicht einiges zutrauen. Aber können wir je volle Sicherheit haben darin? Dürfen wir unser selber ganz sicher sein?

Die Zukunft also bildet sich aus dem Zusammenspiel zweier offener und nie ganz bestimmbarer Horizonte von Möglichkeiten. Und so ist erst recht das Resultat dieses Zusammenspiels zweier unbestimmter Ordnungen selber unbestimmt.

Wir gehen mit dem ungeheueren Interesse, das wir an uns haben und an dem, worauf es mit uns hinauslaufen mag, auf einem durchaus schwankenden Boden. Wird er uns tragen? Wird er uns verschlingen?

Das ist eine Situation, die schon Angst machen kann. Vorausgesetzt, daß sie erst einmal ins Bewußtsein gedrungen ist und wir uns also im vollen Sinne in ihr be-finden. Die Grundsituation kommt zur Gegebenheit in der Stimmung der Angst.

3. Dazu kommt noch, daß die Zukunft zwar unbestimmt ist in ihrem Gehalt, aber bestimmt in ihrem Daß. Sie kommt unvermeidlich auf uns zu, und wir werden ihr überliefert werden, ob wir wollen oder nicht. Wir können nicht wissen, was kommt, aber wir können dem auch nicht ausweichen, was kommt, jedenfalls nicht ganz. Daß wir sind, einschließlich unseres Interesses glücklich zu sein, das Ganze ist der Einsatz in diesem Spiel. Dessen Ausgang kennen wir nicht. Daher die Situation der Unvermeidlichkeit und des Wagnisses mit dem höchsten Einsatz. Man muß setzen, man ist schon im Schiff. Pascal hat es angemerkt in dem berühmten Fragment von der Wette.[8] Wer schon eingeschifft ist, für den hat es keinen Zweck mehr zu überlegen, ob er mitfahren will oder nicht auf dieser gefährlichen Fahrt. Oder: Wir sind in der Situation von Menschen in einem Zug, der immer schon abgefahren ist, wir wissen aber nicht genau, wohin er fährt. Gerade in dieser Unausweichlichkeit der unbestimmbaren Zukunft kommt die Schärfe unserer Grundsituation zum Vorschein, die uns Angst macht.

Darum konnte Kierkegaard von der Angst reden als der sympathetischen Antipathie und der antipathetischen Sympathie.[d] Wir haben in der Tat Sympathie, wir möchten weiterkommen, wir lieben unser Glück und hoffen auf es, aber wir haben gleichzeitig Antipathie, Abneigung, denn wir trauen der Sache nicht ganz. Und wir bangen um das, woran wir so

[8] Blaise Pascal, *Pensées*, Nr. 233 [Ed. par Léon Brunschvicg].

unendlich interessiert sind, unser Dasein angesichts dessen, was uns unausweichlich und undurchschaubar einfordert.

4. Diese menschliche Grundsituation, aus der die Angst als die ihr folgende Grundbefindlichkeit erwächst, hat aber bis jetzt noch nicht ihren tiefsten Grund sehen lassen, denn: Kommt es in unserem Dasein nur auf dies oder jenes an? Stehen wir nur diesen oder jenen Möglichkeiten gegenüber, die uns lockend und drohend entgegenkommen? Tiefer als alles einzelne Interesse ist das Interesse am Ganzen. Es kann sich in der Frage äußern: Worauf läuft es hinaus, für was ist es gut, daß wir da sind? Menschen können von solchen Fragen überfallen werden, so, daß dieser Überfall das Mark ihrer Gedanken durchdringt.

Davon haben Kafka und andere Zeugnis gegeben. Die Frage nach dem Sinn oder nach dem Glück im ganzen ist eine ungeheuere Frage, vorausgesetzt, daß sie ihre innere Spannung wirklich entfaltet.

Aber auch wo sie sich nicht so groß entfaltet und den Menschen nicht so erschütternd überfällt, schwelt sie wahrscheinlich im verborgenen Grund und Untergrund der Gedanken und des Bewußtseins und beunruhigt diese.

Stellt sich aber die totale Frage, sei es im Offenen, sei es im Unterbewußten angesichts der radikalen Entscheidung unseres Daseins, dann tritt erst die Situation, die die Angst gebiert, in ihrer entscheidenden Schärfe hervor. Die radikale Endlichkeit unseres Daseins besteht eben darin, daß es mit uns ganz gewiß zu Ende geht, nämlich im Tod. Unsere sicherste Zukunft, das, worauf unweigerlich alles hinausläuft, was immer wir greifen mögen, ist dieses: daß wir eines Tages sterben müssen und dann nicht mehr da sein werden. So sicher aber der Tod ist, so wenig sicher erscheint, was sich im Abgrund seines Schweigens verbirgt, ja es erscheint nicht einmal sicher, ob sich überhaupt etwas darin verbirgt. Denn es erscheint nichts als Schweigen und Dunkel.

Mit dem unendlichen Interesse an einer sinnvollen Gestalt unseres Lebens sich dem Tod überliefert zu sehen als der sicheren Zukunft, deren Möglichkeiten sich aber verbergen im Dunkel und im Schweigen und die insofern absolut unsicher erscheinen: das ist die Situation des menschlichen Daseins im tiefsten Grund und im äußersten Horizont.

Diese Grundsituation ist uns zwar zumeist verborgen so, daß wir nicht daran denken. Aber im Grunde wissen wir darum. Und so ängstigen wir uns vor der äußersten Möglichkeit, nämlich des Sterbens. Und manchmal geht aus unscheinbaren Zeichen ein Schatten von Angst hervor und zieht einen Moment lang über unser Gemüt hin. Was mag alles passieren, was mag vielleicht schon passiert sein und bald auf uns zukommen? Und wir ängstigen uns auch darum, wie wir vor diesen äußersten Möglichkeiten bestehen werden oder wie wir versagen werden. Denn wer ist schon ganz seiner sicher, und zumal wenn er ans Äußerste denkt?

Die Angst, sagt Kierkegaard, ist »die Wirklichkeit der Freiheit als Möglichkeit für die Möglichkeit«[9]. Die Wirklichkeit der Freiheit, das ist der Zustand, in dem wir als freie Wesen uns wirklich befinden. Wir befinden uns aber in unserem wichtigen Fall als Möglichkeit: Wie werden wir möglicherweise bestehen? Was werden wir möglicherweise tun oder nicht tun? Und zwar als Möglichkeit für die Möglichkeit, die zunächst aus dem Abgrund aller Möglichkeiten und zuäußerst mit dem Tod auf uns zukommt. Denn wer weiß, was möglicherweise dahintersteckt?

Hier ist wohl der tiefste Grund und die eigentliche Grundsituation für die Grundbefindlichkeit der Angst. Diese Befindlichkeit kann als ganze offen hervortreten, sie kann sich auch in besondere Möglichkeiten wenden, etwa als Todesangst oder gar als Verdammungsangst oder als Angst vor dem, was möglicherweise auf uns zukommt oder als Schuldangst oder Angst vor dem, wie wir möglicherweise in unserer Freiheit versagen werden. Oder Angst vor der möglichen Sinnlosigkeit und Leere, die sich aus dem Zusammenspiel der beiden Dimensionen ergeben könnte. Damit haben wir jene Formen von Angst genannt, die Paul Tillich in seinem Buch »Mut zum Sein« erläutert hat[10]. Sie lassen sich alle als Abwandlungen der von uns gedeuteten Grundsituation und der zu ihr gehörigen Grundangst verstehen. Sie kann sich an vielen einzelnen Möglichkeiten entzünden. Und dann deren Farbe annehmen als Krebsangst oder Angst vor der Armut, aber im Grunde geht es dabei immer um das Ganze.

5. Überlegt man sich dies alles, so sieht man, daß von der Grundsituation des Menschen her gesehen die Angst eigentlich naheliegender ist und leichter verständlich als das Freisein von Angst. Aber zweifellos gibt es auch dieses: Freisein von Angst. Wie kommt es zustande?

[9] Sören Kierkegaard, *Der Begriff der Angst* (= Gesammelte Werke, Bd. 11/12), übers. von Ernst Hirsch, Düsseldorf 1952, 40.
[10] Paul Tillich, *Der Mut zum Sein*, Stuttgart 1953.

Offenbar hat die Angst, die so naheliegt, einen natürlichen Gegenspieler, nämlich jenes ursprüngliche Vertrauen, das tief in unserer Natur angelegt ist. Ohne dieses Vertrauen könnten wir wohl überhaupt nicht leben. Schon Kinder haben ein großes Maß von ursprünglichem Vertrauen, sie bringen es offenbar aus ihrem geheimnisvollen Ursprung in diese Welt mit. Aber auch wir Erwachsenen leben tatsächlich zum großen Teil aus der Kraft eines Vertrauens, von dem wir nicht wissen, woher wir es haben und wie es begründet ist.

Dieses ursprüngliche Vertrauen bannt die Angst und läßt sie zeitweise verschwinden. Es manifestiert sich auch in eigentümlichen Phänomenen unseres täglichen Daseins. Am merkwürdigsten sind dabei die Phänomene des Schlafens und des Spiels.

Im Schlaf, wenn er uns gegeben ist, entsinkt uns die Sorge um alles, was uns sonst bedrängen mag. Wir überlassen die Welt ihrem Lauf und überlassen uns selber dem geheimen Lauf der Dinge. Der Schlaf ist eine der großen Manifestationen dieses ursprünglichen Vertrauens und eine der kostbaren Gaben, die dem Menschen auf seinen Wegen mitgegeben sind.

Die andere hier zu nennende Manifestation ist das Spiel. Nicht umsonst hat Eugen Fink das Spiel die »Oase des Glücks«[11] genannt. Das Spiel der Kinder wie der Erwachsenen entfaltet eine eigene angstlose wenn auch nicht spannungslose Welt. So dürfen im Spiel die Ängste des Daseins vergessen und »überspielt« werden.

Allerdings ist dieses ursprüngliche Vertrauen samt seinen Manifestationen zerbrechlich. Manchmal reicht es nicht hin, um die Angst zur Ruhe zu bringen. Manchmal wird der Schlaf gestört von der Angst. Und auch die Sorglosigkeit des Spiels kann schnell wieder zerbrechen. Es scheint, daß die Kräfte des ursprünglichen Vertrauens zwar groß sind, aber doch nicht so groß, wie die Angst weitreichend ist. Schließlich genügen sie nicht mehr und die Angst tritt hervor.

Weil aber der Mensch doch die Angst nicht liebt, hilft er sich in solchen Fällen mit Verdrängungen. Diese schaffen zwar die Grundsituation der Angst nicht weg, sie machen sie aber vorübergehend unsichtbar. Angst kann verdrängt und versteckt werden durch das, was Pascal das

[11] Eugen Fink, *Oase des Glücks. Gedanken zu einer Ontologie des Spiels,* Freiburg/Br., München 1957.

»Divertissement« nannte, die Zerstreuung[12]. Im eifrigen Umtrieb des vordergründigen Lebens und seiner scheinbaren und bisweilen auch nützlichen Wirklichkeit wird alle Aufmerksamkeit aufgesogen und werden die unheimlichen Hintergründe verdeckt, so daß man nicht mehr an sie zu denken braucht.

Die Angst kann auch verdrängt und verdeckt werden durch die Furcht, sofern man unter ihr mit Jaspers und Heidegger die emotionale Abwehr gegen bestimmte fixierbare Bedrohungen versteht, gegen die man etwas Bestimmtes tun kann. Wer sich ängstigt vor den unbegrenzten Möglichkeiten, der wird erleichtert, wenn er etwas Begrenztes und Bestimmtes sieht, gegen das er etwas wiederum Bestimmtes unternehmen kann.

Natürlich kann solche Furcht sehr sinnvoll sein. Denn sie löst die sinnvollen Gegenmaßnahmen aus. Die Furcht vor der Arbeitslosigkeit läßt wirksame Maßnahmen, z.B. Versicherungen entstehen, die eine Hilfe zum Leben sind.

Allein alle Verdrängungen, selbst wenn sie mit Hilfe der Furcht vorgenommen sein sollten, bleiben doch gefährlich, weil sie ja die Quelle der Angst, die menschliche Grundsituation, nicht wegschaffen und dem Mangel an ursprünglichem Vertrauen nicht wirklich abhelfen. So lauert denn die Angst in diesem Falle immer noch im Verborgenen. Die Verdrängungen können zur Lüge werden, zum Sich-Wegschwindeln über die Wahrheit, sie können den verdächtigen Eifer entwickeln, nicht aufkommen lassen zu wollen, was doch da ist. Und diese Haltung kann ein ganzes Zeitalter ergreifen und seinen gesellschaftlich-geschichtlichen Zustand bestimmen. So scheint es in der Neuzeit tatsächlich gegangen zu sein. Ist eine solche Zeit der allgemeinen Verdrängung entstanden, dann sind es nur einige querköpfige Denker und Dichter, die den Kopf aus dem Netz der allgemeinen Verzauberung herausstrecken und laut sagen, was vielleicht entgegen der öffentlichen Meinung doch wahr ist. Pascal war so ein Denker. Er hatte den Mut, angesichts des allen drohenden Todes zu sagen: »Wir laufen ohne Sorge in den Abgrund, nachdem wir etwas vor uns hingestellt haben, das uns hindert ihn zu sehen«[13]. Dies ist die klassische Formulierung der Verdrängungen der Angst, sie ist allgemein-menschlich gefaßt, aber doch besonders bezogen auf die

[12] Blaise Pascal, *Pensées*, Nr. 171.
[13] Blaise Pascal, *Pensées*, Nr. 183.

aufsteigende neuzeitliche Gesellschaft, deren Zeuge und Kritiker zugleich Pascal war.

6. Wenn es aber so steht um den Menschen und seine Angst, dann erhebt sich die Frage, ob es nicht irgendwo eine bessere, weil wahrere und weitertragende Überwindung der Angst gebe als die Zerstreuung im Sinne Pascals und das am Ende brüchig und schwindend erscheinende ursprüngliche Vertrauen. Denn alles dies, so sinnvoll es auch kurze Zeit sein mag, hält entweder nicht lange genug vor, oder es überwindet die Angst nicht wirklich, sondern hindert uns nur, sie zu sehen.

Der wahre Weg zur Überwindung der Angst muß zuerst durch die vordergründigen und angenehmen Verstellungen zur Wahrheit der Angst durchstoßen, zur Wirklichkeit der insecuritas humana, der menschlichen Unsicherheit. Es muß wohl zuerst so etwas wie der Mut zur Angst gewonnen werden, d.h. der Mut zur gefährlichen und exponierten Situation des Menschen. Würde dieser Mut gewonnen, dann könnte die Angst vielleicht zu einem zwar dunklen Engel werden, aber doch zu einem Engel. Er könnte entlasten vor dem Zwang, die Wahrheit der Menschen ständig niederzuhalten und verdecken zu müssen. Er könnte so ein erster Schritt zur Befreiung des Menschen sein.

7. Aber der Mut zur Angst ist wohl nur möglich und zumutbar, wenn der Mensch den Glauben als anfängliche Gabe des Lebens ausdrücklich ergreift als Glaube an die alles Leben und Sterben umgreifende Macht Gottes. Wenn also der geängstigte Mensch es wagt, über die Grenzen des Menschlichen hinauszugreifen, ins Übermenschliche, ins Göttliche, wenn er wagt, an Gott zu glauben und auf Gott zu hoffen. Und wenn er in solchem Glauben und Hoffen seine scheinbare Verlassenheit selber verläßt, um sich in dem zu bergen, der alles in Händen hat.

Ein solcher Glaube ist noch mehr möglich, wenn er sich an den Zuspruch Jesu halten kann, der der Zeuge des Heiles und des schließlich alles Unheil heilenden Gottes wurde. Denn wenn der Mensch sich an Jesus hält, dann hat er, wiewohl er geängstigt sein mag, die Möglichkeit zu denken: es kann kommen was will, die vielen Möglichkeiten, die mich ängstigen: es kommt doch alles schließlich aus der Hand Gottes, der mich zwar prüfen aber zuletzt retten wird. Und er hat auch die Möglichkeit zu denken: es mag mit meiner ziemlich zweifelhaften Freiheit passieren, was will, z.B. die Möglichkeit des Bösen, die mich gleichfalls ängstigt: aber ich kann auf nichts so Böses verfallen, daß nicht das große Erbarmen Gottes das Böse wieder gut machen und versöhnen und heilen könnte. Der Glaube im Sinne des christlichen Glaubens hat die Möglichkeit, daß er ermutigt, an den eigenen Tod zu denken, das drohende, ängstigende und geheimnisvolle Ende. Denn er wird über den Tod auch an den denken, der allein mächtiger ist als der Tod, an Gott, der die Toten zu neuem österlichem Leben ruft, nachdem er Jesus, seinen geliebten Sohn, am dritten Tage erweckt hat zur eschatologischen Fülle des Lebens.

Der Glaube und die zum Glauben gehörende Hoffnung, das sind die wahren und großen Gegenspieler der Angst. Sie sind sogar noch mächtiger und weitertragender als das ursprüngliche Vertrauen, aus dem wir leben. Sie erlauben es dem Menschen, sogar ein Sünder zu sein, und sogar sterblich zu sein. Sie erlauben ihm, endlich zu sein, was er wirklich ist: groß und erbärmlich zugleich – um noch einmal Pascal zu zitieren.[14] Sie ermöglichen dem Menschen jenen »Mut zum Sein«, von dem Paul Tillich sprach; was allemal heißt: den Mut, auch fehlbar, verletzbar, ja sterblich zu sein, und diesen Mut haben zu dürfen im Blick auf den, der alles dieses sah und sieht, Fehlerhaftigkeit, Verletzlichkeit und Tod, und der, alles dies sehend, sagte: Fürchtet euch nicht.

Der Glaube an den erlösenden und befreienden Gott ist der mächtige Gegenspieler der Angst. Er wird sie freilich auch nicht wie durch Zauberschlag verschwinden lassen. Auch der glaubende Mensch bleibt ein Mensch und darum allem Menschlichen ausgesetzt. Aber er hat etwas, womit er seine Angst im Prinzip überwinden kann. Es wird dann einer immer wieder neuen Arbeit des Glaubens und der Hoffnung bedürfen, um mit diesen Kräften die verschiedenen Gestalten und Drohungen der Angst immer wieder neu zu durchdringen und so zu wachsen, immer wieder bedrängt, doch nie verloren, bis auch die letzte Angst bestanden ist, über der am stillsten, doch am wunderbarsten Gottes Wort leuchtet: Fürchtet euch nicht!

[14] Blaise Pascal, *Pensées*, Nr. 416.

Dasein im Symbol des Spiels
(1982)

Es gehört zu den Eigentümlichkeiten unseres menschlichen Lebens, daß wir dessen alltäglichen Ernst bisweilen durchbrechen durch das, was wir Spiel nennen.

Kinder spielen ohnehin, und ihre Lebensentfaltung vollzieht sich überwiegend in der Form des Spiels. Wenn sie dann langsam dem sogenannten »Ernst des Lebens« entgegenwachsen, nimmt die Arbeit in ihrem Leben immer mehr zu und das Spiel immer mehr ab. Das Merkwürdige aber daran ist, daß das Spiel auch im Erwachsenen-Dasein immer wieder erscheint und keineswegs ganz verschwindet. Man braucht nur an die große Bedeutung der sportlichen Spiele, vor allem des Fußballspiels, in unserem öffentlichen Leben zu erinnern.

Deswegen fragen wir: Warum Spiel? Diesen Fragen wollen wir nach einigen Richtungen nachgehen.

Wir treten im Spiel in eine neue und andere Ordnung gegenüber der unseres gewöhnlichen Arbeitslebens, in eine leichtere und sozusagen kindlichere. Wir entlasten uns dabei von der Last und dem Ernst des Alltags.

In dieser neuen spielenden und entlastenden Ordnung aber erscheint dann unser Leben wiederum, aber nun in einer transponierten Form. Es erscheint im *Symbol*. Es sieht aus, als benötigten wir das Spiel als Lebenssymbol, um den Ernst des Lebens besser ertragen zu können.

Im Symbol des Spiels erscheint das Leben zwar in allen seinen Dimensionen, aber ohne seine Last und seine Mühe. Es erscheint leichter und luftiger. Und es erscheint zugleich in tieferer Übereinstimmung mit dem, was man den archetypisch geprägten Grund unseres Lebens nennen darf.

Auch darum spielen wir gerne. Und was wir im Spiel miteinander tun, kommt offenbar aus tieferen Gründen unseres seelischen Lebens und ist in besonderer Weise mit dieser Tiefe eins. Darum identifizieren wir uns ja auch so schnell mit dem Geschehen des Spieles, schneller als mit dem alltäglichen Geschehen der Arbeit und mit ihrer Last.

Die Bedeutung des Spiels als archetypisches Lebenssymbol wird uns klar, wenn wir es an einigen Grundformen des Spieles erläutern. Wir wollen aus der Fülle der Möglichkeiten, die sich hier anbieten, drei Formen auswählen als Vertreter der wichtigsten Formen der möglichen Spiele. Nämlich das Glücksspiel, das Kampfspiel und das »reine« Spiel.

1. Das Glückspiel

1. Glückspiele sind seit alter Zeit und bis heute sehr beliebt. In ihnen kommt es wenig auf unsere Geschicklichkeit an, aber viel und am meisten auf das, was wir das Glück nennen. Nehmen wir das Beispiel des Würfelspiels. Den Fall der Würfel können und wollen wir nicht beeinflussen. Und wenn jemand es dennoch versuchen wollte, dann hat er das Spiel gefälscht und es gilt dann nicht. Gerade daran erkennen wir, daß auch das Glückspiel gewisse Gesetze und Regeln hat. Sein Grundgesetz ist dieses: Es soll das Glück Glück sein lassen. Es muß wirklich mit dem Glück gespielt werden. Das ist die Pflicht und auch der Reiz des Glücksspiels.

Was ist aber dies: Glück? Unter Glück verstehen wir etwas, was wir nicht durchschauen und beeinflussen können und was gleichwohl über unser Gewinnen oder Verlieren entscheidet. Es gehört zum Glück des Glückspiels, daß wir es haben wollen und uns an ihm freuen, wenn es uns zufällt. Und daß wir uns andererseits ein wenig ärgern, wenn wir kein Glück haben, aber doch nicht zu sehr. Denn es ist ja ein Spiel. Zum Spiel gehört es, daß wir auch gute Verlierer sein können. Auch darin erscheint wieder eine Grundregel des Glückspiels.

Zum Glücksspiel gehört es auch, daß wir einen Einsatz machen. Wir setzen etwas aufs Spiel. Wir können den Einsatz gewinnen und vielleicht den unserer Mitspieler dazu. Wir können aber auch alles verlieren, das ist eben die Sache des Glücks, darüber zu entscheiden.

Aber warum spielen wir so gern mit dem Glück? Offenbar deswegen, weil das Spiel mit dem Glück ein umfassendes Lebenssymbol ist und weil wir das in der Tiefe unserer Seele ganz gut wissen, auch wenn wir nicht oft darüber nachdenken.

Ist es nicht in unserem Leben so: Die meisten und die wichtigsten

Umstände, die über unser wirkliches Leben entscheiden, sind ja in der Tat Zu-Fälle, die uns zugefallen sind ohne unser Zutun. So haben wir unsere Eltern und damit auch die Zusammenstellung unserer Erbfaktoren nicht ausgewählt. Dies war das erste und das Ganze unseres Lebens entscheidende Spiel mit dem Glück. Und später sind wir dann »zufällig« mit diesen oder jenen Menschen zusammengetroffen, mit Freunden oder Gegnern, mit Lehrern oder Verführern, mit Geliebten oder Nicht-Geliebten. Und aus diesem zufälligen Zusammentreffen hat sich für unser Leben Entscheidendes gefügt. Und wir sind in diese oder jene Schicksale geraten, etwa als Politiker oder als Wirtschaftler oder in allgemein menschliche Schicksale. Wir sind hineingeraten, ohne daß wir diese Schicksale selber gemacht hätten. Und dann haben sie unseren Weg bestimmt.

Gewiß machen wir oft alles mögliche, um den Zufall zu überspielen und uns zu sichern. Wir suchen mit den modernen Möglichkeiten das Schicksal vorzuprogrammieren. Und dies gelingt uns auch ein ganzes schönes Stück weit. Aber im Entscheidenden gelingt es gerade nicht. Und unter diesen Umständen ist unser Leben von Anfang bis zum Ende ein Spiel mit dem Glück.

In diesem Lebensspiel machen wir auch immer einen Einsatz. Im Grunde setzen wir nicht weniger als unser Leben als ganzes ein und damit das, worum es uns in diesem Leben als ganzes geht. Und woher haben wir eigentlich den Mut dieses großen Einsatzes?

Jedenfalls sind wir offenbar so beschaffen, daß wir dieses Spiel mit dem Glück lieben und uns gerne auf es einlassen, obwohl es beständig neue Risiken für uns bringt und der Einsatz hoch ist, der gewonnen oder verloren werden kann.

Aber die eigentliche Frage, die dieses Spiel an unser Leben stellt, ist diese: Verstehen wir es auch, gegebenenfalls gute Verlierer zu sein? Dies wird uns in der Wirklichkeit unseres Lebens gewiß nicht immer gut gelingen. Aber das Glücks*spiel* gerade als Spiel kann uns darüber belehren, daß es auch im wirklichen Leben entscheidend darauf ankommt, daß wir auch gute Verlierer sein können.

Um das zu verstehen, sei es erlaubt, einen theologischen Hintergrund des so untheologisch erscheinenden Glücksspiels anzudeuten. Wenn das Glück als Zu-fall der entscheidende Faktor unseres Lebens ist auf dieser Erde, dann darf man doch fragen: Woher fällt er uns zu, wer spielt uns die Bälle zu? Sollten da gar himmlische Mächte im Spiel sein? Mächte, die uns das Glück und auch das Mißglücken zumuten und vollends jenes höhere und merkwürdige Glück, das gerade aus dem Mißglücken hervorgehen kann. Sollte es eine himmlische Huld geben, die über beidem wacht und die uns zumutet, im Glück uns zu freuen und im Unglück nicht allzu traurig zu sein? Die Römer jedenfalls haben die Fortuna, also das Glück, die Fortuna primigenia genannt, d.h. die erstgeborene Tochter des himmlischen Gottes. Und wer einmal das gewaltige Heiligtum der Fortuna in Palestrina in den Bergen östlich von Rom gesehen hat, der wird sich daran erinnern, darin Weihegeschenke gesehen zu haben von Wettkämpfern, aber auch von Offizieren und von Politikern. Und darin kommt – wie mir scheint – das entscheidende Stück der gottesfürchtigen römischen Lebensphilosophie heraus. Daran kann man erkennen, daß nach römischer Auffassung zum Erfolg im Leben zwar die virtus, d.h. die Tugend, gehört, d.h. der Einsatz von Mut, Intelligenz und Kraft, daß aber das Entscheidende in allen Lagen des Lebens die Gabe des Himmels ist, die Tochter des höchsten Gottes, Fortuna das Glück.

Bei Rilke in seinem »Liebeslied« lesen wir: »Und welcher Spieler hat uns in der Hand?«.[a] Er spricht in diesem Zusammenhang vom Saitenspiel als einem Bild des Spiels der Liebenden. Aber das Spiel der Liebenden ist doch wirklich auch ein Glücksspiel voller Chancen und Gefahren bis der Tod euch scheidet.

Und darum hat der Meister Eckhart den Rat gegeben: »Leit dich und laß dich!« Leit dich, d.h. bestelle dein Feld und plane deine Zukunft. Aber laß dich auch. D.h.: Überlaß dich dem, was dir gefällt, und vertraue. Gerade dort bist du am meisten geführt, in guten und auch in schweren Geschicken.

Unser Leben also: Ein Spiel mit dem Zufall, das wir zugleich lieben und fürchten. Aber im ganzen doch mehr lieben als fürchten. Ein Spiel, über dem der verborgene Glanz des ewigen fügenden Spielers glänzt.

Das scheint das Geheimnis des Glückspiels zu sein, das uns oft so viel Spaß macht.

2. Das Kampfspiel

Von anderer Art sind die Kampfspiele. In ihnen spielt zwar das Glück auch eine Rolle, aber das Entscheidende bei den Kampfspielen ist doch der Kampf, d.h. die Anstrengung rivalisierender Gegner um das Gelingen des Spiels. Dabei soll das Glück soweit wie möglich ausgeschaltet werden, damit die Menschen mit ihrer eigenen Kraft und ihrer eigenen Geschicklichkeit voll ins Spiel kommen können. In diesem Sinn sind die Kampfspiele das gerade Gegenstück der Glücksspiele. Denn hier spielen die Menschen gegenseitig mit ihrer eigenen Kraft und möglichst wenig mit dem Glück. Was also in diesen Spielen geschieht, steht unvergleichlich mehr im Vordergrund der menschlichen Absichten und ferner den Tiefen des menschlichen Daseins.

Viele Millionen Spieler zählt man an jedem Wochenende auf den Fußballplätzen der Welt und Hunderte von Millionen von Zuschauern. So darf gerade das Fußballspiel als das eigentliche Modell für alle Arten von Kampfspielen gelten. Gewiß ist auch das Fußballspiel – wie alle anderen ähnlichen Spiele – ein Spiel. Als solches steht es nicht im Kontext der vernünftigen rationalen Lebensregelung.

Es ist weder eine politische noch eine wirtschaftliche Veranstaltung. Es mag zwar nach diesen Seiten Wirkungen haben, aber durch sich selbst als Spiel steht es jenseits alles dessen. Wer im Kontext des vernünftigen rationalen Lebens und seiner Ordnungen dabei ertappt wird, daß er sich mit dem Fußballspiel beschäftigt, erscheint leicht ein wenig lächerlich. Und doch tun dies viele. Man sieht wieder die Differenz der Ordnungen. Die eine ist die Ordnung des ernsten Lebens, die andere ist die Ordnung des Spieles.

Wir suchen dieses faszinierende und rätselhafte Phänomen wieder von unserer Basis aus zu erklären. Könnte es nicht sein, daß auch in diesem Spiel ein Urbild menschlichen Verhaltens sichtbar wird, das aufsteigt aus der Tiefe des menschlichen Bewußtseins, jenes Bewußtseins, in dem Menschen miteinander verbunden sind zu kollektivem Handeln? Könnte es nicht sein, daß auch hier ein archetypischer Dynamismus am Werke ist, aus dem symbolische Bilder des Lebens aufsteigen? Vieles spricht dafür, daß es sich auch mit dem Fußballspiel so verhält. Dann ist es so, daß das Spiel mit dem wirklichen Leben auf diese Weise verbunden ist, daß hier aus der archetypischen Prägung sich ein Symbol entwickelt und etwas zum Ausdruck bringt, was Menschen immer zu sehen und zu erfahren wünschen am menschlichen Verhalten im allgmeinen, und was sie doch sonst nie rein zu sehen bekommen. Dann dürfen wir es betrachten als ein immer wieder faszinierendes Symbol der immer gesollten und gewünschten, aus der Tiefe der menschlichen Natur aufsteigenden Ordnung. Dies würde es erklären, daß dieses Spiel so viel Millionen Menschen so sehr betrifft, obwohl es nicht vernünftig im Sinne der alltäglichen Realität ist.

Was das Fußballspiel symbolisch zeigt, ist das Leben in seiner bewußten Entfaltung und seiner gewollten und angestrebten Gestalt als kompetitives Miteinander-Handeln. Deshalb steht es auch mehr im Vordergrund der öffentlichen Aufmerksamkeit als die Glücksspiele. Aber gerade in dieser seiner Eigentümlichkeit zeigt das Kampfspiel seine besondere Verwandtschaft mit dem Mythos.

Im Mythos wird ein einmaliges Ereignis erzählt als Symbol dessen, was immer wieder sich ereignet. Im Fußballspiel wird jedes einzelne Spiel so gespielt, als ob es das einzige wäre, was bedeutsam ist und als bedeutsames geschieht. Aber das Spiel wird auch immer wiederholt und ist jedesmal wieder gleich bedeutsam, ohne daß je Ermüdung der Einförmigkeit eintreten würde. Dies könnte darauf hindeuten, daß das Einmalige als das immer und immer wieder Bedeutsame gespielt wird, wie es im Mythos ist.

So haben wir nun zu fragen, was es als Symbol aussagen wolle.

Inhaltlich wird ja ein Kampf gespielt. Zwei Parteien stehen einander gegenüber, jede macht der anderen den Sieg streitig und jede will ihn selber erringen. Daraus entsteht eine fortlaufende Reihe immer wieder neuer Kampf- und Konfliktsituationen.

Wie der Kampf ausgeht, wird jeweils erst durch ihn selber bestimmt und kann nicht im voraus mit Sicherheit gesagt werden. Darin liegt schon äußerlich das Spannende jedes Spiels. Der Sieger muß sich als solcher erst erweisen im Konflikt des Kampfes.

Der Kampf ist zwar ein Spiel, wie wir schon sagten. Aber innerhalb des Kampfspiels wird durchaus mit Ernst, ja mit Leidenschaft und mit dem Einsatz aller Kräfte und aller Geschicklichkeit gekämpft. Insofern ist es ein wirklicher Kampf, wenn auch im Spiel. Sonst wäre das Spiel langweilig und es würde sein Wesen, nämlich seinen archetypischen und mythologischen Charakter, verlieren und damit auch seine Faszination. Man kann einen solchen Kampf mit seinen Konflikten den *Kampf der Rivalität* nennen.

Versteht man dies archetypisch, symbolisch und mythologisch, dann könnte es bedeuten: die Menschen stehen grundsätzlich in Kampffeldern der Rivalität mit ihresgleichen und in allen Konflikten, die dazu gehören.

Menschen haben immer Gegner und es kommt darauf an, ihnen den Sieg streitig zu machen und ihn selber zu erringen durch den am Gegner sich messenden Einsatz von Kraft und Geschicklichkeit. Das Spannende im Lebenszusammenhang ist dieses, wer schließlich als Sieger herauskommt und wem der Ruhm gebührt. Man kann es nicht vorher wissen, erst nachher. Darin eben liegt das Spannende des großen Spieles der Geschichte, obwohl es eigentlich immer das gleiche Spiel ist seit Jahrtausenden.

Die vielen Zuschauer des Fußballspieles schauen demnach ihr eigenes Leben an im Symbol des Spieles. Dies erklärt zu einem großen Teil ihr Interesse.

Dies bedeutet aber für das Verständnis des Lebens: der Kampf der Rivalität mit seinen Konflikten soll und kann nicht ganz beseitigt werden aus dem Leben der Menschen. Er gehört zum menschlichen Leben. Er wird jeweils beendigt durch Sieg und Niederlage, produziert sich aber dann bei der nächsten Gelegenheit wieder neu. Das Spiel scheint zu lehren, daß es einen Horizont legitimer Konflikte gibt.

Dafür spricht, daß sich gerade unter Kindern ständige Rivalitätskämpfe entwickeln und zwar gerade unter Geschwistern und Freunden. Dies spricht dafür, daß diese Produktion von Rivalitätskonflikten aus der Natur des menschlichen Zusammenlebens hervorgeht und also auch relativ unabhängig sein kann vom Anlaß.

Dafür spricht auch, daß die nationalen Epen, mit denen sich die Völker zu identifizieren pflegten, jedenfalls bis vor kurzem, und in denen sie ihre Identität ausgedrückt fanden, immer, soweit ich sehen kann, von Heroen, also von Siegern im Kampfe erzählen. Dazu gehören die biblischen Geschichten vom Sieg Israels über die Völker Kanaans, die Heldengeschichte von David und Goliath, in der deutschen Sage die Geschichte Siegfrieds aus dem Nibelungenlied (aber auch die Geschichte des Grafen Luckner aus dem I. Weltkrieg und die Geschichte von Martin Fierro in Argentinien). Die Sieger im Kampf der Rivalität sind es, mit denen sich die Völker ähnlich identifizieren wie die Sympathisanten im Fußballspiel sich jubelnd identifizieren mit den Siegern im Kampf.

Nun untersteht aber das Spiel einer Regel, sozusagen einem Ritual. Es darf nicht einfach darauf los gekämpft werden. Dies gehört zu den merkwürdigsten Erscheinungen des Spiels. Wir fragen, welches ist die Funktion und die Bedeutsamkeit dieses Rituals oder der Spielregel?

Deren Funktion liegt zunächst darin, die Chancen für beide Parteien, soweit sie objektivierbar sind, ungefähr gleich zu halten. Es spielt nicht eine starke Mannschaft gegen eine schwache. Sie liegt weiter darin, die räumliche und zeitliche Entfaltung zu regeln. Sie legt auch die Stärke der Mannschaften und die Funktion und Rolle ihrer einzelnen Mitglieder fest. Vor allem aber ist wichtig, daß die Regel oder das Ritual bestimmte Weisen des Kampfes erlaubt und andere verbietet. Und Verstöße gegen diese Regel werden mit Sanktionen belegt.

Das Ritual wird vom Schiedsrichter vertreten und geltend gemacht. Er wird von beiden kämpfenden Parteien anerkannt und wird selbst nicht umkämpft, wie er auch selbst nicht mitkämpft.

Dieses regelnde Ritual gibt einerseits dem Kampf und seinen Konfliktsituationen eine sinnvolle Form. Es macht als formendes Prinzip das Spiel erst möglich. Vor allem aber grenzt das Ritual eine sinnvolle Form des Konfliktaustrages von einer sinnlosen und bösen ab. Diese Unterscheidung ist für uns von großer Wichtigkeit.

Denn offenbar ist im Kampfspiel ein Impuls am Werk, der für sich allein betrachtet keine Grenze anerkennen würde. Darum treibt der Eifer des Kampfes immer wieder dazu, Grenzen zu überschreiten. Allerdings wird dann dadurch ein Strafstoß oder ein Platzverweis oder eine andere Sanktion provoziert.

Der Kampf-Impuls und das Kampfritual gehören offenbar zusammen und unterscheiden sich doch auf merkwürdige Weise. Das Ritual, von beiden Parteien anerkannt, bändigt den Kampfimpuls, dieser, die Seele des Kampfes, scheint für sich allein unbändig. Die Bändigung des Kampfimpulses durch das Ritual der Regel hält den Kampf in den Grenzen eines sinnvollen Spiels.

Diese bändigende Funktion des regelnden Rituals bringt aber zugleich einen qualitativen Unterschied an den Tag zwischen gleichwohl nahe verwandten Formen des Konfliktaustrages. Im einen Fall hat der Kampf seien Grenze. Es wird zwar gekämpft, aber die Kämpfenden sind fair zueinander und sie sind zwar Gegner, aber keine Feinde.

Sobald aber die Grenze überschritten wird, wird der Kampfimpuls gleichsam blind, es wird foul gespielt, was als Möglichkeit jederzeit in der Luft liegt, und es entsteht also wenigstens punktuell eine ungebändigte Feindschaft, die auf Fairness keine Rücksicht mehr nimmt und mit allen Mitteln den Gegner auszuschalten sucht. Der Kampf der Feindschaft ist der Intention nach rücksichtslos und total. Seiner Idee nach ist er sogar tödlich. Und er ist offenbar etwas qualitativ anderes als der faire Konfliktaustrag von Gegnern, die keine Feinde sind. Das Ritual legt also diese qualitative Grenze fest zwischen dem Kampf der Rivalität von Gegnern und dem Kampf der Feindschaft von Feinden. Gekämpft wird in beiden Fällen, und doch ist es etwas ganz anderes, was in dem einen und was in dem anderen Fall geschieht.

Beide so qualitativ verschiedenen Bereiche sind freilich verbunden durch den Kampfimpuls, der, wenn er nicht gebändigt wird, über die qualitative Grenze hinwegträgt und sie überspringt.

Betrachtet man nun das Spiel unter dem Gesichtspunkt seiner Regulierung durch das Ritual wiederum als archetypisches Symbol kollektiven menschlichen Verhaltens, so gewinnt es einen neuen Aspekt. Es wird dann deutlich, daß hier nicht einfach das mythisch archetypische Bild des Lebens der Menschen untereinander, wie es ist, gespielt wird, vielmehr das Bild dieses selben Lebens, wie es sein *sollte*. Es wird ein Idealbild oder ein Wunschbild menschlicher Verhältnisse entworfen. Es könnte ein aus der archaischen Tiefe des Menschen aufsteigender Entwurf sein, der die Wirklichkeit zwar im Blicke hat, aber gleichzeitig über sie hinausblickt und so für das wirkliche Geschehen des Lebens einen Maßstab entwirft, der nicht aus der Wirklichkeit abgeleitet ist, wohl aber sie beansprucht.

Ist dies richtig gesehen, dann müßte es sich auch mindestens als immer wieder sich wiederholende Tendenz im wirklichen menschlichen Leben bemerkbar machen. Dies ist tatsächlich der Fall. Überall wo Menschen zusammenleben und sich miteinander auseinandersetzen, entstehen rechtliche Normen, die wie Spielregeln von allen sich auseinandersetzenden Parteien Anerkennung verlangen und deren Sinn es ist, der Auseinandersetzung eine Form nach innen zu geben. Als Form macht dieses Recht das Zusammenleben und Zusammenstreben erst möglich. Zugleich zieht die rechtliche Regelung eine Grenze. Die Auseinandersetzungen sollen durch die Grenze davor bewahrt werden, zu entgleiten zu einer hemmungslosen Feindschaft und dadurch ihre Qualität zu ändern.

Freilich gibt es im allgemeinen Gange des Lebens keine Gewähr, daß die allen gemeinsame regulierende Basis, das rechtliche Regulativ oder Ritual auch wirklich von allen anerkannt wird. Selbst bei den Zuschauern im Spiel geschieht es oft, daß sie diese Grenze überschreiten in ihrer leidenschaftlichen Anteilnahme. Aber das wohlgeregelte Spiel der Rivalität ist die erfreuliche und erwünschte Gestalt des Spieles des Lebens, wenn es auch im Leben eher das seltene ist. Das Fußballspiel weist darauf hin.

Vor allem sehen wir im geschichtlichen Zusammenleben der Menschen, daß die den Parteien übergeordnete rechtliche Ordnung, also die große Spielregel, immer wieder umgestürzt wird durch revolutionäre Vorgänge. In ihnen erhebt sich eine Partei gegen die bestehende Ordnung, denunziert diese als ungerecht und stürzt sie um. Sie wird dadurch de facto eigenen Rechts und dem Anspruche nach souverän.

Souveräne Gruppen bilden auch die modernen Staaten. Sie haben keine bindende Instanz über sich, und so fragt man gerade auf dem souveränen Niveau nach der bindenden Spielregel, dem mäßigenden Ritual. Aber gerade auf dieser Ebene ist die Gefahr groß, daß die Auseinandersetzung der Souveräne zu hemmungsloser und tödlicher Feindschaft entartet.

Aber gerade in diesem gefährlichen Spiel der Kräfte und der Gegensätze ist zu beobachten, daß doch immer wieder nach einer bändigenden Regel, nach einem formenden Ideal wenigstens gesucht wird, das es möglich machte, die Hemmungslosigkeit der Feindschaft zu begrenzen und diese im Rahmen einer offenen und im Grunde kameradschaftlichen Gegnerschaft zu halten. Im Wahlkampf sucht man Kampfregeln der gegenseitigen Fairness. Im Mittelalter suchte man den Gottesfrieden und den Landfrieden, d.h. bestimmte Personen, Orte und Zeiten wurden vom Kampfe freigehalten. Die Genfer Rotkreuzkonvention ist gleichfalls ein solcher Versuch, auf souveräner internationaler Ebene mäßigend zu wirken. Die Deklaration der Menschenrechte durch die UNO, die in die Verfassungen fast aller modernen Staaten eingingen, gehören gleichfalls in diese Ordnung. Und auf höchster Ebene sind die so merkwürdigen Salt-Gespräche zwischen den Atomgroßmächten USA und UdSSR ein Zeichen dafür, daß immer wieder nach der goldenen Regel gesucht wird, die die tödliche Feindschaft bändigt zu einem humanen Spiel von fairen Gegnern. Es scheint überaus charakteristisch zu sein, daß die Menschheit aus einem aus der Tiefe des Menschenwesens aufsteigenden Impuls immer wieder die kostbaren Spielregeln zu finden und zu entwerfen sucht, das geheimnisvolle Ritual, das es möglich machte, das gefährliche Spiel der menschlichen Auseinandersetzungen, in die höhere humane Qualität zu erheben.

Allerdings gelingt diese Suche nach dem heilenden Ritual immer nur ansatzweise und nie dauerhaft und vollständig. Gleichwohl ist dieses tastende Suchen und Entwerfen das Notwendigste, was es im Gange des geschichtlichen Prozesses zu tun gibt, und es ist allemal schon viel gewonnen, wenn wenigstens etwas auf diesem Weg gelungen ist und wenigstens für eine begrenzte Zeit die Auseinandersetzung zwar lebhaft aber friedlich sein kann.

Alle diese notwendigen Bemühungen sind freilich von der Tragik überschüttet, daß sie über kurz oder lang scheitern müssen unter dem immer wieder aufflammenden Druck hemmungsloser Machttriebe.

Diese Dialektik der Geschichte, sich immer wieder befrieden zu wollen und es nie ganz zu können, wirft ein neues Licht auf die zu vermutende symbolische Bedeutung des Fußballspiels. Hier wenigstens, in diesem Spiel kann angeschaut werden, was immer gesucht und nie ganz gefunden wird: die Auseinandersetzung um den Sieg mit allem ihrem Temperament und aller Spannung, aber unter Bewahrung des Friedens der kameradschaftlichen Rivalität. Dies macht vielleicht die eigentliche Faszination dieses Spieles aus: daß hier das immer Gesuchte und immer Gewünschte lebendig und leibhaftig vor Augen geführt wird, und daß hier wenigstens im Symbol gelingt, worauf es im Leben immer ankäme. Der mythische Archetyp, an dem alles geschichtliche Leben bemessen wird und bemessen werden muß, wird wenigstens als Spiel Wirklichkeit.

Ist dies einigermaßen richtig gesehen, dann erlaubt und ernötigt es sogar eine *theologische Deutung*. Dann ist das Spiel, eine Antizipation einer erhofften Form des Lebens, die ebenso als lebendige erhofft wird wie als friedliche, einer Form des Lebens, die in ihrer Friedlichkeit nicht langweilig sein müßte aus Mangel an lebendiger Auseinandersetzung, und die in ihrer Lebendigkeit und Kühnheit doch niemals feindselig würde. Ist dies nicht eine Antizipation dessen, was in der Bibel als Reich Gottes verheißen ist?

Jedenfalls wirkt diese Hoffnung und ihre Antizipation im geschichtlichen Prozeß als beständige Aufgabe und Verpflichtung. Es sind immer wieder Realisierungsformen des Erhofften zu entwerfen und in die Wirklichkeit einzusetzen als Möglichkeiten friedlichen Lebens und friedlichen Sich-Auseinandersetzens, ja friedlichen Kämpfens. Aber auch diese Realisierungen der Hoffnung und nicht nur das Spiel werden ihrerseits stets Antizipationen bleiben, und sie werden immer neu auf die Vollendung warten müssen, die uns vom Himmel her verheißen ist.

3. *Das »reine« Spiel*

Wenden wir uns schließlich dem tiefsten und geheimnisvollsten aller Spiele zu, nämlich dem reinen Spiel der Poesie. Sie erscheint in verschiedenen Formen als sprachliche Poesie, als bildende Kunst, als Musik.

Wir nehmen hier die Musik als Modell des reinen Spiels und fragen uns, was die Musik eigentlich bedeuten könne.

Auch die Musik – ähnlich wie vergleichbare Künste – ist insofern ein Spiel, als sie aus dem, was wir sonst den Ernst des Lebens nennen, deutlich heraustritt und also dem gegenüber eine neue Ordnung entfaltet. Man ist geneigt, sie eine ideale Ordnung zu nennen im Sinne einer in sich selbst schwebenden Vollkommenheit, die sich deutlich abhebt von allen gewöhnlichen und prosaischen Umtrieben der Menschen.

Aber was bedeutet diese ideale Ordnung? Was sagt sie uns? Warum stimmt sie uns bisweilen so feierlich?

Sie ist kein Glücksspiel, obwohl auch sie glücken muß. Sie ist auch kein Kampfspiel, obwohl es auch in ihr Auseinandersetzungen und Rivalitäten gibt. Aber weder das eine noch das andere ist für sie das Entscheidende.

Sie erhebt sich vielmehr aus reinem Ursprung. Darum strahlt sie etwas von dessen Glanz aus. Es scheint aber auch die ganze Welt im Schein dieses Ursprungs zu leuchten. Freude und Schmerz, Helles und Dunkles, Leben und Tod, miteinander streitende Stimmen und deren endliche Versöhnung, jugendliche Fröhlichkeit und tiefe Melancholie, blitzende Einfälle und Zufälle und planvolle Strukturen usw. Alles, was das Leben des Menschen ausmachen kann in dieser Welt, kommt in der Musik zum Licht. Freilich entlastet von dem Gewicht dessen, was wir Realität nennen, aber dafür glänzend in einem höheren und geheimnisvollen Licht.

Auch die Musik, wie alle Arten von Poesie, hat ihre Spielregel. Aber diese ist in diesem Fall keine allgemeine Regel, die für viele ähnliche Fälle gleichmäßig gelten würde. Vielmehr hat jede große Musik ihre eigene Regel, aus ihrem geheimnisvollen Ursprung sich erhebend mit eigener Strenge. Die Regel der großen Musik oder auch der großen Poesie scheint daher von außen gesehen beinahe regellos. Aber wer in ihr lebt und sich schöpferisch oder nachschöpferisch in ihr bewegen kann, der kann darin die höchste Strenge und Genauigkeit ihres Geschehens spüren. In diesem Spiel ist nichts weniger als Unordnung oder bloße Willkür. So ist ihre Regel von eigener Art.

Aber gerade diese Eigenart fasziniert uns immer wieder neu. Diese aus dem Ursprung steigende kristallene Klarheit, die zugleich höchste und freieste Lebendigkeit ist.

Was ist das? Das ist zugleich Glück und zugleich Zufall, es ist zugleich Kampf und Sieg, es ist zugleich Niederlage und Versöhnung und noch viel mehr. Es ist das Ganze dessen, was wir Leben nennen in geheimnisvoll verklärter Gestalt. Es ist im Symbol der musischen Poesie die Weise, wie das ewige Geheimnis mit den zeitlichen Gestalten von Welt und Mensch umgeht, sie alle umfassend und vor keiner erschreckend, in allem spielend, auch wenn das Spiel – wie es ja oft ist – ein blutiges Spiel ist. Es ist das, was Hegel nannte: »Der bacchantische Taumel, an dem kein Glied nicht trunken ist«, d.h. es ist alles im Ganzen als vollständiges Glänzen. Und es ist zugleich die prädikatlose Stille, d.h. das Unsägliche und Unaussagbare, das von keinem Prädikat getroffen werden kann. Das Geheimnis, das das Singen erlaubt aber nicht das Sprechen, jedenfalls nicht in den normalen Weisen des Sprechens. Es ist alles in einem.

Und als irdische Gestalt ist die Musik zugleich vergänglich und unvergänglich. Vergänglich als zeitlicher Ablauf, der erst ganz ist, wenn er nicht mehr ist, nämlich mit dem Verklingen des letzten Tones. Und unvergänglich zunächst im irdischen Sinn, weil gerade solches von den sterblichen Menschen nie vergessen wird, oder weil sie sich doch bemühen, es nie zu vergessen. Dies viel weniger als geglückte Glücksspiele oder schöne Kampfspiele.

Die Musik, so verstanden, ist das Ganze als Verheißung. Sie hat damit einen adventlichen Charakter. Sie spricht auch ohne Worte: Fürchtet euch nicht. Bald wird alles anders und das Ganze in den lautlosen Glanz der Ewigkeit treten dürfen, in das Halleluja ohne Ende, in das, was die Bibel nennt: Gott alles in allem, die Musik ist so der Vor-schein der endzeitlichen Vollendung im zeitlichen und vergänglichen Symbol.

Kampfspiel als Lebenssymbol
Philosophisch-theologische Gedanken über das Fußballspiel (1978)

Ende dieses Monats beginnt die Fußballweltmeisterschaft in Argentinien. Ohne der Unzahl publizistischer Begleitmusiken eine weitere hinzufügen zu wollen, macht der folgende Beitrag von Bernhard Welte (Freiburg) auf kaum bedachte Dimensionen des Fußballspiels und mögliche fundamentalanthropologische Ursachen seiner Beliebtheit aufmerksam.[a] *Das Fußballspiel wird dabei als Symbol menschlichen Zusammenlebens und menschlicher Konfliktaustragung von archetypischer Ausdruckskraft gedeutet. Der Text wurde erstmals vorgetragen in einem Kreis lateinamerikanischer Stipendiaten und hat inzwischen über den Weihbischof von Córdoba, einer der Austragungsstädte der Weltmeisterschaft, auch in Argentinien Aufmerksamkeit gefunden.*

Was wir im folgenden sagen wollen, gilt eigentlich für alle Kampfspiele, deren es sehr viele gibt. Aber es gilt für keines so sehr wie für das Fußballspiel. Gerade das Fußballspiel fordert eine Erklärung besonders seiner weltweiten Verbreitung und der ungeheueren Zahl der an ihm Interessierten, seiner Kraft, alle Schranken von Ständen und Klassen und sogar von Nationen zu überschreiten. Man rechnet mit mehr als 25 Millionen aktiver Spieler an jedem Wochenende, und dies aus 135 Ländern. Bei der Fußballweltmeisterschaft 1970 zählte man 700 Millionen Fernsehzuschauer. Bei den kommenden Weltmeisterschaften in Argentinien mögen es noch mehr sein. Man muß sich doch fragen: Woher dieses ungeheuere Interesse, diese Faszination des Fußballspiels? Warum setzt sich das Interesse an diesem Spiel durch inmitten all der oft großen und wichtigen politischen Nachrichten? Die Montagszeitung ist voll von Fußballnachrichten, obwohl es vielleicht genug des Politischen zu berichten gibt, das auch die Seiten füllen könnte. Der Fußball als der führende Sport konkurriert auf dieser Ebene mit großen weltgeschichtlichen Ereignissen. Also müssen wir fragen: Warum haben so viele hundert Millionen Menschen ein so intensives Interesse gerade an diesem Spiel?

1. Urbild menschlichen Verhaltens

Es ist klar, daß es ein Spiel ist. Es steht nicht im Kontext der vernünftigen rationalen Lebensregulierung. Es ist weder eine politische noch eine wirtschaftliche Veranstaltung. Es mag zwar nach diesen Seiten Wirkungen haben, aber durch sich selbst als Spiel steht es jenseits alles dessen. Wer im Kontext des vernünftigen rationalen Lebens und seiner Ordnungen dabei ertappt wird, daß er sich mit dem Fußballspiel beschäftigt, erscheint leicht ein wenig lächerlich. Und doch tun dies viele. Man sieht die Differenz der Ordnungen. Die eine ist die Ordnung des ernsten Lebens, das andere ist die Ordnung des Spieles.

Wir suchen dieses faszinierende und rätselhafte Phänomen durch eine Hypothese zu erklären. Könnte es nicht sein, dass in diesem Spiel ein Urbild menschlichen Verhaltens sichtbar wird, das aufsteigt aus der Tiefe des menschlichen Bewußtseins, jenes Bewußtseins, in dem Menschen miteinander verbunden sind zu kollektivem Handeln? Könnte es nicht sein, daß hier ein archetypischer Dynamismus am Werke ist, etwas wie eine dynamische Anlage der menschlichen Natur, aus der symbolische Bilder des Lebens aufsteigen? Vieles spricht dafür, daß es sich mit dem Fußballspiel so verhält. Dann ist es wohl so, daß das Spiel mit dem wirklichen Leben auf diese Weise verbunden ist, daß aus der archetypischen Prägung sich ein Symbol entwickelt und etwas zum Ausdruck bringt, was Menschen immer zu sehen und zu erfahren wünschen am menschlichen Verhalten im allgemeinen und was sie doch sonst nie rein zu sehen bekommen. Dann dürfen wir es betrachten als ein immer wieder faszinierendes Symbol der immer gesollten und gewünschten, aus der Tiefe der menschlichen Natur aufsteigenden Ordnung. Dies würde es erklären, daß dieses Spiel so viele Millionen Menschen so sehr betrifft, obwohl es nicht vernünftig im Sinne der alltäglichen Realität ist.

Betrachtet man das Fußballspiel als ein archetypisch geprägtes Symbol, dann erblickt man auch seine Verwandtschaft mit dem Mythos. Im Mythos wird ein einmaliges Ereignis erzählt als Symbol dessen, was immer wieder sich ereignet. Im Fußballspiel wird jedes einzelne Spiel so gespielt, als ob es das einzige wäre, was bedeutsam ist und als Bedeutsames geschieht. Aber das Spiel wird auch immer wiederholt und ist jedesmal wieder gleich bedeutsam, ohne daß je die Ermüdung der Einförmigkeit eintreten würde. Dies könnte darauf hindeuten, daß das Einmalige als das immer und immer wieder Bedeutsame gespielt wird, wie es im Mythos ist.

Versteht man das Spiel so, so haben wir zu fragen, was es als Symbol aussagen wolle.

Inhaltlich wird ja ein Kampf gespielt. Zwei Parteien stehen einander gegenüber, jede macht der anderen den Sieg streitig, und jede will ihn selber erringen. Daraus entsteht eine fortlaufende Reihe immer wieder neuer Kampf- und Konfliktsituationen.

Wie der Kampf ausgeht, wird jeweils erst durch ihn selber bestimmt und kann nicht im voraus mit Sicherheit gesagt werden. Darin liegt schon äußerlich das Spannende jedes Spiels. Der Sieger muß sich als solcher erst erweisen im Konflikt des Kampfes.

Der Kampf ist zwar ein Spiel, wie wir schon sagten. Aber innerhalb des Kampfspiels wird durchaus mit Ernst, ja mit Leidenschaft und mit dem Einsatz aller Kräfte und aller Geschicklichkeit gekämpft. Insofern ist es ein wirklicher Kampf, wenn auch im Spiel. Sonst wäre das Spiel langweilig, und es würde sein Wesen, nämlich seinen archetypischen und mythologischen Charakter, verlieren und damit auch seine Faszination. Man kann einen solchen Kampf mit seinen Konflikten den Kampf der Rivalität nennen.

Versteht man dies archetypisch, symbolisch und mythologisch, dann könnte es bedeuten: die Menschen stehen grundsätzlich in Kampffeldern der Rivalität mit ihresgleichen und in allen Konflikten, die dazu gehören. Menschen haben immer Gegner, und es kommt darauf an, ihnen den Sieg streitig zu machen und ihn selber zu erringen durch den am Gegner sich messenden Einsatz von Kraft und Geschicklichkeit. Das Spannende im Lebenszusammenhang ist dieses, wer schließlich als Sieger herauskommt und wem der Ruhm gebührt. Man kann es nicht vorher wissen, erst nachher. Darin eben liegt das Spannende des großen Spieles der Geschichte, obwohl es eigentlich immer dasselbe Spiel ist seit Jahrtausenden.

Die vielen Zuschauer des Fußballspieles schauen demnach ihr eigenes Leben an im Symbol des Spieles. Dies erklärt zu einem großen Teil ihr Interesse.

Dies bedeutet aber für das Verständnis des Lebens: der Kampf der Rivalität mit seinen Konflikten soll und kann nicht ganz beseitigt werden aus dem Leben der Menschen. Er gehört zum menschlichen Leben. Er wird jeweils beendigt durch Sieg und Niederlage, produziert sich aber dann bei der nächsten Gelegenheit wieder neu. Das Spiel scheint zu lehren, daß es einen Horizont legitimer Konflikte gibt. Dafür spricht, daß sich gerade unter Kindern ständige Rivalitätskämpfe entwickeln, und zwar gerade unter Geschwistern und Freunden. Dies spricht dafür, daß diese Produktion von Rivalitätskonflikten aus der Natur des menschlichen Zusammenlebens hervorgeht und also auch relativ unabhängig sein kann vom Anlaß.

Dafür spricht auch, daß die nationalen Epen, mit denen sich die Völker zu identifizieren pflegten, jedenfalls bis vor kurzem, und in denen sie ihre Identität ausgedrückt fanden, immer, soweit ich sehen kann, von Heroen, also von Siegern im Kampfe, erzählen. Dazu gehören die biblischen Geschichten vom Sieg Israels über die Völker Kanaans, die Heldengeschichte von David und Goliath, in der deutschen Sage die Geschichte Siegfrieds aus dem Nibelungenlied (aber auch die Geschichte des Grafen Luckner aus dem Ersten Weltkrieg und auch die Geschichte von Martin Fierro in Argentinien). Die Sieger im Kampf der Rivalität sind es, mit denen sich die Völker ähnlich identifizieren wie die Sympathisanten im Fußballspiel sich jubelnd identifizieren mit den Siegern im Kampf.

2. Kampfimpuls und Kampfritual

Nun untersteht aber das Spiel einer Regel, sozusagen einem Ritual. Es darf nicht einfach darauflosgekämpft werden. Dies gehört zu den merkwürdigsten Erscheinungen des Spiels. Wir fragen, welches ist die Funktion und die Bedeutsamkeit dieses Rituals oder der Spielregel?

Deren Funktion liegt zunächst darin, die Chancen für beide Parteien, soweit sie objektivierbar sind, ungefähr gleich zu halten. Es spielt nicht eine starke Mannschaft gegen eine schwache. Sie liegt weiter darin, die räumliche und zeitliche Entfaltung zu regeln. Sie legt auch die Stärke der Mannschaften und die Funktion und Rolle ihrer einzelnen Mitglieder fest. Vor allem aber ist wichtig, daß die Regel oder das Ritual bestimmte Weisen des Kampfes erlaubt und andere verbietet. Und Verstöße gegen diese Regel werden mit Sanktionen belegt.

Das Ritual wird vom Schiedsrichter vertreten und geltend gemacht. Er wird von beiden kämpfenden Parteien anerkannt und wird selbst nicht umkämpft, wie er auch selbst nicht mitkämpft.

Dieses regelnde Ritual gibt einerseits dem Kampf und seinen Konfliktsituationen eine sinnvolle Form. Er macht als formendes Prinzip das Spiel erst möglich. Vor allem aber grenzt das Ritual eine sinnvolle Form des Konfliktaustragens von einer sinnlosen und bösen ab. Diese Unterscheidung ist für uns von großer Wichtigkeit.

Denn offenbar ist im Kampfspiel ein Impuls am Werk, der, für sich allein betrachtet, keine Grenze anerkennen würde. Darum treibt der Eifer des Kampfes immer wieder dazu, Grenzen zu überschreiten. Allerdings wird dann dadurch ein Strafstoß oder ein Platzverweis oder eine andere Sanktion provoziert.

Der Kampfimpuls und das Kampfritual gehören offenbar zusammen und unterscheiden sich doch auf merkwürdige Weise. Das Ritual, von beiden Parteien anerkannt, bändigt den Kampfimpuls, dieser, die Seele des Kampfes, scheint für sich allein unbändig. Die Bändigung des Kampfimpulses durch das Ritual der Regel hält den Kampf in den Grenzen eines sinnvollen Spiels.

Diese bändigende Funktion des regelnden Rituals bringt aber zugleich einen qualitativen Unterschied an den Tag zwischen gleichwohl nahe verwandten Formen des Konfliktaustrages. Im einen Fall hat der Kampf seine Grenze. Es wird zwar gekämpft, aber die Kämpfenden sind fair zueinander, und sie sind zwar Gegner, aber keine Feinde. Sobald aber die Grenze überschritten wird, wird der Kampfimpuls gleichsam blind, es wird foul gespielt, was als Möglichkeit jederzeit in der Luft liegt, und es entsteht also wenigstens punktuell eine ungebändigte Feindschaft, die auf Fairneß keine Rücksicht mehr nimmt und mit allen Mitteln den Gegner auszuschalten sucht. Der Kampf der Feindschaft ist der Intention nach rücksichtslos und total. Seiner Idee nach ist er sogar tödlich. Und er ist offenbar etwas qualitativ anderes als der faire Konfliktaustrag von Gegnern, die keine Feinde sind.

Das Ritual legt also diese qualitative Grenze fest zwischen dem Kampf der Rivalität von Gegnern und dem Kampf der Feindschaft von Feinden. Gekämpft wird in beiden Fällen, und doch ist es etwas ganz anderes, was in dem einen und was in dem anderen Fall geschieht.

Beide so qualitativ verschiedenen Bereiche sind freilich verbunden durch den Kampfimpuls, der, wenn er nicht gebändigt wird über die qualitative Grenze hinwegträgt und sie überspringt.

3. Das Wunschbild der großen Spielregel

Betrachtet man nun das Spiel unter dem Gesichtspunkt seiner Regulierung durch das Ritual wiederum als archetypisches Symbol kollektiven menschlichen Verhaltens, so gewinnt es einen neuen Aspekt. Es wird dann deutlich, daß hier nicht einfach das mythisch archetypische Bild des Lebens des Menschen untereinander, wie es ist, gespielt wird, vielmehr das Bild dieses selben Lebens, wie es sein sollte. Es wird ein Idealbild oder ein Wunschbild menschlicher Verhältnisse entworfen. Es könnte ein aus der archaischen Tiefe des Menschen aufsteigender Entwurf sein, der die Wirklichkeit zwar im Blick hat, aber gleichzeitig über sie hinausblickt und so für das wirkliche Geschehen des Lebens einen Maßstab entwirft, der nicht aus der Wirklichkeit abgeleitet ist, wohl aber sie beansprucht. Ist dies richtig gesehen, dann müßte es sich auch mindestens als immer wieder sich wiederholende Tendenz im wirklichen menschlichen Leben bemerkbar machen. Dies ist tatsächlich der Fall. Überall, wo Menschen zusammenleben und sich miteinander auseinandersetzen, entstehen rechtliche Normen, die wie Spielregeln von allen sich auseinandersetzenden Parteien Anerkennung verlangen und deren Sinn es ist, der Auseinandersetzung eine Form nach innen zu geben. Als Form macht dieses Recht das Zusammenleben und Zusammenstreben erst möglich. Zugleich zieht die rechtliche Regelung eine Grenze. Die Auseinandersetzungen sollen durch die Grenze davor bewahrt werden, zu entgleiten zu einer hemmungslosen Feindschaft und dadurch ihre Qualität zu ändern.

Freilich gewährleistet im allgemeinen Gange des Lebens nichts, daß die allen gemeinsame regulierende Basis, das rechtliche Regulativ oder Ritual, auch wirklich von allen anerkannt wird. Selbst bei den Zuschauern im Spiel geschieht es oft, daß sie diese Grenze überschreiten in ihrer leidenschaftlichen Anteilnahme. Aber das wohl geregelte Spiel der Rivalität ist die erfreuliche und erwünschte Gestalt des Spieles des Lebens, wenn es auch im Leben eher das seltene ist. Das Fußballspiel weist darauf hin.

Vor allem sehen wir im geschichtlichen Zusammenleben der Menschen, daß die den Parteien übergeordnete rechtliche Ordnung, also die große Spielregel, immer wieder umgestürzt wird durch revolutionäre Vorgänge. In ihnen erhebt sich eine Partei gegen die bestehende Ordnung, denunziert diese als ungerecht und stürzt sie um. Sie wird dadurch de facto eigenen Rechts und dem Anspruch nach souverän.

Souveräne Gruppen bilden auch die modernen Staaten. Sie haben keine bindende Instanz über sich, und so fragt man gerade auf dem souveränen Niveau nach der bindenden Spielregel, dem mäßigenden Ritual. Aber gerade auf dieser Ebene ist die Gefahr groß, daß die Auseinandersetzung der Souveräne zu hemmungsloser und tödlicher Feindschaft entartet.

Doch gerade in diesem gefährlichen Spiel der Kräfte und der Gegensätze ist zu beobachten, daß eben immer wieder nach einer bändigenden Regel, nach einem formenden Ideal wenigstens gesucht wird, das es möglich machte, die Hemmungslosigkeit der Feindschaft zu begrenzen und diese im Rahmen einer offenen und im Grunde kameradschaftlichen Gegnerschaft zu halten. Im Wahlkampf sucht man Kampfregeln der gegenseitigen Fairneß. Im Mittelalter suchte man den Gottesfrieden und den Landfrieden, d. h. bestimmte Personen, Orte und Zeiten wurden vom Kampf freigehalten. Die Genfer Rote-Kreuz-Konvention ist gleichfalls ein solcher Versuch, auf souveräner internationaler Ebene mäßigend zu wirken. Die Deklaration de Menschenrechte durch die UNO, die in die Verfassungen aller modernen Staaten eingingen, gehören gleichfalls in diese Ordnung. Und auf höchster Ebene sind die so merkwürdigen SALT-Gespräche zwischen den Atomächten USA und UdSSR ein Zeichen dafür, daß immer wieder nach der Goldenen Regel gesucht wird, die die tödliche Feindschaft bändigt zu einem humanen Spiel von fairen Gegnern. Es scheint mir überaus charakteristisch zu sein, daß die Menschheit aus einem aus der Tiefe des Menschenwesens aufsteigenden Impuls immer wieder die kostbaren Spielregeln zu finden und zu entwerfen suchte, das geheimnisvolle Ritual, das es möglich machte, das gefährliche Spiel der menschlichen Auseinandersetzungen in die höhere humane Qualität zu erheben.

Allerdings gelingt diese Suche nach dem heilenden Ritual immer nur ansatzweise und nie dauerhaft und vollständig. Gleichwohl ist dieses tastende Suchen und Entwerfen das Notwendigste, was es im Gange des geschichtlichen Prozesses zu tun gibt, und es ist allemal schon viel gewonnen, wenn wenigstens etwas auf diesem Weg gelungen ist und wenigstens für eine begrenzte Zeit die Auseinandersetzung zwar lebhaft, aber friedlich sein kann.

Alle diese notwendigen Bemühungen sind freilich von der Tragik überschattet, daß sie über kurz oder lang scheitern müssen unter dem immer wieder aufflammenden Druck hemmungsloser Machttriebe.

Diese Dialektik der Geschichte, sich immer wieder befrieden zu wollen und es nie ganz zu können, wirft ein neues Licht auf die zu vermutende symbolische Bedeutung des Fußballspiels. Hier wenigstens, in diesem Spiel, kann angeschaut werden, was immer gesucht und nie ganz gefunden wird: die Auseinandersetzung um den Sieg mit allem ihrem Temperament und aller Spannung, aber unter Bewahrung des Friedens der kameradschaftlichen Rivalität. Dies macht vielleicht die eigentliche Faszination dieses Spieles aus: daß hier das immer Gesuchte und immer Gewünschte lebendig und leibhaftig vor Augen geführt wird und daß hier wenigstens im Symbol gelingt, worauf es im Leben immer ankäme. Der mythische Archetyp, an dem alles geschichtliche Leben bemessen wird und bemessen werden muß, wird wenigstens als Spiel Wirklichkeit.

4. *Antizipation erhofften Lebens*

Ist dies einigermaßen richtig gesehen, dann erlaubt und ernötigt es sogar eine theologische Deutung. Dann ist das Spiel ein Ausdruck des Prinzips Hoffnung – eines Prinzips, das ja schon vor Ernst Bloch als christliches, eschatologisch orientiertes Prinzip in Geltung war und weiter in Geltung ist –, eine Antizipation einer erhofften Form des Lebens, die ebenso als lebendige erhofft wird wie als friedliche, einer Form des Lebens, die in ihrer Friedlichkeit nicht langweilig sein müßte aus Mangel an lebendiger Auseinandersetzung und die in ihrer Lebendigkeit und Kühnheit doch niemals feindselig würde. Ist dies nicht eine Antizipation dessen, was in der Bibel als Reich Gottes verheißen ist?

Jedenfalls wirkt diese Hoffnung und ihre Antizipation im geschichtlichen Prozeß als beständige Aufgabe und Verpflichtung. Es sind immer wieder Realisierungsformen des Erhofften zu entwerfen und in die Wirklichkeit einzusetzen als Möglichkeiten friedlichen Lebens und friedlichen Sichauseinandersetzens, ja friedlichen Kämpfens. Aber auch diese Realisierungen der Hoffnung und nicht nur das Spiel werden ihrerseits stets Antizipationen bleiben, und die Hoffnung wird so innergeschichtlich nie ganz ausgefüllt werden. Sie muß also über alle Geschichte hinaus hoffen, um als Hoffnung bleiben zu können. Die Hoffnung und ihre Antizipation verlangen reale Gestaltung in der Geschichte, sie nehmen die Menschen in der Geschichte in Pflicht und Anspruch, aber sie weisen schließlich über alle Geschichte hinaus in das Geheimnis, das größer ist als alles Menschliche und das doch alles im Menschen erst ganz menschlich zu machen vermag, ins Geheimnis Gottes und seines Reiches, auf das wir hoffen und um das wir beten.

Dies ist, wie mir scheint, die theologische Seite jener menschlichen Verhältnisse, die wir aus dem Spiel, verstanden als mythischen Archetyp, abzulesen suchten. Als Ausdruck dieser Hoffnung könnte also selbst etwas ausgesprochen Profanes wie das Fußballspiel seine verborgene theologische Seite haben.

Anhang

Editorische Hinweise

Determination und Freiheit

[a] Um der Einheitlichkeit des vorliegenden Bandes willen wurde die urspüngliche Paragraphengliederung dieser Abhandlung durch eine Dezimalgliederung ersetzt.

Die Person als das Un-begreifliche

[a] Boethius, *De duabus naturis* (PL 64, 1343).
[b] Marginalie: der einzelne Fall eines Allgemeinen? Oder: sollte hier einzeln sein etwas eigenes sagen. Weder vom römischen Ursprung, noch von der griechischen φύσις her war darauf abgehoben.
[c] Vgl. Heribert Mühlen, *Sein und Person nach Johannes Duns Scotus,* Werl 1954, bes. 22, 89, 97.
[d] Franz Rosenzweig, *Der Stern der Erlösung*, Frankfurt/M. 1921 [Ders., *Der Stern der Erlösung* (= Der Mensch und sein Werk, Bd. 2), 4. Aufl., Den Haag 1976]; Ferdinand Ebner, *Das Wort und die geistigen Realitäten. Pneumatologische Fragmente*, Innsbruck 1921 [Ders., *Das Wort und die geistigen Realitäten. Pneumatologische Fragmente*, Frankfurt/M. 1980]; Martin Buber, *Ich und Du*, Leipzig 1923 [Ders., *Die Schriften über das dialogische Prinzip*, Heidelberg 1954].
[e] Einschub: Wie sollen wir auch nur angemessen fragen, was ist Person? Vielleicht so, dass wir denken.
[f] Einschub: liegt im Rahmen der geläufigen Frage:
[g] Marginalie: wonach der Frage und das Erfragte.
[h] Marginalie: mit dem wir Mitmenschen zu Objekten machen können.
[i] Der folgende, kursiv gesetzte Text entstammt einem maschinenschriftlichen Vortragsmanuskript »Zum Begriff der Person«. Der Vortrag wurde in Auszügen in der Vorlesung vorgetragen. Welte verweist in seinem Vorlesungsmanuskript auf die abgedruckte Stelle des Vortragsmanuskripts.
[j] Maginalie: erinnerndes und neues Denken (Rosenzweig).
[k] Hinweis auf das maschinenschriftliche Konzept des schon zitierten Vortrags. Die folgende kursiv gesetzte Passage ist dem Vortrag entnommen.

[l] Marginalie: Was eröffnet sich auf dem Wege der Begegnung.
[m] Einschub: Eigenarten daran wohl (Erbanlagen), aber nicht das einzigartige Du.
[n] Einschub: Was fängst Du an? Was ist deine Folge? Etwas anfangend. Wort, Ruf, Wink. Etwas, was fortgeht, ausgeht, folgt.
[o] Einschub: Du wendest Dich im Gruß mir zu, läßt Dich im Gruß hervorgehen als »Folge« von Dir unmittelbar (im Medium der Sprache). Und ich: nicht Bewegung von einem zum anderen.
[p] Vgl. Konrad P. Liessmann, *Sören Kierkegaard zur Einführung,* 3. Aufl., Hamburg 2002.
[q] Marginalie: Gedankenexperiment.
[r] Marginalie: Zusammenseins.
[s] Interlinear: Rosenzweig.
[t] Interlinear: und wir.
[u] Marginalie: Person macht Begegnung möglich, aber mehr noch Begegnung macht Person möglich.
[v] Hinweis auf das maschinenschriftliche Konzept des schon zitierten Vortrags »Zum Begriff der Person«. Die folgende kursiv gesetzte Passage ist dem Vortrag entnommen.
[w] Einschub: vereinfacht.
[x] Marginalie: größer als alles Sachliche.
[y] Marginalie: Schwelle als 3. Phase.
[z] Marginalie: sachliche Interpretation des Daseins, weil beherrschbar.
[aa] Einschub: Stelle meine Interpretation zurück (du mußt das meinen! Ich lege Dich darauf fest) und wage mich auf fremde Gedankenwege: Deine.
[ab] Marginalie: Sein ist Zeitigen. Zeitigen ist Schicksal.
[ac] Maginalie: das Gespräch versammelt.
[ad] Dieser, sowie die folgenden Abschnitte sind am Seitenrand gegliedert. Um der Einheitlichkeit willen wurde die Gliederung a. bis d. durch 1. bis 4. ersetzt.
[ae] Einschub: … unmittelbarer als ein bloßer Unfall (Natur, Maschinen). Hat nicht mich verletzt, sondern etwas an mir.
[af] Marginalie: Jetzt ist es so, einzeln, individuell. Welt allgemein, umfassend.
[ag] Zusatz: überindividuell, allgemein.
[ah] Hinweis auf das maschinenschriftliche Konzept des schon zitierten Vortrags »Zum Begriff der Person«. Die folgende kursiv gesetzte Passage ist dem Vortrag entnommen.
[ai] Marginalie: a. Natur des Menschen allgemein, individuell. b. Gesellschaft. Ihre Überzeugungen und Vorurteile. c. Sprache schon bereitet.
[aj] Die folgende kursiv gesetzte Passage ist dem maschinenschriftlichen Konzept des schon zitierten Vortrags »Zum Begriff der Person« entnommen, auf den an der Stelle des Vorlesungsmanuskripts hingewiesen wird.
[ak] Marginalie: Besitz.
[al] Die folgende kursiv gesetzte Passage ist dem maschinenschriftlichen Konzept des schon zitierten Vortrags »Zum Begriff der Person« entnommen, auf den an der Stelle des Vorlesungsmanuskripts hingewiesen wird.

[am] Marginalie: immer das andere als das andere. Das erst von Person her waltet und aufgeht.
[an] Marginalie: gehören als Weltzeit zusammen.
[ao] Marginalie: wie Welt, Kultur etc. als Bestand.
[ap] Marginalie: I. These.
[aq] Marginalie: II. [These].
[ar] Marginalie: Gewesenen.
[as] Unleserlicher Einschub.
[at] Marginalie: Nicht Gewesenheit, sondern Jetzt ist es so.
[au] Einschub in Klammern: es besser verstehen, daß man.
[av] *Die Vorsokratiker. Auswahl der Fragmente, Übersetzung und Erläuterungen*, hg. von Jürgen Mansfeld, Stuttgart 1983, Fr. 96 (DK 22 B1).
[aw] Vgl. Franz Rosenzweig, *Der Stern der Erlösung*, Frankfurt/M. 1921 [Franz Rosenzweig, *Der Stern der Erlösung* (= Der Mensch und sein Werk, Bd. 2), 4. Aufl., Den Haag 1976].
[ax] Einschub: Zukunft.
[ay] Marginalie: In Begegnung und Schicksal wird auf ausgezeichnete Weise das Unbedingte erfahren.
[az] Marginalie: Gegenwart wird.
[ba] Marginalie: Ich-Du im Ewigen Du.
[bb] M. Buber: *Die Schriften über das dialogische Prinzip*, Heidelberg 1954, 76.
Einschub: wird angesprochen. Theologische Dimension, von innen.
[bc] Einschub: Defizienz
[bd] Marginalie: Höchste Dimension. Von ihr her: Christentum, Theologie begreifen.
[be] Interlinear: -offenbarung.
[bf] Marginalie: Verkündigung an jemand. Glaube an jemand.
[bg] Marginalie: Verkündigung an jemand, Glaube an jemand.
[bh] Marginalie: von Gott kommend, lebend, wirkend.
[bi] Interlinear: Ding an sich, bewahrt[?], zuschaut
[bj] Marginalie: Das ganze Christentum in allen seinen Dimensionen ist so vom Personalen her verstehbar.
[bk] Marginalie: neue Räume. Möglichkeiten des Gesprächs.

Zum Begriff der Person

[a] In seiner Abhandlung »Philosophische Meditation über den Personbegriff«, die in den vorliegenden Band nicht aufgenommen wurde, da sie sowohl vom Gedankengang als auch vom Wortlaut her mit der Abhandlung »Zum Begriff der Person« weitgehend identisch ist, führt Bernhard Welte zu der theologischen Dimension des Personbegriff aus: »Und das zeigt dann noch einmal und zuletzt, wie ein anfänglicher Schein, den hohen ontologischen Rang von Ich und Du, von Person, etwas was größer ist hinsichtlich seiner Bedeutsamkeit als aller bloß vor-

handende Bestand von Sachen im Himmel und auf Erden und vollends größer als alle technischen Möglichkeiten des Menschen, und reichten sie eines Tages auch noch viel weiter als nur bis zum Monde.
Ich und Du, das ist so groß in seiner inneren wesentlichen ontologischen Würde, in seiner in der wirklichen Begegnung sich offenbarenden Bedeutsamkeit, daß nur das Unbedingte, daß nur das Ewige, daß nur Gott groß genug ist, es zu erklären, ihm zu genügen, es zu bergen, sein immer neues Rätsel zu lösen. In diese höchste Richtung hinein verliert sich und erfüllt sich zugleich, zuletzt der Blick jeder möglichen Meditation darüber, was das ist, eine Person.«
Bernhard Welte, Philosophische Meditation über den Personbegriff, in: *Das Personverständnis in der Pädagogik und ihren Nachbarwissenschaften. 1. Teil eines Kongreßberichtes.* Im Auftrag des Deutschen Institutes für wissenschaftliche Pädagogik (Münster) hg. von Joseph Speck, Münster 1966, 9–19, hier 18f.

Miteinandersein und Transzendenz

[a] Im Wiederabdruck des Aufsatzes verweist Bernhard Welte an der Stelle auf die Abhandlung »Thomas von Aquin über das Böse« (in: Ders., *Auf der Spur des Ewigen, Philosophische Abhandlungen über verschiedene Gegenstände der Religion und der Theologie,* Freiburg, Basel, Wien 1965, 155–169).
[b] Pascal, *Pensées,* Nr. 434 [Ed. par Léon Brunschvicg].

Über das Wesen und den rechten Gebrauch der Macht

[a] Gemeint ist die 1. Auflage von 1960.

Dasein als Hoffnung und Angst

[a] Ernst Bloch, *Das Prinzip Hoffnung: in fünf Teilen.* Ausgabe in 2 Bde., Frankfurt/M. 1959. [Ders., Das Prinzip Hoffnung (= Gesamtausgabe, Bd. 5), Frankfurt/M. 1977.]
[b] Jürgen Moltmann, *Theologie der Hoffnung. Untersuchungen zur Begründung und zu den Konsequenzen einer christlichen Eschatologie* (= Beiträge zur evangelischen Theologie 38), München 1964 [11. Aufl., München 1980].
[c] Augustinus, *Confessiones,* lt.-dt., eingeleitet, übers. und erl. von Joseph Bernhart, 4. Aufl., München 1980, I, 1.
[d] Sören Kierkegaard, *Der Begriff Angst* (= Gesammelte Werke, Bd. 11/12), übers. von Emmanuel Hirsch, Düsseldorf 1965.

[e] Vgl. Rainer M. Rilke, *Werke*, hg. von Manfred Engel, Bd. 1, 1996, 450.

Kampfspiel als Lebenssymbol

[a] Das Vorwort entstammt der Erstveröffentlichung in der *Herderkorrepondenz* 32 (1978).

Nachweis der Erstveröffentlichungen

Determination und Freiheit, Frankfurt/M. 1966.

Die Person als das Un-begreifliche
Vorlesung Sommersemester 1966 (bislang unveröffentlicht)

Zum Begriff der Person.
In: *Die Frage nach dem Menschen. Aufriß einer philosophischen Anthropologie. Festschrift für Max Müller zum 60. Geburtstag,* hg. von Heinrich Rombach. Freiburg, München 1966, 11–22.
Wieder in: Bernhard Welte, *Zeit und Geheimnis. Philosophische Abhandlungen zur Sache Gottes in der Zeit der Welt.* 2. Aufl., Freiburg, Basel, Wien 1979 (1. Aufl. 1975) 41–52.

Miteinandersein und Transzendenz
In: *Der Einzelne und die Gemeinschaft. Vorträge von Arnold Bergsträsser u. a.* (= Freiburger Dies Universitatis, Bd. 10, 1962/63), Freiburg/Br. 1963, 1–8.
Wieder in: Bernhard Welte, *Auf der Spur des Ewigen. Philosophische Abhandlungen über verschiedene Gegenstände der Religion und der Theologie,* Freiburg, Basel, Wien 1965, 74–82.

Logik des Ursprungs und Freiheit der Begegnung.
In: *Freiheit in der Begegnung. Zwischenbilanz des Ökumenischen Dialogs. Festschrift für Otto Karrer zum 80. Geburtstag,* hg. von Jean-Louis Leuba und Heinrich Stirnimann, Frankfurt/M, Stuttgart 1969, 21–29.
Wieder in: Bernhard Welte, *Zeit und Geheimnis. Philosophische Abhandlungen zur Sache Gottes in der Zeit der Welt.* 2. Aufl., Freiburg, Basel, Wien 1979 (1. Aufl. 1975) 53–62.

Person und Welt. Überlegungen zur Stellung der Person in der modernen Gesellschaft.
In: *Person und Verantwortung. Zur Bedeutung und Begründung von Personalität.* Mit Beiträgen von A. Auer und anderen, hg. von Annette Schavan und Bernhard Welte, Düsseldorf 1980, 9–25.
Wieder in: Bernhard Welte, *Zwischen Zeit und Ewigkeit. Abhandlungen und Versuche,* Freiburg, Basel, Wien 1982, 53–71.

Über das Wesen und den rechten Gebrauch der Macht. Eine philosophische Untersuchung und eine theologische These dazu.
2., verb. Aufl., Freiburg im Br. 1965 (1. Aufl. 1960).

Dasein als Hoffnung und Angst
In: Bernhard Welte, *Zwischen Zeit und Ewigkeit. Abhandlungen und Versuche,* Freiburg, Basel, Wien 1982, 72–95.

Dasein im Symbol des Spiels
In: Bernhard Welte, *Zwischen Zeit und Ewigkeit. Abhandlungen und Versuche,* Freiburg, Basel, Wien 1982, 96–108.

Kampfspiel als Lebenssymbol. Philosophisch-theologische Gedanken über das Fußballspiel.
In: *Herderkorrespondenz* 32 (1978) 252–256.

Personenregister

Sachregister

Termini, die Teil der im Inhaltsverzeichnis (5–8) angegebenen Titel und Gliederungen sind, wurden für die damit gekennzeichneten Abschnitte in der Regel nicht in das Sachregister aufgenommen.